国家出版基金项目
NATIONAL PUBLICATION FOUNDATION

中國古代物質文化史

魏晋南北朝

李梅田 著

开明出版社

出版说明

在人类历史长河中，我们的民族创造出光辉灿烂的中华文明，虽历经坎坷而连绵不绝，成为我们这个星球上唯一从远古走来，中途不曾断裂的最完整的一脉文化体系，留下了博大丰厚的文化遗产，对人类文明进步作出了独特而巨大的贡献。完整而丰富的地上、地下物质文化遗存就是中华文明传承与发展的最好佐证。然而遗憾的是，到目前为止，尽管我们的物质遗存如此丰赡，却没有一部全面系统基于实体的物质资料而构建和叙写的中国古代文化史。我们这个出版项目的主旨，就是尝试弥补这个巨大缺憾和学术空白。

以往我们看到的中国历史著作，大都是基于传统文献资料，来进行政治、经济、军事、文化等各个领域的书写和诠释。当我们开始有意识地利用考古资料、地上文物遗存资料，并借助人类学、民族学、社会学等研究方法和手段来观察历史时，我们的研究空间和视域顿时更加广阔，某些隐藏至深的信息得以深入发掘，原有的历史认识进一步丰富而立体。这是因为历史本身的复杂性，决定了我们发掘历史信息的方法和途径也应该是多方面的。而随着近几十年考古发掘工作的不断推进，地下考古发现越来越丰富，地上文物遗存越来越受关注，同时学界的相关研究也越来越多，这些地下、地上文物遗存所展示给我们的信息就越来越系统，这些信息所构成的历史文化空间就越来越恢宏。最终使得我们不仅有必要而且也有可能不再拘泥于传统的历史记述与研究的路数，另辟蹊径，书写一部基于物质的中国古代文化史，即首先立足于地下、地上文物遗存，同时充分参考文献资料来诠释这些文物遗存的文化内涵与外延而构建的中国古代物质文化史。

这样的一部中国古代物质文化史，必然是一部能够让我们从物质实体出发来认识博大精深的中国古代文化的历史，一部广阔而深邃、客观而生动、系统而完整的历史，既能反映政治、经济、军事、文化、法制、科技、社会各方面情况，又能反映人们的生产、生活、信仰以及思想观念、审美理念、价值取向、生活情趣等。从中我们可以感受到历史发展的脉搏，探索历史最生动的层面，还原历史本来面貌。

从某种意义上来说，编纂这样一部系统科学的物质文化史不但势在必行，而且极具创新价值、学术价值和开拓意义。这样的工作，对于彰显中华民族的伟大创造力、诠释中华民族优秀的历史文化、使我们更好地认识源远流长的中华文明有着极为重要的意义。同时这种注重物质的客观性和系统关联性的学术视角，也必然会在学术领域产生积极的影响，对于推动历史学、人类学、考古学等学科的深入研究具有积极意义。此外，我们也希望这部书能够进一步唤起我们珍视历史、热爱文物、保护文物的意识。一个爱护文物、爱护历史文化遗产、尊重历史的民族，才是一个有未来的民族。

我们的中国古代物质文化史项目从策划到最终立项经过了数年时间的酝酿，从立项到陆续开始出版又经历了数年。我们计划全套书共出70卷，除索引卷外，分为通史和专题两个系列，以纵、横的脉络建立历史时空坐标。纵的是通史系列，分为史前、商周、秦汉、魏晋南北朝、隋唐五代、宋元明清六个阶段，按中国历史的时间顺序，遵循物质文化变化节奏和规律，在历史大背景下宏观阐述中国古代物质文化史的发展进程，使读者对文化遗存在中国历史洪流中有个整体、全局性的把握。横的是专题系列，按照材质、用途和功能、艺术表现形式等的不同分为石器、陶器、瓷器、玉器、青铜、金银器、漆器、兵器、乐器、家具、纺织、货币、天文历法、水利、建筑、墓葬、雕塑、绘画、书法篆刻等类。内容丰富的类别再做进一步的细致分类，并分册出版，如绘画类包括壁画（寺观壁画、墓室壁画、石窟寺壁画）、卷轴画等；雕塑类包括石窟寺雕塑、墓葬雕塑和其他雕塑等。各专题或以时间为轴或以类别为序，展现各个物质形态继承与发展、沿袭与嬗变的过程，通过点线面结合，揭示物质遗存所特有的发展曲线和深层次的历史内涵。每卷随文附图200幅左右，以体现内容和版面的活泼生动，强调实证效果，增强视觉感知及可读性。对于某些卷册，如龟兹、敦煌等，由于涉及大量译名，还会附加名词索引。

经过编委、各位作者和编辑人员的共同努力，如今这套书终于要依次与读者见面。个中滋味，甘苦各半。回顾起来，我们不得不说，这样大规模高难度的项目，在当今要集合如此众多的专家学者，进行如此大量的资料、图片的收集与整理工作，其难度远超我们的预期；尤其是若没有足够的资金支持，仅凭一家出版社的力量，几乎是不可能开展也不可能完成的。对此，国家出版基金会给我们提供了最大限度的支持，不仅是资金方面，还有精神方面，使得我们有决心、有信心也有力量把这个项目逐步完成。也正因为这样，这套书才能有幸与读者见面。在此，我们对国家出版基金会表示由衷的感谢。此外，参与主编策划和书稿撰写的各位专家、学者也付出了异常艰辛的努力，他们每个人本身的工作都很忙，可为了这套书的构思策划，为了每一卷书稿的高质量完成，还是付出了大量的时间和精力，做了最严谨而细致的工作，在此也对他们表示诚挚的谢意。

项目编辑组

总序：中国历史和文化的物质表征

《中国古代物质文化史》经过参与该书策划、撰写和编辑的诸多学者的共同努力，现在终于问世了。这个总序本来应该由项目的主编、前国家文物局局长、北京大学兼职教授张文彬先生来写，以阐述项目成果即本套书的编写宗旨、设计体例、内容特点，并介绍每分卷的写作情况等。由于张文彬先生在主持项目过程中遇身体不适，我这个后来被指定的执行主编只有勉为其难，代张文彬先生撰写这个《中国古代物质文化史》的总序了。鉴于这套书的编写宗旨、内容特点及框架体例等在出版说明中已有介绍，每分卷的写作情况在每本书的后记中也多有述及，无须我在这里重复。下面，我拟从中国物质文化史的概念定义、发展历程、专项分类三个方面，谈谈自己对中国古代物质文化史以及编写这套书的粗浅认识。

一、中国物质文化史的含义

人们通常这样认为，“物质文化，是指为了满足人类生存和发展需要所创造的物质产品及其所表现的文化”。物质文化既然是文化的一种呈现形态，那么，与“物质文化”相对应的另一种文化呈现形态就应是“非物质文化”，它们之间的关系是怎样的呢？要弄清这个问题，还需要从“文化”这个最基本的概念说起。

关于文化的定义很多，二十世纪五十年代有人作过统计，据说那时就有164种之多。文化人类学的鼻祖英国学者爱德华·伯内特·泰勒（Edward Burnett Tylor，1832—1917）是第一个从学术的角度对文化进行定义的学者。他认为，文化是复杂的整体，它包括知识、信仰、艺术、道德、法律、风俗，以及其他作为社会成员所习得的任何才能与习惯的综合体，是人类为使自己适应其环境和改善其生活方式的努力的总成绩[1]。泰勒关于“文化”的定义，尽管还存在不全面等问题（如泰勒没有提及需要后天习得的文化要素“语言”），却已给后人奠定了很好的解释基础，以后的学者又不断有补充和发展。英国功能主义人类学家A. R. 拉德克利夫-布朗（Alfred Radcliffe-Brown，1881—1955）认为，文化是一定的社会群体或社会阶级与他人的接触交往中习得的思想、感觉和活动的方式，是人们在相互交往中获得知识、技能、体验、观念、信仰和情

1 ［英］泰勒：《原始文化》，上海文艺出版社，1992年。

操的过程，文化只有在社会结构发挥功能时才能显现出来，如果离开社会结构体系就观察不到文化。美国学者阿尔弗雷德·克鲁伯（A.L Kroeber）和克莱德·克拉克洪（Clyde Kluekhohn）在1951年出版的著述中，对西方164种文化的定义进行了评析后，提出了他们新的定义，即"文化存在于各种内隐的和外显的模式之中，借助符号的运用得以学习与传播，并构成人类群体的特殊成就，这些成就包括他们制造物品的各种具体式样，文化的基本要素是传统（通过历史衍生和由选择得到的）思想观念和价值，其中尤以价值观最为重要"[1]。以后，还有一些学者对文化下过定义，如美国学者罗伯特·F·莫菲这样定义文化："文化是意义、价值和行为标准的整合系统，社会的人们据此生活并通过社会化将其在代际传递。"文化具有这样一些特点："文化定义关键部分就是，它意指行为的规则和确定方式，而不是指行为的本身""文化是我们在这个世界上的行为导引和对这个世界经验的符号表达""文化也是所有知识、信念和生存技能的百科全书""行为的不同习惯方式，以及某些特定的物质制品或艺术风格，可以使文化具有典型特征"[2]。根据以上学者对文化这一概念的解释，我们可以将文化理解为：

文化是人类社会在长期发展过程中凝固下来并在代际传承的价值观念、社会机制和行为规则，社会的人们据此思维、交流和行为，并且产生和创造具有特征的物质制品或艺术风格。

上述对文化的解释，包括了三个层面：其核心层面是人们的社会性，其中间层面是人们基于这种社会性的思维和行为，其外表层面则是人们思维和行为的产物。文化从表至里的三个不同的层面，其他两个层面都蕴含在表层的物质层面之下，故文化的三个层面又可以归结为两个不同的范畴（或两种不同的存在状态）——无固定形态的非物质的范畴就是所谓"非物质文化"（无形文化），有固定形态的物质范畴就是通常所说的"物质文化"（有形文化），这两种文化范畴构成了完整的文化形态。作为前人的完成了代际传承，经历了时间的筛选的两种文化的存在形态，已经成为我们需要加以关注、保护和传承的遗产。按照通行的解释，"非物质文化遗产"是人类创造这些物质文化的过程以及人类各社群为了满足自己精神生活需要的具有社会性、凝固性和典型性的行为，它是被各地区和社群视为其文化传统的表现形式、知识和技能，包括了口头传说、表演艺术、社会风俗、礼仪节庆、传统工艺等；而"物质文化遗产"，则是人类这些思维和行为的创造物，是有固定形态的可以被视觉感知的人类创造、制作和使用的人工遗留物。

说到文化的物质层面，就不得不提到考古学的一个核心概念"考古学文化"。我的专业是考古学，我们考古学家天天都在与考古学的文化打交道，不少考古学家还强调我们的考古学文化与别的学科的文化如何的不一样。翻开《中国大百科全书·考古卷》，该书对考古学文化的解释代表了目前中国考古界的主流认识："文化一词有着不同的含义，一般是指人类社会在科学、技术、艺术、教育、精神生活以及其他方面所达到的总成就，如中国文化、文化遗产等。考古学中所讲的文化，有其特定的含义，专门指考古发现中可供人们观察到的属于同一时代、分布于共同地区、并且具有

1 Kroeber,A.L. and Kluckhohn,C, Culture:A Critical Review of Concepts and Definition, Random House, New York, 1952.

2 ［美］罗伯特·F·莫菲（Robert F. Murphy）：《文化与社会人类学引论》，北京：商务印书馆，2009年。

共同的特征的一群遗存。”[1]从这个定义中也可以看出，所谓具有独特性的考古学文化，与其他学科的文化概念并没有什么不同。文化的物质表层要素——即可以观察到的一定时期、一定区域的一群经常共存的具有共同特征的遗迹和遗物——就是考古学的文化；获取并研究这些文化的物质表征，透过现象去发现本质，揭示隐藏在物质表层之下的创造和使用这些遗存的人们的行为及其社会关系，即这些物质遗存所蕴含的非物质的东西，就构成了考古学这一学科的基本内涵。

考古学在包括中国在内的不少国家和地区的学科分类中，是历史学的分支，是以物质材料为主要研究对象去探究人类历史的一门学问。这里，我们有必要再谈谈物质文化史与考古学的联系与区别。考古学是通过调查和发掘地下古代物质遗存、并通过这些遗存提供的信息来理解和复原古代社会历史的学科，物质文化研究也是通过古人的物质文化遗存来重构古代社会历史，从研究目的上来看，二者并没有什么不同。正是由于这样的原因，苏联的全国性考古研究机构曾经被命名为“物质文化史科学院”或“物质文化研究所”[2]，以后才改为“考古学研究所”。仅从研究机构名称上来说，物质文化研究与考古学之间无疑具有密切的关系。不过，物质文化研究与考古学尽管内涵大致相同，其外延（主要是研究对象、研究内容等）也还存在差异。考古学研究的主要是埋藏在地下的古代物质遗存，物质文化研究的对象则包括了地下、地上和传世的古代文化遗存，后者比前者的研究范围要宽；考古学不仅研究古人遗留下来的物质遗存所包含的历史文化信息，还要研究获取这些物质遗存并提取其包含信息的技术和方法，后一方面的研究已经不是物质文化史研究所关注的问题。就中国的考古学科而言，其构成包括了考古学理论与方法、中国考古学、外国考古学、专门考古学等，如何开展田野考古和如何更多地提取遗存的历史信息，已经包含在考古学方法和专门考古学的分支中。可以这样说，中国考古学是基于考古获取的物质资料和考古学的研究方法所构建的中国物质文化史；而中国物质文化史，则是通过考古发现和现存于世的实物资料所构架的能够反映历史发展主线的中国古代史。

英国学者鲁惟一（Michael Loewe）和美国学者夏含夷（Edward Louis Shaughnessy）在《剑桥中国古代史》的序言中，将研究中国古代史的材料分为“文献资料”和“物质资料”两类，前者包括了出土文献和传世文献，后者也就是通过考古调查和发掘获取的实物资料。他们指出：“一个不注意考古证据的历史学家会感到他无法去顺应当代的学术潮流；同样，一位不熟悉传统文献的考古学家会难以把握相当一部分的中国文化之精髓。”正是基于这种考虑，这两位学者在主编《剑桥中国古代史》时，组织了历史学家和考古学家两个领域学者，各自基于不同类型资料来分别撰写同一个时期同一个区域的历史[3]。《剑桥中国古代史》的先秦卷面对的是文献资料并不丰富的“原史时代”，所以他们采取了历史学家和考古学家各自表述而不加整合的编写方式。即使在文献资料逐渐丰富的汉唐时代，甚至文献资料已经非常丰富

1 中国大百科全书总编辑委员会《考古学》编辑委员会：《中国大百科全书·考古学》，北京/上海：中国大百科全书出版社，1986年。

2 王伯洪、王仲殊：《苏联考古工作访问记（一）》，《考古》1959年第2期，101—104页。

3 The Cambridge History of Ancient China: From the Origins of Civilization to 221B.C, Edited by Michael Loewe and Edward L. Shaughnessy. Cambridge University Press, 1999.

的宋元明清时代，主要基于通过物质的资料来编写一套中国古代的历史，与主要采用文献资料编写的中国古代历史并行于世，这对于全面认识和理解中国的古代文化和古代社会，仍然会有很大的帮助。

二、中国古代物质文化发展的历程

我们这套“中国古代物质文化史”是由纵、横两部分组成。最前面的是“中国物质文化史综述”，这是按中国历史的纵向时间顺序来概述中国古代物质文化史的发展进程。中国古代漫长的物质文化发展进程从来不是匀速前进，波澜不惊的，发展中会有大小不同的转折，高低不同的峰谷。根据物质文化面貌变化节奏的不同和撰写史书详略的不同，一套多卷本的中国古代物质文化史也有不同的分卷方式。如果编写比较简明的中国古代物质文化史，我个人倾向于以魏晋之际将其划分为两个阶段，也就是一套两卷本的书系。如果编写稍微详细的中国古代物质文化史，我希望划分为四卷，四卷本除了以魏晋之际作为一个分界外，另两个分界可定在龙山时代与二里头文化时代之间、五代十国与北宋之间。如果要编写更为详细的中国古代物质文化史，也就是类似本书系的规模，我们可将其细分为史前中国、商周、秦汉、魏晋南北朝、隋唐五代、宋元明清六个阶段即六卷，这样分卷主要基于这样一些理由。

我们知道，最能导致物质文化发生大变化的因素，是重大技术发明带来的产业革命。这些发明或本土自身产生，或域外传播而来。正是基于这些重大发明，才导致了中国古代社会的巨大变化，才引起中国物质文化的多次明显转折。在这些创造性的发明中，首先应该提到的是谷物栽培和动物驯化。谷物中的人工粟等人工栽培作物大约在距今一万年前后出现在中国北方的黄河流域，以后向周边传布，甚至远布至青藏高原地区，形成了范围广大的北方旱地粟作农业区。而稻等人工栽培作物，更远在一万多年前就出现在中国南方长江中游地区，以后更传播至东北至朝鲜半岛，东南至东南亚等广阔的温暖湿润的区域，形成了广大的南方水田稻作农业区。农业的发生和推广，使得人类的生活资源趋于稳定，从而脱离了栖居山洞和追猎迁徙的不稳定生活，开始走出山洞步入旷野，在平川形成了定居的聚落，产生了钻孔、磨制和制陶等新的工艺，促使社会逐渐复杂化和多样化，奠定了中国万年农业文明的基础。大约在距今4000年前后，大麦、小麦和青稞等作物传入中国，这种适应性强的谷物丰富了旱地农业的种类，除了在低海拔地区普遍种植外，青稞这类作物还经过了高原严酷的自然选择，成为青藏高原的单一谷物。至于工业的技术革命，从先前的手工业发展成为近代化的大工业，在中国开始较晚，直到清代晚期的鸦片战争后才逐渐引入西方工业革命的成果，从而从某种程度上推动了社会的变革。因此，以农业革命的发生和工业革命的引入为标志，将中国的物质文化史划分为三个大的时代，也就是猎取时代、农业时代和工业时代（相当于以生产工具为标准划分社会发展史的旧石器时代，新石器、青铜、铁器的时代，以及机器的时代），应该是比较恰当的。只是中国的工业时代已经属于近代，古代的物质文化史不宜包括工业革命时代；而旧石器时代的人类物质文化遗存较少，如果把它作为书系中的一本就显得单薄，故将其与新石器时代合并称为“中国史前物质文化史”，只是在这个“史前时代”

中，也明确划分出这两个时代而已。换句话说，这套中国古代物质文化史去掉了工业时代，弱化了猎取的时代，强调的是建立在农业革命基础上的石器、铜器、铁器三个时代。物质文化材料的年代越早，保存至今的也就越少，因而石器时代和青铜时代只能各自作为一卷，而物质文化材料丰富的铁器时代却被划分为四卷，可能会给人以前轻后重之感，尽管历史时代考古学的重要性已不如更早的时代。

说到史前时代，这就不可避免地会涉及介于史前与历史时代之间的“原史时代”。学术界一般认为，原史时代是一个过渡性质的时期，这一时期无论是属于本社群文字还是他社群文字的文献记录都相当有限，仅据这些零星和片段的文字和文献资料无法复原该社群历史的主要梗概，要认识一时期该社群的历史需要综合考古学、人类学、文字学、历史学及自然科学的知识体系和研究手段[1]。原史时代可有广狭二义：严格的原史时代不包括传说时代，而是以成熟文字体系的出现为开始，以这种文字体系撰写的史书出现为结束。具体到中国古代史来说，也就是商代晚期至西周时期，其开端以殷墟甲骨文的出现为标志，结束以中国最早的编年体史书《春秋》开始的年代为标志，二者间的年代跨度很小[2]。宽泛的原史时代以中国古史传说时代为开始，以文字产生后出现史书为结束，具体到中国古代史来说，其开端可以上推到传说中的夏代甚至龙山时代，而其下限则与狭义的原史时代相同。不过，就物质文化这个层面来看，无论是技术上还是艺术上，大约相当于夏代后期的二里头文化与先前的龙山时代诸文化都发生了许多变化，而这种变化在战国中期又一次出现。这之间的时间幅度约略相当于中国考古学界的夏商周时代或史学界的先秦时代，也约略相当于西方汉学界所说的“从文明起源到秦统一”的阶段[3]。在这个时代里，青铜既是一种制作工具、武器和礼仪用器的最重要材料，制造青铜器又是当时技术含量最高的工艺，青铜器具这类作品还是当时艺术的集中体现，如果史前时代是以石器制作为标志的石器时代，这个时代就是以青铜为标志的青铜时代。尽管关于中国青铜时代开始和结束的时间，学术界还有一些不同的说法。

按照我个人的见解，中国的原史时代应当定位在二里头文化中期至战国前期，这是基于这样几个考虑。首先，从二里头文化兴盛开始，具有中国金属铸造的特色的泥范铸造技术开始出现，并完成了从红铜时代（或称铜石并用时代）向青铜时代的转变；而人工铁器尽管早在两周之际就已引入中国，却也是在战国前期偏晚才与青铜冶铸技术相结合，使得大量冶炼铁和普遍使用铁器成为可能，才真正进入了铁器时代。其次，也是从二里头文化兴盛期起，青铜鼎等礼器、青铜戈等兵器，以及兽面纹等动物纹样才出现并流行，独特的中国艺术传统才开始形成；而到了战国前期以后，先前流行的礼器种类和装饰纹样已经趋于消失，来自北方草原地区的艺术风格已经占据主导地位。其三，从中国的史学传统来看，中国古人向来有将秦以前的历史划分为五帝时代和三王时代的传统，现代的史学家也还将先秦史单独出来，并将夏以前的传说时代与夏商周三代区分开来。因此，我们将夏、商、周三代作为中国物质文化

1 Daniel,Glyn,A Short History of Archaeology. London: Thames and Hudson.1981.

2 李学勤先生就这样说，这样一个原史时代与中国古代历史时代的对应关系，学者们认识也不尽相同，李学勤先生认为，商与西周时期属于原史时代，而不同于商和西周的东周已脱离了原史时代而跨入真正意义的历史时代了。参看李学勤《东周与秦代文明》，北京：文物出版社，1984年。

3 鲁惟一、夏含夷主编的《剑桥中国古代史》，其副标题就是“从文明起源到秦统一”，由此可见一斑。

发展历程中的第二个时期，也就是这套书通史系列的第二卷。

中国中心地区在战国后期就已出现了统一的趋势，东齐西秦是当时最有可能推进统一事业进行的大国，在齐国当时就有一批学者聚集在一起，开始构拟大一统后的政治构架，勾画新王朝的理想图景。秦国结束了战国时期诸侯割据的局面，建立了中央集权的大一统王朝，开创了中国历史的一个全新的时代。从此广泛推行的郡县制代替了传统的封建制，由中央政府控制的官营手工业作坊遍及全国各地，各地间的商业往来也较过去更为频繁。在这种背景下，秦汉王朝直接统治范围内物质文化产品，无论是工艺、种类，还是形制、纹饰，都逐渐呈现高度一致的状况，中国大部分地区的延续了千百年的区域文化差异从此逐渐减弱甚至消失。尽管从战国后期到西汉前期，这一时期物质文化的总体面貌还处在从商周旧制向秦汉新制的转变过程中；尽管在三国至两晋时期，中国的物质文化的发展进程发生了从"早期中国"到"晚期中国"的大转变；但如果模糊这个具体的分界，将秦汉时期这个中国古代文化发展的高峰期作为中国物质文化史的一个时期，单独设置秦汉卷作为这套书通史系列的第三卷，这应该是恰当的。

从三国鼎立局面形成一直到隋代，除了西晋短暂的统一外，中国出现了长达三百余年的分裂局面。北方古族在这期间纷纷进入中原，出现了空前的民族大融合。在这种历史背景下，各地区在文化面貌上的差异也进一步缩小，但由于从西晋以后长期的南北对峙，以及僻处一隅的某些由少数民族建立的国家保留了比较多的自身文化传统，这一时期文化除了存在着比较明显的南北差别外，在北方还存在一些更小的地区之间的差异。隋王朝结束了自西晋以后长期的分裂混乱局面和南北对峙的政治文化格局，中国遭受长期战乱破坏的社会经济得以恢复和发展。唐王朝继承了隋王朝的统一基业，实行了一系列重要的政治、经济和军事的改革措施，将中国古代社会推向了秦汉王朝以来又一个空前鼎盛的发展阶段。盛唐气象强大而持久，流风余韵，一直延续至五代十国间。基于这种考虑，虽然两晋南北朝和隋唐都是宗教热情极度高涨的时期，但两晋南北朝与隋唐五代的物质文化仍然存在比较大的差异。因此，我们将两晋南北朝与隋唐五代各自作为中国物质文化史的一个时期，各自单独作为一卷。

至于宋元明清时期，这个时期文献资料已经非常丰富，考古学家讲历史时期考古一般都只讲到元，北京大学过去的中国考古学教材最后一卷就是《宋元考古》，就反映了这个问题。我们认为，尽管在中国历史的重要性中，明清时期的物质遗存的确不如早先时期，但作为中国物质文化史应该是一个完整的过程。因此，我们这套中国古代物质文化史通史系列的最后一卷，从宋代一直写到清代，希望这些年代较晚的物质文化资料有助于丰富对这段时期历史的认识。

三、中国古代物质文化的种类

如同历史著述有通史和专门史一样，按照中国物质文化发展阶段编写的历史，只是基于物质文化遗存透露的历史文化信息，按照时间发展顺序和物质文化表征的变化程度连缀而成的中国物质文化的"通史"，"通史"中不同时段的物质文化史则相当于"断代史"。就整个中国物质文化史来说，有了这个"通史"系列，虽然可以从纵向认识整个中国古代物质文化发展的概貌，却难以从横向全面展示中国古代物质文化的方方面面。因此，还需要根据中国古代物质文化遗存的分类，按“类”来叙述某类物质文化遗存的分述系列，这个系列就是中国物质文化的“专门史”。

物质文化具有可视性，不同的物质文化具有不同的面貌特征，因而可以根据这些特征展开分类。物质文化是一个笼统的概念，我们所面对的古代物质文化是过去人们行为创造的物质遗留，也就是人们通常所称的“物质文化遗产”或“文物”。物质文化遗产的体量有大有小，大的文化遗产如建筑、壁画、纪念碑等，当初选址、设计、创造时就考虑了永固性等因素，没有考虑其位置变换，今天我们采取保护措施时也不便于将其移至他处，只能在原地保存（从保留关联信息的角度，也只能在原地保存）；小的文化遗产如家具、陈设、用具等，当初设计制作时就考虑了方便移动的使用功能，今天我们对其进行保护时，可以将其搬移到博物馆等具有更好保存环境的空间去保存。因此，物质文化遗产即文物首先可以划分为不可移动文物和可移动文物两大类，这两大类文物各自可以作为中国古代物质文化史“专门史”中的一个系列。

不可移动文物包括了大到历史城镇、传统村落、古代遗址等综合性的文物，也包括了宫殿衙署、寺观祠庙、陵园坟墓、石刻造像等专门性的文物，这些文物有三类不同的保存状态：第一类文物在历史上就已经废弃，成为历史的陈迹，呈现在人们面前的只是残缺不全的局部，有的还全部或大多掩埋在地下。历史上城镇村落的废墟、曾经一度兴旺的工矿作坊场所、废弃并垮塌殆尽的寺观祠庙、地面建筑甚至封树都已经不存的帝陵坟墓，乃至于一座房屋或一座塔幢的废址等，都属于这类文物。第二类文物虽然失去了它在历史上的作用，却仍然屹立在地表，被作为其他用途或作为历史名胜而存在。已经没有皇室官员使用的宫殿衙署、中断了宗教活动的寺观祠庙、原有功能已经退化或消失的石窟碑刻、已经弃置或被改做他用的城堡等，都属于这类文物。 第三类恐怕已不能简单地称之为文物，而是具有“物”和“非物”的综合体。至今还基本保持着原来的功能和文化传统，并随着时代的推移，继续在发生着变化，古今重叠且文化延续的城镇和村落，至今还有人居住的古村落民居，仍在使用传统工艺进行生产的作坊、农庄、牧场等，都可归属此类。

可移动文物，包括历史上各时代的重要工具、武器、礼仪用器、生活用器、艺术品、文书、档案、图书等，这些文物的材料和材质大致有两大类：第一类采用曾经具有生命的物质制作而成，也就是被称为“有机质文物”的一类，如竹木漆器、骨牙角器、纤维制品等。这类文物的存在周期相对较短，对保存条件要求也较高。第二类采用没有生命的物质制作而成，也就是被称为“无机质文物”的一类，包括地球自然演化形成的天然材料和人工合成的金属材料，如玉石制品、金属制品等。这类文物的存在周期相对较长，对保存条件的要求也相对较低。

上述对于物质文化遗产即文物的分类方式，是以文物的保存状态和保存条件作为分类标准，这对于文物的保护研究来说，无疑是最恰当的分类方式。不过，这种分类没有考虑这些文物的用途和功能，而文物这方面的属性恰好是从文物这一文化的表层物质现象通向创造和使用这些文物的人、人的行为及其社会关系的桥梁，是将物质资料变为物质文化史的重要途径。因此，我们这部中国古代物质文化史的“专门史”不采取上述分类方式来分卷，而是按照材质和功能对不可移动文物进行分类。

中国文物管理部门对于不可移动文物的分类，以全国重点文物保护单位的分类最具代表性。该文物分类体系将不可移动文物分划为古遗址、古墓葬、古建筑、石窟寺及石刻、近现代重要史迹及代表性建筑等类。这些类型的不可移动文物，除了古遗址是以文物的保存状态为分类标准，近现代重要史迹及代表性建筑是以时代为分类标准，其类型与以功能作为分类标准的类型有所不同外，其他诸类都可以作为中国物质文化专门史的不可移动分系列。由于遗址大多都在中国物质文化通史系列中曾经引述，且通史系列的物质材料主要就是遗址加上遗址和墓葬等出土的各类可移动文物，专门史系列可以不必再列出遗址作为一卷；由于中国物质文化史只是有关古代中国，不涉及近代中国，故本丛书也没有近现代重要史迹及代表性建筑的内容。

中国文物管理部门对于可移动文物的分类，以全国首次可移动文物普查的分类标准最为详细。该分类标准"根据文物的异同，即构成每件文物基本物质的自然属性和社会属性之差异性、同一性"，将可移动文物划分为金/银器、铜器、铁器、陶/泥器、瓷器、砖瓦、宝/玉石器、石器石刻、漆/竹器、绘画、书法、拓片、珐琅器、玻璃器、骨/牙/角器、纺织/绣品、皮革、玺印、文具/乐器/法器、货币、雕塑/造像、古人类遗体遗骸、文献图书、徽章/证件、邮品、票据、音响制品、交通/运输工具、度量衡器、武器装备/航天装备、古脊椎动物化石和古人类化石、其他共32类[1]。正如该分类系统的分类标准有文物的自然属性和社会属性两个一样，可移动文物实际上可以划分为两个小系列：一个系列是按照文物的自然属性即材料和材质划分的系列，如玉石器、金银器、铜器、铁器、陶器、瓷器、玻璃器、骨牙角器等；一个系列是按照文物的社会属性即功能用途等划分的系列，如纺织品、货币、雕塑、武器、度量衡器等。我们编写的这套中国物质文化史的可移动文物部分基本就按照这个体系进行划分，只是一些偏小的文物类型和产生年代较晚的文物类型难以单独成册，我们这套古代物质文化史只能暂且舍弃了。

在艺术史学界，尤其是西方关于中国艺术史的研究，往往综合考虑其时代、功能和形式等方面的因素，将能够基于视觉观察的物质文化领域的中国艺术品划分为四大类。第一大类是主要兴盛于商周时期的青铜艺术；第二大类是主要存在于两汉时期的汉画艺术；第三大类是风行于晋唐时期的佛教艺术；第四大类则是从宋代以后大盛的以卷轴画为主体的绘画艺术。青铜艺术比较单纯，其物质材料就是青铜器。绘画艺术也不复杂，主要是卷轴画，此外就是壁画。汉画艺术的涉及面较广，包括了汉代画像砖、画像石、独立雕塑和建筑雕刻等诸多类型的文物。佛教艺术就更为广泛，与佛教相关的石窟、雕像、壁画、供器等，乃至于佛教寺庙建筑等都可归属于佛教艺术。以上四大类，只是中国艺术门类的主流，其他如产生于中国本土且长期与佛教艺术并存的道教艺术，在东亚地区具有广泛影响的建筑艺术（尤其是园林建筑），具有中国特色的玉器、漆器、瓷器等艺术类型，也从不同的方面丰富和补充着中国艺术史和中国物质文化史。

正是基于以上诸方面的考虑，我们主编的这套中国物质文化史的专门史划分为了不可移动文物和可移动文物两大系列，前者又包括了古建筑、石窟寺、古陵墓、古水利、古天文等不同的功能类型，后者更包括了玉器、铜器、铁器、瓷器、金银、玻璃

1 国家文物局编：《第一次全国可移动文物普查工作手册》，北京：文物出版社，2013年。

等不同的材料材质类型，雕塑、绘画等不同艺术表现形式的类型，以及兵器、货币、纺织品等不同社会功能的类型。每个类型作为一卷，有的类型因文物丰富再细分为若干册。这种最终分卷的分类标准的不一致，我想读者应该是能够理解的。

四、另类的中国物质文化史

编写一套系统的中国古代物质文化史，是主编张文彬教授提出的构想。张文彬教授早年就读于北京大学历史系考古专业，以后曾在郑州大学历史系任教，对中国古代物质文化史自然非常熟悉；他又曾担任国家文物局局长和中国博物馆学会会长，熟悉全国的文物状况和博物馆藏品情况，是主编中国古代物质文化史的最好人选。在已经拟定了基于文物分类的物质文化史编写纲要，这套书各卷刚启动编写不久，张文彬教授就因病卧床，不能继续主持编写工作。还在张文彬教授患病之前，我就受他之命协助联络作者；张文彬教授患病后，我受参与编写工作的朋友的推举，担任这套书的“执行主编”。我基于自己对中国古代物质文化史的理解，增强了这套书的纵向通史系列，其他基本上按照张文彬教授原先拟定的编写体例来组织。现在大部分分卷已经定稿，回过头来看当时全书的设计框架，总觉得还有一些不尽如人意之处。这些主要表现在以下两个方面：

首先，一套完整的古代物质文化史通史不仅要有以时间为纲的通史主干，还应该有相应的纵向旁支。就如同北宋司马光主持编写《资治通鉴》（下简称《通鉴》），他首先按照年代编出汇集史料的“长编”，以此为基础才编写《通鉴》这部翔实的编年体通史。与此同时，为了说明自己对史料异同的取舍，还编写了《资治通鉴考异》作为附属，以驳斥相反意见并客观保存异说。由于皇帝日理万机，没有那么多时间来翻阅294卷的《通鉴》，他们还编写了简写本30卷的《通鉴目录》，以满足特定读者的需要。除此之外，为了弥补《通鉴》覆盖时间跨度上的不足，司马光等还编写了20卷的《稽古录》这样的简录，时间上溯至传说中的伏羲，下延至宋英宗末年。可见司马光等人编写《通鉴》，原本有一整套完整周密的构想，即便都是编年体的史书，也有主有从，有繁有简，有纲有目，所以《通鉴》才显得与众不同，为史家所重。作为一套体例完整的中国物质文化史，在通史部分也需要像《通鉴》那样，除了需补充强化史前的旧石器时代卷和新增近现代卷，编写与中国古代物质文化史相关的资料和研究汇集外，还需要考虑简化本的中国古代物质文化史。

简化本的中国古代物质文化史以上下两卷最为恰当，这是因为基于可视的物质文化形态和面貌，在公元三至四世纪间，也就是三国至两晋间，以佛教传入并流行中国为标志，中国的主流物质文化发生了重大变化——在佛教传布开来之前，中国的城市和乡村的标志性建筑和景观是统治者的宫殿、衙署、宗庙、神祠，人们崇奉的是祖先以及社稷、山川、天地诸神祇，并且这些神祇都不采用造像的形式来表现；而在佛教流行中国后，中国城市的标志性建筑和人文景观除了宫殿和衙署外，佛教寺庙（包括仿效佛寺而建的道教宫观）成为城乡最引人瞩目的标志性建筑和人文景观，大量佛教造像和少许道教造像占据了人们精神世界，成为最广泛的崇奉对象。因此，西方汉学界往往都是以佛教传入并流行中国作为中国历史和艺术的最重要的转折标志，这以前的中国为“早期中国”，这以后的中国是“中晚期的中国”。早期中国的文化主流是传统的自然发展过程，尽管不断会有来自周边，尤其是来自北方草原地区文化的影响，但这种影响的程度是有限的，没有造成传统的变异、转移或中断。晚期的中国，由于外来佛教的强力介入，使原先中国的主流文化发生了变异，佛教深深地浸入到社会生活的各个方面。原先不事偶像崇拜的中国社会，开始将大量财富用于制作顶礼膜拜的佛教像设和象征物，用于营建覆盖这些像设和象征物的殿堂楼塔，从而导致国家财政来源的分流，带来相应的经济和社会问题。宗教的驱动力量往往巨大且持久，以佛教传入中国且在中国流传为标志，将中国物质文化史划分为早晚两个大的时期，我想应该比较恰当。佛教传入中国的年代，尽管可以追溯到两汉之际前后[1]，但在整个东汉时期，佛教都是混杂在中国传统的神仙方士中流传，还没有得到人们的广泛认知。佛教成为一种专门的宗教为人们所接受，不会早于三国两晋时期。三国两晋时期正是中国制度、思想和文化的大变革时期，文学上有所谓“魏晋风骨”，反映在物质文化上，这时期的城市、陵墓、器用、书画等也都出现了一系列新的气象。据此，以三国两晋之际作为首要转折点，将中国古代物质文化史的通史部分划分为两个大的时期，编写一套两卷本的中国古代物质文化史简本，这一定是很有意义的。

其次，我们这套中国古代物质文化史虽配有大量的图片，但基本体例还是以文字为主，图片配合文字出现。而物质文化的视觉感知非常重要，故以文物的图像为基础而加以文字解说和诠释，对于形象地认知和理解中国古代物质文化非常必要。中国国家博物馆（原中国历史博物馆）研究员孙机先生，曾编写了一本《汉代物质文化资料图说》。这是孙机先生基于多年对汉代文物研究的心得，在数十篇论文的基础上完成的图文并茂的著作[2]。这种以图说的方式叙述一个朝代的物质文化史，既是中国“左图右史”史学传统的延续，又是博物馆陈列必要的基础研究和公众获取知识的良好途径，应当大力推广。只是这种以图说史的著述，另有一套独特的编写体系，需做大量资料整理的工作，还需有系统的研究积累，编写难度很大，故迄今未见以图说的形式撰写的其他时代的中国物质文化史的著作。续写一套中国古代物质文化史图说，应当很有必要。

作为一套全方位的“中国古代物质文化史”，理所当然应有一个“中国古代物质文化史图说”系列。这套图说不宜按照中国的历史时代来述说，而应该以物质文化本身发展演变的阶段性来编写。如果按照我们前面所说的中国物质文化发展的进程，需要有史前、三代、秦汉三国、两晋南北朝、隋唐五代、两宋·辽金西夏·南诏大理、蒙元、明清诸时代。每个发展阶段则应该有都城市镇、宫殿衙署、坛壝社稷、神祠寺观、祭祀礼器、街坊住宅、园囿苑林、陵园坟墓、矿场作坊、生产工具、钱币量具、路河邮驿、衣冠服饰、家具陈设、生活用器等名目，每个名目下再细分为若干种类来展开图文的叙述。这样一部图说的中国古代物质文化史，可以弥补目前这套书的不足，

1 关于佛教传入中国的时间，有两种说法：一种是西汉末期汉哀帝元寿年间，大月支使者伊存向博士弟子景庐口授《浮屠经》之说，见《三国志》卷三〇裴松之注引曹魏鱼豢《魏略·西戎传》；一种是东汉明帝永明年间，蔡愔出使大月支，与僧人摄摩腾和竺法兰一起用白马驮回佛经和佛像至洛阳之说。二说的年代相差不多，且都与大月支有关。

2 孙机：《汉代物质文化资料图说（增订本）》，北京：文物出版社，2008年。

能够从更具体和更微观的层面展现中国古代物质文化的面貌。

我希望，今后如果能够有比较充裕的时间，组织相关专家编写一套这样的中国古代物质文化图说，对于更加深入地理解古代中国，普及传统文化知识，推进博物馆教育，将是一件很有意义的事情。

编写中国古代物质文化史是一项长期的工作，要有相当长时间的资料积累和研究积累。北京大学的考古学科，自1952年以来先后编写过多个版本的《中国考古学》征求意见稿，如1960年、1972年版的《中国考古学》铅印本等，并有“多卷本中国考古学”这样的重大科研项目来推动，但迄今为止，这套多卷本《中国考古学》仍然没有问世。这其中既有新的考古资料不断涌现所带来的认识的更新，也有老一辈学者与新一辈学者认识上的差异，当然也还有这样和那样的原因。不过，仅从这一事例就可以看出，要编写一套优秀的学术著作是多么的不容易。《中国考古学》从某种意义上来说，与《中国古代物质文化史》有许多共通之处，要编写这样一套书需要投入较长的时间和相当的人力和精力。这部《中国古代物质文化史》作为一项国家出版项目，有出版的时间限定，我这个慌忙上阵的执行主编，只能尽可能召集一些长期从事中国考古学教学和科研，手头有比较现成的研究成果或讲稿，经过补充、整理、强化就可以成书的研究者，来承担中国古代物质文化史的通史系列各卷的撰写任务[1]。由于撰写时间的限制使得一些作者在完成初稿后，可能没有更多的时间来广泛征求意见和做细致的加工完善。可安慰的是，这套《中国古代物质文化史》本来就有为今后编写《中国考古学》和修订补充各专门物质文化史征求意见的意图。如果读者发现这套《中国古代物质文化史》存在着这样或那样的不足，就尽管提出批评和建议，我们一定虚心听取，以便在今后编写《中国考古学》系列时能够做得更好些。

孙 华

1 考虑到我所在的北京大学考古文博学院，也在考虑重启多卷本《中国考古学》的编写，为了使二者不发生重合，保持《中国古代物质文化史》通史系列自身的特色，我主要邀请了北京大学以外的高校考古专业的专家和教师来承担各卷的编写任务。

目 录

绪论

三国两晋南北朝（3—6世纪）时期除西晋的短暂统一外，基本上都处在政权割据、战争频仍、动乱不安的状态下。东汉末年黄巾起义后，统一的秦汉帝国开始分裂，陷入了群雄争霸的局面，至三世纪初期，魏、蜀、吴三国鼎立的局面形成：曹魏代汉而立，控制着北方地区；孙吴以长江下游为中心，主要统治长江以南地区；蜀汉则以成都平原为中心，占据着西南一隅。三国之中，曹魏实力相对强大，但在曹魏政权内部，随着门阀大族势力的滋长，政权逐渐旁落于名门大族司马氏之手，公元263年，司马昭平定了实力最弱的蜀汉，两年之后司马炎代魏称帝，建立晋朝，公元280年又顺利攻取东吴，全国重新进入短暂的统一时期。

西晋统一后实施了一系列政治、经济方面的改革，出现了短暂的社会安定和经济繁荣，但出身门阀贵族的统治阶层内部矛盾重重，晋惠帝即位后终于爆发了皇室成员之间的“八王之乱”（291—306年），经过十多年的互相残杀，西晋实力几近耗竭，也给予了边境少数民族乘虚而入的机会。在众多反抗西晋统治的少数民族中，匈奴给予了内忧外患的西晋王朝致命的一击。怀帝永嘉五年（311年），匈奴贵族刘渊之子刘聪攻陷洛阳，俘晋怀帝司马炽入平阳（临汾），次年杀怀帝，司马邺即位于长安，是为愍帝，年号建兴。建兴四年（316年）刘渊侄子刘曜围长安，晋愍帝出降，西晋亡。

西晋灭亡后，司马氏政权偏安于江南一隅，北方的黄河流域则成了各少数民族竞相逐鹿的战场，由匈奴、鲜卑、羯、氐、羌等民族先后建立了十多个割据政权，进入了历史上统称的“五胡十六国”时期，这些政权包括匈奴建立的汉、前赵、夏和北凉，鲜卑建立的前燕、后燕、南燕、南凉和西秦，羯建立的后赵，氐建立的前秦、后凉、成汉，羌建立的后秦，以及汉人建立的前凉、西凉和北燕等。

四世纪后期，活动于河套、雁北地区的鲜卑拓拔氏在五胡十六国的纷争中脱颖而出，尤其当383年氐族的前秦政权在淝水之战中失败后，拓跋鲜卑趁乱复兴，代王拓跋珪建都盛乐城，386年改国号为魏，史称北魏，398年又迁都平城。通过数十年的东征西讨、南征北战，北魏于太武帝拓跋焘时（439年）灭河西北凉政权，完成了北方地区的统一，与偏安于江南的南朝对峙。

北魏定都平城时期开始了一系列政治、经济方面的改革，其中尤以孝文帝的汉化改革措施影响深远，包括迁都洛阳、姓氏和服饰改革、中原式礼仪制度的确立等。经过改革，北魏的经济实力大为增强，也大大强化了中央集权，加速了鲜卑的中原化。

励精图治的孝文帝死后，北魏统治者日益腐朽堕落，“帝族王侯，外戚公主，擅山海之富，居川林之饶，争修园宅，互相竞夺。崇门丰室，洞户连房，飞馆生风，重楼起雾。高台芳榭，家家而筑。花林曲地，园园而有。莫不桃李夏绿，竹柏冬青”，这一切使社会矛盾加剧。为抵抗柔然而设的北方边境六镇（沃野、怀朔、武川、抚冥、柔玄、怀荒）镇民率先反叛，“华、夷之民往往响应”，加上皇室内部的争权夺利和互相残杀，北魏政权迅速瓦解。534年，孝武帝元修西奔长安，投奔宇文泰，高欢在邺城拥立元善见为帝，北魏正式分裂为东西魏，东魏政权实际上被高欢控制，550年，高欢之子高洋建立北齐而代东魏；西魏政权实际上在宇文泰的控制中，557年，宇文泰之子宇文觉建立北周而代西魏。北方两大政权之间屡有攻占，直到577年北周灭北齐，北方地区重归统一。

北方地区东西对峙、政权分合的同时，以建康为中心的南方地区也经历了频繁的朝代更迭。西晋之灭，“衣冠士族避乱江左者十八九”，南渡的士族拥立琅琊王司马睿称帝，建立东晋。但东晋内部一直存在着南迁士族与江南土著士族之间的矛盾，先后发生了王敦、桓温、桓玄之乱。420年，东晋将军刘裕废晋帝而自立宋朝，此后建康政权先后经历了宋、齐、梁、陈的更迭，直到589年隋文帝灭陈，复归全国的统一。

从三国鼎立到隋的统一，中国社会经历了近四个世纪的分裂，中间虽有西晋的统一却十分短暂，这是中国历史上少有的混乱与无序的年代，同时也是一个社会大变革的年代。有些西方学者将这段历史与欧洲中世纪历史相提并论，称之为中国的“黑暗时期”。其实，如果从文化史的角度来看，魏晋南北朝时期不但不“黑暗”，反而在文化、艺术、技术等诸多方面都取得了令人瞩目的成就，并开启了灿烂的隋唐文化之先河。正是政治格局的频繁异动、民族与人口的大规模融合与迁徙、外来宗教与文化的渗透等为魏晋南北朝的文化发展注入了新的活力。

如何撰写这个特殊时期的物质文化史，无论对历史学家还是考古学家来说都非易事。在以文献为主要研究材料的传统史学里，对制度史和重大历史事件的重视长期主导着历史学的研究方向，而对涉及更广泛社会层面的物质文化缺乏全面系统的考察；随着考古实物材料的增加，越来越多的考古学家尝试以实物资料来复原这个时期的物质文化，但在大多数情况下，考古所获的实物资料仍然只是作为历史文献资料的辅助，考古学家常常不自觉地将考古材料作为重大历史学题材（如礼仪制度、历史事件和历史人物）的实物证据，因此十分重视与精英阶层相关的都城、墓葬及文字材料，而忽视了更丰富和生动的体现普通人生活状态的实物材料。考古发现的实物包罗万象，与传世文献相比，不但内容更丰富，也能更真实地反映物质文化的原貌，随着考古材料的持续增多和考古学基础研究的深化，我们已有可能在魏晋南北朝物质文化史的研究上有所作为。

魏晋南北朝的物质文化面貌如其政治格局一样错综复杂，在“汉唐之间”这一大历史背景下，“发展”与“变迁”构成了它的主旋律。

首先，魏晋南北朝文化是汉文化传统的发展。虽然这个时期经历了社会的巨变，居民成分发生了巨大的变化，宗教和外来文化也强力渗透，但无论是入主中原的北方游牧民族，还是徙居江南或河西的汉人，其日常生活仍然具有基本的延续性，无论衣食住行、婚丧嫁娶，都能看到汉代传统与习俗的延续。

源于周而成于秦汉的婚俗“六礼”（纳采、问名、纳吉、纳征、请期、亲迎）在魏晋南北朝时期仍然盛行，不但为中原政权视为礼仪正统，而且也为新入主中原的北方少数民族效仿[1]。“六礼”中的“纳征”，即聘礼，在礼崩乐坏的魏晋南北朝，仍然作为婚俗中最关键的环节而受到特别重视，以致与当时盛行的门第观也时有冲突。南齐年间门阀士族王源嫁女入富户满氏，满氏“下钱五万，以为聘礼。源先丧妇，又以所聘余直纳妾”[2]，此举引发了名士沈约对于“姻娅沦杂”的极大愤慨：“自宋氏失御，礼教雕衰，衣冠之族，日失其序。姻娅沦杂，罔计厮庶，贩鬻祖曾，以为贾道，明目腆颜，曾无愧畏。”[3]北齐黄门侍郎颜之推也描述了北朝婚俗中“纳征”的盛行：“近世嫁娶，遂有卖女纳财，买妇输绢，比量父祖，计较锱铢，责多还少，市井无异。”[4]胡化程度较深的北齐皇帝也严格遵守“六礼”纳后，《隋书·礼仪志》载：“后齐皇帝纳后之礼，纳采、问名、纳征讫，告圆丘方泽及庙，如加元服。”[5]

另一类与日常生活密切相关的习俗是丧葬，魏晋南北朝时期的丧葬礼俗虽然在很多方面发生了变革，如薄葬的流行、“招魂葬”的出现、宗教因素的融入等，但很多先秦礼仪如五服之制、三年守丧等传统在这一时期得以继承；在今天可见的魏晋南北朝丧葬类遗存中，无论南北方都能看到明确的汉代传统：江南、河西地区是永嘉之乱以后汉文化传统的保持和发展之地，鲜卑建立的北魏政权里也能看到大量典型的汉代丧葬传统，如固原和洛阳发现的孝子列女内容的图像等。

其次，魏晋南北朝是一个文化巨变的年代。与汉唐大一统状态下相对统一的文化面貌不同，魏晋南北朝时期的物质文化呈现出明显的区域性和阶段性特征。大致而言，魏晋南北朝文化的主要差异在于南北之间和东西之间，即南北朝文化的差异以及北朝内部东西部的差异，而这些地域的文化随着政局的变动呈现动态

1 朱大渭等：《魏晋南北朝社会生活史》第六章，北京：中国社会科学出版社，1998年，第236—238页。
2 ［南朝梁］沈约：《奏弹王源》，《六臣注文选》卷四〇，北京：中华书局，2012年。
3 ［南朝梁］沈约：《奏弹王源》，《六臣注文选》卷四〇，北京：中华书局，2012年。
4 ［北齐］颜之推撰，王利器集解：《颜氏家训集解·治家》，北京：中华书局，1993年。
5 《隋书》卷九《礼仪志》，北京：中华书局，1973年，第177页。

的发展特征：中原地区是中原魏晋传统的中心所在，虽经十六国时期的破坏，物质文化依然保持了前后的延续性，关中和山东地区也是汉魏晋传统发达的地区，但地方特色比较明显，北朝时期的地方特色更加突出，关中“六镇鲜卑之野俗”与“魏晋之遗风”构成的“混和品”[1]在物质文化中得到一定的反映，青齐兖徐地区则反映了与长江下游文化越来越多的联系，而雁北地区的魏晋传统因素随着鲜卑的占据而呈逐渐增多的趋势，反映了鲜卑的汉化进程。

西晋灭亡以后的北方地区，魏晋传统的恢复是发展的主线，各个地区文化的阶段性变化也遵循了这种发展的趋势，长江下游是魏晋传统文化所谓的正朔所在，东晋南朝文化新风成为中原北方文化的重要来源。北魏前期的云代、北魏后期的洛阳、北朝后期的邺城和关中地区都包含了东晋南朝不同时期的文化新风，南北交接的青齐地区对南方文化的吸收表现得更为明显；河西是魏晋传统的保持和发展之地，与中原和关中魏晋文化有许多相近之处，十六国时期则反过来影响到关中，并对云代北魏前期文化发生了影响。

1 陈寅恪：《隋唐制度渊源略论稿·叙论》，上海古籍出版社，1982年。

第一章
城市规划与形态

德国社会学者马克斯·韦伯(Max Weber, 1864—1920)根据欧洲古代城市的特点,认为城市主要是依赖工业和商业发展起来的大型聚落,在城市起源过程中,先出现军事城堡,再在城堡外围形成市场,二者合而为一即为城市,因此城市除了必备的防御设施外,还应该有市场和一定的社会组织形态[1]。但是韦伯的城市发展模式并不适合中国,中国古代城市虽然一般都有城墙等防御设施,但工商业从来不是城市主要的功能,这点在宋代以前的城市里更加明显。宋代以前的城市主要是军事要塞或行政中心,虽然从汉至唐代的城市发展中,居民区的面积逐渐扩大,工商业也有所发展,但城市的核心仍然是宫殿、衙署和服务于皇权统治的宗教和礼制性建筑,即便在城市居民大为增加的唐代,居民也被严格限制在封闭的里坊中,并不适合工商业活动。这一特点导致了中国古代城市发展的独特轨迹,产生了严格封闭、强调礼制、等级森严的特殊城市形态。

魏晋南北朝时期是汉唐一统王朝之间的过渡时期,城市形态也如文化的其他方面一样具有承上启下的特点,一般在汉代基础上发展起来,一些主要城市继续沿用到了统一的隋唐时期。由于城市的历代沿用,极少易址而建,而且一般都被叠压在现代城市之下,使得城市考古工作困难重重,我们很难根据考古发现来全面复原古代某个时期城市的全貌。

所幸浩如烟海的古代史籍为我们留下了大量关于城市建设、沿革和城市生活的记载,尤其是地方志中对城市的记载最为系统,其中较为全面记录历代都城的志书首推顾炎武的《历代宅京记》[2],还有一些是分别记载魏晋南北朝城市的专书,如关于邺城的《邺都宫室志》[3]、关于长安的《三辅黄图》[4]等。在一些文学作品和文人笔记里也保留了大量的魏晋南北朝城市史

1 韦伯著,林荣远译:《经济与社会》,北京:商务印书馆,1997年。

2 [清]顾炎武撰:《历代宅京记》20卷,《中国古代都城资料选刊》,北京:中华书局,2004年。

3 [明]代崔铣撰:《嘉靖彰德府志》,其中卷八为《邺都宫室志》,记邺城的宫室遗迹,今所见是四库馆臣从《永乐大典》所辑,共辑七十二条,编成一卷(黄惠贤辑校《邺中记》,载《魏晋南北朝隋唐史料》,武汉大学学报合刊本),参[明]崔铣纂修《嘉靖彰德府志》,上海古籍书店,1964年。

4 陈直校证:《三辅黄图校证》,西安:陕西人民出版社,1981年。

料，如东汉班固的《两都赋》、东汉张衡的《两京赋》、西晋左思的《三都赋》、东晋常璩的《华阳国志》、北魏郦道元的《水经注》、北魏杨衒之的《洛阳伽蓝记》、南朝宋刘义庆的《世说新语》、南朝梁萧统的《昭明文选》、北齐颜之推的《颜氏家训》等。

根据文献记载和越来越多的城市考古材料，我们已有可能对魏晋南北朝的城市规划和形态做一些有意义的探索。

第一节　北魏六镇

北魏以平城为都期间，为了抵御北方劲敌柔然，在河套以东、阴山以南地区自西而东设立沃野、怀朔、武川、抚冥、柔玄、怀荒六镇。六镇之名首次见于史载是孝文帝时期，太和十八年(494年)八月，孝文帝巡视怀朔、武川、抚冥、柔玄四镇，“诏六镇及御夷城人，年八十以上而无子孙兄弟，终身给其廪粟”[1]。不过作为拱卫都城的主要边防工程，六镇应该在定都之初就已开始修建，此后历代皆有营建。除了六镇，还修筑了若干戍堡、长城等边防工事，如太武帝天平真君七年调发司、幽、定、冀四州十万人修筑畿上塞围，东起上谷（今北京延庆），西至黄河（今山西河曲县），在此范围内尚存北魏长城遗迹。

北方六镇是北魏时期中原通往漠北的交通要道、边防重镇，在北魏政治上的地位也举足轻重，六镇将领皆由鲜卑贵族担任，镇民由鲜卑军人、中原“强宗子弟”和受柔然所逼内迁的高车人组成。不过随着孝文帝将都城迁往洛阳，六镇的作用渐衰，地位一落千丈，各种矛盾激化，广阳王之子深就此上书肃宗“自定鼎伊洛，边任益轻，唯底滞凡才，出为镇将，转相模习，专事聚敛。或有诸方奸吏，犯罪配边，为之指纵，过弄官府。政以贿立，莫能自改”[2]。最终在北魏末年导致了以沃野镇人破六韩拔陵为首的六镇起义，虽然很快被镇压，二十万民吏被迁徙至定、冀、瀛三州，但六镇的历史也宣告结束。

由于六镇在北魏历史上的重要地位，考古学家很早就开始了对以六镇为中心的北方镇戍遗存的探索[3]，迄今已确定约十余座属于北魏时期的古城遗址，其中可能与六镇有关的古城是[4]：

乌拉特前旗根子场古城位于乌加尔河下游的义和干渠之北，经考古调查，发

1 《魏书》卷七下《高祖纪》，北京：中华书局，1974年，第174页。

2 《魏书》卷一八《广阳王传》，北京：中华书局，1974年，第430页。

3 张郁：《内蒙古大青山后东汉北魏古城遗址调查记》，《考古通讯》1958年第3期，第18—22页；内蒙古文物工作队：《内蒙古文物资料选辑》，呼和浩特：内蒙古人民出版社，1969年，第115—118页；宿白：《盛乐、平城一带的拓跋鲜卑——北魏遗迹——鲜卑遗迹辑录之二》，《文物》1977年第11期，第45页。

4 李逸友：《中国北方长城考述》，《内蒙古文物考古》2001年第1期，第36—41页。

现了东西宽约500米，南北长约750米的城垣，残墙高0.5—1米，宽不足3米，西南墙外还发现一座边长约250米的小城，据《元和郡县图志》丰州条载："沃野镇在天德军城北六十里。"而唐天德军城在今乌梁素海东北部，根据地理位置推测根子场古城可能就是北魏的沃野镇。

固阳县城库伦古城位于固阳县白灵淖乡城库伦村西，平面呈不规则五边形，东西长约1300米，宽约1100米。城内西北隅加筑南北360米、东西220米的子城，地面散落着大量瓦片，东南角发现巨型建筑基址，曾出土泥塑佛像。此城可能是北魏的怀朔镇[1]。

武川县乌兰不浪古城位于武川县大青山乡土城梁村，分南北二城，城内有高大夯土台基，出土了大量砖瓦等建筑材料，其中包括"富贵万岁"铭文瓦当和大型覆盆式莲花纹柱础石。此城曾被认为是六镇之一的武川镇遗址，但通过近年的调查，它可能是北魏的一处行宫，而武川县二份子古城更可能是武川镇遗址。该城是一座平面方形的城，东西宽约500米，南北长约774米，东墙发现城门式的豁口，东、南、北墙上均有马面（凸出于城墙的矩形墩台，利于防守侧面来袭之敌，因形似马面而得名）设置以及高出城墙0.5—1.5米的角楼，城内也出土了大量瓦当等建筑材料。

四王子旗乌兰花土城子古城地处大青山北麓的丘陵地带，也由南北二城组成，北城东西长800余米，南北宽200余米，城内西北建筑基址发现大量砖瓦等建筑材料，包括子母口筒瓦、莲纹瓦当、兽面纹瓦当等，这是一座规模较大的古城，可能是北魏抚冥镇遗址。

察右后旗白音察干古城平面方形，边长500余米，残墙高约1米，城内出土了大量北魏时期的砖瓦和陶片，此城曾被推测为柔玄镇，后被认为是怀荒镇遗址。

尚义县哈拉沟古城位于尚义县哈拉沟乡土城子村，平面大致呈凸形，东西约1100米，南北约1006米，可能是北魏的柔玄镇遗址。

除了以上几座古城外，在河套至雁北地区还发现了一些规模不等的北魏城址，可能与六镇有关，如纳林河畔沙疙堵附近的石子湾古城，城垣东西长230米，南北宽180米，城内发现大规模夯土台基和大型石柱础，地表也发现大量北魏早期特征的陶片和瓦片，遗址内发现了瓦片和陶瓷碎片，但都只是地表遗存，该遗址被断为北魏早期[2]。

---

1 内蒙古文物工作队、包头市文物管理所：《内蒙古白灵淖城圐圙北魏古城遗址调查与试掘》，《考古》1984年第2期，第145—152页。

2 崔璇：《石子湾北魏古城的方位、文化遗存及其它》，《文物》1980年第8期，第55—61、96页。

第二节　北方都城

永嘉之乱以后，北方各民族建立了十余个政权，但由于多是游牧民族所建立的短命王朝，文献对都城建设的记载大多语焉不详，留下的都城遗存也十分稀少。目前通过考古工作，我们了解稍多的是中原、华北地区的几个主要都城，包括匈奴大夏政权的统万城、鲜卑北魏政权的盛乐、平城和洛阳，以及曹魏至北齐时期的邺城、关中地区的长安城。其中，邺城的建设规制在中国古代城市建设史上具有承上启下的意义；北魏政权从盛乐至平城，再至洛阳的迁都历程，则在很大程度上反映了鲜卑社会逐渐中原化的过程。

一、统万城

统万城遗址俗称白城子，位于陕西省靖边县红墩乡白城子村的无定河北岸台地上，是十六国时期大夏的都城，北魏灭夏后继续沿用，成为北魏王朝的重要边镇之一。

匈奴族作为汉至十六国时期与中原王朝关系密切的北方民族，并没有留下太多遗存，但十六国时期铁弗部赫连勃勃建立的大夏都城——统万城是一处难得的规模宏大的都城。赫连勃勃在东晋义熙三年（407年）建立政权后，在汉奢延城的基础上，役使十万民夫，费时6年而成，“朕方统一天下，君临万邦，故以统万为名”[1]。统万城规模十分宏伟：“高隅隐日，崇墉际云，石郭天池，周绵千里。其为独守之形，险绝之状，固以远迈于咸阳，超美于周洛。”[2] 北魏始光四年（427年）攻克统万城，太武帝拓跋焘不由得感叹：“蕞尔国而用民如此，欲不亡得乎!”[3]夏的统治仅仅延续了二十余年，但统万城一直使用到北宋初年，北宋太宗攻灭盘踞统万城的党项人之后徙民毁城。

二十世纪五十年代开始，陕西省文管会和侯仁之先生先后对统万城进行了调查[4]，七十年代陕西文物部门对统万城进行了勘探和实测[5]，近十年来又进行了大规模勘探、发掘和实测[6]，我们对统万城的了解也在逐步加深。

1 《晋书》卷一三〇《赫连勃勃载记》，北京：中华书局，1974年，第3205页。

2 《晋书》卷一三〇《赫连勃勃载记》，北京：中华书局，1974年，第3211页。

3 《资治通鉴》卷一二〇《宋纪二》，北京：中华书局，1956年，第3795页。

4 俞少逸：《统万城遗址调查》，《文物参考资料》1957年第10期，第52—55页；侯仁之：《从红柳河上的古城废墟看毛乌素沙漠的变迁》，《文物》1973年第1期，第35—41页。

5 陕西省文管会：《统万城址勘测记》，《考古》1981年第3期，第225—232页。

6 陕西省考古研究院、榆林市文物保护研究所等：《统万城遗址近几年考古工作收获》，《考古与文物》2011年第5期，第14—19页。

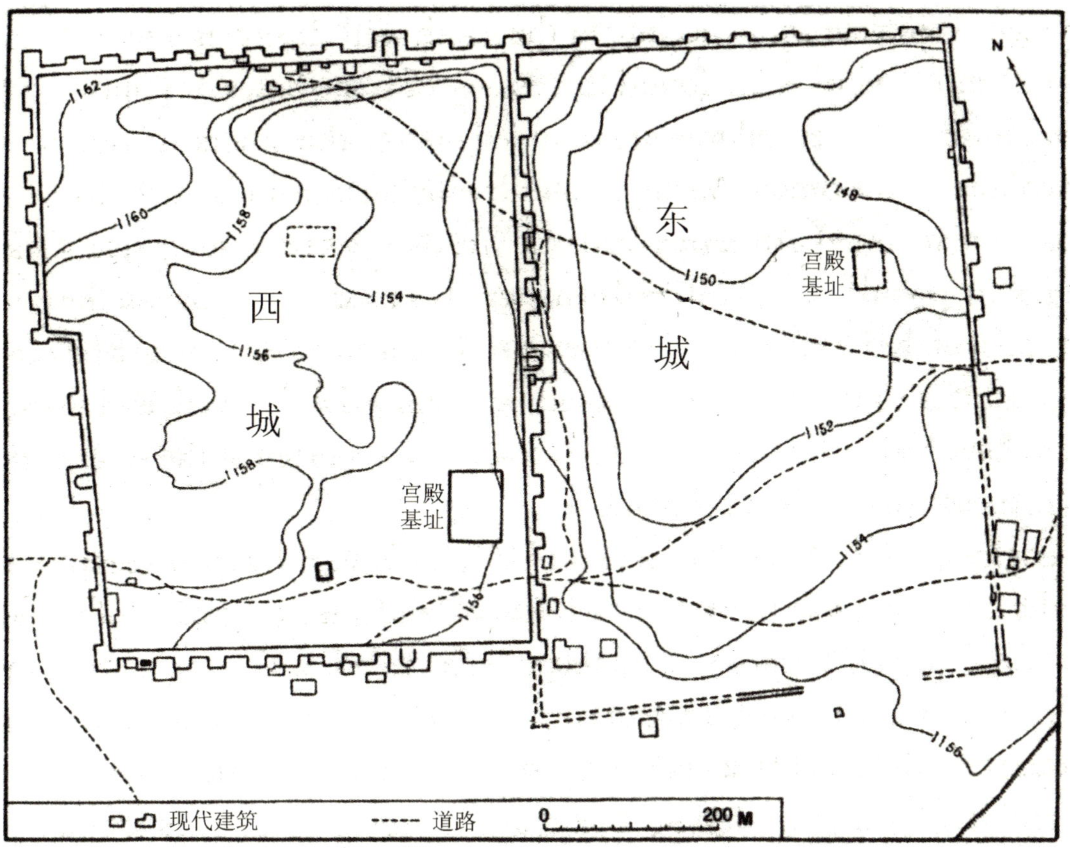

图1-2-1　统万城遗址实测图（引自陕西省文管会《统万城址勘测记》，1981年）

统万城遗址由外郭城、东城和西城三部分组成，俗称头道城、二道城和三道城（图1-2-1）。外郭城平面呈曲尺形，周长13865.4米，面积7.7平方公里。西城四面各有城门一道，分别称作朝宋门、招魏门、服凉门、平朔门，其中西门瓮城尚存遗迹，有宽3米的门道；东城北垣无门，东垣有一门道，南垣情况不明，西垣共招魏门与西城相交通。东西城周长分别为2566米、2470米，现残存城墙的高度达10多米，西城墙基宽达16米，加上马面厚30余米，城墙转角处都有高大的角楼，以西南角楼最高，达31.62米，角楼周围设置有瞭望哨和射击孔，是重要的军事设施。城墙设置有马面，其中西城南垣马面较为特殊，既长大又宽厚，每座长18.8米，宽16.4米，高出城墙，而低于角楼。这种马面或许正是统万城在军事工程上的创新。

城垣、角楼和马面皆由白色土分层夯筑而成，十分规整而坚固，“城高十仞，其厚三十步，上广十步，宫墙五仞，其坚可以砺刀斧”[1]。据说当时负责筑城的将作大匠叱干阿利“残忍刻暴，乃蒸土筑城，锥入一寸，即杀作者而并筑之”[2]。城墙用石灰、石英和粘土掺合在一起夯筑而成，三者掺水混合即成三合土，石灰加水后体积

1 《魏书》卷九五《铁弗刘虎传附赫连昌传》，北京：中华书局，1974年，第2059页。

2 《晋书》卷一三〇《赫连勃勃载记》，北京：中华书局，1974年，第3205页。

膨胀，与砂石粘土充分结合，故墙体白且坚固，所谓“蒸土筑城”可能指筑城时，生石灰加水而现雾气腾腾之状，被误为“蒸土”。

图1-2-2 统万城遗址出土“永隆”瓦当

城内建筑也如角楼般雄伟，“台榭高大，飞阁相连，皆雕镂图画，被以绮绣，饰以丹青，穷极文采”[1]。今天在西城南面正中发现了大规模夯土建筑基址，发现了很厚的瓦砾层，四周壁面上发现大量粗大椽孔，也发现了水井遗迹。城址内还发现了大量可能是十六国时期的遗物，包括石雕、印信、铜钱、铜佛像、石柱础、石磨，以及大量瓦当、滴水等建筑材料，其中一件带有“永隆”铭文的黑釉瓦当直径16厘米，可能是赫连勃勃时期的遗物（图1-2-2）[2]。

统万城地处西域通往北魏都城平城的交通要道上，也是农耕文化与游牧文化交汇之地，作为十六国时期的一座少数民族政权都城，军事防卫是其最显著的特征，城市规划以及筑城技术在中国城市建设史上也具有划时代的意义。

二、盛乐

以游牧射猎为业的鲜卑于东汉末年迁徙至匈奴故地，在今河套北部固阳县一带安顿下来，开始接触中原文化。至三国时期，在力微的统治下，拓拔鲜卑势力渐强，南迁至汉定襄郡之盛乐一带，此后与中原的曹魏、西晋王朝联系日密。西晋永嘉四年（310年），拓拔首领猗卢受晋封为代公，继而“城盛乐以为北都，修故平城以为南都”，南、北都之设可能还是原有游牧习惯的遗留。至拓拔什翼犍统治时期才开始营建比较固定的宫室，大规模营建盛乐城。

经考古调查，盛乐城在今和林格尔县土城子村，北依大青山（古阴山），西濒黄河，地处中原通往漠北的交通要道。古城呈不规则长方形，东西1450米，南北2290米，面积约4平方公里，城垣保存较为完整，城墙残存最高者达10米，东、西、北墙各设城门，门外设瓮城。分为郭城、北内城和南内城三部分（图1-2-3），始建年代可以追溯到北魏甚至更早。郭城城墙上建有马面和瓮城[3]。

1 《魏书》卷九五《铁弗刘虎附赫连昌传》，北京：中华书局，1974年，第2059页。

2 陕西省文管会：《统万城址勘测记》，《考古》1981年第3期，第225—232页。

3 陈永志、李强、刘刚：《和林格尔县土城子古城考古发掘主要收获》，《内蒙古文物考古》2006年第1期，

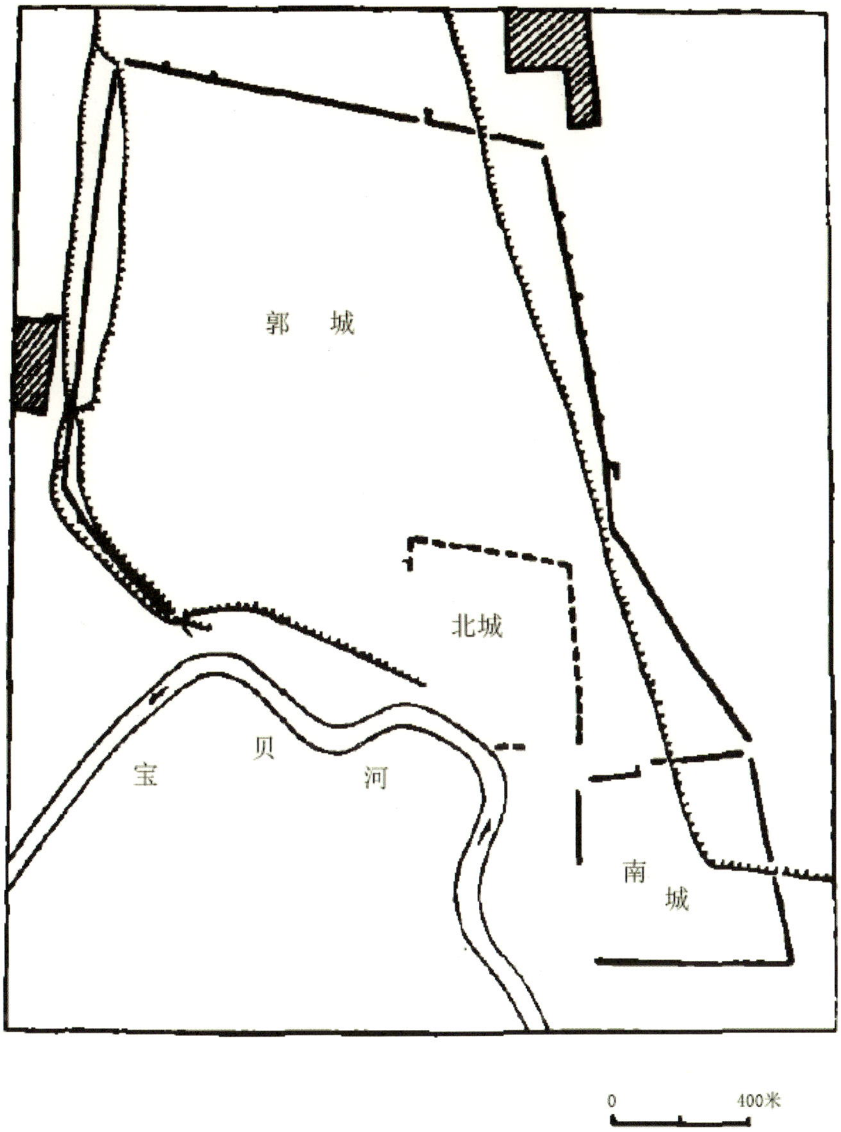

图1-2-3　盛乐城平面图（引自宿白《盛乐、平城一带的拓跋鲜卑——北魏遗迹——鲜卑遗迹辑录之二》，1977年）

城址的遗存堆积较厚，发现了从先秦至宋元时期的历代遗物，包括生活用具、农具、动物骨骼，也有北魏特有的黑釉瓦。在古城范围内还发现了具有鲜卑早期文化特点的墓葬和陶器群，推测此城建于北魏以前，但在拓跋氏时期应有过大规模营建活动[1]。

第9—16页。

1　内蒙古自治区文物工作队：《和林格尔县土城子试掘记要》，《文物》1961年第9期，第26—29页；宿白：《盛乐、平城一带的拓跋鲜卑——北魏遗迹——鲜卑遗迹辑录之二》，《文物》1977年第11期，第38—39页。

三、平城

随着鲜卑政权的巩固和向中原腹地的深入，都城也随之进一步南迁，北魏天兴元年（398年），道武帝拓跋珪“徙山东六州民吏及徒何、高丽杂夷三十六万，百工伎巧十万余口，以充京师……（秋七月）迁都平城，始营宫室，建宗庙，立社稷”[1]，不过当时的平城虽有了宫室及礼制性建筑，但“犹逐水草，无城郭，木末始土著居处”[2]。至天赐三年（406年）才“规立外城，方二十里，分置市里，经涂洞达”[3]，并“（道武帝）创基拨乱，日不暇给，然犹分别士庶，不令杂居，伎作屠沽，各有攸处”[4]，道武帝时期大致奠定了平城的基本格局。

平城沿袭了中原城市之制，采取分片规划宫室及安置百姓的方式，“（太祖）欲广宫室，规度平城四方数十里，将模邺、洛、长安之制，运材数百万根。以（莫）题机巧，征令监之”[5]。将宫殿区置于全城北部、居民区设于南部的做法可能效仿了邺城，是里坊制的雏形。北魏在进取中原历程中，每攻占一地，即掠取大量财物和人口，将富商大贾、工艺伎巧、各族吏民迁徙至平城，将这些新移民按照社会身份和职业安置于城区的里坊和郊区，既便于控制，也保证了大规模建城活动的劳动力之需。北魏以平城为都的近百年间，城市建设活动从未停止，众多宫殿、苑囿、宗庙、寺庙、石窟和社稷的建设势必需要大量人丁，也需要各地的能工巧匠，正是这些来自各地的移民完成了平城的建设，同时也带来了迥异的地域文化，促使平城实力的迅速集聚。

城内有东西二宫，西宫为拓跋珪晚年所居，东宫是朝会之所和太子所居，宫城北和东面皆有苑囿，其中西宫周长20里，有12个城门。平城宫殿以天文殿最大，是朝觐和宴会之所。除宫殿建筑外，城内遍布金碧辉煌的佛寺建筑，寺庙多达百所，其中包括“镇固巧密，为京华壮观”的天宫寺，与西郊武周山上为太祖以下五帝所铸大像（昙曜五窟）遥相呼应，足见当时佛法之盛。

平城宫殿建筑基址里发现了很多大型建筑材料，如“传祚无穷”、“富贵万岁”、“大代万岁”及莲花纹、兽面纹、童子化生纹瓦当（图1-2-4）[6]，而在当时的城内居民区里出土了石柱础、各类鎏金铜器等精致文物。

城郊的建筑除了北部的方山永固陵，西郊的云冈石窟外，还有南郊的礼制性建筑——明堂，实际上是一座“上圆下方，四周十二户九室”的特殊建筑，兼具祭祖、布政和天文观测等多种用途。明堂考古是迄今平城考古工作中较为突出的成果，

1 《魏书》卷二《太祖纪》，北京：中华书局，1974年，第32—33页。
2 《南齐书》卷五七《魏虏传》，北京：中华书局，1972年，第984页。
3 《魏书》卷二《太祖纪》，北京：中华书局，1974年，第42—43页。
4 《魏书》卷六〇《韩麒麟附子显宗传》，北京：中华书局，1974年，第1340—1341页。
5 《魏书》卷二三《莫含附莫题传》，北京：中华书局，1974年，第604页。
6 王雁卿、高峰：《北魏平城瓦当考略》，《文物世界》2003年第6期，第25—31页。

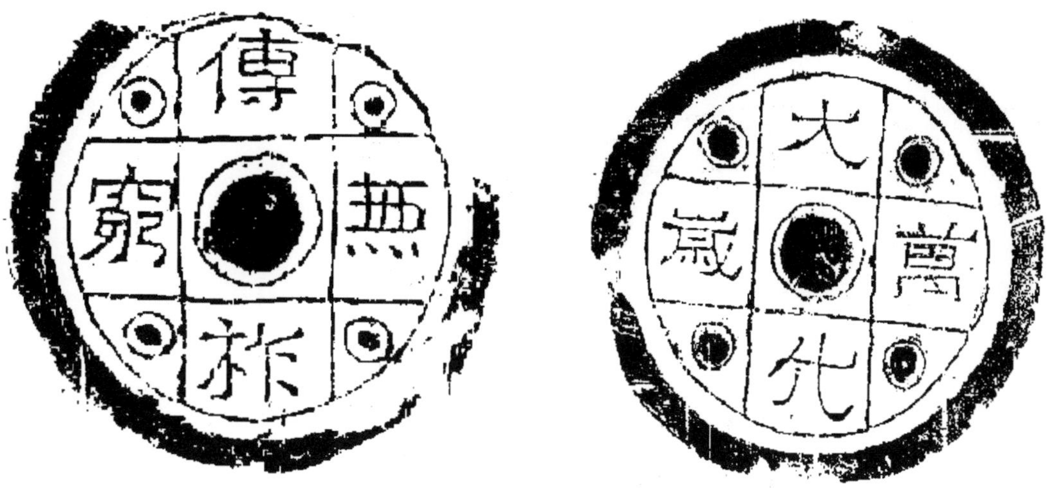

“传祚无穷”　　“大代万岁”

图1-2-4　平城遗址出土瓦当

考古学家在大同市明代府城南发现了一座巨大的环形遗址，外部是一圈直径289—294米的环形水渠，水渠宽约18—23米，内侧四面各有一个夯土台，中央有一座边长42米的正方形夯土台，构成一个外圆内方的建筑基址，还出土了大型瓦当和筒瓦等建筑材料（图1-2-5）[1]。明堂是平城建设史上最后一次大规模的礼制性建筑，由北魏名臣李冲主持，始建于孝文帝太和年间，太和十五年（491年）落成，明堂这一典型的中原式礼仪建筑在平城的出现反映了鲜卑汉化程度的进一步深化。

经过历代拓拔统治者的营建，至迁洛前平城已成为当时中国最大的城市之一，人口规模超百万，范围东至御河以东，北至方山，西至武周山（云冈）石窟，平城成为一座城郊分明、山水相连、风景优美、人口密集的繁华大都市。

《南齐书·魏虏传》对平城的城市生活有一段生动的描绘：

> 佛狸所居云母等三殿，又立重屋，居其上。饮食厨名“阿真厨”，在西，皇后可孙恒出此厨求食。……殿西铠仗库屋四十余间，殿北丝绵布绢库土屋一十余间。伪太子宫在城东，亦开四门，瓦屋，四角起楼。妃妾住皆土屋。婢使千余人，织绫锦贩卖，酤酒，养猪羊，牧牛马，种菜逐利。太官八十余窖，窖四千斛，半谷半米。又有悬食瓦屋数十间，置尚方作铁及木。其袍衣，使宫内婢为之。伪太子别有仓库。其郭城绕宫城南，悉筑为坊，坊开巷。坊大者容四五百家，小者六七十家。每闭坊搜检，以备奸巧。城西南去白登山七里，于山边别立父祖庙。城西有祠天坛，立四十九木人，长丈许，白帻、练裙、马尾被，立坛上，常以四月四日杀牛马祭祀，盛陈卤簿，边坛奔驰奏伎为乐。

平城宫殿里不但有织锦、酿酒、冶铁等手工业作坊，有种植和放牧业，也有商

1　王银田：《北魏平城明堂遗址研究》，《中国史研究》2000年第1期，第38—45页；王银田等：《山西大同市北魏平城明堂遗址1995年的发掘》，《考古》2001年第3期，第26—34页。

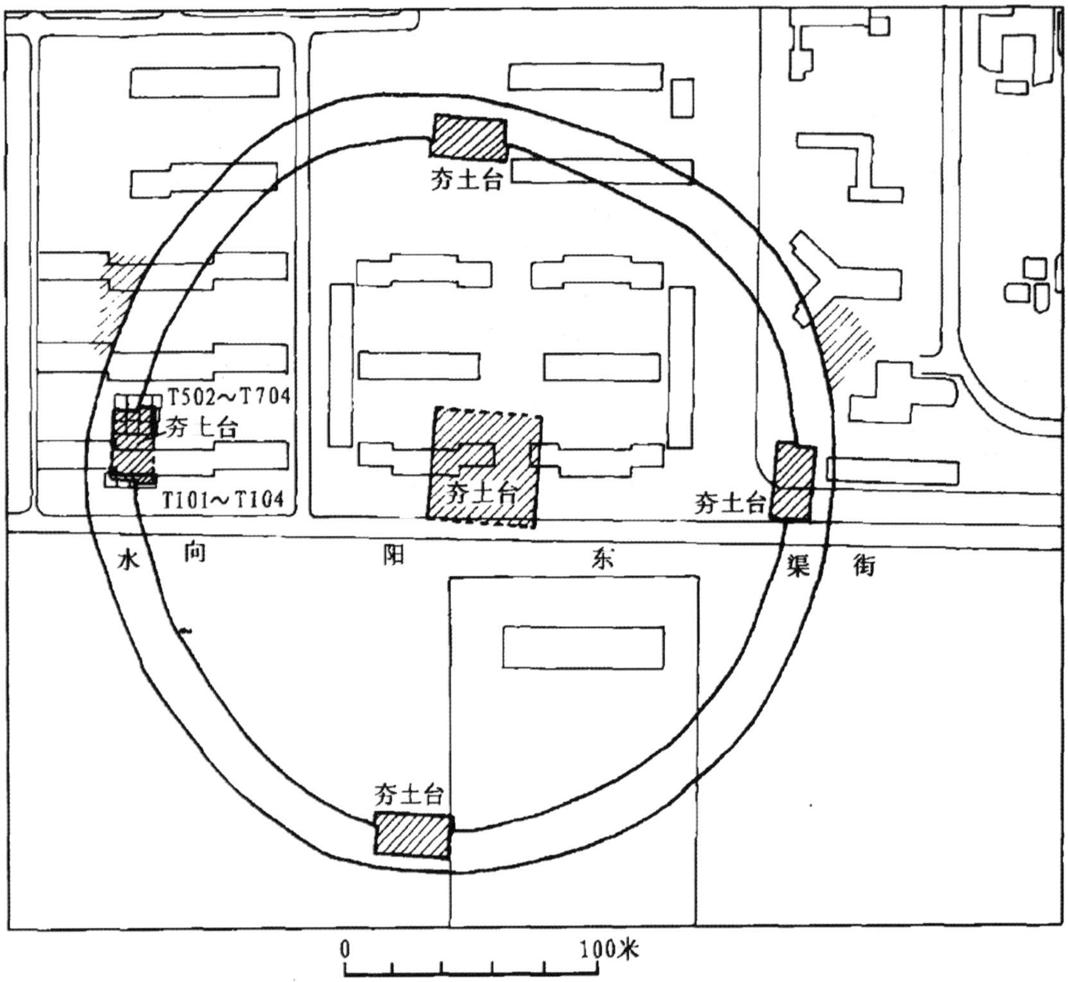

图1-2-5　平城明堂遗址平面图（引自王银田《北魏平城明堂遗址研究》，2000年）

业贸易，给人以一种繁荣的自给自足庄园经济景象；一年一度的西郊祭天与平城的佛事活动一样隆重。

由于平城是一座古今重叠式的城市，我们无法通过考古工作完全揭示它的原貌，但借助文献的描述和一些间接的考古资料，我们仍可管窥这一座五世纪都市的繁荣景象。

四、邺城

邺城是北方地区年代最早、延续时间最长、影响最大的一座都城，位于今河北临漳县和河南安阳之间的漳河北岸，地处太行山东麓的华北平原，具有良好的农桑基础和重要的战略位置，在中原诸城中，邺城的地位可谓首屈一指，“以河南之全势较之，则宛不如洛，洛不如邺也……夫邺倚太行，阻漳滏……夫自古用兵，以邺而制洛也常易，以洛而制邺也常难”[1]。因此，邺城成为历代兵家必争之地，欲成就中原霸业者，无不以邺城为根基。

邺城为春秋时期齐桓公始筑，东汉时成为袁绍的霸业根据地，汉代末年的官渡之战后，邺城成为曹操的主要军事据点，当黄初元年（220年）曹丕称帝后，曾短暂以邺城为都，后来虽然定都洛阳，但邺城在曹魏的地位仍然非常重要。永嘉之乱后，十六国中的后赵政权又以邺城为都（335—349年），350年冉闵夺取后赵政权并称帝，建立大魏政权，邺城又成为冉魏首都，两年之后冉魏被南下的前燕所灭，从东晋升平元年（357年）开始，邺城又成为前燕的政治中心，直到东晋太和五年（370年）被前秦苻坚攻克，此后邺城逐渐荒芜。

由于历史上漳河多次洪水泛滥和改道，汉末十六国时期的邺城遗迹非常稀少，所幸陆翙《邺中记》残本[2]及郦道元《水经注》给我们留下了许多关于邺城的珍贵记录，结合考古调查，可以对邺城的布局及主要建筑基址有个大致的了解。

在邺城遗址的西北部（今三台村附近）发现了2座夯土台基，较大的土台南北120多米，东西70多米，高约10米，顶部覆盖着一层瓦片堆积，也有一些石质建筑构件[3]；在以北85米另有一座规模略小的夯土台，这些夯土台基可能就是邺城最著名的建筑——铜雀三台的遗存：较大的是金虎台，较小的是铜雀台，此二台的北部可能就是冰井台。在两座土台之间发现了城墙遗迹。

三台是汉末曹操经营邺城时的主要建筑，据《邺中记》载，三台以城墙为基，铜雀台高10丈，有房屋100间，金虎台高8丈，有房屋109间，冰井台高8丈，有房屋140间，上有冰室和冰井，井内藏冰、石炭，还有盐窖和粟窖以备不虞，三台之间各相距60步，以浮桥式的阁道相连，阁道可以收放，平常可以互通各台，战时则悬空，三台互相隔离。唐代杜牧有诗“东风不与周郎便，铜雀春深锁二乔”，此“二乔”可能有双关之意，既指孙吴之二乔，又指铜雀三台之二桥[4]。铜雀台下又引漳河之水，解决了三台的水源问题。

三台占据了邺城的西北隅制高点，在规划上显然十分注重军事防卫功能，同时又具有皇家苑囿的特点，风景十分优美，陈思王曹植有《登台赋》：“建高门之

---

1 ［清］顾祖禹撰，贺次君、施和金点校：《读史方舆纪要》卷四六《河南序》，《中国古代地理总志丛刊》，北京：中华书局，2005年。

2 周一良：《读〈邺中记〉》，载马忠里和刘心长主编《邺城暨北朝史研究》，石家庄：河北人民出版社，1991年，第1—17页。

3 俞伟超：《邺城调查记》，《考古》1963年第1期，第15—24页。关于邺城史的方方面面可参考马忠里、刘心长主编《邺城暨北朝史研究》，尤其是其中徐光冀撰写的《邺城遗址的勘探发掘及其意义》一文，石家庄：河北人民出版社，1991年，第43—45页。亦可参中国社会科学院考古研究所、河北省文物研究所邺城考古工作队《河北临漳邺北城遗址勘探发掘简报》，《考古》1990年第7期，第595—600页；江达煌《邺城六代建都述略——附论曹操都邺原因》，《文物春秋》1992年增刊，第87—97页。

4 钱国祥：《汉魏洛阳故城沿革与形制演变初探》，《21世纪中国考古学与世界考古学论文集》，北京：中国社会科学出版社，2002年。

嵯峨兮，浮双阙乎太清；立中天之华观兮，连飞阁乎西城；临漳水之长流兮，望果园之滋荣。”

后赵石虎是一位穷奢极欲的统治者，他在曹魏邺城基础上对邺城进行了大规模的改造和营建，《邺中记》详细描述了后赵时期邺城的城门与太武殿、金华殿、显阳殿等主要宫殿，以及城西的桑梓苑、城东的华林苑等皇家苑囿：

> 邺宫南面三门。西凤阳门，高二十五丈，上六层，反宇向阳，下开二门。又安大铜凤于其巅，举头一丈六尺，门窗户，朱柱白壁。未到邺城七八里，遥望此门。凤阳门五层楼，去地三十丈，安金凤凰二头。……石虎于魏武故台立太武殿，窗户宛转画作云气，拟秦之阿房，鲁之灵光。……石虎金华殿，后有虎皇后浴室。三门徘徊，反宇栌檘隐起。形采刻镂，雕文粲丽。四月八日，九龙衔水浴太子之像。又太武殿前沟水注浴时，沟中先安铜笼疏，其次用葛，其次用纱，相去六七步断水。又安玉盘，受十斛。又安铜龟，饮秽水出后，却入诸公主第。沟亦出建春门东。又显阳殿后皇后浴池上作石室，引外沟水注之，室中临池，上有石床。石虎以胡粉和椒涂壁，曰椒房。邺城西三里桑梓苑有宫，临漳水。凡此诸宫，皆有夫人侍婢，又并有苑囿，养獐鹿雉兔。虎数游宴于其中。自襄国至邺，二百里中，四十里辄一宫。有一夫人侍婢，数十黄门宿卫。石虎下辇，即止。凡所起内外大小殿台行宫四十四所……华林苑，在邺城东二里，石虎使尚书张群发近郡男女十六万人，车万乘，运土筑华林苑，周回数十里。又筑长墙，数十里，张群以烛夜作，起三观四门。又凿北城，引漳水于华林园。[1]

北魏郦道元《水经注》也记录了邺城的繁华：

> 其城东西七里，南北五里，饰表以砖，百步一楼。凡诸宫殿门台隅雉，皆加观榭，层甍反宇，飞檐拂云，图以丹青，色以轻素。当其全盛之时，去邺六七十里，远望苕亭，巍若仙居。[2]

在多年的邺城考古工作中，陆续发现了大量曹魏至十六国时期的遗物，如曹魏时期的卷云纹瓦当、螭首石刻、石案，后赵时期的“大赵万岁”瓦当，前燕“富贵万岁”瓦当[3]，根据这些遗物和三台遗存，结合文献可大致推测出曹魏十六国时期邺城的城垣范围和城内布局（图1-2-6）[4]。

《水经注》称曹魏邺城东西七里，南北五里，共7座城门，经过考古实测，已探出南北东三面城墙、城门及主要街道，城墙宽15—18米，全城东西长2400—2620米，南北宽1700米，是一座东西略长，正南北方向的城市，城内布局严整，功能分区明确，开创了一种全新的都城规划模式：金明门与建春门之间的东西大道将全

1 ［晋］陆翙：《邺中记》，王云伍主编《丛书集成初编》本，上海：商务印书馆，1937年，第1—3页。

2 ［北魏］郦道元：《水经注》卷一〇《漳水》，上海：商务印书馆，1929年。

3 乔文泉：《邺城考古调查和钻探简报》，《中原文物》1983年第4期，第9—16页。

4 徐光冀：《邺城考古的新收获》，《文物春秋》1995年第3期，第1—5页。

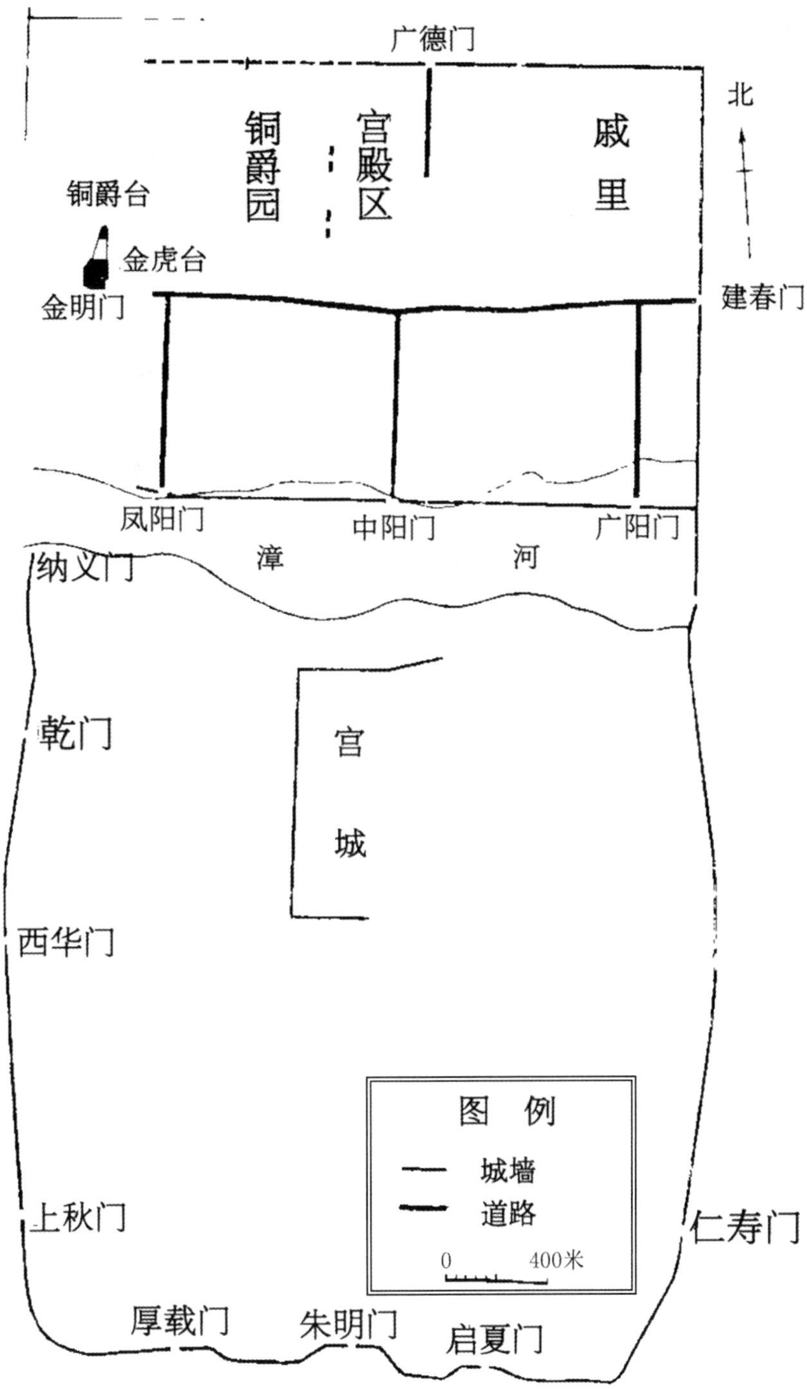

图1-2-6　邺城遗址平面图（引自徐光冀《邺城考古的新收获》，1995年）

城一分为二，北部为宫殿区、苑囿和贵族的府第，南部为衙署和分片安置的居民区，又有一条南北向的中轴大街（中阳门大街）从宫殿区中央往南直达全城南门，其他街道纵横交错。这种T形布局以及按照社会身份安置居民的做法，被北魏平城和洛阳仿效，并在隋唐时期进一步定型，形成了布局严整的里坊制城市格局。

前燕灭亡之后，邺城渐废，直到近二百年后的北魏末期，高欢立北魏傀儡皇帝于邺，开始了史上的东魏，高欢死后，其子称帝，继续以邺城为都，至承光元年（577年）被北周所灭，不过高氏统治下的东魏和北齐邺城并非汉魏十六国时期的邺城原址，而是在其南部另建的新都，即所谓"邺南城"。在北周攻占北齐时，邺南城得以幸存，不过后来在驻守邺城的尉迟迥反隋战争中，终被夷为平地。

通过一系列的考古工作，我们已获得了大量邺南城的资料，可以大致复原邺南城的平面布局[1]。

邺南城的城垣范围和多座城门遗迹都已调查或试掘：北城墙沿用了邺北城的南墙，全城呈南北略长的长方形，根据实测可知南北长3460米，东西宽2800米，墙宽8—10米，城墙的东南角和西南角为圆角，在城墙上有马面设施，墙外有城壕。文献记载邺南城有14座城门，南北墙各3座，东西墙各4座。主要城门及城内主干大道皆已探明，并对正门（南墙正中城门）即朱明门基址进行了发掘，可知城门的进深达20.3米，有三个门道，其间以6米厚的墙相隔，中央门道宽5.4米，两侧门道各宽4.8米。城门两侧的城墙向外凸出49米，城门之上有一个14.6米×14.6米的方形台基，可能是门楼的基址[2]。朱明门的这种U形结构带有明显的军事防卫特征，可能也被以后的都城所继承[3]。

邺南城的基本格局仍是曹魏邺城的延续，但在整体规划上又受到北魏洛阳城的强烈影响，不但城内扩展了南部居民区的范围，新建了商业区——东市和西市，而且城外也像洛阳一样规划了石窟寺和皇家陵园区，甚至有些建筑材料也直接来自洛阳。

邺城自春秋始筑，历经战国秦汉、曹魏、后赵、冉魏、前燕、东魏、北齐，至六世纪末期遭北周杨坚焚毁，此后逐渐被湮没于漳河泥沙之下。邺城在历代兵火战乱中历经数次兴衰，从邺北城到邺南城的沧桑变迁，见证了中国宋代以前都城建设的历史，在中国城市建设史上留下了厚重的一笔。

五、洛阳

今洛阳市北的邙山海拔在300米左右，是洛阳北面的一道天然屏障，洛河是发源于华山的一条黄河支流，邙山之南与洛水之阳的平原享有优越的自然地理条件，又是东西交通要道，自古以来就是理想的建都之所，先后有东周、东汉、曹魏、西晋、北魏、隋唐、后梁、后唐、后晋各朝代在此建都，是名副其实的"千年古都"，今天仍有遗迹可考的城址除附近偃师县境内夏代的二里头遗址、商代早期的偃师商城遗址外，还有东周王城、汉魏洛阳城、隋唐东都等，其中东汉至北魏时期的洛

1 徐光冀：《东魏北齐邺南城平面布局的复原研究》，载《宿白先生八秩华诞纪念文集》，北京：文物出版社，2002年，第201—215页。

2 中国社会科学院考古研究所、河北省文物研究所邺城考古工作队：《河北临漳县邺南城朱明门遗址的发掘》，《考古》1996年第1期，第1—9页。

3 郭义孚：《邺南城朱明门复原研究》，《考古》1996年第1期，第10—21页。

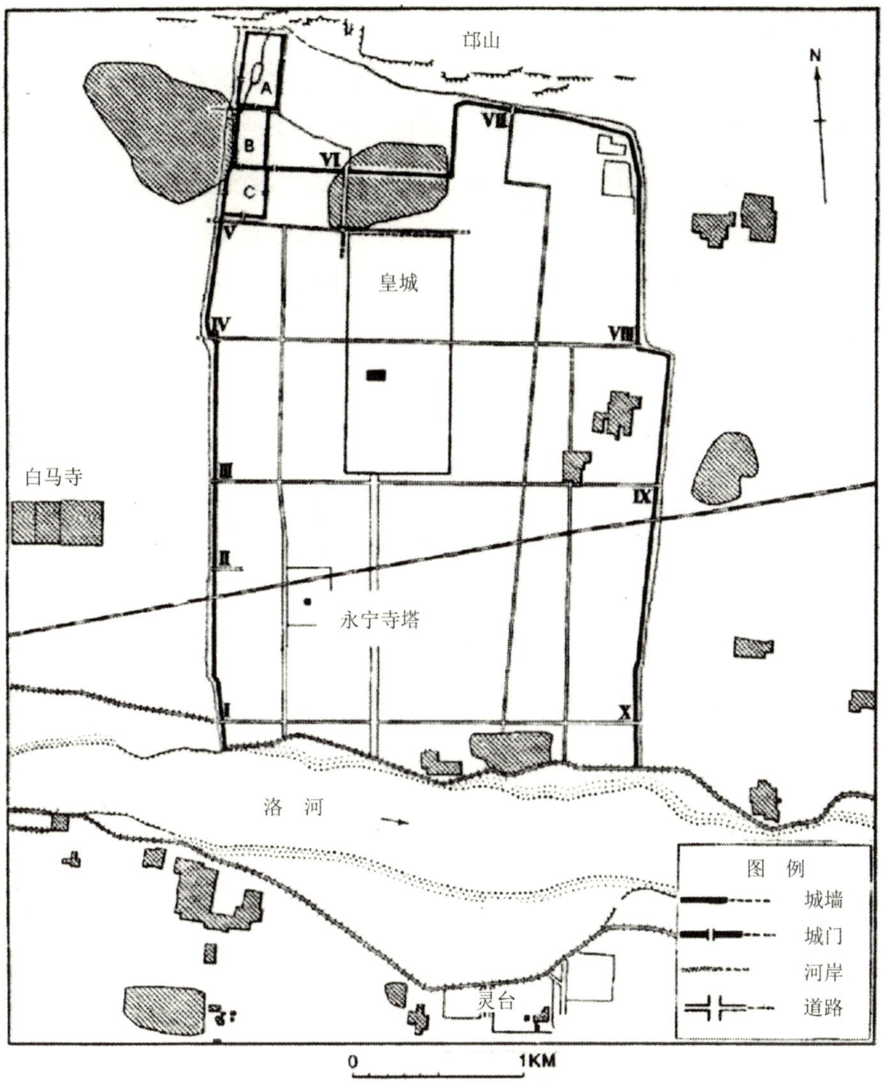

图1-2-7　汉魏洛阳故城平面图（引自钱国祥《汉魏洛阳故城沿革与形制演变初探》，2002年）

阳城包括了东汉洛阳、曹魏西晋洛阳和北魏洛阳，被考古学家称作“汉魏洛阳故城”（图1-2-7）[1]，它在频繁的朝代更替中历尽沧桑、几度兴废，承担了中国古代城市发展上的承上启下的作用，在古代城市史上享有独特的地位。

东汉在定都洛阳之初，就在原来洛阳旧城的基础上进行了大规模改造和扩建，逐渐形成了以宫殿区为主体的都城，在南北长、东西窄的城垣内，南宫和北宫占据了大部分区域，在其周围分布着禁苑、太仓、武库、中央衙署及贵族邸宅，而百姓居民区及礼制性建筑都安置在南门外。这种较有代表性的汉代城市规划模式

1　中国社会科学院考古研究所洛阳工作队：《汉魏洛阳城初步勘查》，《考古》1973年第4期，第198—208页；郭黎安：《魏晋北朝邺都兴废的地理原因》，载马忠理、刘心长主编《邺城暨北朝史研究》，石家庄：河北人民出版社，1991年，第79页；钱国祥：《汉魏洛阳故城沿革与形制演变初探》，载《21世纪中国考古学与世界考古学论文集》，北京：中国社会科学出版社，2002年。

随着经年的汉末战争而走到了历史的尽头，代之而起的是一种全新的城市布局。

东汉末年，董卓挟献帝及人口数百万西走长安，洛阳毁于一旦，室屋荡尽，周围“二百里内无复孑遗”[1]。当建安末年曹操在废墟上重修洛阳时，可以少受旧有洛阳格局的影响而进行了一些有意义的创新。

曹魏新都洛阳沿用和修复了东汉洛阳的部分城墙，所以城垣范围并未超过东汉洛阳，仍是大致南北略长、东西略窄的长方形，东墙3895米，西墙4290米，北墙3700米，南墙遗址位于今洛河河底，大致长度为2460米。在部分城墙上出现了如统万城所见的马面设施。

汉代的十二座城门大部分仍在沿用，形制也基本没变，不过名称多已改变。考古学家对建春门遗址的发掘[2]，证实建春门从东汉至北魏一直沿用，是三个门洞，这与文献记载的城门结构相符。此外，曹操出于军事防卫之需，在城内西北角修筑了金墉城，与邺城西北的铜雀三台性质类似，承担了离宫的功能，曹魏时期的废帝、废后常被安置在此，同时又具有强烈的军事防卫色彩。

曹魏对汉洛阳城的变革主要在城内，首先是改变了旧有的南北宫制度而修建了单一的宫城，在宫城内修建了洛阳宫、昭阳殿、太极殿、总章观等宫殿，并对北部苑囿进行了大规模整治，修筑了灵芝池、天渊池、景阳山等；其次是以宫城南门阊阖门为起点修筑了一条南北向的中轴大街（即铜驼大街），直达郭城南门宣阳门。这种将主要宫殿布置在全城北部居中，南部以中轴大街分隔左右的做法似乎因循了邺城之制[3]，也成为后来都城的基本布局方式。

西晋取代曹魏之后，除了个别部位进行修缮之外，基本沿用了曹魏洛阳城的旧有布局，没做太大的改变。永嘉五年（311年），匈奴贵族刘曜攻入洛阳，俘虏晋怀帝，并在城内大肆烧杀抢掠，繁华了100余年的洛阳城再次被毁。

沉寂近二百年之后，作为北魏孝文帝汉化改革的一项举措，洛阳于太和十七年（497年）再次成为首都，北魏在魏晋洛阳废墟的基础上进行了大规模的改造和修建，洛阳再次成为中原地区的一座繁华都市。

北魏对洛阳城的改造首先在城门，在西城墙上增加了第十三座城门，位于金墉城南墙之南，这样洛阳城的西面就有了四座城门，南面也有四座城门，北面二座，东面三座。考古学家对部分城门进行了解剖，各城门之间相距500—880米不等，城门宽度也不尽一致，窄者7米，宽者约50米。从汉一直沿用至北魏的建春门有三个门道，门两侧是夯土城墙，门内以两条夯土墙分隔三个门道，每个门道宽约4米，门道上发现了明显的车辙痕迹，肉眼能见。在门道两侧还发现了石柱础，不过没有

1《后汉书》卷七二《董卓传》，北京：中华书局，1965年，第2327页。

2 段鹏琦等：《汉魏洛阳城北魏建春门遗址的发掘》，《考古》1988年第9期，814—818页。

3 段鹏琦：《汉魏洛阳城的几个问题》，载《中国考古学研究——夏鼐先生考古五十年纪念论文集》，北京：文物出版社，1986年，第244—248页。

发现以砖饰表的现象[1]。据《洛阳伽蓝记》记载，建春门上曾建有二层门楼，有百尺之高。

北魏对洛阳城的改造是历经数代逐步完成的，在孝文帝迁都之初，主要在魏晋旧址上修复了一些宫殿和苑囿，如洛阳宫、华林苑等，位置和名称都依旧。北魏宫城依然位于全城的北部，经过勘探，呈南北长方形，南北1400米，东西660米，南半部是以太极殿为中心的主要殿堂，北半部为后妃所居和禁苑。孝文帝在迁都洛阳后，新都建好之前的二年内暂住金墉城，因此他在宫城所做的最大规模修建也是金墉城。

北魏孝文帝迁居洛阳之初，对金墉城进行了一次空前规模的修缮和重建，在城内宫苑建好之前就暂住在金墉城。金墉城的城垣南北总长1048米，东西255米（即总共26万多平方米），背倚邙山，居高临下可以俯瞰全城。城墙现存宽度还有约12—13米，高6米。墙外建有朝向外侧的马面，马面的大小约为15米×8米，间距60—70米。城墙外原来还有一道壕沟[2]。多位后妃曾居住于金墉城，所以城内建有大量的殿阁，这使得金墉城更具离宫的性质。

宫城以南部分，仍然因袭魏晋之旧，以铜驼大街为南北中轴线，两侧是中央衙署和寺庙。洛阳最大的皇家寺院——永宁寺就位于铜驼大街的西侧，是一座长301米、宽212米的大型寺院[3]。

北魏洛阳城最大的变化是在宣武帝景明年间完成的，在内城之外修建了外郭城，在郭城内筑有320个里坊[4]，各以坊墙封闭，四面各开一门，晚上关闭，白天开放，坊内有纵横交错的街道。由于里坊的修建，全城达到“东西二十里，南北十五里”[5]的东西长方形格局，郭城内主要安排民居、市场、作坊、官宅、寺院等，与内城的宫殿、衙署、皇家寺院分开，这样就形成了宫城、内城和郭城组成的三重城格局，各有城墙环绕[6]。北魏洛阳城的外郭城和里坊，源自于邺城，而定型于隋唐长安城，具有重要的承上启下意义。

在外郭城的南半部是太学和灵台等礼制性建筑，通过考古工作可知灵台遗址是始建于东汉而沿用至魏晋的天文观测台，尚留下一座220米×200米的夯土高台，

1 中国社会科学院考古研究所洛阳汉魏古城工作队：《汉魏洛阳北魏建春门遗址的发掘》，《考古》1988年第9期，第814—818页。

2 中国社会科学院考古研究所洛阳工作队：《汉魏洛阳城初步勘查》，《考古》1973年第4期，第207—208页。

3 中国社会科学院考古研究所：《北魏洛阳永宁寺：1979—1994年考古发掘报告》，北京：中国大百科全书出版社，1996年。

4 《魏书》卷一八《广阳王传》：“表请于京四面，筑坊三百二十，各周一千二百步。”北京：中华书局，1974年，第428页。

5 ［北魏］杨衒之撰，范祥雍校注：《洛阳伽蓝记》卷五《城北》，上海古籍出版社，1958年，第349页。

6 孟凡人：《北魏洛阳外郭城形制初探》，《中国历史博物馆馆刊》1982年第4期，第41—48页；骆子昕：《汉魏洛阳城址考辨》，《中原文物》1988年第2期，第63—68页。

上有带回廊的建筑遗存[1]；考古学家还在太学遗址上发现了数百块汉石经残石[2]。

在郭城之南的洛阳南岸，是专门安置外来移民的区域，南朝移民和胡人在此聚族而居。

北魏在永熙三年（534年）分为东西魏之后，分别以邺城和长安为都，洛阳再次遭受战火的摧残，仅仅十数年之后，当杨衒之行经此故都时，昔日的繁华早已烟消云散，“城郭崩毁，宫室倾覆，寺观灰烬，庙塔丘墟。墙被蒿艾，巷罗荆棘。野兽穴于荒阶，山鸟巢于庭树。”[3]

六、长安

长安地处肥沃的关中平原，渭水、泾水流经其地，又有沟通东西的交通便利，它与洛阳一样是历代兵家必争之地。长安城作为西汉的首都曾经盛极一时，虽然在王莽末年和更始年间惨遭战火的摧残[4]，但东汉迁都洛阳后依然是西部的一个重要政治和军事中心。在魏晋北朝时期，先后有前赵、前秦、后秦、西魏、北周等政权定都于长安。随着政权的更替，长安城也与洛阳一样几度兴废，但每次都是在汉长安的旧址上修缮和重建，因此长安城是一座从西汉至北周的多代建都的古城。直到隋代统一中国，统治者杨坚才另外选址重建新都，隋的新都大兴城位于汉魏南北朝都城原址的东南方向，经过唐代的经营，长安城终于成为一座规模巨大的国际化都市。

囿于资料的局限，历代学者对长安城的研究多集中在汉代和隋唐时期，只有极少专门针对十六国至北朝长安的研究[5]，但随着汉唐长安城考古工作的进展，我们对魏晋北朝长安城的认识也在逐渐加深。

虽然长安城原址历经数代改易，但城内的建设并没有停滞，西汉末年以后的较大规模建设是在十六国时期，根据文献记载，前赵曾建有东西二宫，东宫为太子所居，西宫为皇帝所居，此后的前后秦、西魏北周可能沿用了前赵的东西二宫之制[6]，只在局部做了些修缮和改建。

---

1 中国社会科学院考古研究所洛阳工作队：《汉魏洛阳城南郊的灵台遗址》，《考古》1978年第1期，第54—57页。

2 段鹏琦：《汉魏洛阳故城太学遗址新出土的汉石经残石》，《考古》1982年第4期，第381—389页。

3 ［北魏］杨衒之撰，范祥雍校注：《洛阳伽蓝记·序》，上海古籍出版社，1958年，第2页。

4 《汉书》卷九九下《王莽传下》：“更始都长安，居长乐宫。府藏完具，独未央宫烧攻莽三日，死则案堵复故……明年夏，赤眉樊崇等众数十万人入关，立刘盆子，称尊号，攻更始，更始降之。赤眉遂烧长安宫室市里，害更始。民饥饿相食，死者数十万，长安为虚，城中无人行。宗庙园陵皆发掘，唯霸陵、杜陵完。”北京：中华书局，1962年，第4193页。

5 史念海、史先智:《论十六国和南北朝时期长安城中的小城、子城和皇城》，《中国历史地理论丛》1997年第1期，第5—17页。

6 中国社会科学院考古研究所:《西安市十六国至北朝时期长安城宫城遗址的钻探与试掘》，《考古》2008年第9期，第25—35页。

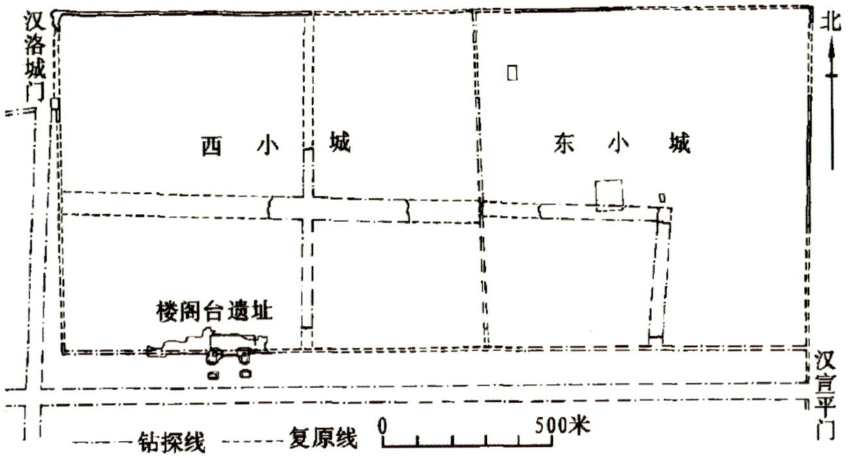

图1-2-8 十六国至北朝长安城宫城遗址平面图（引自中国社会科学院考古研究所《西安市十六国至北朝时期长安城宫城遗址的钻探与试掘》，2008年）

2003年，考古学家在汉长安城遗址的东北部发现了两个东西并列的小城，在西小城内发现了十字交叉的东西向（长约380米，宽约64米）和南北向街道（长约507米，宽约28米）各一条，并发现城门一座，还发现一组由双阙、两阁、廊道和主殿构成的巨大建筑物基址。在西小城内发现大量方砖、板瓦、筒瓦、瓦当等建筑材料，考古学家根据试掘时的地层叠压关系，推测西小城的城墙始建于十六国时期而沿用到了北朝，而建筑基址可能是从西汉一直沿用到北朝的。在以往的汉长安城考古中，发现汉长安城的两组主要宫殿——长乐宫和未央宫遗存之上没有十六国和北朝时期的建筑遗存，相反发现了大量北朝时期的窑址，这或许表明十六国和北朝统治者并没有沿用汉长安城的旧宫，而是将听政中心转移到了东北部，即今天所见的东、西小城遗址内（图1-2-8）。将宫城集中安置于全城北部是汉末以来各都城的普遍规划模式，曹魏邺城、北魏平城、北魏洛阳城、东魏北齐邺南城等莫不如是，此已为文献和考古发掘所证实。

尽管我们对长安城本身的了解还较为抽象，但当时长安城的文化面貌却能给我们留下深刻的印象，十六国至北朝时期的长安与中原传统城市邺城、洛阳最大的不同可能是其文化上的多元性，这是由于长安城的人口结构和特殊的地理位置造成的。

西晋元康年间，太子洗马江统在谈及当时的夷夏关系时，称“关中之人，百万余口，率其少多，戎狄居半”[1]，这种夷夏杂居的人口结构应该在十六国时期更加明显，当时的长安除了作为统治者民族的匈奴、氐、羌等族外，可能还存在更多的其他民族，他们多是在战争中被迁徙而来的各族移民，如前秦建元六年（370年）灭前燕后，就进行了几次大规模的移民，将4万多户鲜卑人迁至长安[2]，10万多户关东豪

1 《晋书》卷五六《江统传》，北京：中华书局，1974年，第1533页。

2 《晋书》卷一一一《慕容暐载记》：“坚徙暐及其王公以下并鲜卑四万余户于长安。”北京：中华书局，

杰及杂夷安置于关中[1]；建元八年（382年）前秦大将吕光远征西域，降焉耆、破龟兹，西域各国来附，此次西征不但带来了大量西域珍宝[2]、龟兹乐，促进了佛教的发展（将龟兹名僧鸠摩罗什带到凉州），更重要的是打开了通往中亚、南亚的文化交流之路，也为以昭武九姓胡人为代表的外来移民进入长安打下了基础。

前秦在全盛时期的版图西抵葱岭，大量西域僧人和商人从此陆续移居长安，包括来自罽宾的僧人和中亚的昭武九姓胡人；淝水之战取前秦而代之的后秦政权继续保持了与西域的密切关系，由于统治者对佛教的大力扶持，包括鸠摩罗什在内的大量西域僧人来到长安译经和弘法；北魏太武帝太延年间灭北凉后，丝绸之路得以经由长安延伸到平城、华北、辽西各地，地处东西交通要道的长安成为西域文明的中转站。至西魏北周时期，大量西域人开始在宫廷里拥有了举足轻重的地位，如文献中提到的昭武九姓胡人康氏、穆氏、曹氏、何氏、史氏、安氏等，他们如在邺城一样受到统治者的赏识，获得了较高的社会地位，也带来了丰富多彩的异域文化，目前考古工作者在西安附近发现的数座粟特人墓葬[3]，表明中亚文化已经与中国传统文化得到了完美的融合。

佛教作为汉代传入中国的一种外来宗教，主要通过西北地区的丝绸之路传入中国，十六国时期的前赵、前秦、后秦、北凉等政权无一不大力推崇佛教，大量西域僧人来到长安翻译佛经，长安迅速成为中国最重要的译经中心之一，出现了很多在中国佛教史上产生巨大影响的僧人，如前秦时期的释道安、后秦时期的鸠摩罗什等。

正是由于长安城人口结构的多元化和高度融合性，长安成为当时中国最重要的佛教中心和外来文化中心，它们上承汉代传统文化，下启多元、开放的隋唐文化新风。

第三节　南方都城

魏晋南北朝时期的南方历史远不如北方复杂，虽然也经历了从孙吴到东晋，再到宋、齐、梁、陈的六朝更替，但这些都是汉人建立的政权，在文化传统上基本上

1974年，第2858页。

1 《晋书》卷一一三《苻坚载记》：“徙关东豪杰及诸杂夷十万户于关中，处乌丸杂类于冯翊、北地，丁零翟斌于新安。”北京：中华书局，1974年，第2893页。

2 《晋书》卷一二二《吕光载记》：“以驼二万余头致外国珍宝及奇伎异戏、殊禽怪兽千有余品，骏马万余匹。”北京：中华书局，1974年，第3056页。

3 陕西省考古研究所：《西安北郊北周安伽墓发掘简报》，《考古与文物》2000年第6期，第28—35页；西安市文物保护所：《西安北周凉州萨保史君墓发掘简报》，《文物》2005年第3期，第4—33页；西安市文物保护所：《西安北周康业墓发掘简报》，《文物》2008年第6期，第14—35页。

是一脉相承，当中原丧乱、礼仪尽失之时，以建康为中心的南方成为中原传统文化的保持和发展之地，被视为礼仪制度的正朔所在。

在六朝三百六十多年的历史里（221—589年），南方政权除了孙吴曾在短期内以武昌为都外，绝大部分时段都以建康为统治中心，城市的选址与其文化传统一样具有很强的延续性，建康城的兴衰变迁几乎就是一部六朝文化发展史。不过，也正因为六朝都城选址相当固定，造成了各代遗存的层层叠压和打破，考古工作对城址的探索难度要远高于北方地区，加上南方潮湿的环境下遗存的保存不易、南方城市本身受地势的影响而不如北方规整等因素，我们对六朝都城的了解还得在很大程度上依赖文献的记载。

一、武昌

孙吴时期的武昌在今天湖北的鄂州，与武汉市的武昌同名异地，位于今武汉下游60多公里的长江岸边，西倚樊山，南临南湖，东有天然潟湖，北临长江，地势十分险要，既可以高山和天堑作为天然的屏障，又可藉长江扼守中游，藉汉江阻挡北来之敌，因此在战争频发的三国时期，理所当然地成为了孙吴的第一座都城。

“（黄初）二年（221年）四月，刘备称帝于蜀。（孙）权自公安都鄂，改名武昌，以武昌、下雉、寻阳、阳新、柴桑、沙羡六县为武昌郡。五月，建邺言甘露降。八月，城武昌。”[1]孙权之溯江而上移治武昌，实乃出于防御上游之敌的考虑。由于此时孙权尚未称帝，所以武昌城俗称“吴王城”，黄龙元年（229年），孙权于武昌称帝后即迁都建邺，即后来的建康，今天的南京，迁都之后的武昌城仍然保有战略上的特殊地位，受到孙吴的重视。孙吴末年孙皓曾在甘露元年（265年）短暂定都武昌，但由于群臣的反对，不到一年就返回了建邺[2]。

考古学家在今樊山东麓的鄂州市区发现了一些残存的墙垣，东西长约1000米，北墙被江水冲毁，至南墙的长度约500米，周长约3000多米，因此武昌城的规模不大。南墙的一段得以保存至今，墙基宽约20米，高出地表4—6米。武昌城依据地势设有5座城门，此与北方都城对称的城门不同。南墙的中部有一道约20米宽的城门，尚存部分路面和石块遗迹。南墙外还有一座夯土台基，约17米见方，可能是马面遗迹。在南墙和西墙外侧发现了人工城壕，其中南墙城壕现在是一处长270米、宽180米的池塘，被称为“壕塘”，而西墙外的城壕仍被称为“壕口”，一直向北通往长江，这段城壕宽约50—70米，深约5米。除了城墙、城壕遗迹外，还在樊山以

1 《三国志》卷四七《吴主传》，北京：中华书局，1959年，第1121页。

2 关于武昌城的沿革，参王然、丁兰《吴王城新考》，《江汉考古》2000年第1期，第75—80页。

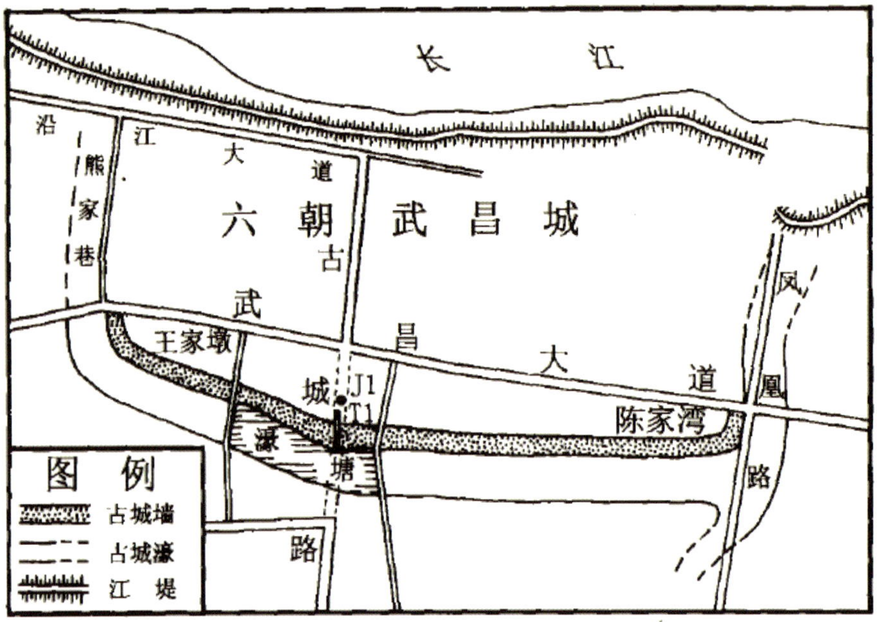

图1-3-1　六朝武昌城平面示意图（引自湖北省文物考古研究所、鄂州市博物馆《六朝武昌城试掘简报》，2003年）

南发现了数千座战国至六朝的墓葬，其中一半属六朝时期（图1-3-1）[1]。

城内的主要宫殿武昌宫，是一座非常雄伟的听政之所，宫殿的建筑材料十分讲究，后来孙权迁都建邺之初，因旧有建材腐朽过甚，乃"徙武昌宫材瓦"[2]而修缮建邺宫殿。考古学家确在遗址北部的江边滩涂上发现了大量青灰色、以细泥制作的优质板瓦与筒瓦[3]。

2000年，考古学家对武昌城的南城墙进行了解剖式试掘，了解到城墙的基本结构是由主墙和两侧护坡组成的夯土墙，主墙墙基宽约6米，加上护坡宽13米，高3米；在城内近南墙处发现一座青砖砌成的六朝早期古井，可能从东汉后期一直沿用至东晋前期，发掘者根据仅有的一些发掘资料推测武昌城的南半部可能是居民生活区[4]。

武昌城在东汉鄂县基础上发展而来，考古学家在三国地层之下也发现了很多汉代的遗存。不过武昌城的迅速扩张主要还是在吴主孙权统治时期，他曾从建邺迁徙千余户人口充实武昌，加上驻守武昌的数万军队及眷属，武昌人口可能达十万

1　鄂州市博物馆、湖北省文物考古研究所：《六朝武昌城考古调查综述》，《江汉考古》1993年第2期，第19—24页；湖北省文物考古研究所、鄂州市博物馆：《六朝武昌城试掘简报》，《江汉考古》2003年第4期，第3—13页。

2 《三国志》卷四七《吴主传》注引《江表传》载孙权诏，北京：中华书局，1959年，第1147页。

3 熊海堂：《试论六朝武昌城的兴衰》，《东南文化》1986年第2期，第137—144页。

4 湖北省文物考古研究所等：《六朝武昌城试掘简报》，《江汉考古》2003年第4期，第3—13页。

之众。考古学家在城外的一些地点发现了大量水井遗迹[1]，水井内发现了东汉至三国时期掉落的汲水罐，其中仅东吴初期短短数年内的汲水罐就占了约50%，表明这个时期汲水罐使用相对频繁，也是东吴初期武昌人口急剧增长的反映，比如城外的一些制高点可能驻扎着大量的军队。

孙吴时期的武昌城不但是一个重要的军事据点，也是重要的手工业基地，其中冶铁、造船和铜镜制造业在武昌得到了很好的发展。考古学家在城址的东南角和西南角发现了铜器铸造作坊遗迹[2]，还在水井内发现一件铜鉴，上有铭文“武昌”、“官”、“黄武元年作三千四百卅八枚”，表明武昌官营手工业作坊的存在，而且生产规模巨大。铜镜是武昌郊区孙吴墓葬中的普遍随葬品，很大一部分可能就是产自本地的作坊，其中一件重列神兽镜铭文为“黄武六年十一月丁巳朔七日丙午辰会稽山阴作师鲍唐竟……家在武昌”，表明是会稽工匠迁居武昌所作，武昌应该是东汉至孙吴时期的一个重要制镜中心。作为一个军事据点，对兵器的需求必然是巨大的，陶弘景《古今刀剑录》里提到孙权在武昌作刀剑之事：“吴主孙权黄武四年（225年）采武昌铜铁，作千口剑、万口刀，长三尺九寸，皆是南铜越炭作之”。武昌附近的铜铁资源也是非常丰富的，如大冶铜绿山遗址是一处春秋战国以来的大型冶炼遗址[3]。

佛教在武昌的流行也是十分引人注目的，孙权和孙登驻守武昌期间，广纳天下俊杰，文化方面一度非常兴盛，一些佛教名僧在此期间来到武昌译经弘法，其中大月氏居士支谦、天竺僧人维祇难等尤其受到孙权父子的特别优待，僧人们可能还在武昌修建了最早的寺庙，早到孙权移治武昌的前一年（220年）[4]，虽然现在并未发现寺庙遗迹，但考古出土的一些早期佛像仍证实了当时武昌是南方地区的一个佛教中心。在鄂城莲溪寺发现的一座永安五年（262年）东吴校尉墓里出土了一件鎏金铜牌饰，上面有一尊镂雕的立佛像[5]，佛像有肉髻、项光和飘带，两侧饰有莲花；该墓还出土了四件跪俑，前额有白毫相（图1-3-2）。在樊山脚下的另一座东吴孙将军墓中出土了一件青瓷熏炉，炉缘也有一尊佛像[6]。这个时期是佛教的初传阶段，在长江上游的四川、中游的武昌和下游的江浙地区都发现了类似的佛像，不过这些佛像大都附于一些日用器物上，如摇钱树、带钩、铜镜、陶瓷等，或许这

1 鄂城县博物馆：《湖北鄂城发现古井》，《考古》1978年第5期，第358—360页。

2 蒋赞初、熊海棠、贺中香：《湖北鄂城六朝考古的主要收获》，《中国考古学会第四次年会论文集(1983)》，北京：文物出版社，1985年，第286页。

3 铜绿山考古发掘队：《湖北铜绿山春秋战国古矿井遗址发掘简报》，《文物》1975年第2期，第1—12页；夏鼐、殷玮璋：《湖北铜绿山古铜矿》，《考古学报》1982年第1期，第1—14页；白荣金、殷玮璋：《湖北铜绿山古铜矿再次发掘——东周炼铜炉的发掘和炼钢模拟实验》，《考古》1982年第1期，第18—22页。

4 熊寿昌、熊亚云：《论早期佛教造像南传东吴首先传入武昌》，《东南文化》1994年第1期，第119页。

5 湖北省文物管理委员会：《武昌莲溪寺东吴墓清理简报》，《考古》1959年第4期，第190页，及图版7.8；程欣人：《武昌东吴墓中出土的佛像散记》，《江汉考古》1989年第1期，第1—3页。

6 鄂城县博物馆：《鄂城东吴孙将军墓》，《考古》1978年第3期，第166页。

正代表佛教初传时期的特征，即人们对佛教的教义还不甚了解，佛还只是众多神祇中的一位，有护佑的作用。

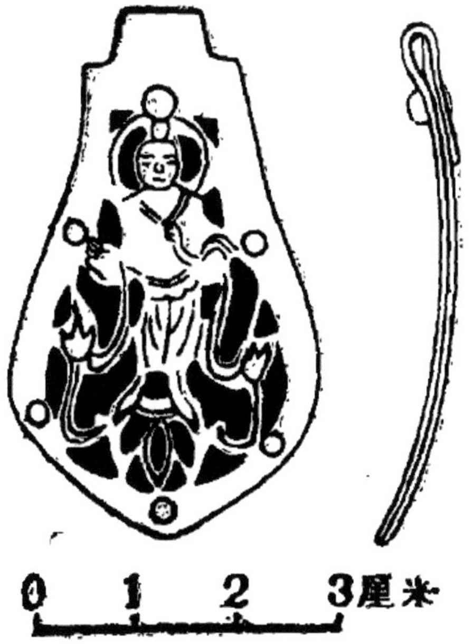

图1-3-2 鄂城东吴墓鎏金镂雕铜佛像（引自程欣人《武昌东吴墓中出土的佛像散记》，1989年）

武昌城因军事而立，在性质上主要是一个军事性的城堡，可惜迄今考古工作未能发现太多有关城市规划和军事设施的遗存[1]。武昌虽有军事上的特殊优势，但也存在着作为城市的天然缺陷，由于高山湖泊和大江的割裂，本地的农产品供给往往不足，东吴时期的巨大军需粮草常常得从外地输入，可能正因为如此，当它在军事上的地位下降之后，很难再像建康一样成为地区的政治和经济文化中心，这种处境最终导致了城市的没落[2]。孙吴以后的两晋时期，武昌的地位已经大不如前，虽然在两晋名臣陶侃的统治下，武昌也有过大规模的城市整治和宫殿修缮，但由于军事地位的下降，武昌城逐渐被荒废，至隋唐时期已经湮没无闻，成为文人墨客思古凭吊之地。

二、建康

六朝时期的建康城是与北方的洛阳媲美的一座全国性大都市，更是中国南部的政治、经济和文化中心，当北方陷入五胡十六国的混乱时，“中州士女避乱江左者十六七”[3]，建康成为华夏文化的正朔所在。今天我们对建康的了解，还得在很大程度上依赖文献的记载[4]，因为它完全被覆盖于今天的繁华南京城下，相对于北方的邺城、洛阳而言，建康的考古工作较为薄弱。不过通过当地考古学家的努力，现在我们对它的城市布局、宫城（台城）结构等有了更多的认识[5]。

1 关于古武昌城历史的概述参蒋赞初、李晓晖、贺中香《六朝武昌城初探》，《中国考古学会第五次年会论文集》，北京：文物出版社，1985年，第98—100页；蒋赞初《鄂城六朝考古散记》，《江汉考古》1983年第1期，第34—36页。

2 蒋赞初、李晓晖、贺中香：《六朝武昌城初探》，《中国考古学会第五次年会论文集（1985）》，北京：文物出版社，1988年，第104—105页。

3 《晋书》卷六五《王导传》，北京：中华书局，1974年，第1746页。

4 有关六朝建康城的最全面史料主要是唐许嵩撰《建康实录》，见孟昭庚等点校版《建康实录》，南京大学古典文献研究所专刊，上海古籍出版社，1987年。

5 王志高：《六朝建康城遗址考古发掘的回顾与展望》，《南京晓庄学院学报》2008年第1期，第54—58页。

建康城自汉末开始获得了发展的机遇，在军阀争霸的过程中，盘踞东南一隅的孙权以汉代旧城“金陵邑”作为自己的根据地，在其旧址上建石头城，改秣陵为建邺。当刘备在蜀地称帝后，孙权为了保有长江中游这片资源丰富的战略要地，选取武昌作为扼守长江之地，但这仅是权宜之计，当黄武八年（229年）称帝后，他迅速返回了原来的根据地建邺，并将其正式定为东吴的首都。

从长远的发展来看，建邺比武昌有着更好的作为都城的条件，这可能也是孙权没有放弃建邺的原因。“孙吴建都于此，西引荆楚之固，东集吴会之粟，以曹氏之强，而不能为兼并之计也。诸葛武侯云：金陵，钟山龙蟠，石头虎踞，帝王之宅。王导亦云：经营四方，此为根本。盖舟车便利，则无艰阻之虞；田野沃饶，则有展舒之藉。”[1]

首先，建邺有着不亚于武昌的战略优势，这里有长江天堑，四周又有众多山脉和河流、湖泊可作天然屏障，如东边的钟山、南边的秦淮河、东北角的玄武湖与覆舟山、北边的鸡笼山等，众多的水系既可满足城市发展的水源，也提供了粮食供给的舟楫之便；其次，建邺有着武昌所无法比拟的经济优势，其所处的长江下游是物产资源丰富的地区，肥沃的土壤和密布的河湖可以为建邺提供充足的粮草和军需，当武昌战事吃紧，粮草不济时，很多粮草可以从建邺溯江而上运抵武昌。

孙权正式定都建邺后，将他以前的军事据点进行了修缮，建造了第一座宫殿——太初宫，由于旧建筑年久失修，于是将武昌城的宫殿拆解，“徙武昌宫材瓦”[2]顺江而下，这也表明孙权一开始就有弃武昌而精心营造建邺之意。

孙权的太初宫是在汉代建筑基础上建造的，规模并不大，周长仅300步，城内中心是苑城，设有苑仓，西南部有南宫和西苑，其中南宫是太子居所。东吴末期曾对建邺城进行大规模兴建，如在太初宫以东修建了奢华的昭明宫，西晋文学家左思对这座雄伟的宫殿及周边优雅的城市环境有过生动的描绘[3]：昭明宫有东西二门，“雕栾镂楶，青琐丹楹。图以云气，画以仙灵”，宫殿的南面有一条通往秦淮河的大道，“朱阙双立，驰道如砥。树以青槐，亘以绿水。玄荫眈眈，清流亹亹……列寺七里，侠栋阳路。屯营栉比，解署棋布”，大道两侧依次分布着鳞次栉比的衙署和百姓房舍，也可能包括建康最早的寺庙——建初寺。建初寺是孙权为康国僧人康僧会所建[4]，是建康佛教传播的发源地。

孙权建都建邺七十年之后的西晋太康元年（280年），东吴被西晋所灭，不过

---

1 ［清］顾祖禹撰，贺次君、施和金点校：《读史方舆纪要》卷二〇《南直二》，《中国古代地理总志丛刊》，北京：中华书局，2005年。

2 《三国志》卷四七《吴主传》注引《江表传》载孙权诏：“建邺宫乃朕从京来所作将军府寺耳，材柱率细，皆以腐朽，常恐损坏。今未复西，可徙武昌宫材瓦，更缮治之。”北京：中华书局，1959年，第1147页。

3 关于宫殿的描写，参［西晋］左思《吴都赋》，《六臣注文选》卷五，北京：中华书局，2012年。

4 ［南朝梁］释慧皎撰，汤用彤校注：《高僧传》卷一《康僧会传》，北京：中华书局，1992年。

西晋完全沿用了建邺城，就像西晋沿用北方的洛阳一样无所破坏。永嘉之乱后，晋室南迁，司马睿于建武元年（317年）称帝于建邺，并为避晋愍帝司马邺之讳而改称建康。

作为偏安王朝的新都，建康城在东晋初年仅仅在南郊建造了太庙和社稷，直到晋成帝（325—342年在位）时期才对建康城进行大规模的兴建，一方面是东晋的实力已有了一定的集聚，另一方面也是因为咸和二年（327年）的苏峻之乱造成了建康宫殿严重被毁，“（苏峻）率众因风放火，台省及诸营寺署一时荡尽。遂陷宫城，纵兵大掠，侵逼六宫，穷凶极暴，残酷无道。驱役百官，光禄勋王彬等皆被捶挞，逼令担负登蒋山。裸剥士女，皆以坏席苫草自鄣，无草者坐地以土自覆，哀号之声震动内外”[1]。宫殿被毁之后，苏峻挟晋成帝暂住秦淮河口的石头城，以仓屋为宫。

晋成帝的兴建使得建康城规模大为扩大，并奠定了宫城和外城的基本格局：外城周长20里，共有6座城门，即南墙3座、西墙1座、东墙2座，与武昌一样，城门并不对称。其中南墙的中央城门宣阳门是全城的主城门。全城北部置宫城、苑囿，南部有御街，置官署。宫城周长8里，平面略呈正方形，以东是东宫，以北是华林园和乐游苑，宫城南门建有双阙和三个门道，长达5里的御道从宣阳门向南延伸，直抵秦淮河上的大桥——朱雀航，朱雀航是秦淮河上的一座浮桥，可以升起和放下，有城市防御的功能，长方形（图1-3-3）[2]。

建康城的心脏仍在孙权时期的苑城旧址，但经过成帝时的大规模兴建，已经形成一组规模庞大的宫殿建筑群，被称作建康宫或“台城”，亦即宫城之意。六朝以后各代的台城基本上没有超出东晋的范围。

关于台城的位置和结构问题，历来受到学者们的关注。1936年，南京学者朱偰在《金陵古迹图考》中首次推测了台城的四界为：南至干河沿，北至北极阁下鸡鸣寺前，西至今中山路西，东至今成贤街。此说曾一度被学术界视为定论，然而近年来南京的考古学家在东南大学和成贤街地区进行了大面积勘探和发掘，却没有发现任何与六朝建康宫城乃至都城有关的重要遗存，否定了朱偰之论。以现存最早的有关南京的地方志《景定建康志》为线索，考古学家将调查的重点转移至今大行宫及民国总统府地区，通过长达六年（2002—2007年）的发掘，发现了大量六朝时期的重要建筑遗存，包括高等级道路、城墙、城壕、木桥、大型夯土台基、排水沟、砖井等遗迹及精美的瓦当、青瓷器、铭文砖等遗物，基本可以确定这些是与台城有关的遗存[3]。

建康城的外城垣非常简陋，是用竹篱围绕而成，四周共有56个豁口以供出入。

1 《晋书》卷一〇〇《苏峻传》，北京：中华书局，1974年，第2629—2630页。

2 以下关于六朝建康史地的论述及插图据刘淑芬《六朝的城市与社会》，台北：台湾学生书局，1992年。

3 王志高：《六朝建康城遗址考古发掘的回顾与展望》，《南京晓庄学院学报》2008年第1期，第54—58页。

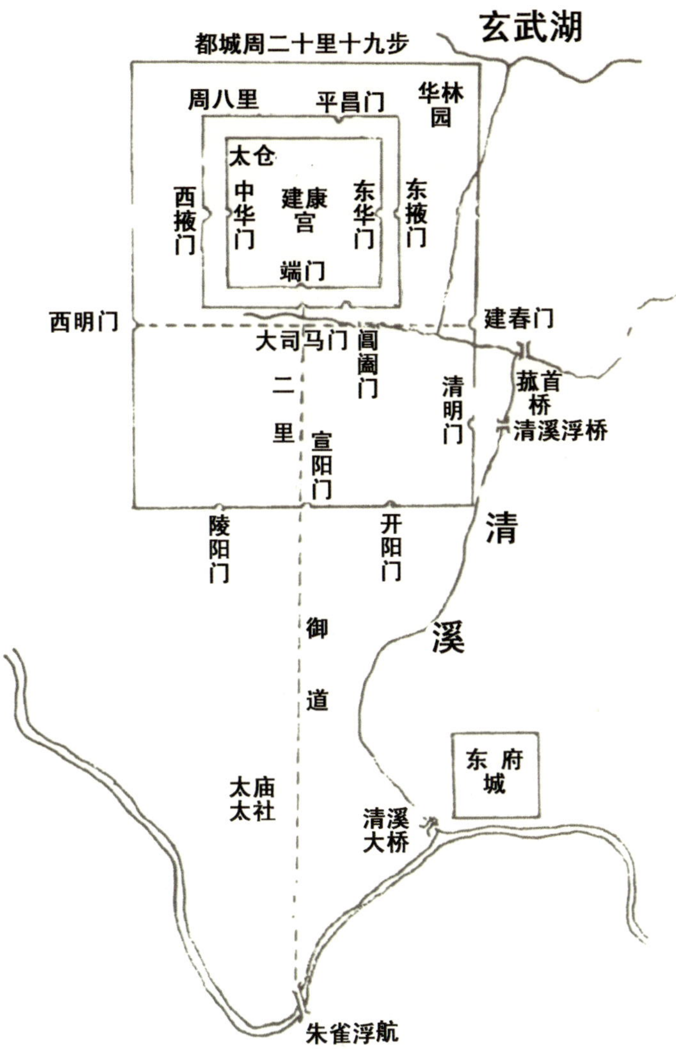

图1-3-3　东晋建康城平面示意图（引自刘淑芬《六朝的城市与社会》，1992年）

城门之内的街道十分曲折，《世说新语》解释这是丞相王导有意而为，是为了掩饰街道的狭小[1]，而实际上可能受地形的局限所致，这种狭窄曲折的街道在客观上也有益于军事防御。

建康外城的规划情况在文献中并无明确记载，考古工作也无太多遗迹可寻，但在当时以北方侨民为主导的东晋王朝，当王导主持设计建康城时，应该会受到北方邺城和洛阳城的影响而以里坊制来安置城市居民。据谭其骧统计，在《南史》列传所列728位人物中，北方人士占了506人[2]，多出南方人一倍，这些南迁士人对六朝政治的影响是十分重要的，他们为建康带来了中原传统的各项礼仪制度，其中也可

1 《世说新语》卷二《言语》："宣武移镇南州，制街衢平直。人谓王东亭曰，丞相初营建康，无所因承，而制置迂曲，方此为劣。东亭曰，此丞相乃所以为巧。江左地促，不如中国。若使阡陌条畅，则一览而尽，故迂余委曲，若不可测。"北京：中华书局，2006年。

2 谭其骧：《永嘉乱后之民族迁徙》，《燕京学报》1934年第15期。

能包括里坊制。事实上，见诸史籍的建康地名中，确有以“里”命名者，据统计，秦淮河北有13里，河南有10里，不过这些里坊的规划远不如北方那样整齐，分布较为随意，管理也较为混杂[1]。

晋成帝之后的东晋时期还有过多次的修缮和改扩建活动，包括建康宫的修缮、东宫的扩建、永安宫和清暑堂的兴建、城门的改造等。其中建康宫的修缮是太元三年（378年）由谢安主持进行的，役丁约六千人，历时达五个月完成，是建康城里最雄伟的宫殿，其中太极殿高达8丈。这些陆续完成的修建活动并未超出成帝时的城市基本格局。

取东晋而代之的刘宋由于长期与北魏军事对峙，国力消耗较甚，不过在建康城的修建上仍然不遗余力，除了改建一些城门和街道外，主要是对华林园的经营，将东晋的华林园面积扩大了数倍，在其中增筑假山、湖泊、亭台、楼阁，让华林园成为建康城内一处风景优美的皇家苑囿。

南齐统治的二十三年间（479—502年），除了修筑建康城墙外，对宫室本无大规模建设，但统治末年的一场大火将宫室焚烧殆尽，东昏侯萧宝卷随之大兴土木。《南史》卷五详细描绘了这场大火的惨烈及新建宫室的奢华：

> （东昏侯）（永元）三年，殿内火，合夕便发，其时帝犹未还，宫内诸房阁已闭，内人不得出，外人又不敢辄开，比及开，死者相枕。领军将军王莹率众救火，太极殿得全。内外叫唤，声动天地。帝三更中方还，先至东宫，虑有乱，不敢便入，参觇审无异，乃归。其后出游，火又烧璿仪、曜灵等十余殿及柏寝，北至华林，西至秘阁，三千馀间皆尽。左右赵鬼能读西京赋，“云柏梁既灾，建章是营”。于是大起诸殿，芳乐、芳德、仙华、大兴、含德、清曜、安寿等殿，又别为潘妃起神仙、永寿、玉寿三殿，皆匝饰以金璧。其玉寿中作飞仙帐，四面绣绮，窗间尽画神仙。又作七贤，皆以美女侍侧。凿金银为书字，灵兽、神禽、风云、华炬，为之玩饰。椽桷之端，悉垂铃佩。[2]

南梁时期（502—557年），由于北魏分裂后北方政权暂时无力攻打南朝，因此建康城获得了六朝历史上少有的安定时期，尤其梁武帝统治时期（502—549年）“五十年中，江表无事”[3]，南朝一度社会安定、经济繁荣，建康城获得了东晋成帝以来最大规模的建设（图1-3-4）。当时的建康“户二十八万。西至石头城，东至倪塘，南至石子冈，北过蒋山，东西南北各四十里。侯景之乱至于陈时，中外人物不逮宋、齐之半。”[4]以每户4口计，建康已成为一座超百万人口的大都市。

1 卢海鸣：《六朝建康里坊制度辨析》，《南京社会科学》1994年第6期，第19—24页。

2 《南史》卷五《齐本纪》，北京：中华书局，1975年，第153页。

3 [北周]庾信：《庾子山集》卷一《哀江南赋》，中华书局影印《四部丛刊》本。

4 《资治通鉴》卷一六二《梁纪十八》“武帝太清三年”条胡三省注引《金陵记》，北京：中华书局，1956年，第5018页。

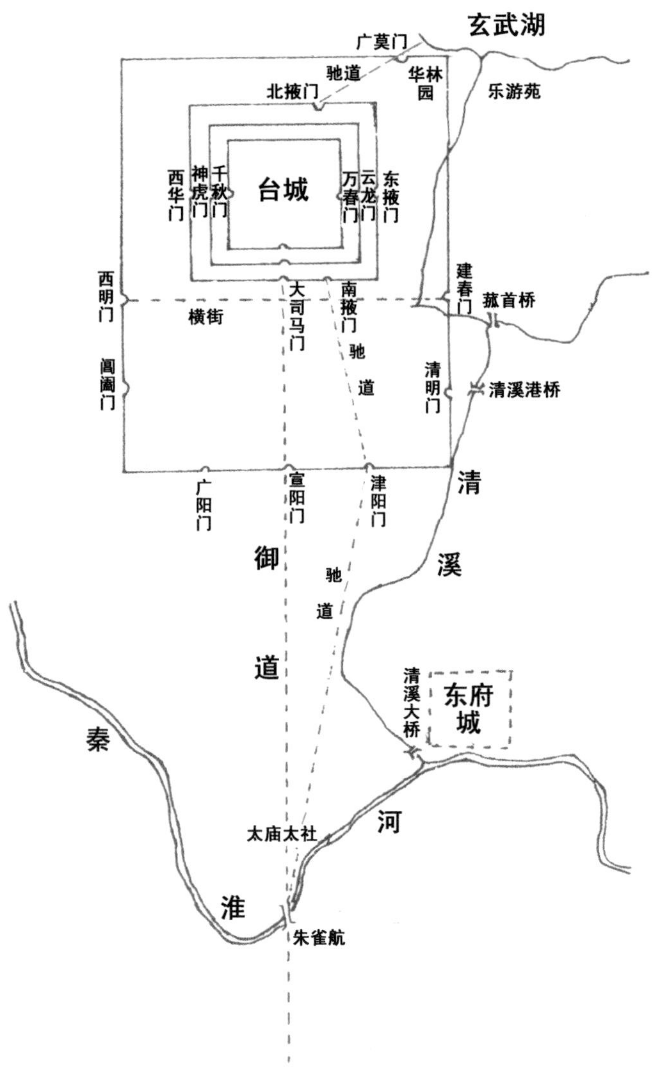

图1-3-4　南朝梁时期的建康城（引自刘淑芬《六朝的城市与社会》，1992年）

梁武帝首先是对城墙进行加固，对城门进行改造，将宫城变为三重城墙环绕，城门改为双门道；其次是增筑宫殿和苑囿，扩建了太极殿，增加了两个皇家苑囿；再次是新建了大量佛教建筑，如在同泰寺修筑了一座高耸的九层佛塔，该塔在大同元年（535年）的大火中被焚毁之后，梁武帝又欲再建一座十二层的佛塔，但因侯景之乱而被迫中断[1]；最后是在秦淮河边修筑防洪堤岸。

公元548年爆发的侯景之乱不但摧毁了笃信佛教的梁武帝本人，而且也给建康城带来了毁灭性的打击。由于台城坚固，侯景久攻不下，“引玄武湖水灌台城，城外水起数尺，阙前御街并为洪波矣。又烧南岸民居营寺，莫不咸尽”[2]；在侯景的持续进攻和围困下，包括东宫在内的主要宫殿皆被焚毁或拆作薪材。长达五年的侯景之乱后，建康城已俨如死城，“初，城中男女十余万人，及陷，存者才二三千人，又

1　刘淑芬：《六朝的城市与社会》，台北：台湾学生书局，1992年，第168、185—186页。

2　《梁书》卷五六《侯景传》，北京：中华书局，1973年，第844页。

皆带疾病，盖天亡之也”[1]；“千里绝烟，人迹罕见，白骨成聚如丘陇焉”[2]；“百济使至，见城邑丘墟，于端门外号泣，行路见者莫不洒泪”[3]。

经此一乱，南梁国势大衰，又遭西魏、北齐的进攻，当萧绎（梁元帝）复辟后，只得迁都于江陵，希望自保于长江中游，但很快被西魏攻克，南梁从此被陈取代。

梁朝平定侯景之乱的功臣陈霸先于太平二年（557年）称帝，仍以建康为都。建康早已残破不堪，陈朝国力不济，因此除了修复太极宫外，在建康城并没有太多建设。虽然末帝陈叔宝在位时曾大建宫室，但隋军很快攻入建康（589年），陈朝灭亡，为防止建康成为反隋中心，隋将建康夷为平地，“平陈，诏并平荡耕垦”[4]，三百余年的繁华最终灰飞烟灭。

三、石头城

建康作为战争频发时期的都城，对军事防御的考量必是城市规划中的重中之重。六朝建康选址于龙盘虎踞之地，有完美的山川形势可作天然屏障，除此之外，还需在周围另筑一些卫星城镇，驻守重兵拱卫京师。石头城和京口就是建康周围最重要的军事要塞。

秦淮河是由长江进入建康的必经之路，虽然长江提供了供给都城的运输之便，但也是进攻都城的巨大隐患，六朝时期不仅将秦淮河当成了建康城西的护城河，而且在河口北岸修建了石头城。

石头城北依清凉山而建，据文献记载，东汉末期，孙权在楚国金陵邑的基础上依清凉山西壁建石头城，改秣陵为建邺[5]，建邺从此成为东吴争霸的根据地。虽然后来孙权移治武昌八年，但称帝后还是返回此龙盘虎踞之地。

文献记载，石头城周长7里，在东、西、南各有一门，北面因面山而无门。城内建有一座“仓城”（或称“石头东城”），是孙吴的军械仓库。东吴时以夯土筑城墙，东晋时始用砖（若果如此，则石头城以砖筑墙的年代早于建康）。

孙吴之后石头城在六朝一直被沿用，既是军事重镇，也是皇室成员退养之所，东晋苏峻作乱时，将建康宫殿焚毁殆尽，挟晋成帝暂住石头城，以仓屋为宫；刘宋时曾以石头城为长乐宫，安置废帝；南齐萧道成也以石头城为世子宫。

考古学家于1998—1999年对石头城遗迹做了一些试掘，发现了一些重要的六朝石头城遗存。在秦淮河北的清凉山山脊上发现夯筑土墙，土墙与自然山势浑成一

1 《魏书》卷九八《岛夷萧衍传》，北京：中华书局，1974年，第2187页。

2 《南史》卷八〇《侯景传》，北京：中华书局，1975年，第2009页。

3 《梁书》卷五六《侯景传》，北京：中华书局，1973年，第853页。

4 《隋书》卷三一《地理志》，北京：中华书局，1973年，第876页。

5 《三国志》卷四七《吴主传》：“（建安）十六年（211年），权徙治秣陵。明年，城石头，改秣陵为建邺。”北京：中华书局，1959年，第1118页。

体，山势较高者，则土墙较矮或直接以山脊基岩为墙，山势较低处则夯筑较高的土墙，现存北面土墙两段，长约900多米，现存高度2—4米，上部宽度10—15米。墙体上发现凸出的疑似马面遗迹。在断面上发现砖、瓦、瓦当、箭镞、黑釉和酱釉瓷器等物，瓦当上有莲花纹、忍冬纹等图案。在城垣内东北部有一座独立的小城堡遗迹（清凉山公园内），可能是"石头东城"。发掘者推测石头城始建于东吴时期，经东晋一直沿用到南朝时期，初唐已成弃城，诗人刘禹锡（772—842年）在九世纪初期到访建康时，尚能看到石头城的遗迹："山围故国周遭在，潮打空城寂寞回。淮水东边旧时月，夜深还过女墙来。"（刘禹锡《金陵五题·石头城》）

第四节　镇江与扬州

一、镇江

镇江即六朝时的京口，为东晋晋陵郡郡治、南朝南徐州州治。在东晋初年北人南迁的浪潮中，约二十万侨民被安置于此，同时又为了拱卫都城建康，在镇江设立北府军，因此镇江既因侨民而设，也因军事而设，作为都城的一座卫星城，镇江在六朝政治上的地位仅次于建康。顾祖禹说："建邺之有京口，犹洛阳之有孟津，自孙吴以来，东南有事，以京口为襟要。京口之防或疏，建邺之危立至，六朝时以京口为台城门户，锁钥不可不重也。"[1]

六朝镇江城址位于今长江下游的长江南岸，是一处临长江而建的军事要塞。考古学家在今镇江市北固山东南发现了晋陵罗城遗址，根据现存的城墙遗迹可知，是一座形状不规则的城市，周长大约5000米，东墙约700米，南墙约1200米，西墙和北墙各约1400米，城墙由夯土筑成，高10—25米，墙基宽5—15米不等。根据地层叠压关系，晋陵罗城可能始建于东晋，而废弃于唐代（图1-4-1）[2]。

作为一座因军事而立的城堡，晋陵除了选址于依山临水的险要之地外，城墙还采取了较为新式的加固方法，即包砖。有观点认为南朝后期的建康城可能有了"以砖饰表"，但似乎还没有明确的考古证据。不过，在镇江发现了大量墙砖，上有"晋陵罗城"的铭文，可能镇江外城郭（即罗城）城墙曾用砖。在所发现的砖铭中出现了"江阴"、"无锡"等地名，或许表明了这些墙砖的烧造地点。

在罗城范围内，还发现了大量六朝时期的青瓷、铁器等物，城外数百座六

---

1 [清]顾祖禹撰，贺次君、施和金点校：《读史方舆纪要》卷二五《镇江府》，《中国古代地理总志丛刊》，北京：中华书局，2005年。

2 镇江博物馆：《镇江市东晋晋陵罗城的调查和试掘》，《考古》1986年第5期，第410—428页；罗宗真：《江苏六朝城市的考古探索》，《中国考古学会第五次年会论文集（1985）》，北京：文物出版社，1998年，第109—110页。

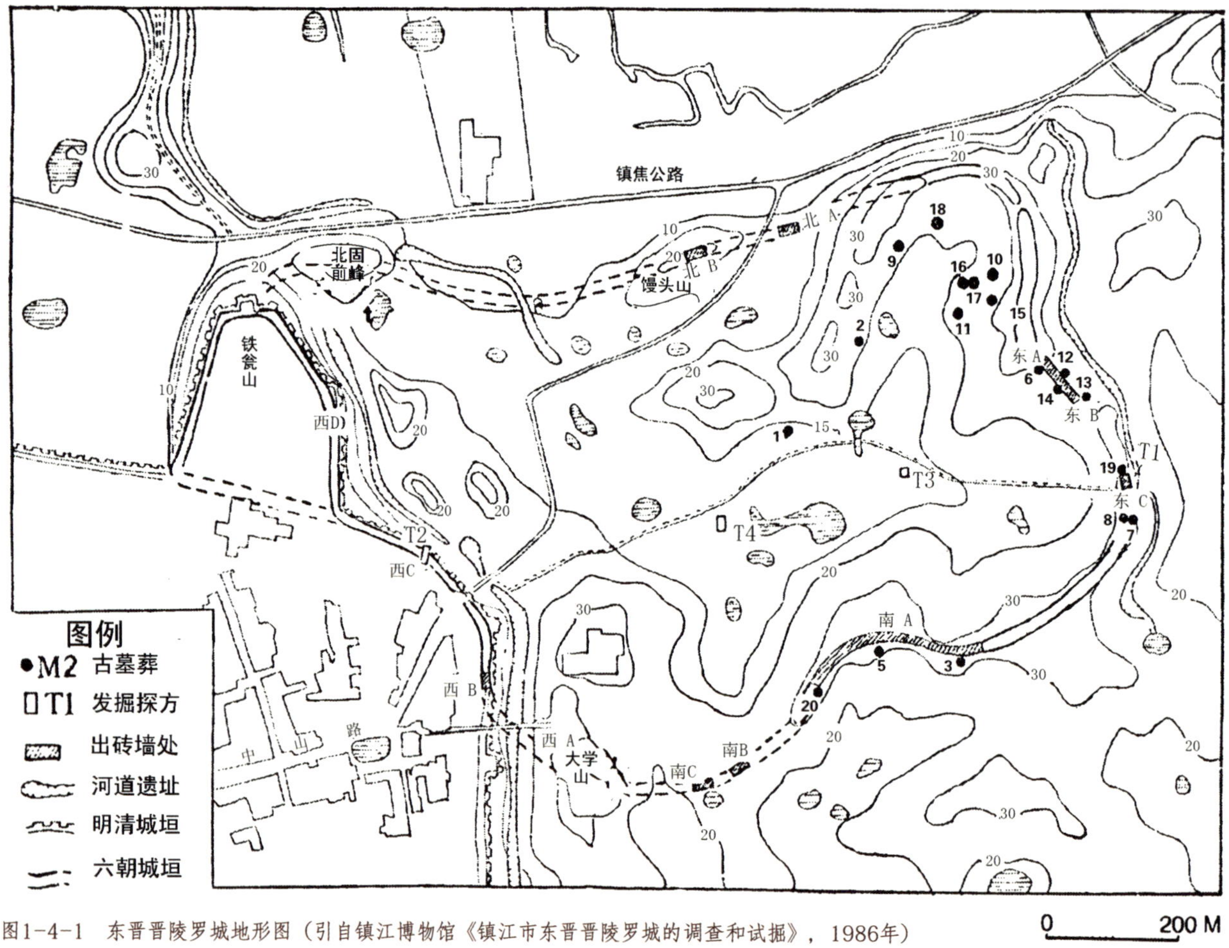

图1-4-1　东晋晋陵罗城地形图（引自镇江博物馆《镇江市东晋晋陵罗城的调查和试掘》，1986年）

朝墓葬中出土了大量来自各地的青瓷器，并有一些珍贵的玻璃器、玉器和金银器出土[1]。

二、扬州

六朝时期的广陵即今扬州，位于建康下游的长江北岸，是一座始建于战国，沿用至六朝和隋唐的古城。与建康和晋陵不同的是，广陵并非为军事防守而建，可能主要是因工商业发展而兴起的城市，它地处长江与淮河的水运交通要道，是富饶的长江下游地区进行商业贸易的中转站和市场。

广陵城与六朝的其他城市一样，也经过了多次的改扩建，其中规模较大的城市建设主要是东晋和刘宋时期完成的，东晋名臣谢安和桓温都曾经主持，刘宋竟陵王刘诞也曾在晋陵城大兴土木。后来刘诞谋反失败，城破之日，广陵几被夷为平地，从此成为一座荒芜之城[2]，诗人鲍照在《芜城赋》里描绘了这座城市曾经的

1　刘建国：《晋陵罗城初探》，《考古》1986年第5期，第463—469页。

2　纪仲庆：《扬州古城址变迁初探》，《文物》1979年第9期，第43—56页；罗宗真：《江苏六朝城市的考古

辉煌：

> 若夫藻扃黼帐，歌堂舞阁之基；璇渊碧树，弋林钓渚之馆；吴蔡齐秦之声，鱼龙爵马之玩；皆熏歇烬灭，光沉响绝。[1]

考古学家在今扬州市的蜀岗上发现了汉至六朝的广陵城址，尚有保存较为完整的城墙，城墙围成一个形状不规则的城市，北墙长920米，东墙长1400米，东墙中部有曲折，发现一个疑似城门的豁口，其外侧有一大型土丘，可能是瓮城遗迹；北墙与南墙上也有城门遗迹。城外皆有城壕，个别部位利用沟通长江与淮河的运河为城壕[2]。

魏晋南北朝是政权割据、朝代更替频繁、人口迁徙与民族融合的年代，因此城市形态比统一时期更为复杂，城市的阶段性和区域性特征明显。俞伟超将这个时期的城市形态概述为："既保留了过去那种封闭式形态，又更加严格地按照等级贵贱来划分居民区。在具体形式上，森严的、多层的等级观念，会使人们追求方正的格局，再加上《考工记·匠人》的那种设计思想的传统影响，便导致一种对称均匀的、有中轴线的城市规划的诞生。"[3]

这种城市格局最早在曹魏邺城得到体现：以一条东西横街将全城分为南北两部分，北部为宫殿、衙署和苑囿，南部又有一条南北向的大街构成全城的中轴线，两侧以里坊形式安排居民区。以今天有限的考古资料来看，无论是在中原地区的邺城、洛阳，还是在受地形影响而无法太方正的南方城市，亦或规模较小的割据政权都城，都或多或少地遵循了邺城的规划模式。将宫殿置于北部、礼制性建筑置于南部，官与民的分区和各自封闭构成了城市的基本形态，似乎都在追求一种封闭的、等级森严的设计思想。这种城市设计思想贯穿于魏晋南北朝的始终，影响到了隋唐，甚至成为东亚城市的普遍模式。

探索》，《中国考古学会第五次年会论文集（1985）》，北京：文物出版社，1988年，第109页。

1 ［南朝］鲍照：《芜城赋》，《六臣注文选》卷一一，《四部丛刊》，上海：商务印书馆，1929年。

2 南京博物院：《扬州古城1978年调查发掘简报》，《文物》1979年第9期，第40页。

3 俞伟超：《中国古代都城规划的发展阶段性——为中国考古学会第五次年会而作》，《先秦两汉考古学论集》，北京：文物出版社，1985年，第44页。

第二章 帝陵与陵寝制度

第一节 从厚葬到薄葬

“养生送死”是中国古代社会的基本行为规范，对父母的赡养与殡葬是同等重要的大事，既是礼制的要求，也是日常生活的内容。虽然“事死如生”是贯串中国古代的基本丧葬思想，但受政治、经济、社会环境的制约，它在各个时代的具体体现不尽一致，汉唐之间就是丧葬思想和丧葬模式发生巨大变革的时期。根据考古学提供的大量墓葬资料，可以将汉唐之间的丧葬概括为厚葬与薄葬两种基本趋向，并发生了由厚葬向薄葬的嬗变，这是理解魏晋南北朝丧葬文化的关键。

先秦时期，儒家从孝悌和伦理的角度倡导厚葬，制定了一套复杂的丧葬程序，但由于思想观念的差异，儒家的厚葬也备受争议，诸子百家在丧葬观念上的见解大相径庭。如墨子从现实的功利思想着眼，认为厚葬有悖于圣人为政的宗旨，主张“用财不费，民德不劳”[1]，并依据上古圣人尧舜禹的例子，制定了埋葬法：“棺三寸，足以朽骨，衣三领，足以朽肉，掘地之深，下无菹漏，气无发泄于上，垄足以期其所，则止矣。哭往哭来，反从事乎衣食之财，佴乎祭祀，以致孝于亲。”[2]崇尚自然的庄子也持类似的观点，“仲尼曰：‘……是以夫事其亲者，不择地而安之，孝之至也……’……夫子之行可矣！”[3]、“生不布施，死何含珠为”[4]，并提倡“天葬”[5]，极力反对儒家的厚葬。

尽管出现了墨子和庄子的薄葬思想，但先秦时期的丧葬模式基本上还是以厚葬为主，当时的埋葬严格遵循着一套复杂的丧葬程序，包括招魂、发丧、护丧、奔丧、哭丧、吊丧、沐浴、饭

1 ［清］孙诒让著，孙以楷点校：《墨子间诂》，中华书局，1986年。

2 ［清］孙诒让著，孙以楷点校：《墨子间诂》，中华书局，1986年。

3 《庄子·内篇·人间世》。

4 《庄子·杂篇·外物》。

5 《庄子·外篇·列御寇》：“庄子将死，弟子欲厚葬之。庄子曰：吾以天地为棺椁，以日月为连璧，星辰为珠玑，万物为赍送。吾葬具岂不备邪？何以加此？弟子曰：吾恐乌鸢之食夫子也。庄子曰：在上为乌鸢食，在下为蝼蚁食，夺彼与此，何其偏也！”

含、敛(小敛、大敛)、停柩、奠(朝夕奠、朔奠等)、下葬等一系列环节。在这套丧葬程序中,有些环节给我们留下了大量的考古实物遗存,如复杂的棺椁系统、以礼器为中心的随葬品组合等,并以棺椁和礼器的套数来区分墓主的身份和等级。

先秦时期以厚葬为特征的丧葬模式在秦汉时期得到了继承和发展。秦汉占统治地位的儒家思想和神仙观念成为厚葬的思想基础。慎终追远、养生葬死成为孝悌所要求的行为规范,上至皇帝,下至官吏百姓,无不以"厚葬为德、薄葬为鄙"。从秦始皇陵开始,渐开秦汉厚葬之先河,厚葬之风以西汉一代最为登峰造极。

《晋书·索綝传》:"汉天子即位一年而为陵,天下贡赋三分之,一供宗庙,一供宾客,一充山陵。"[1]天子如此,民间亦争相效仿。东汉思想家王符(85—162年)在《浮侈篇》中对汉代的厚葬之风给予严厉抨击:

> 今者京师贵戚,必欲江南檽梓豫章之木。边远下土,亦竞相仿效。夫檽梓豫章,所出殊远,伐之高山,引之穷谷,入海乘淮,逆河溯洛,工匠雕刻,连累日月,会众而后动,多牛而后致,重且千斤,功将万夫,而东至乐浪,西达敦煌,费力伤农于万里之地。古者墓而不坟,中世坟而不崇。……文帝葬芷阳,明帝葬洛南,皆不臧珠宝,不起山陵,墓虽卑而德最高。今京师贵戚,郡县豪家,生不极养,死乃崇丧。或至金缕玉匣,檽梓楩柟,多埋珍宝偶人车马,造起大冢,广种松柏,庐舍祠堂,务崇华侈。[2]

秦汉的厚葬表现在陵园的配置、地面建筑、地下墓室的构建和随葬品的布置等多方面,这套藉厚葬昭显墓主特殊身份的丧葬模式在考古学上有着明确的反映。从最能体现秦汉厚葬的西汉帝陵和诸侯王陵来看,考古遗存可以分为地面和地下两部分,每一部分各有具体的配置,分别代表了不同的丧葬涵义(图2-1-1)。

首先,地面上皆有标记性设施和祭祀性设施。

标记性设施包括树木、封土,以及碑刻、阙等,在厚葬最盛行的西汉时期,帝陵和诸侯王陵皆有高大的封土,或因山为陵,或封土为陵,封土前还建有神道及人、兽石刻、墓碑等,碑和阙是直接表明墓主身份的设施。

祭祀性设施包括寝殿、祠堂等,为纪念性建筑或举行祭祀活动的场所。如考古发现的汉代帝陵和诸侯王陵的地面设施、贵族官吏墓葬的地面祠堂等。这些地面设施除了昭显威仪以示尊崇与厚葬外,一个重要功能就是祭祀。汉代非常重视墓祭[3],上自天子,下及臣民,非常普遍,只有"被刑为徒"之人不到墓地祭祀先

1 《晋书》卷六〇《索綝传》,北京:中华书局,1974年,第1651页。

2 《后汉书》卷四九《王符传》,北京:中华书局,1965年,第1636—1637页。

3 《后汉书·明帝纪》注引《汉官仪》:"古不墓祭,秦始皇起寝于墓侧,汉因而不改。诸陵寝皆以晦望、二十四气、三伏、社、腊及四时上饭。"北京:中华书局,1965年,第99页。《汉书》卷七三《韦贤附韦玄成

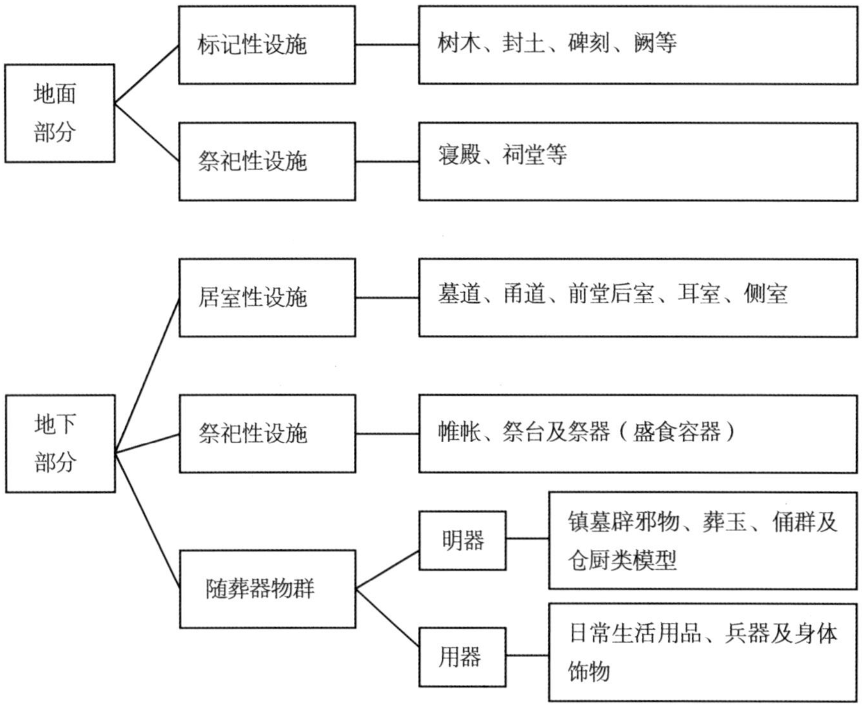

图2-1-1　西汉帝陵考古遗存示意图

人[1]。汉代墓地祭祀的内容往往是定期召集宗族，为亡者敬献食物、衣冠等。

其次，地下部分包括居室性设施、祭祀性设施以及随葬器物群。

居室性设施是“事死如事生”观念的直观反映，往往在以墓道和甬道组成的轴线上配置前堂后室式的墓室，再在左右两侧建造数量不等、功能不一的耳室和侧室。这样的墓室配置是为了象征生前的居室，前室内部分常常发现帷帐类设施，或许是墓内设奠的场所，后室常常放置棺椁，以象征生前居室之“寝”，耳室和侧室则象征车马库、仓库、厨房、厕所等设施。从已经发掘的徐州、永城等众多典型厚葬的汉代诸侯王陵来看，地下墓室都非常宏大，在山体内凿出墓道、甬道和前后墓室，再在两侧凿出大量的龛、耳室和侧室，以模拟墓主生前的府邸，如徐州狮子山楚王陵全长117米，永城梁孝王陵全长90米，孝王后李氏陵除前后室外，还有30多个侧室。

祭祀性设施一般发现于墓葬的前堂部分，如洛阳烧沟汉墓M1026前堂发现了一件漆案，上置4件耳杯及鸡、肉，案前后还有酒樽。

与居室性设施和祭祀性设施相搭配的是数量巨大的器物群，从其象征意义看，大致可以分为明器和用器两类。“明器”除了墓内设奠时盛放食物的祭器外，还包括一些专为丧葬而设的物品，如入殓时的“饭含”、“衣衾”等物（如玉塞、玉琀、玉覆面、金缕玉衣等各类“葬玉”）和具有象征意义的物品（如人俑、动物模

传》：“京师自高祖下至宣帝，与太上皇、悼皇考各自居陵旁立庙，并为百七十六。又园中各有寝、便殿，日祭于寝，月祭于庙，时祭于便殿。寝，日四上食；庙，岁二十五祠；便殿，岁四祠。又月一游衣冠。”北京：中华书局，1962年，第3115—3116页。

1　[东汉]王充：《论衡》卷二三《四讳篇》。

型、家具模型）；“用器”是墓主生前所用之物，如某些具有纪念意义之物（如曾用的兵器），或日用生活物品（如钱币、生活用品和佩戴饰物等）。

汉代墓葬正是通过这一系列复杂的地面和地下配置，构造了一个完备的丧葬礼仪空间，形成了以厚葬为特征的汉代丧葬模式。

秦汉丧葬模式以厚葬为主，但即使在厚葬最为盛行的西汉时期，也有很多倡导薄葬的人士，如汉武帝时的士人杨王孙力主薄葬，“吾欲裸葬，以反吾真，必亡易吾意。死则为布囊盛尸，入地七尺，既下，从足引脱其囊，以身亲土”[1]。杨王孙的裸葬成为当时主张薄葬者的最佳榜样，为他们所追慕和仿效。

秦和西汉时期盛行的厚葬之风到东汉时期渐有减弱之势，到汉末魏晋时期，随着儒学的衰落和玄学的流行，丧葬观念可能也发生了很大的变化，以“厚葬”为特征的丧葬模式消失了，而开始了延续数百年的“薄葬”时代。真正的薄葬是从曹魏时期开始的，而首创薄葬并真正施行了的是曹操。

曹操先后在其《终令》和《遗令》[2]中，分别对自己的寿陵规制提出了具体的要求，其中既包括对地面陵前设施的规定，如“因高为基，不封不树”，也有对墓内随葬品的数量和种类的限定，如“敛以时服，无藏金玉珍宝”。曹操的这些规定显然不是无的放矢，而是非常有针对性的，主要是针对汉代以“厚葬”为特征的陵寝制度所作的变革。

曹操对汉代“厚葬”之风的变革，简单地说是对汉墓的简化，但这种简化并不意味着简陋，仍然要体现帝王之尊，也要遵循一定的礼制，“魏武以礼送终之制，袭称之数，繁而无益，俗又过之”[3]。于是，形成了一种有别于汉代，以“薄葬”为特征的新的陵墓制度，具体表现在三个方面：

首先是禁止了地面上的标记性设施和祭祀性设施，如“不树不封”，地面不再有高大的封土，也没有了墓碑、祠堂、神道等，如魏文帝曹丕的《终制》所言：“寿陵因山为体，无为封树，无立寝殿、造园邑、通神道。”曹操父子的这种变革有可能是出于对陵墓被盗的担忧，曹丕《终制》明言：“自古及今，未有不亡之国，亦无不掘之墓也。丧乱以来，汉氏诸陵无不发掘，至乃烧取玉匣金缕，骸骨并尽，是焚如之刑，岂不重痛哉！祸由乎厚葬封树。”无论出于何种原因，这些禁止地面标记的规定并非仅仅停留于纸上，而是真正实施了的，因为与汉代陵墓形成鲜明对比的是，至今没有发现曹魏时期高等级墓葬的地面设施，既没有封土，也没有墓碑，更没有发现寝殿、祠堂、神道等设施，山东东阿鱼山的曹植墓如此，最近发现的“曹操墓”也是如此，可以说地面踪迹全无。

---

1 《汉书》卷六七《杨王孙传》，北京：中华书局，1962年，第2907页。

2 《三国志》卷一《魏书·武帝纪》，北京：中华书局，1959年，第51、53页。

3 《晋书》卷二〇《礼志》，北京：中华书局，1974年，第632页。

魏晋禁止了包括墓祭场所在内的地面设施之后，有些祭祀活动可能转移到了别处，如曹操遗令在铜雀台上举行的祭祀活动，“施八尺床，张繐帐，朝晡设脯糒之属，月朝十五日，则向帐作伎”[1]。

其次是禁止了随葬品中的明器。汉代入殓所用的各类葬玉基本上消失了，这可能与“敛以时服”有关；陶俑和模型器物也渐趋消失。葬玉之类的贵重物品很容易诱发盗墓，在经济十分凋敝的曹魏时期，曹操提出“无藏金玉珍宝”应该主要指的是这类明器。

最后是简化了地下部分的“居室性设施”。与汉墓相比，魏晋墓葬的墓室数量大为减少，如最高等级的“曹操墓”只是带有一条斜坡墓道的双室砖墓，只有前后墓室和四个侧室，全长不超过60米，这种砖室墓在建筑难度和耗费上远不如“凿山为藏”的汉代诸侯王陵，与同等级的汉墓相比，已经简化了很多。山东东阿发现的曹植墓更是只有前后二室的砖室墓。洛阳正始八年（247年）墓可能也是曹魏统治者的墓，但只有一个墓室，这种单室墓的墓内设奠场所一般在墓室的一侧，另一侧放置棺木（图2-1-2）[2]。

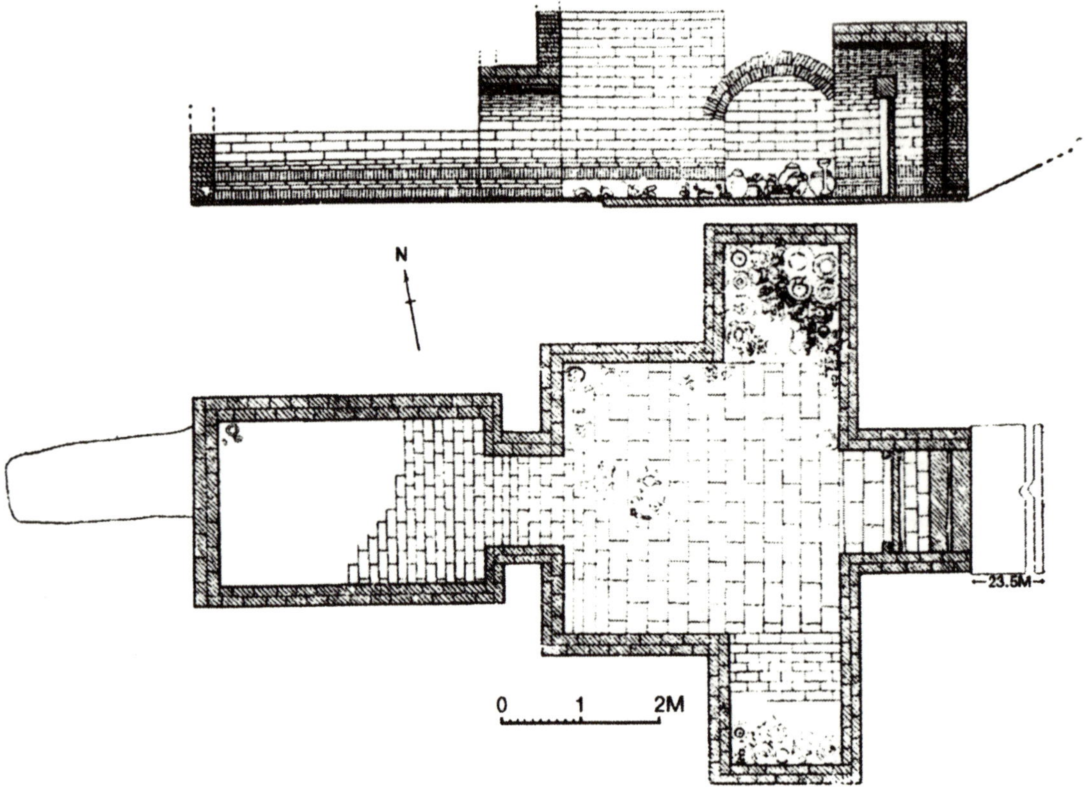

图2-1-2　洛阳曹魏正始八年墓平剖面图（引自洛阳市文物工作队《洛阳曹魏正始八年墓发掘报告》，1989年）

1　[西晋]陆士衡：《吊魏武帝文》：“又曰吾捷好伎人，皆著铜爵台。于台堂上施八尺床，繐帐，朝晡上脯糒之属，月朝十五，辄向帐作伎。汝等时时登铜雀台，望吾西陵墓田。”《六臣注文选》卷六〇，北京：中华书局，2012年，第1119页。

2 洛阳市文物工作队：《洛阳曹魏正始八年墓发掘报告》，《考古》1989年第4期，第314—318页。

当地面上的墓祭被禁止后，一些祭祀活动可能转入地下，魏晋时期的墓内祭祀可能比汉代更受重视。以孝闻名的汉末至晋初重臣王祥曾有遗令："气绝但洗手足，不须沐浴，勿缠尸，皆澣故衣，随时所服。所赐山玄玉佩、卫氏玉玦、绶笥皆勿以敛。西芒上土自坚贞，勿用甓石，勿起坟陇。穿深二丈，椁取容棺，勿作前堂、布几筵、置书箱镜奁之具，棺前但可施床榻而已。糒脯各一盘、玄酒一杯，为朝夕奠。"[1]王祥的墓取消了封土、简化了墓室、减少了随葬品，但并没有省略墓内的祭奠，这样的墓葬与今天考古所见的魏晋墓葬非常相符。

综上所述，中国古代的丧葬模式到魏晋时期发生了重大的变革，经过曹魏和西晋统治者的提倡，从地面设施到地下空间，都已与汉代的厚葬模式大不相同，地面建筑没有了祭祀类建筑和标记性设施，地下空间模仿生前府宅的意义已大为减弱，而主要只是一个藏尸和祭祀的空间。这种新的埋葬模式是针对汉代"厚葬"所作的变革，是葬制上的简化，代表着一种新的埋葬制度的形成[2]。

正因为帝陵地面了无踪迹，地下设施又极为简省，我们今天对魏晋帝陵的了解远不如汉唐帝陵那样深刻，对大多数帝陵的探讨仍然停留在所处位置和身份的判断上。

第二节　三国帝陵

一、曹魏帝陵

曹魏经五帝[3]45年而亡，后三代统治者或被杀、或被废，陵寝无史载。正史载文帝曹丕葬于首阳陵、明帝曹叡葬于高平陵。曹操生前虽未称帝，但先后被称为魏公、魏王，死后谥为魏武王，后又被曹丕追赠为武皇帝，故《三国志》有"武帝纪"，于建安二十五年（220年）葬于高陵。

我们今天对曹魏陵寝的了解，更多的还得依赖文献的记载。正史对曹魏陵寝的记载大多与薄葬有关。曹操、曹丕父子都曾经多次颁布诏令，不但对陵墓的选址，也对陵墓的地面和地下配置都做了明确规定，如：

曹操建安二十三年（218年）六月颁布终令："古之葬者，必居瘠薄之地。其规西门豹祠西原上为寿陵，因高为基，不封不树。《周礼》冢人掌公墓之地，凡诸侯居左右以前，卿大夫居后，汉制亦谓之陪陵。其公卿大臣列将有功者，宜陪寿陵，其广为兆域，使足相容。"建安二十五年（220年），"王崩于洛阳，年六十六。遗令

1 《晋书》卷三三《王祥传》，北京：中华书局，1974年，第989页。

2 关于魏晋时期的薄葬，另参魏鸣《魏晋薄葬考论》，《南京大学学报（哲社科版）》1986年第4期，第133—143页；杨泓《谈中国汉唐之间葬俗旳演变》，《文物》1999年第10期，第60—68页。

3 曹魏五帝：文帝曹丕、明帝曹叡、废帝邵陵厉公曹芳、高贵乡公曹髦、元帝曹奂。

曰：天下尚未安定，未得遵古也。葬毕，皆除服。其将兵屯戍者，皆不得离屯部。有司各率乃职。敛以时服，无藏金玉珍宝。谥曰武王。二月丁卯，葬高陵"[1]。

曹丕似乎对薄葬的要求更加严苛，不但命令有司拆毁了曹操高陵上的祭殿，追赠封号时也只是简单地将印玺藏于墓道之首[2]，甚至以更严厉的态度阐述了薄葬的形式与理由：

> 寿陵因山为体，无为封树，无立寝殿，造园邑，通神道。夫葬也者，藏也，欲人之不得见也。骨无痛痒之知，冢非栖神之宅，礼不墓祭，欲存亡之不黩也，为棺椁足以朽骨，衣衾足以朽肉而已。故吾营此丘墟不食之地，欲使易代之后不知其处。无施苇炭，无藏金银铜铁，一以瓦器，合古涂车、刍灵之义。棺但漆际会三过，饭含无以珠玉，无施珠襦玉匣，诸愚俗所为也……自古及今，未有不亡之国，亦无不掘之墓也。丧乱以来，汉氏诸陵无不发掘，至乃烧取玉匣金缕，骸骨并尽，是焚如之刑，岂不重痛哉！祸由乎厚葬封树。……其皇后及贵人以下，不随王之国者，有终没皆葬涧西，前又以表其处矣。……若违今诏，妄有所变改造施，吾为戮尸地下，戮而重戮，死而重死。臣子为蔑死君父，不忠不孝，使死者有知，将不福汝。其以此诏藏之宗庙，副在尚书、 秘书、三府。[3]

曹丕的薄葬以法令的形式确立下来，曹丕死后，皇室成员仍严格遵循薄葬制度，如合葬文帝首阳陵的郭皇后不但坚决制止厚葬，自己的埋葬也遵循了曹丕的终制："及孟武母卒，欲厚葬，起祠堂，太后止之曰：自丧乱以来，坟墓无不发掘，皆由厚葬也；首阳陵可以为法。青龙三年春，后崩于许昌，以终制营陵，三月庚寅，葬首阳陵西。"[4]

文献所记曹魏三陵的方位是：曹操高陵在邺城以西，曹丕首阳陵在洛阳旧城以东的涧水西岸，曹叡高平陵当在"洛水南大石山，去洛城九十里"[5]。不过也许正是由于"不树不封""无立寝殿"，地面无太多踪迹可寻，今天考古学家对它们的位置还处于探索阶段。

2010年初，考古学家在邺城遗址以西的安阳县西高穴村发现了一座规模较大的曹魏墓葬，根据墓葬的形制、随葬品的情况和所处位置，参照附近出土墓志有关高陵的线索[6]，发掘者认为它就是魏武王曹操的"高陵"[7]。尽管一度引起广泛的

1 《三国志》卷一《魏书·武帝纪》，北京：中华书局，1959年，第51、53页。

2 《晋书》卷二〇《礼志》："魏武以礼送终之制，袭称之数，繁而无益，俗又过之，豫自制送终衣服四箧，题识其上，春秋冬夏，日有不讳，随时以敛。金珥珠玉铜铁之物，一不得送。文帝遵奉，无所增加。及受禅，刻金玺，追加尊号，不敢开埏，乃为石室，藏玺埏首，以示陵中无金银诸物也。"北京：中华书局，1974年，第632页。

3 《三国志》卷二《魏书·文帝纪》，北京：中华书局，1959年，第81—82页。

4 《三国志》卷五《魏书·后妃传》，北京：中华书局，1959年，第166页。

5 《三国志》卷四《魏书·齐王芳纪》注引晋·孙盛《魏世谱》，北京：中华书局，1959年，第123页。

6 龙振山：《鲁潜墓志及其相关问题》，《华夏考古》2003年第2期，第80—82页。

7 关于该墓的发掘资料参河南省文物考古研究所、安阳县文化局《河南安阳市西高穴曹操高陵》，《考古》

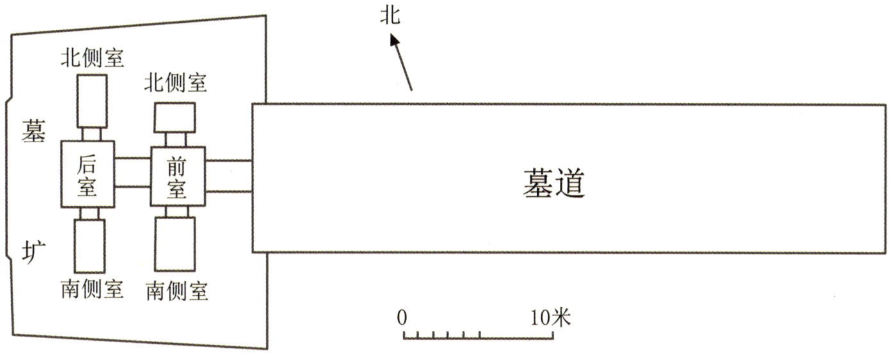

图2-2-1　安阳“曹操墓”平面结构图（引自河南省文物考古研究所、安阳县文化局《河南安阳市西高穴曹操高陵》，2010年）

学术争议，但多数考古学家认为它作为“高陵”的证据较为充分[1]。

这是一次因盗墓引起的考古发掘，虽然随葬品大多被盗毁，但仍保留了一些非常重要的信息。墓葬是一座由墓道、墓门、甬道和前后二墓室构成的砖室墓，前后墓室均方形，各有一个耳室。墓道长达39.5米，有台阶逐级内收，斜坡两侧各有一排柱洞，表明可能曾有木构建筑；墓室为四角攒尖顶，以青石铺地，在前室近甬道处发现一个年龄在60岁左右的头骨，后室发现6个石葬具痕迹，表明曾有一具石棺床和木棺，附近散落着2具骨骼，为50岁左右和20岁左右的女性。墓壁内表面抹有一层白灰面，但未发现壁画（图2-2-1）。

墓葬出土了可复原文物400余件，以陶瓷器最多，如陶案、灶、甑、圈、厕、耳杯、盘、壶、鼎、罐、盆、熏炉、尊及少量釉陶罐和青瓷罐；还有一批刻有精美图像的画像石，是建筑物构件，可能与石棺床有关。最重要的文物当属刻铭石牌，共62块，可分圭形、六边形两大类。圭形石牌均长10.8厘米，尖部中间有穿孔，孔内有铜环，铜环连以铜链；六边形石牌大小尺寸相同，总长8.5厘米，上部中间有穿孔，刻字内容为随葬物品的名称和数量。这种石牌是汉代以来十分流行的遣策，即随葬品的清单（图2-2-2）。

刻铭石牌上的文字大多清晰可辨，也成为我们判断墓主身份可靠的直接证据，出土的圭形石牌皆刻有“魏武王”之名，多为兵器之属，如“魏武王常所用挌虎大戟”、“魏武王常所用短矛”、“魏武王常所用大刀”、“魏武王常所用长犀盾”等，这套兵器可能是曹操生前所用的侍卫警跸用具，相较《后汉书·舆服志》的天子仪仗，规模甚小，可证曹操之俭[2]；而六边形石牌刻的物品以衣物为主，也有帷

2010年第8期，第35—45页。

1　关于该墓的论证文章，参河南省文物考古研究所编《曹操高陵考古发现与研究》，北京：文物出版社，2010年。该书收录了53篇从多个角度讨论曹操墓的论文。

2　武家璧：《曹操墓出土“常所用”兵器考》，《中原文物》2010年第4期，第13—16页。

图2-2-2　安阳曹操墓出土刻铭石牌

帐、镜台、屏风等家具陈设，以及一些食品和用具。

“曹操高陵”没有发现汉代流行的“葬玉”，也没有发现汉代盛行的偶人与俑。至于出土的玉佩、铜带钩、铁甲、铁剑、玉珠、水晶珠、玛瑙珠等物，都应该是生前佩戴之物或珍爱之物，与衣物一样，都是“曰有不讳，随时以敛”的“用器”，并非与厚葬有关的明器，所以不在薄葬制度下的禁止之列。

魏文帝曹丕的首阳陵和明帝曹叡的高平陵迄今并无明确的考古学线索，但据洛阳当地考古学者调查，认为首阳陵在今偃师县西北10公里的南蔡店附近，而高平陵在今汝阳县北的曹留庄附近。他们认为东汉至曹魏时期的帝陵有南北两个陵区，都城洛阳西北的邙山一带为北陵区，今偃师县伊水以南、万安山以北区域为南陵区，首阳陵在北陵区，高平陵在南陵区[1]。

洛阳以南的高平陵现有夯筑的覆斗形封土残留，底边呈方形，边长15×16米，现存高度7.5米，地面有很多汉魏时期的遗物，如泥质青砖、绳纹板瓦和筒瓦等，可能是原有陵寝类地面建筑遗存。附近还发现了大量汉魏时期的小型墓。封土所在的曹留庄多曹氏人家，据传是高平陵守陵人的后代。

不过由于没有经过正式的考古发掘，首阳陵和高平陵的确认还需假以时日。在涧水西岸离首阳陵不远处曾发掘过一座规模较大的墓葬，墓葬被盗，但在残留的帷帐铁帐钩上有正始八年（247年）的纪年。这是一座前后二室的砖墓，由长斜坡墓道和前后二室构成，前室内两侧有耳室，墓道长23米，分五级台阶内收，甬道口装素面青石墓门。前室近方形，长3.38米、宽3.25米，后室长方形，长3.2米、宽1.95米；随葬品除井、灶、磨、碓、圈等明器和陶器皿外，还出土了玉杯和博山炉。最重要的发现是一副铁帷帐架，共9件长约16厘米的铁管，连接起来是一个锥顶

1　赵振华：《洛阳东汉北兆域帝陵的初步研究》，《河洛春秋》2006年第1期，第22—33页；第2期，第20—26页；王竹林、赵振华：《东汉南北兆域皇陵初步研究》，《河洛春秋》2005年第1期，第1—7页。

的骨架，四周再围以布幔则成一套完整的帷帐[1]。此墓虽有明确纪年，但并无线索证明墓主的身份，不过既然它位于洛阳城的兆域内，又具有如此高的埋葬规格，应该可以确定是一座曹魏统治阶层的墓。也有学者推测该墓属于卒于甘露五年（260年）的废帝曹髦[2]，不过证据并不充分。

除了以上几处帝陵外，还有一座虽非帝陵但能很好地体现曹魏薄葬的墓葬，即曹操之子——陈思王曹植墓。曹植（192—232年）是建安文学的代表人物，不过在政治上抑郁不得志，其兄曹丕称帝后，他先被封东阿王，后又徙为陈思王，死后被迁葬于今山东东阿。

曹植墓是目前唯一一座身份明确的曹魏统治阶层墓葬。曹植葬于青龙元年（233年）。考古发掘表明其墓是一座带甬道的双室砖墓，前室方形，边长4.35米，券顶高达8米，后室高3.31米，长2.2米，宽1.78米，墓室总面积为26平方米（图2-2-3）。出土了132件器物，大部分放置在棺木两侧，包括几件玉器（珩、璜）、玛瑙、玻璃器、石器（圭、璧），以及89件陶瓷器，陶瓷器包括家禽、狗、灶、几案、勺、井、钟、磨等模型器和各种器皿。还出土了一件砖铭，据之可知墓主的身份[3]。显然，这

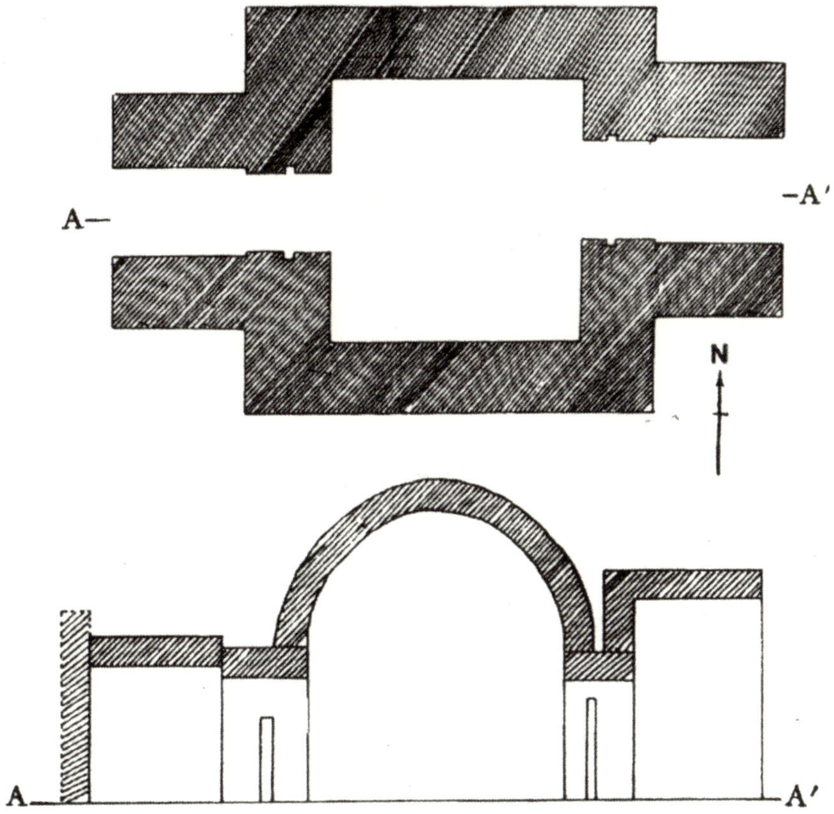

图2-2-3　山东东阿曹植墓平剖面图（引自刘玉新《山东省东阿县曹植墓的发掘》，1999年）

1 洛阳市文物工作队：《洛阳曹魏正始八年墓发掘报告》，《考古》1989年第4期，第314—318页。

2 刘炜：《三国时期陵寝制度的衰落及其根源》，《四川文物》1986年第1期，第61页。

3 刘玉新：《山东省东阿县曹植墓的发掘》，《华夏考古》1999年第1期，第7—17页。

是一座十分简陋的墓葬，除了因为墓主生前不得志，又是迁葬的原因外，恐怕主要还是因为薄葬。

此墓能昭显曹植的尊显身份之处可能是墓葬内出土的几件玉石器，其中圭和璧在汉代是帝王祭祀天地之用的，曹植墓的圭璧虽然以石做成，显示其节俭，但或许也显示了他的特殊身份；4件玉珩和玉璜的出土也很特殊，它应是朝服上的一套玉佩，而着朝服下葬也是一种特殊的待遇。

另外，曹植墓对遗体的处理也相当讲究，或许也与其特殊身份相关。在前室中央有朽烂的棺木痕迹，还可以看出三层遗迹：一层木炭，一层朱砂，最上一层为组成日月星辰图案的云母片，尸体陈于云母层之上。木炭自春秋战国以来即用于墓葬的吸水、防腐，从今天考古所见的湖南、湖北等地楚墓来看，以木炭填塞墓室确实是有效的防腐手段。朱砂是一种红色的硫化汞矿石，磨成粉末可以做药物，有抑制细菌和寄生虫的作用，可用于尸体的防腐，另外它又是秦汉炼丹术的主要原料，与长生不老观念有一定联系，因此常用于“藉尸”。云母也可能有类似作用，葛洪《抱朴子》认为它与葬玉一样具有使骸骨不朽之效[1]。

曹操父子分别葬于邺城、洛阳和东阿等地，但其宗族墓则葬于安徽亳县。考古学家曾在亳县发现5座规模巨大的东汉曹氏宗族墓[2]，采用的是东汉流行的砖石结构，有墓道、前中后室及耳室，以规整的青砖砌筑，墓内绘满精美的壁画，随葬各类珍贵的玉器、琥珀、鎏金器，更有银缕玉衣、铜缕玉衣殓尸。这批墓葬年代在东汉末年的延熹年间（158—167年），采用了当时流行的厚葬，符合曹氏作为世家大族的身份。但时隔五六十年后的曹操父子，虽然身份要高得多，但埋葬规格要简陋得多，这正好反映了汉末至曹魏时期丧葬模式的转变。

薄葬并非只是曹操父子的理想，也非仅仅停留在法令条文上，而是真正付诸实施了的。汉代厚葬的思想根源是为了孝道，曹魏不再通过举孝廉取士，而是施行唯才是举，这可能也是除了经济、防盗等因素外，曹魏薄葬得以很好施行的另一个原因[3]。

二、孙吴帝陵

孙吴历三代四帝共51年，吴大帝孙权于神凤元年（252年）葬于钟山之阳的蒋陵，皇后步氏、潘氏与之合葬；景帝孙休于永安七年（264年）葬定陵。废帝孙亮的陵寝正史无载，末帝孙皓于280年降晋后，于晋太康五年（284年）卒并葬于洛阳邙山。孙吴

---

1 《三国志》卷四八《吴书·孙休传》注引晋·葛洪《抱朴子》，描述了吴景帝时一座厚葬的大墓，内有云母、玉等物。北京：中华书局，1959年，第1162页。

2 安徽省亳县博物馆：《亳县曹操宗族墓葬》，《文物》1978年第8期，第32—45页；《安徽亳州市发现一座曹操宗族墓》，《考古》1988年第1期，第57—62页。

3 刘炜：《三国时期陵寝制度的衰落及其根源》，《四川文物》1986年第1期，第62页。

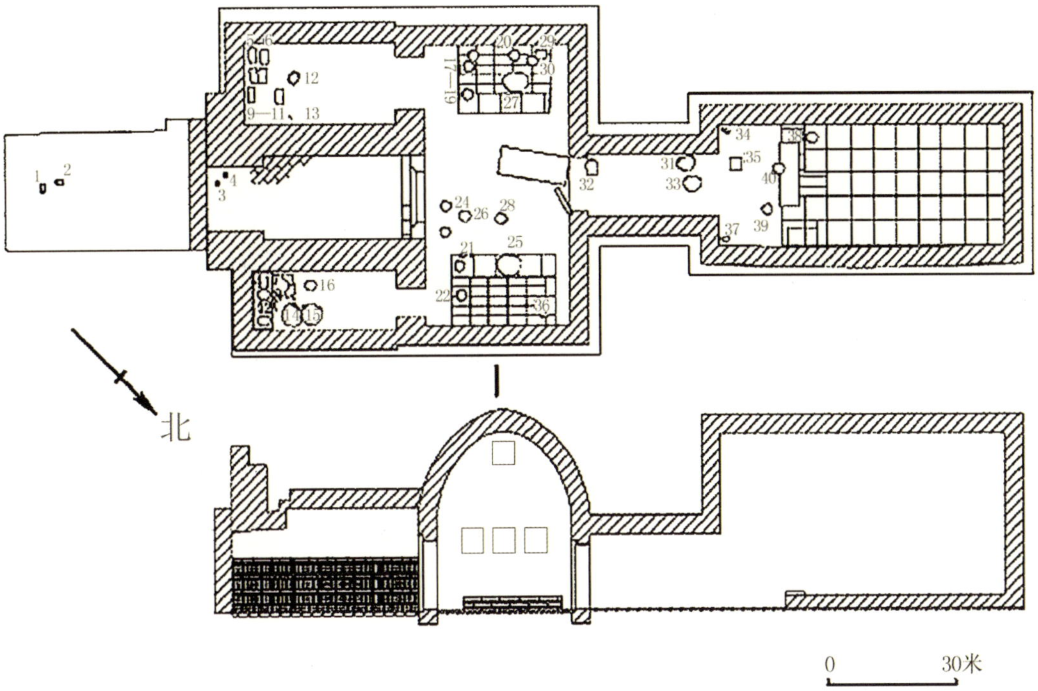

图2-2-4　马鞍山宋山东吴墓平剖面图（引自安徽省文物考古研究所等《安徽马鞍山宋山东吴墓发掘简报》，2007年）

的两座帝陵——蒋陵和定陵与北方的曹魏陵寝一样，目前仍处于探索阶段。

根据出土墓志、买地券上的线索，废帝孙亮墓可能在南京南郊的铁心桥、西善桥和板桥一带；另据《舆地纪胜》载，孙休的定陵在当涂县东二十五里，近年在安徽马鞍山发现的一座大型砖室墓，由甬道、双耳室和前后墓室构成，全长17.68米，被认为就是定陵（图2-2-4）[1]。

另外，在东吴早期都城武昌（今鄂州）发现了几座可能属于孙吴宗室的墓葬，如鄂州钢铁厂孙将军墓[2]、鄂钢饮料厂1号墓[3]，皆位于鄂州西山南麓，其中孙将军墓由甬道、前后墓室组成，前室两侧各有一个耳室，总长约9米，墓内出土一件瓷院落模型，门楼上刻有“孙将军门楼也”（图2-2-5）。鄂钢饮料厂1号墓也是由前后室组成的砖室墓，总长约14.5米，但耳室位于前室甬道两侧，墓内出土400余件器物，其中也有一件青瓷仓廪院落模型，还有一件精美的错金铜弩机，上刻“将军孙邻弩一张”（图2-2-6、图2-2-7）。研究者认为这两座墓的主人为孙邻、孙述父子，由于两墓并无明确纪年，所以孰为父墓、孰为子墓尚存争议[4]。

以上几座孙吴墓葬虽然并非确定的帝陵，但显然代表了孙吴墓葬的最高等

1 安徽省文物考古研究所等：《安徽马鞍山宋山东吴墓发掘简报》，《江汉考古》2007年第4期，第29—37页。
2 鄂城县博物馆：《鄂城东吴孙将军墓》，《考古》1978年第3期，第164—167页。
3 鄂州博物馆等：《湖北鄂州鄂钢饮料厂一号墓发掘报告》，《考古学报》1998年第1期，第103—131页。
4 熊寿昌：《论鄂城东吴孙将军墓与鄂钢饮料厂一号墓之墓主人身份及其相互关系》，《东南文化》2000年第9期，第34—40页。

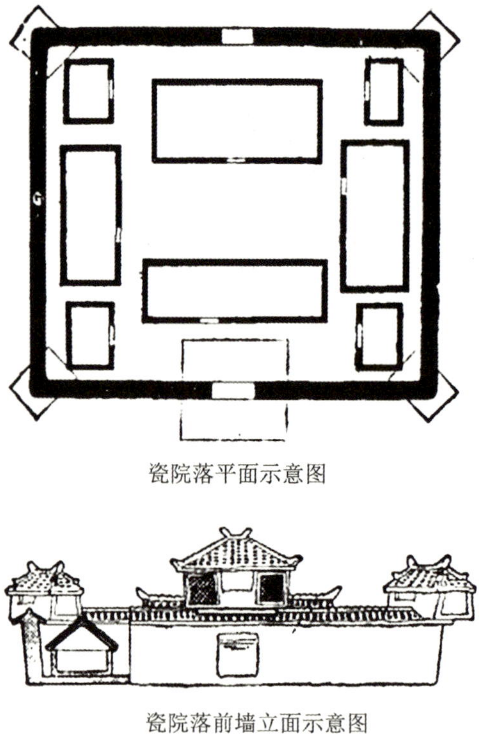

图2-2-5　鄂城东吴孙将军墓出土瓷院落（引自鄂城县博物馆《鄂城东吴孙将军墓》，1978年）

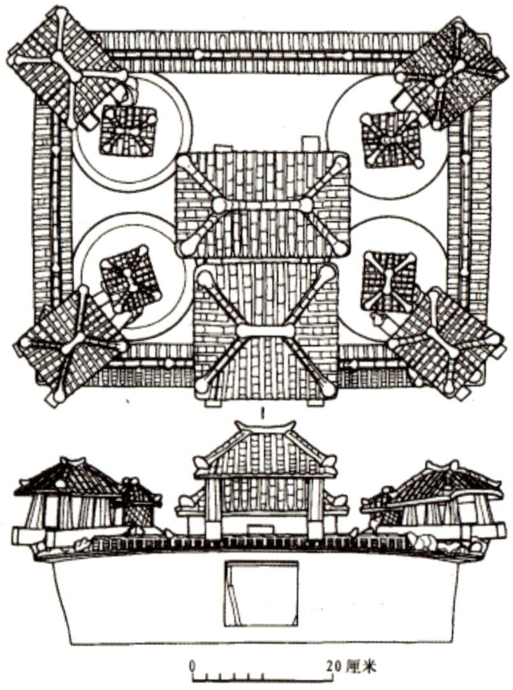

图2-2-6　鄂钢饮料厂1号墓出土青瓷院落（引自鄂州博物馆等《湖北鄂州鄂钢饮料厂一号墓发掘报告》，1998年）

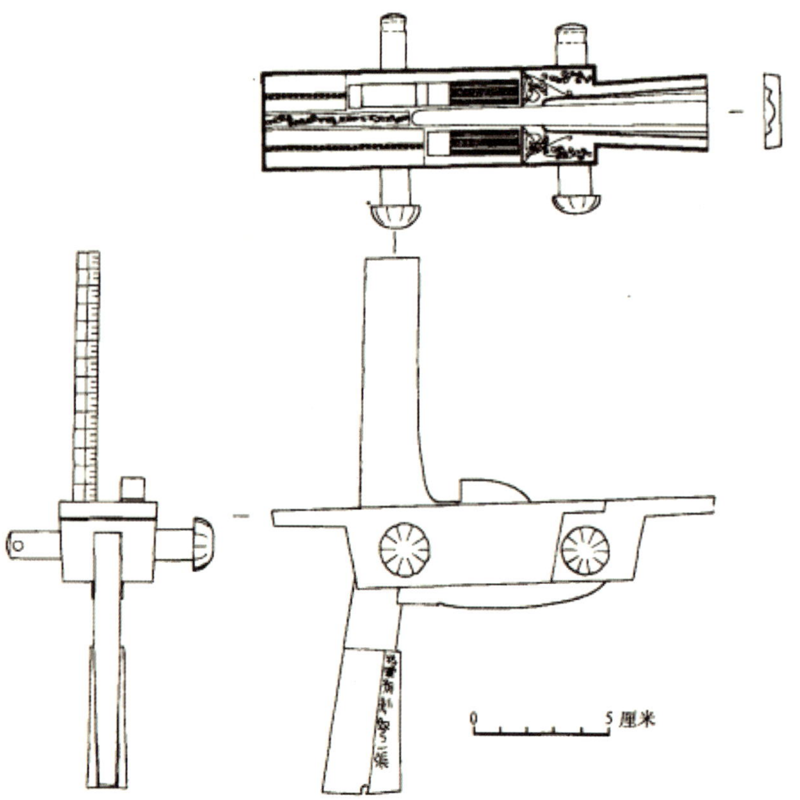

图2-2-7　鄂钢饮料厂1号墓出土铜弩机（引自鄂州博物馆等《湖北鄂州鄂钢饮料厂一号墓发掘报告》，1998年）

级，墓葬形制与中原曹魏高等级墓葬基本相似，都是由前后墓室构成的砖室墓，不同的是更多采用了南方地区生产的器物，如院落模型以青瓷制作而不像北方的陶制模型。墓室数量和随葬品也大为简省，也没有地面遗迹。这些特征表明东吴墓葬也是薄葬。

葛洪《抱朴子》描绘了吴景帝时曾掘开一座厚葬的墓葬："吴景帝时，戍将于广陵掘诸冢，取版以治城，所坏甚多。复发一大冢，内有重阁，户扇皆枢转可开闭，四周为徼道通车，其高可以乘马。又铸铜为人数十枚，长五尺，皆大冠朱衣，执剑列侍灵座，皆刻铜人背后石壁，言殿中将军，或言侍郎、常侍。似公主之冢。破其棺，棺中有人，发已班白，衣冠鲜明，面体如生人。棺中云母厚尺许，以白玉璧三十枚藉尸。兵人辈共举出死人，以倚冢壁。有一玉长一尺许，形似冬瓜，从死人怀中透出堕地。两耳及鼻孔中，皆有黄金如枣许大，此则骸骨有假物而不朽之效也。"[1]

葛洪认为可能是吴公主之墓，因此有学者认为东吴曾经采取厚葬，后来受到了曹魏薄葬的影响才出现了埋葬的简化[2]。其实，按照葛洪的描述，扬州（广陵）发现的这座墓应该是汉墓，墓内设施为汉代高等级墓葬所常见。从南方发现的大量小型孙吴墓葬来看，其埋葬形式与本地汉墓之间的延续性也是非常明显的，只不过更为简略。因此，薄葬模式并非只是曹魏特有，而是当时的时代特征。

东吴末帝孙皓骄奢成性，宠夫人张氏去世后，"皓哀愍思念，葬于苑中，大作冢，使工匠刻柏作木人，内冢中以为兵卫，以金银珍玩之物送葬，不可称计。已葬之后，皓治丧于内，半年不出，国人见葬太奢丽，皆谓皓已死，所葬者是也"[3]。孙皓在禁苑中的此番厚葬，仅仅只是孙吴时期的一个特例。

三、蜀汉帝陵

蜀汉仅历二帝43年（221—263年），即先主刘备和后主刘禅，刘备称帝二年而卒，葬惠陵，后主于263年降魏，卒于洛阳，死时为安乐县公，无陵寝。

蜀汉是三国中实力最弱者，主要统治巴蜀、汉中之地。惠陵一般认为在今成都市武侯祠内，不过今天所见祠堂、陵园和神道石刻等皆为清代建筑，只有封土可能是蜀汉原物[4]，不过从未经考古调查。

史载刘备与甘、穆二皇后同穴合葬，西汉帝陵一般是帝、后各起陵园和封土的异穴合葬，东汉时逐渐实行同穴合葬，刘备之合葬情况应是东汉方式的延续。

刘备死后，诸葛亮上表于后主："乃顾遗诏，事惟大宗，动容损益；百寮发哀，

1 《三国志》卷四八《吴书·孙休传》注引晋·葛洪《抱朴子》，北京：中华书局，1959年，第1162页。
2 刘炜：《三国时期陵寝制度的衰落及其根源》，《四川文物》1986年第1期，第64—65页。
3 《三国志》卷五〇《吴书·嫔妃传》注引《江表传》，北京：中华书局，1959年，第1202页。
4 刘炜：《三国时期陵寝制度的衰落及其根源》，《四川文物》1986年第1期，第63—64页。

满三日除服，到葬期复如礼；其郡国太守、相、都尉、县令长，三日便除服。”[1]诸葛亮自己也遗命薄葬：“遗命葬汉中定军山，因山为坟，冢足容棺，殓以时服，不需器物。”[2]

刘备君臣皆主张薄葬，固然与蜀汉实力及他们的治国思想有关，但更应该是当时流行的薄葬模式的反映。

第三节 北方帝陵

一、西晋

西晋是一个短暂统一的王朝，历四帝52年。晋武帝司马炎太熙元年（290年）卒，葬于峻阳陵；惠帝司马衷卒于光熙元年（306年），葬于太阳陵；怀帝司马炽于永嘉五年（311年）被匈奴刘曜俘虏入平阳，两年后被杀，无陵寝；愍帝司马邺于怀帝被杀后即位于长安，建兴四年（316年）降于刘曜，无陵寝；另外，西晋代魏之前的宣帝司马懿有高原陵，景帝司马师有峻平陵，文帝司马昭有崇阳陵，因此西晋一代共有5座帝陵，皆位于邙山上，不过由于西晋承袭魏制，也施行薄葬制度，墓葬目标不明显，迄今未能明确5座帝陵的位置，只能根据文献线索和考古材料做一些推测。

西晋统治者如曹魏一样，都对自己的陵寝有过明确的薄葬遗令，如司马懿“豫自于首阳山为土藏，不坟不树，作《顾命终制》，敛以时服，不设明器。景、文皆谨奉成命，无所加焉。景帝崩，丧事制度又依宣帝故事”[3]。西晋第一座陵墓高原陵的薄葬当比曹魏更为简朴，以“土藏”埋葬，即土坑墓室。

晋武帝司马炎严禁石兽、碑表等地面设施，“咸宁四年又诏曰：此石兽碑表，既私褒美，兴长虚伪，伤财害人，莫大于此。一禁断之。其犯者虽会赦令，皆当毁坏”[4]。

文献对西晋诸陵一般只记陵名而不记方位，仅记司马懿高原陵在首阳山。二十世纪初期，在洛阳出土了两方重要的墓志——晋中书侍郎荀岳墓志和晋武帝贵人左棻墓志，分别出自司马昭和司马炎的陪葬墓，为寻找崇阳陵和峻阳陵提供了重要线索[5]。

1 《三国志》卷三二《蜀书·先主传》，北京：中华书局，1959年，第891页。
2 《三国志》卷三五《蜀书·诸葛亮传》，北京：中华书局，1959年，第927页。
3 《晋书》卷二〇《礼志》，北京：中华书局，1974年，第633页。
4 《宋书》卷一五《礼志二》，北京：中华书局，1974年，第407页。
5 河南省文化局文物工作队第二队：《洛阳晋墓的发掘》，《考古学报》1957年第1期，第184页；蒋若是：《从“荀岳”“左棻”两墓志中得到的晋陵线索和其他》，《文物》1961年第10期，第49—52页。

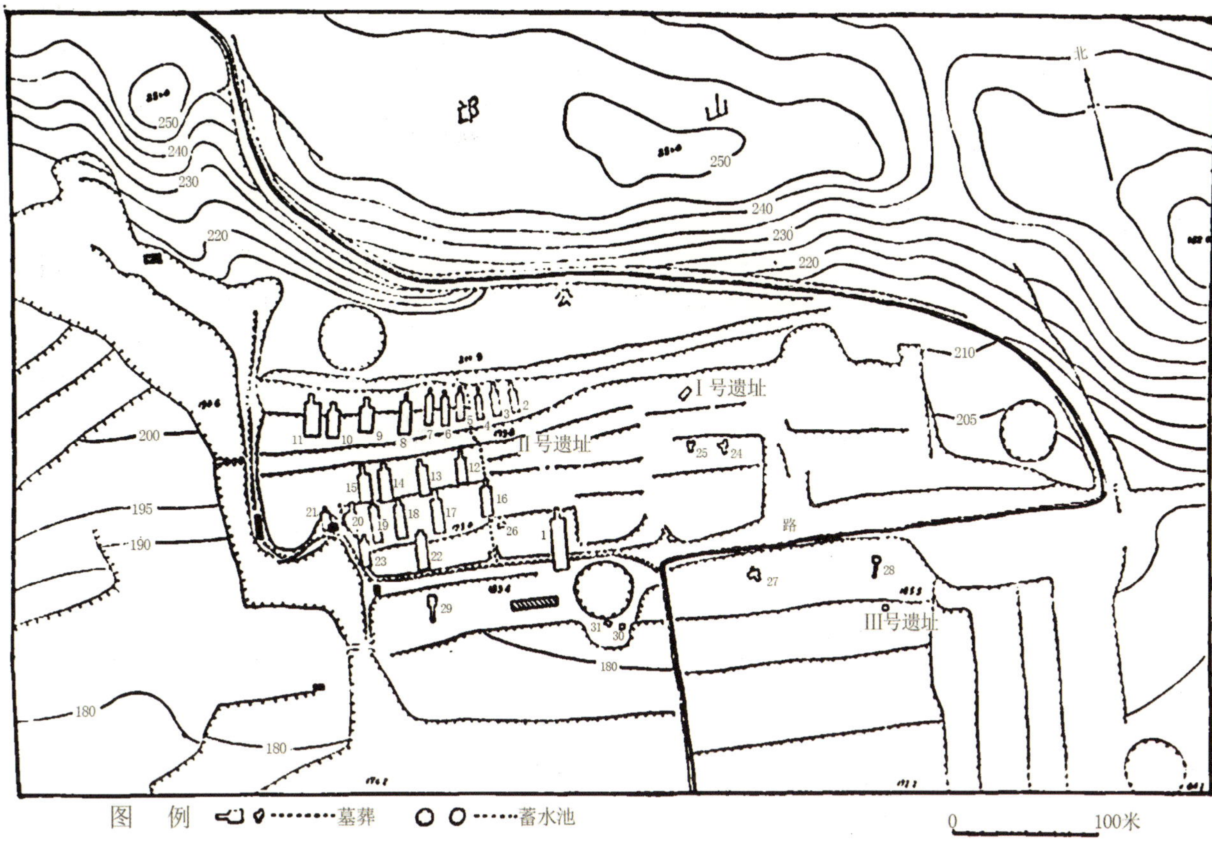

图2-3-1　西晋峻阳陵墓地地形图（引自中国社会科学院考古研究所洛阳汉魏故城工作队《西晋帝陵勘察记》，1984年）

根据墓志所记与帝陵的相对位置，即可大致确认二陵的方位。1982年，考古学家对邙山南麓的峻阳陵墓地和枕头山墓地进行了钻探，在峻阳陵墓地发现23座自成一区，按照一定规则排列的墓葬，皆为有长斜坡墓道的土洞墓（图2-3-1）；在枕头山墓地发现5座墓葬，形制和布局与峻阳陵一致（图2-3-2）。

通过钻探和试掘，可知墓葬的基本结构是由墓道、甬道和墓室组成的，长斜坡墓道都做成两侧台阶式，在墓道的尽端再凿出甬道和墓室，墓道均以夯土填实。其中峻阳陵墓地最大的墓葬墓道长36米，宽10.5米，墓室长5.5米，宽3米，高2米，可能是司马炎的墓葬，其余22座（包括左棻墓）可能都是陪葬的后宫女性墓；枕头山墓地最大的墓葬墓道长46米，宽11米，墓室长4.5米，宽3.7米，高2.5米，推测为司马昭墓，周围四座陪葬墓墓道要小得多，但墓室大小与帝陵大致相同（图2-3-3）[1]。

经过发掘的只有枕头山两座陪葬墓，均以砖铺地，甬道内设素面石门，土洞墓室，无壁画，随葬品极少，推测帝陵的内部结构可能也与此类似。

在峻阳陵墓地未发现陵垣和地面遗迹，此可能与晋武帝严禁“石兽碑表”有

1　中国社会科学院考古研究所洛阳汉魏故城工作队：《西晋帝陵勘察记》，《考古》1984年第12期，第1096—1107页。

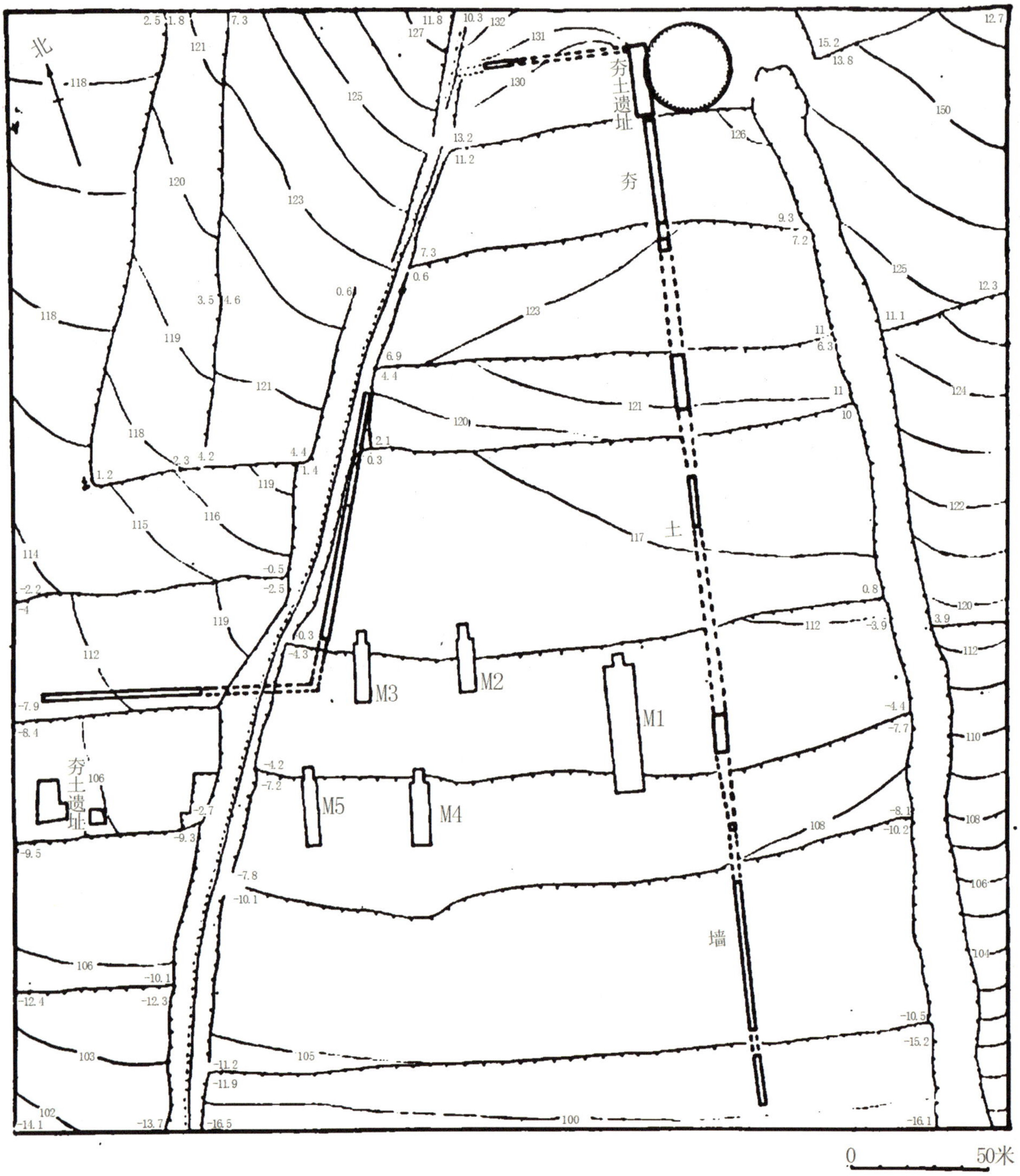

图2-3-2　西晋枕头山墓地地形图（引自中国社会科学院考古研究所洛阳汉魏故城工作队《西晋帝陵勘察记》，1984年）

关。不过枕头山发现了三面陵垣和两处建筑基址，有可能曾有陵寝类建筑物。

永嘉之乱后，西晋五陵疏于守护，可能很快就陷入了荒芜，当东晋义熙十二年（416年），刘裕大军收复洛阳时已是残破不堪，于是修复五陵，“开翦荆棘，缮修毁垣，职司既备，蕃卫如旧”[1]。

1　[南朝宋]傅季友：《为宋公至洛阳谒五陵表》，《六臣注文选》卷三八，北京：中华书局，2012年。

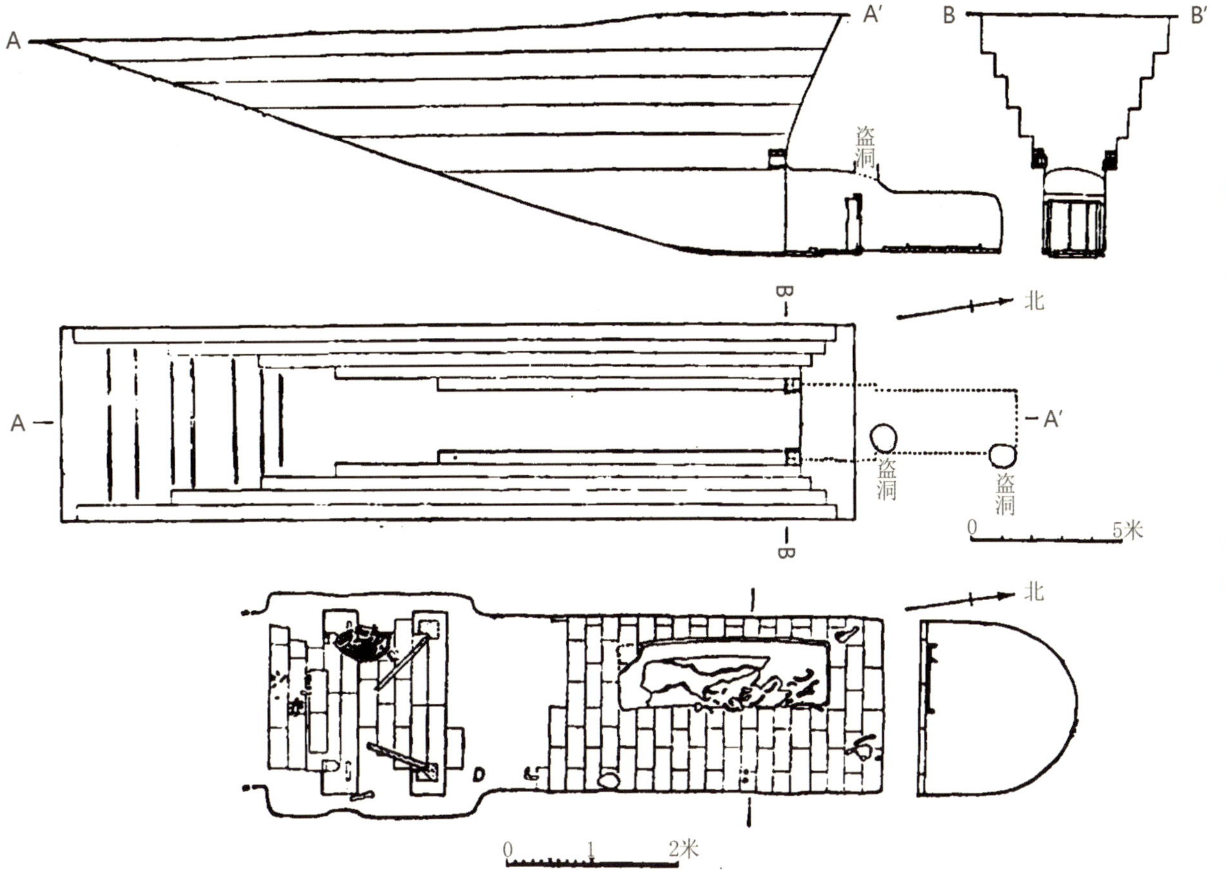

图2-3-3　西晋枕头山4号墓平剖面图（引自中国社会科学院考古研究所洛阳汉魏故城工作队《西晋帝陵勘察记》，1984年）

西晋帝陵很显然是曹魏薄葬模式的延续，似乎更加简略，如曹魏帝陵的前后墓室、砖室结构进一步简化为“土藏”（即土洞墓）、单墓室，墓葬的面积进一步缩小，建造也更加简陋。但作为帝陵，仍有其昭显身份的特殊之处，如两侧有台阶的长斜坡墓道，与“曹操墓”墓道结构一样，可能正是洛阳地区魏晋高等级墓葬的一个标志。

二、十六国

从西晋末年刘渊建汉（304年）至北魏太延五年（439年）灭北凉而统一北方，匈奴、氐、汉、羯、羌、鲜卑等族相继建立了十九个割据政权，因北魏崔鸿等撰《十六国春秋》而史称“十六国”。这些政权除汉人建立的前凉、西凉、北燕和冉魏外，多是北方少数民族所建，统治时间一般较短（最长的前凉63年，最短的冉魏仅2年）。它们在由游牧社会向农耕社会转变过程中，虽然都以中原礼仪文化为正统，但毕竟礼制不甚完备，加上当时割据的状况和经济条件的局限，各个政权并没有可与统一时期相提并论的庞大陵寝。虽然史籍载有多个十六国统治者的陵号，但具体位置和陵寝制度并无明确记载（表2-1）。

表 2-1 “十六国”都城及陵寝表

国名	创建者	民族	年代	都城	史籍所载陵号
汉（前赵）	刘渊	匈奴	304—329	洛阳、平阳、长安	永光陵（刘渊）、宣光陵（刘聪）
成汉（前蜀）	李雄	巴氐	304—347	成都	安都陵（李雄）、安昌陵（李寿）
前凉	张寔	汉	314—376	姑臧	宁陵（张寔）、大陵（张骏）、显陵（张重华）、愍陵（张祚）
后赵	石勒	羯	319—351	襄国、邺城	高平陵（石勒）、显原陵（石虎）
冉魏	冉闵	汉	350—352	邺城	
前燕	慕容皝	鲜卑	337—370	龙城、蓟城、邺城	龙平陵（慕容皝）、龙陵（慕容儁）
代	拓跋什翼犍	鲜卑	338—376	盛乐	云中金陵（拓跋什翼犍）
前秦	苻健	氐	350—394	长安、晋阳	原陵（苻健）
后秦	姚苌	羌	384—417	长安	原陵（姚苌）、偶陵（姚兴）
后燕	慕容垂	鲜卑	384—407	中山	宣平陵（慕容垂）、兴平陵（慕容盛）、徽平陵（慕容熙）
西燕	慕容泓	鲜卑	384—394	长子	
西秦	乞伏国仁	鲜卑	385—431	勇士川、金城、苑川	元平陵（乞伏干归）、武平陵（乞伏炽盘）
后凉	吕光	氐	386—403	姑臧	高陵（吕光）、白石陵（吕纂）
南凉	秃发乌孤	鲜卑	397—414	廉川堡、乐都、西平	西平陵（秃发利鹿孤）
南燕	慕容德	鲜卑	398—410	邺城、滑台、广固	东阳陵（慕容德）
西凉	李暠	汉	400—421	敦煌	建世陵（李暠）
夏	赫连勃勃	匈奴	407—431	统万城、安定、平原	嘉平陵（赫连勃勃）
北燕	冯跋	汉	407—436	龙城	长谷陵（冯跋）
北凉	沮渠蒙逊	匈奴	401—439	张掖、姑臧	元陵（沮渠蒙逊）

根据多年来的考古工作，在“十六国”各统治中心附近发现了一些城市遗址，其中有些可能是“十六国”的都城（参本书第一章），而在附近发现的一些大型墓葬，有可能就是“十六国”帝王或其家族成员的墓葬。迄今身份明确的“十六国”统治阶层的墓葬只有北燕冯素弗墓。

图2-3-4　北燕冯素弗墓出土印章

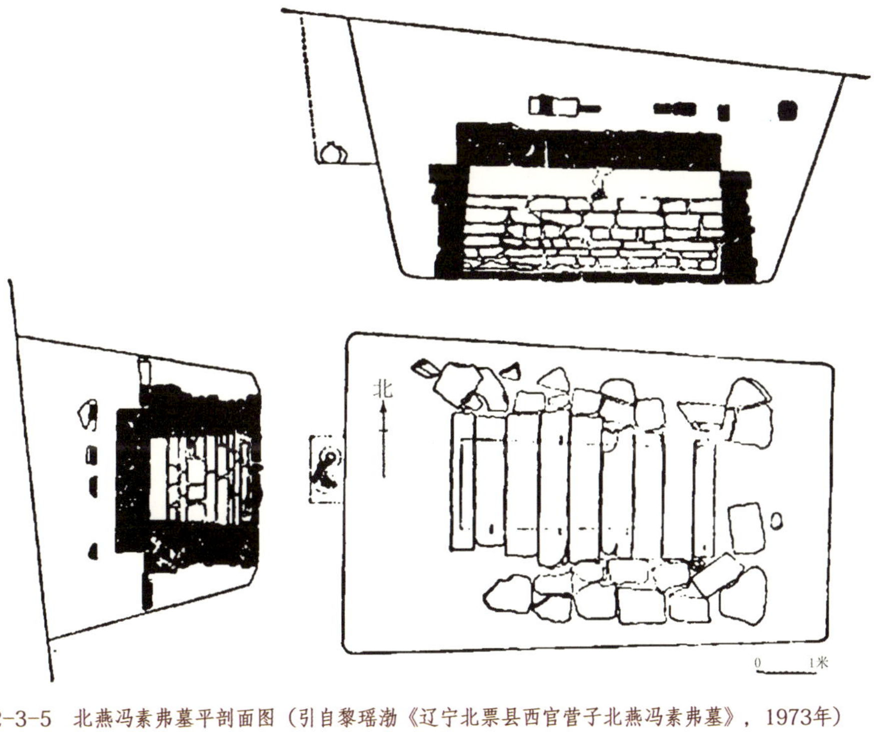

图2-3-5　北燕冯素弗墓平剖面图（引自黎瑶渤《辽宁北票县西官营子北燕冯素弗墓》，1973年）

（1）北燕是鲜卑化的汉人冯跋建立的政权，都龙城（今辽宁朝阳），主要活动于辽宁西南部和河北东北部。1965年在北票市西官营镇将军山发现的一座大型同冢异穴的石椁墓，出土了“范阳公”、“辽西公”、“车骑大将军”、“大司马”四枚金印（图2-3-4），根据文献可知墓主人为葬于415年的北燕天王冯跋之弟——冯素弗及其妻（图2-3-5）。

冯素弗墓采取当地流行的石椁墓结构，椁长4.25米。椁室内有彩绘木棺，人骨无存。椁壁上绘有人物、星象等壁画。出土器物470余件，有金印、兵器、铠甲、马具、服饰、仪仗车器、文具、日用器物等，其中包括鲜卑贵族特有的金步摇冠、一副最早的双马蹬实物——木芯直柄的鎏金马镫、南方文化特有的青铜虎子，以及玻璃碗、杯、鸭形水注等舶来品（图2-3-6、图2-3-7、图2-3-8）。步摇冠上有佛像装饰，表明佛教文化对三燕地区的影响，而冯妻墓中的殉犬则属于鲜卑的葬俗[1]。

图2-3-6　冯素弗墓出土金步摇冠

冯素弗墓的埋葬规格应该代表了北燕的最高等级，其所在的将军山东麓有可能是北燕帝陵区，冯跋的长谷陵也有可能在此附近。

图2-3-7　冯素弗墓出土玻璃碗

（2）1973年冬至1974年夏，考古工作者在安阳殷墟西区的孝民屯发掘了4座十六国时期的墓葬，其中M154出土了一整套鎏金铜马具，加上发现了牲殉的遗存，发掘者推测此墓可能与十六国时期活动于邺

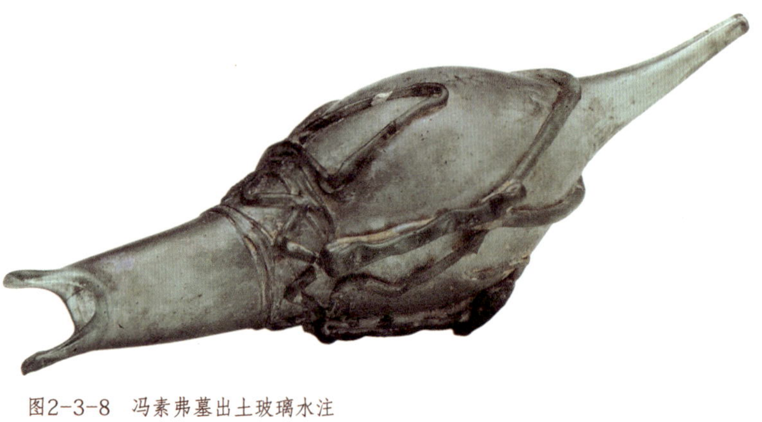
图2-3-8　冯素弗墓出土玻璃水注

1 黎瑶渤：《辽宁北票县西官营子北燕冯素弗墓》，《文物》1973年第3期，第2—28页。

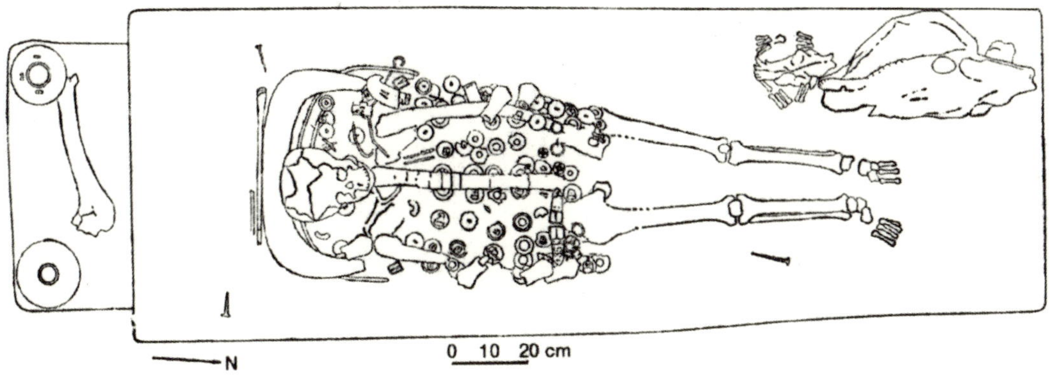

图2-3-9 安阳孝民屯十六国墓平面图（引自中国社会科学院考古研究所《安阳孝民屯晋墓发掘报告》，1983年）

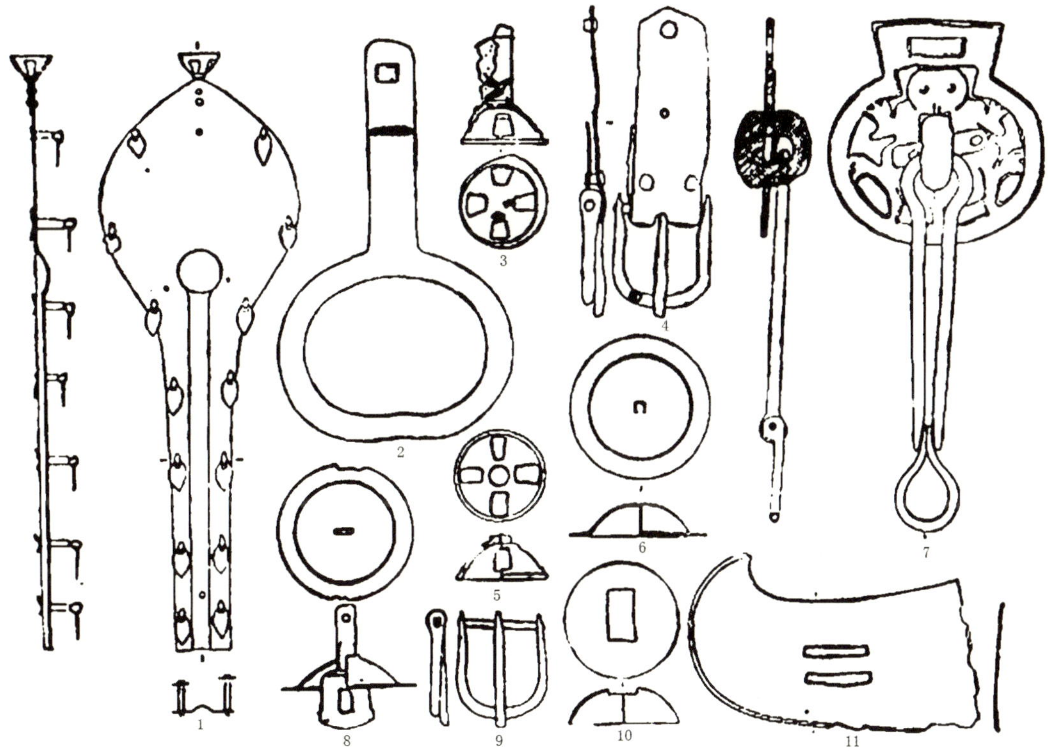

图2-3-10 安阳孝民屯十六国墓出土马具（引自中国社会科学院考古研究所《安阳孝民屯晋墓发掘报告》，1983年）

城一带的鲜卑有关系[1]（图2-3-9、图2-3-10）。

孝民屯M154是一座简单的长方形竖穴土坑墓，长2.6米，宽0.85—0.9米，南壁上有小龛一个，龛内陶罐和陶瓶内发现牛腿骨。墓内发现一具木棺，棺内除人骨外，还发现一副由123件鞍具、辔具及前后鞧銮饰组成的鎏金马具，其中马蹬为单马蹬。以整套的鎏金马具随葬表明墓主身份的显贵。十六国时期的鲜卑政权前燕和南燕都曾活动于安阳附近，其中前燕慕容儁于352年自蓟城南下，攻灭盘踞邺城

1 中国社会科学院考古研究所：《安阳孝民屯晋墓发掘报告》，《考古》1983年第6期，第501—511页。

的冉闵后，以邺城为都，直到370年被前秦灭亡，后被苻坚所杀，慕容儁居住于邺城达18年；而南燕慕容德于398年在滑台称王，仅两年后迁往广固（今山东益都），并死于当地。因此，安阳附近发现前燕统治者墓葬的可能性较大，M154虽然规模不大，但以鎏金马具随葬和牲殉的习俗与辽西前燕贵族墓葬相似，它的主人有可能是迁居中原的前燕统治者。

（3）1998年在咸阳市北部的西汉平陵附近发掘了一批十六国时期墓葬，其中一号墓（平M1）是一座保存完好的高等级十六国墓[1]。

这是一座有南北向斜坡墓道的土洞墓，由墓道、过洞、天井和墓室组成，墓室口以砖封门，室内有一具木棺，发现60余件（组）随葬品，是一套非常完整的随葬组合：墓室内东西两侧分别摆放着骑马鼓吹俑群、以二辆彩绘牛车和一辆彩绘轺车为中心的侍俑和伎乐俑群，墓室南侧和前面则摆着仓、灶、井模型和陶塑家禽家畜、实用铜器，墓室中部摆放着铜吊灯和陶连枝灯各一件（图2-3-11）。

发掘者认为这是一座前秦、后秦时期的墓葬，而且所出16骑的鼓吹乐俑、彩绘牛车和轺车、虎子、连枝灯等都是表明身份的器物，尤其鼓吹俑是汉魏时期流行的一种威仪，因此墓主人可能是高级武官，也有可能是王室贵族[2]。

1953年在西安南郊草厂坡曾发现过一座结构类似的土洞墓，也出土了包括鼓吹俑在内的随葬品120余件，曾被发掘者断为北朝墓[3]，但现在一般被认为是十六国墓，很可能是后赵或前秦的墓葬[4]。从陶俑反映的卤簿规模来看，可能也是一座统治阶层的墓葬。长安地区的“十六国”统治者虽然都是北方民族，但在融入中原文化过程中吸收了包括卤簿制度在内的传统中原礼仪制度。

三、北魏

北魏自拓跋珪建魏至北魏分裂，共传十四帝，历149年。

在定都平城时期（398—493年），传六代，其中太武帝长子拓拔晃为文成帝之父，未即位而卒，追赠为景穆帝，葬金陵；太武帝少子拓拔余被中常侍宗爱所杀，无陵寝；道武帝的祖父什翼犍也葬金陵；道武帝拓跋珪葬盛乐金陵，其余四帝葬云中金陵。文献所载葬于金陵的还有北魏皇后、皇子和其他皇室成员共四十多位，也有个别被“赐葬金陵”的勋臣。

北魏前期的各个陵寝皆署金陵，有“金陵”、“盛乐金陵”、“云中金陵”之名，

1 咸阳市文物考古研究所：《咸阳平陵十六国墓清理简报》，《文物》2004年第8期，第4—28页。

2 咸阳市文物考古研究所：《咸阳十六国墓》第五章“结语”，北京：文物出版社，2006年，第133页。

3 陕西省文物管理委员会：《西安南郊草厂坡村北朝墓的发掘》，《考古》1959年第6期，第285—287、325—326页。

4 苏哲：《西安草场坡1号墓的结构、仪卫俑组合及年代》，载《宿白先生八秩华诞纪念文集》，北京：文物出版社，2002年，第185—200页。

伎乐俑

陶牛车

骑马鼓吹俑

铠马俑

陶灯

图2-3-11　咸阳平陵十六国墓随葬品

但不记具体位置，这就给今天的考古工作增加了难度。盛乐、云中都是拓拔鲜卑迁都平城以前的活动中心，在今内蒙古河套地区。考古学家对河套至雁北地区进行了大量实地调查，获得了一些线索，不过还存在许多争议[1]。在平城与和林格尔盛乐故城之间的右玉县进行调查时，在几座海拔1500—1700米的山峰上发现了很多带有北魏风格的陶器、建筑材料和封土，墓葬封土之下皆有方形基座，与大同发现的方山永固陵做法相同。另外，内蒙古托克托县、和林格尔县、山西左玉县等地也被认为是北魏金陵的所在。

1993年在山西省怀仁县发掘过一座北魏多室砖墓[2]，出土了“丹扬王墓砖”铭模印砖。该墓残存部分封土，坐北朝南，由墓道、前室、后室和前室两侧的左右侧室组成，各墓室四壁皆呈弧形外凸，四个墓室的总面积达120多平方米。与大同发现的太和八年（484年）冯太后方山永固陵规格相当而年代可能更早[3]。根据墓葬规模、形制，墓主可能是卒于太延三年(437年)的丹阳王叔孙建[4]。

据《魏书》所载，叔孙建是唯一被“赐葬”金陵的勋臣，并由长子叔孙俊及子妻桓氏陪葬，足显其身份之特殊。该墓位于怀仁县大运公路（大同至运城）旁、桑干河北岸，北距大同市约30公里，当属北魏的“畿内”[5]范围。如果该墓确属赐葬金陵的丹阳王叔孙建，则可能为金陵的探索提供了一个有价值的线索。

虽然北魏“金陵”的面貌还相当模糊，但大同发现的冯太后永固陵和孝文帝“虚宫”还是为我们提供了丰富的北魏陵寝信息。

冯太后（太和十四年，490年卒）的永固陵建于大同北部的方山之上[6]。有一座带方形基座的圆形封土堆，基座117米×124米，封土高23米[7]。封土之下由石砌墓道、砖砌前室、甬道、后室组成，室内面积达71平方米，有穹隆式的墓顶。甬道中设两道石门（图2-3-12、图2-3-13）。墓葬建造得相当精致，石门、石虎头形门墩代表了北魏高超的石雕技术。可惜墓葬多次被盗，仅出土了极少量女俑、铁器和

1 关于北魏金陵的探索，参李俊清《北魏金陵地理位置的初步考察》，《文物集刊》1990年第1期，第67—74页；张焯《北魏金陵考索》，《大同高等专科学校（社科版）》1994年第2期，第59—61页；谢宝富《北魏金陵、桑干、北邙、干脯山西葬区研究——兼以此求教于宿白先生》，《北京航空航天大学学报（社科版）》1998年第2期，第72—78页；古鸿飞《北魏金陵初探》，《山西大同大学学报（社科版）》2008年第10期，第38—42页；刘溢海《北魏金陵探究》，《北朝研究》第六辑，北京：科学出版社，2008年。

2 怀仁县文物管理所：《山西怀仁北魏丹扬王墓及花纹砖》，《文物》2010年第5期，第19—26页。

3 大同市博物馆等：《大同方山北魏永固陵》，《文物》1978年第7期，第29—35页。

4 李梅田：《丹扬王墓考辨》，《文物》2011年第12期，第55—60页。

5 《魏书》卷一一〇《食货志》：“天兴初，制定京邑，东至代郡，西及善无，南极阴馆，北尽参合，为畿内之田。”北京：中华书局，1974年，第2850页。

6 大同市博物馆、山西省文物工作委员会：《大同方山北魏永固陵》，《文物》1978年第7期，第29—35页；王雁卿：《北魏永固陵陵寝制度的几点认识》，《山西大同大学学报（社科版）》2008年第4期，第46—49页。

7 这种上圆下方的封土象征着天圆地方的宇宙观念，但迁洛后改为圆馒头形的封土。这种改变被认为是丧葬观念改变的结果，可能与南朝的影响有关。参张庆捷《北魏永固陵的调查与探讨》，载洛阳市第二文物工作队编《洛阳汉魏陵墓研究论文集》，北京：文物出版社，2009年，第122—133页。

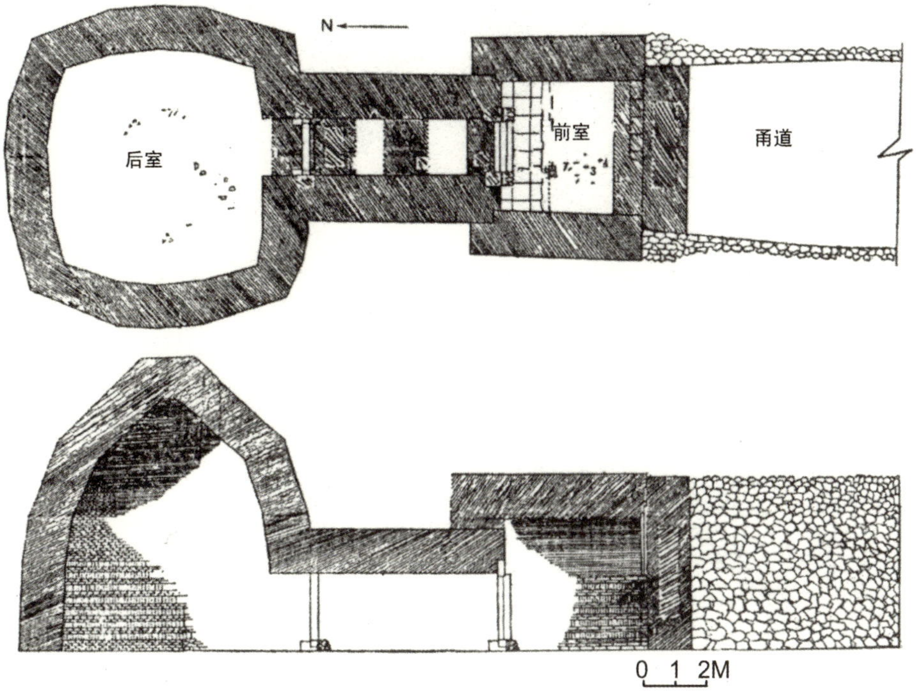

图2-3-12　北魏冯太后永固陵平剖面图（引自大同市博物馆、山西省文物工作委员会《大同方山北魏永固陵》，1978年）

图2-3-13　北魏冯太后永固陵墓门（引自大同市博物馆、山西省文物工作委员会《大同方山北魏永固陵》，1978年）

铜器。

永固陵也有陵园建筑遗存，现存墙垣、御道、石阙和寝庙永固堂、思远佛寺、灵泉宫等地面建筑。郦道元在《水经注·漯水》中曾详细描绘了永固堂的奢华：

> 又东注入如浑水，乱流经方山南。岭上有文明太皇太后陵，陵之东北有高祖陵。二陵之南有永固堂，堂之四周隅雉，列榭阶栏槛及扉户梁壁椽瓦，悉文石也。檐前四柱，采洛阳之八风谷黑石为之，雕镂隐起，以金银间云矩，有若锦焉。堂之内外四侧，结两石趺，张青石屏风，以文石为缘，并隐起忠孝之容，题刻贞顺之名。庙前镌石为碑、兽，碑石至佳，左右列柏，四周迷禽暗日。院外西侧，有思远灵图，图之西有斋堂。南门表二石阙，阙下斩山累结御路，下望灵泉宫池，皎若圆镜矣。

今在永固陵以南约200米处发现一处建筑基址，约40米×30米，其上原有一座佛塔，周围有回廊环绕，地面发现石柱础、龟趺等遗物，或许就是《水经注》所指"思远灵图"的遗存。这种布局是将东汉墓前建堂（石殿）的传统与佛教因素的融合[1]。

中原地区魏晋帝陵皆崇尚薄葬，地下建筑简略，地面基本不见祭祀性建筑，鲜卑统治者进入中原后积极学习华夏礼仪，从方山永固陵的陵寝制度来看，北魏丧葬礼仪可能取法于汉制，既恢复了建造奢华墓室的传统，也继承了汉代墓地祭祀的习惯，建造了如便殿、寝庙等设施，孝文帝曾仿东汉明帝上陵礼，到方山祭祀冯太后。因此，北魏前期的陵寝制度不但有对汉制的继承，也有创新。

孝文帝（477—499年在位）生前也在方山上建造自己的陵墓，毗邻冯太后永固陵，实际上是一座虚宫，他在迁都时规定"迁洛之人，自兹厥后，悉可归骸邙岭，皆不得就茔恒代"[2]。因此此墓一直空着。该墓也是一座双室墓，但规格比祖母冯太后的永固陵小一些。

孝文帝太和十七年（493年）迁都至洛阳后，元氏皇帝共传八代，有四座陵寝位于洛阳邙山，即孝文帝（卒于太和二十三年，499年）长陵、宣武帝（卒于延昌四年，515年）景陵、孝明帝（卒于孝昌三年，527年）定陵、孝庄帝（卒于永安三年，530年）静陵。

洛阳邙山是东汉以来历代帝陵所在地，各代帝陵都有特定的选址原则和陵域规则。宿白根据两百多件墓志记载的墓葬方位信息，推测了帝陵的位置，并探索了北魏的陵墓布局规则，认为瀍水两侧是北魏统治者陵墓区，包括帝陵、元氏皇室、"九姓帝族"、"勋旧八姓"和"余部诸姓"及一些重要降臣的墓葬，其中瀍西主要是帝陵区，自孝文帝"迁洛阳，乃自表瀍西以为山园之所"后，鲜有帝陵以外的墓葬埋入；瀍水以东是北魏主要的墓葬区，按照血缘、辈分、长幼等规则排列墓位，

1 徐苹芳：《中国秦汉魏晋南北朝时代的陵园和茔域》，《考古》1981年第6期，第525页。

2 《魏书》卷二〇《文成五王传·广川王略》，北京：中华书局，1974年，第527页。

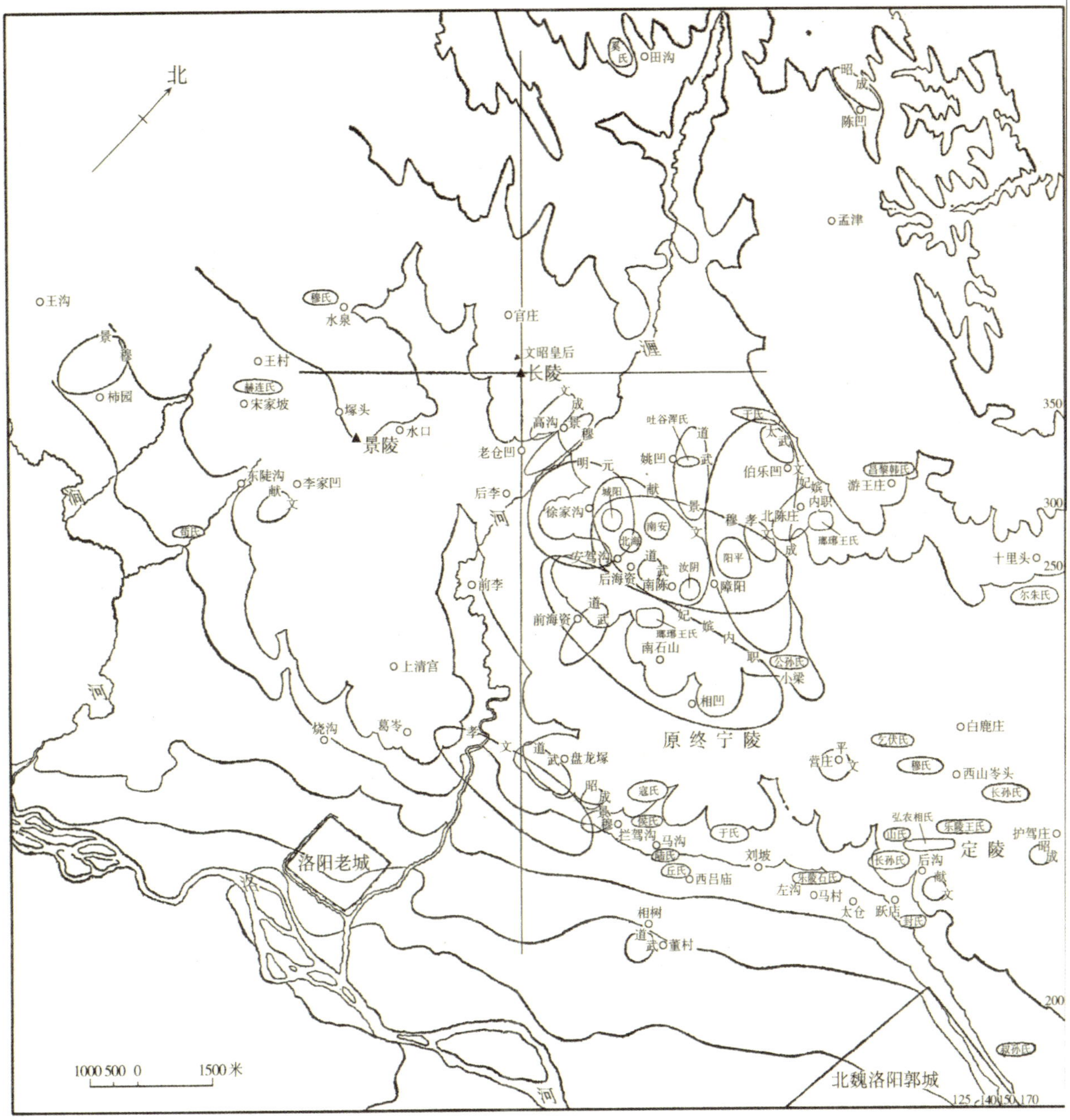

图2-3-14 洛阳邙山北魏皇室墓地布局示意图（引自宿白《北魏洛阳城和北邙陵墓——鲜卑遗迹辑录之三》，1978年）

异性勋贵墓偏居于元姓贵族墓之外；大族葬区内部以父子辈左右夹处、兄弟行并排成列为特点，他认为这些是原始族葬制的遗留，反映了代北旧习，与中原制度无关，并推测这种习俗在盛乐平城时期的金陵应该更明显[1]（图2-3-14）。

由于北魏陵墓多封土，也有地面遗迹，并有大量出土墓志线索可作参照，因此北魏帝陵的确认要比西晋帝陵容易得多。经过考古调查，基本确认了长陵、景陵、定陵和静陵的位置[2]。封土皆为平面圆形，长陵封土约35米高，直径45米，景陵封

1 宿白：《北魏洛阳城和北邙陵墓——鲜卑遗迹辑录之三》，《文物》1978年第7期，第48—51页。

2 河南省文化局文物工作队：《洛阳北魏长陵遗址调查》，《考古》1966年第3期，第155—158页；黄明兰：

土约30米高，直径超过40米，推测为孝庄帝陵的封土仅有15米高，直径30米。

宣武帝景陵经过了考古发掘，是一座规模巨大的陵墓：墓道长40多米，甬道分为前后二段，有一道厚达2.44米的封门墙，墓室近方形，四壁外凸，墓室面积近40平方米，穹隆顶高达9.36米。墓壁达2米多厚。墓室内以石铺地。墓室一侧置棺床，右侧可能是摆放随葬品和祭祀的场所（图2-3-15、图2-3-16）。由于被盗，墓葬出土物主要是残破的陶瓷随葬品，包括大量的陶俑和少量青瓷器，同时还发现一些

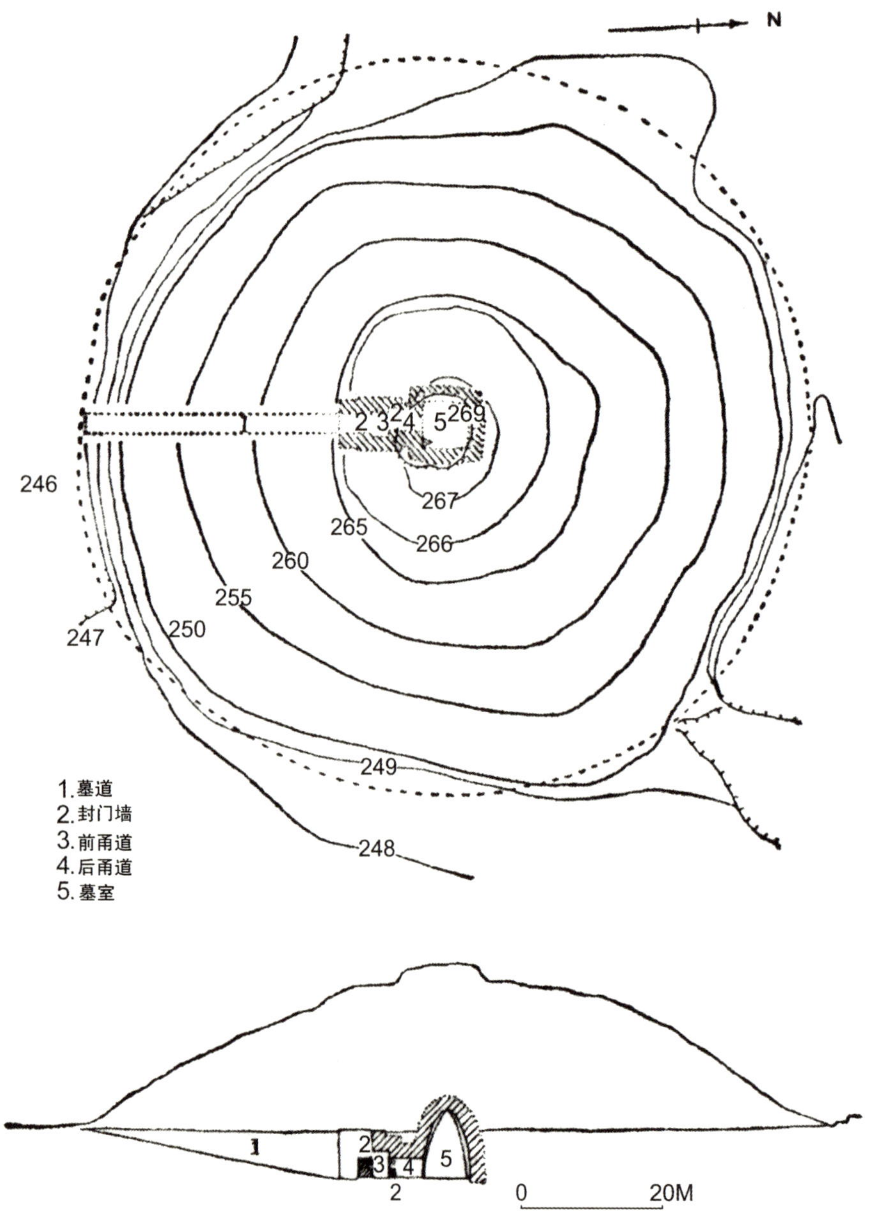

图2-3-15　北魏宣武帝景陵封土结构图（引自中国社会科学院考古研究所等《北魏宣武帝景陵发掘报告》，1994年）

《洛阳北魏景陵位置的确定和静陵位置的推测》，《文物》1978年第7期，第36—41、22页；陈长安：《简述帝王陵墓的殉葬、俑坑与石刻》，《中原文物》1985年第4期，第75页。

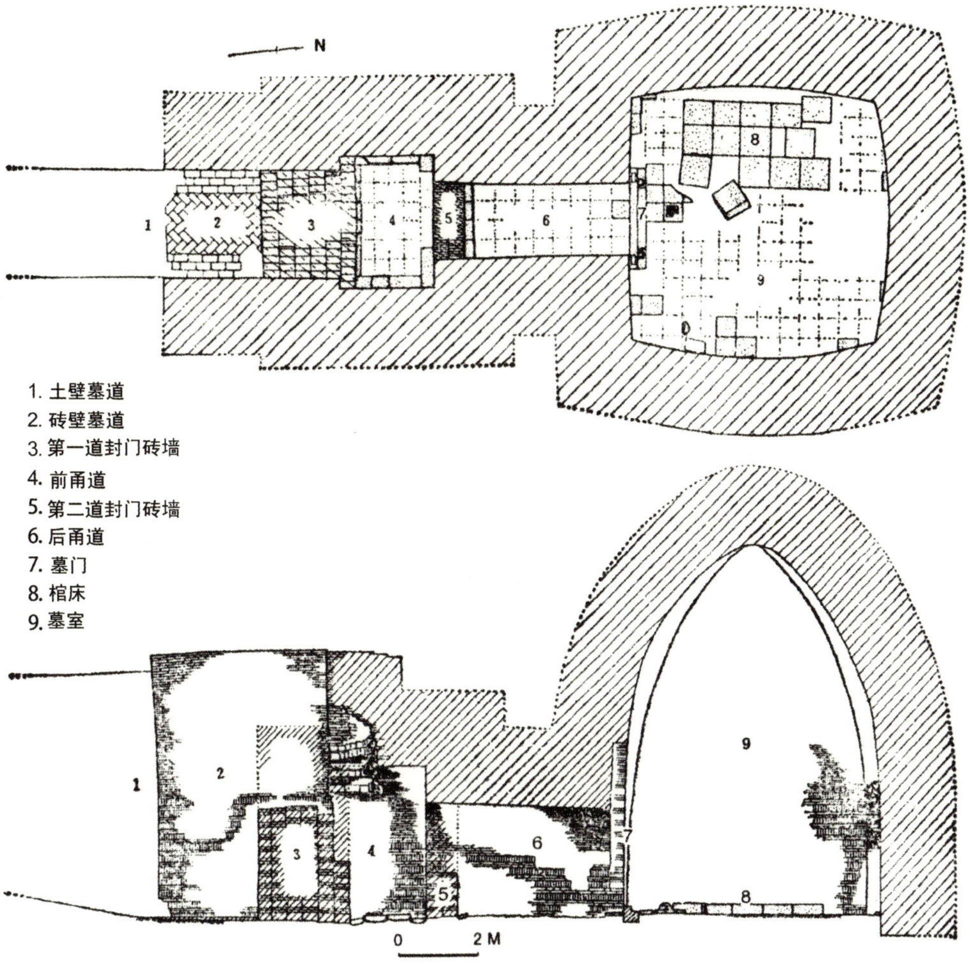

图2-3-16 北魏宣武帝景陵平剖面图（引自中国社会科学院考古研究所洛阳汉魏故城队、洛阳古墓博物馆《北魏宣武帝景陵发掘报告》，1994年）

石器和铁器[1]。其中青瓷器应该是南方输入品。

洛阳的北魏帝陵虽然没有发现如方山永固陵一样的陵垣、寝庙等地面建筑，但也有迹象表明当时封土前至少有神道的存在，如景陵墓道延长线上发现石刻武士像，残高2.89米，拄剑，穿广袖袍服；在孝庄帝静陵前也发现一尊逾3米高的石雕像，显然都是封土前的神道石刻。

以上北魏陵寝，无论是平城的冯太后永固陵还是洛阳诸帝陵，都已与魏晋帝陵大不相同，明显抛弃了魏晋的薄葬原则，似乎更多的是效法汉代陵墓制度。虽然从平城到洛阳，帝陵仍有墓室减少的趋势，但墓室的内部空间都非常宽广，石门、石棺床等精致的墓内设施以及不断增加的随葬品（尤其仪仗类陶俑）成为帝陵的显著特征；地面上也重新出现了寝庙、神道石刻等设施。这些变化可能预示着新一轮厚葬的到来，不过表现方式已与汉代的厚葬有所不同。

1 中国社会科学院考古研究所洛阳汉魏故城队、洛阳古墓博物馆：《北魏宣武帝景陵发掘报告》，《考古》1994年第9期，第801—814页。

四、东魏北齐

东魏仅传孝静帝元善见一帝，历17年，高洋代魏后的次年被杀；北齐传六帝，历28年，六位皇帝中有三位被杀或赐死，一位因坠马而病亡，文献载有三座陵寝，即文宣帝高洋的武宁陵、孝昭帝高演的文静陵、武成帝高湛的永平陵，另有追赠为神武帝（或献武帝）的高欢义平陵。

东魏、北齐以邺城为都，在今磁县、安阳及附近地区共有东魏北齐皇室和贵族墓葬数百座，这些墓葬曾被误认为是曹操的所谓“七十二冢”。通过文献记载、墓葬碑志以及考古调查，它们与曹操并无关系，而是东魏、北齐时期的皇室成员和贵族墓葬群，墓群西南部是以东魏孝静帝西陵为中心的元氏陵墓兆域，东部和北部是以北齐神武帝义平陵为中心的高氏陵墓兆域，其他异姓勋贵分布在两朝皇陵四周，它们既有陪陵的性质，又有豪强大族“聚族而葬”的性质[1]。

1986年在磁县发掘的湾漳大墓是一座总长度52米的大型墓葬，墓葬被盗，身份无法确认，但一般认为是文宣帝高洋（559年卒）的武宁陵[2]（图2-3-17）。

墓葬由墓道、甬道和墓室三部分组成，平面略呈甲字形。墓道长达37米，斜坡上用土坯砌出东西两壁，墓道底面也有垫土并经夯打，在土坯墙和垫土中发现柏木棍，可能起加固作用，在墓道土坯墙和地面以草泥、白灰涂抹，其上绘壁画，

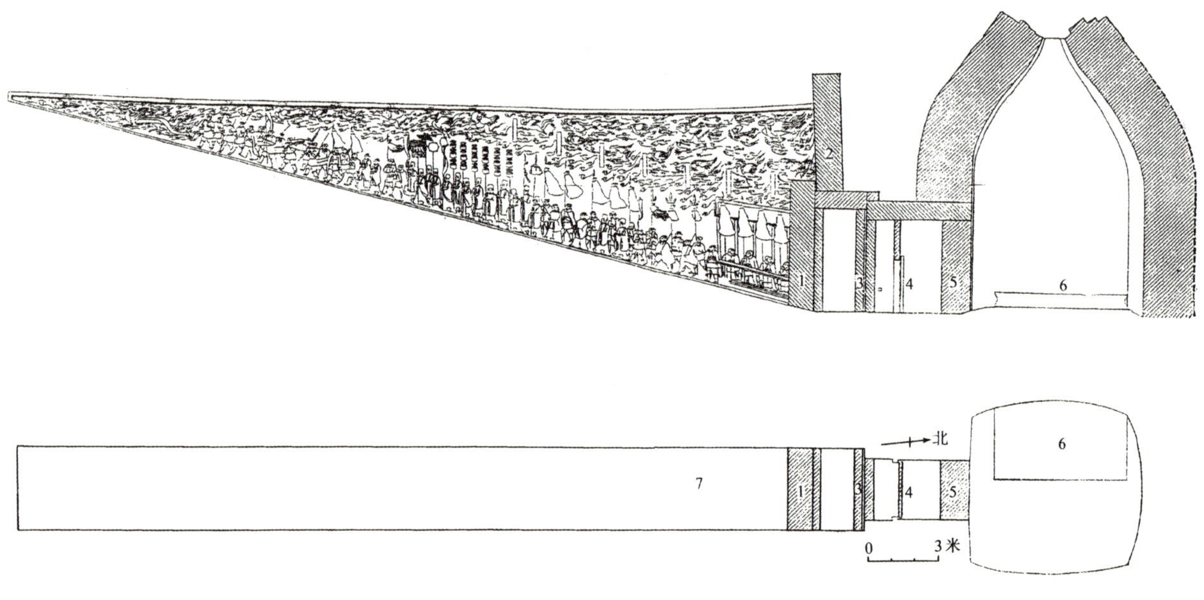

1.南封墙　2. 门墙　3. 中封墙　4. 石门　5. 北封墙　6. 棺床　7. 墓道

图2-3-17　磁县湾漳大墓平剖面图（引自中国社会科学院考古研究所、河北省文物研究所编著《磁县湾漳北朝壁画墓》，2003年）

1 马忠理：《磁县北朝墓群——东魏北齐陵墓兆域考》，《文物》1994年第11期，第56—80页。

2 中国社会科学院考古研究所、河北省文物研究所编：《磁县湾漳北朝壁画墓》，北京：科学出版社，2003年；中国社会科学院考古研究所、河北省文物研究所邺城考古工作队：《河北磁县湾漳北朝墓》，《考古》1990年第7期，第600—607页；徐光冀：《河北磁县湾漳北朝大型壁画墓的发掘与研究》，《文物》1996年第9期，第69—71页。

每面绘有53人组成的仪仗出行队列，上方绘有各种神兽、莲花和流云；墓室内原也有壁画，可惜破坏严重；甬道长6.7米，有三重封门墙和一道石门，石门上有彩绘神兽、忍冬纹饰，门上还有鎏金铁门环、门鼻；甬道上方有一道门墙，高5.06米；墓室方形，弧形外凸，四角攒尖顶，7.56米×7.4米，残高12.6米，墓壁砖砌，厚达五重；墓室内的西侧置一具大型须弥座石棺床，长达5.2米，刻画精美；棺床上有一棺一椁。虽然墓葬被盗，还是出土了一千五百余件陶俑以及一些家居用具模型、陶器皿、石灯等。陶俑基本涵盖了当时流行的陶俑组合，包括镇墓俑（镇墓兽和镇墓武士）、出行仪仗（具装俑、侍卫骑俑、伎乐骑俑、武装步卒、文吏、女官）、侍仆（男女侍卫、胡俑）、庖厨模型（杂役、动物模型、庭园生活模型）（图2-3-18、图2-3-19）。

地面有圆形封土，直径100—110米，附近发现一躯高达4.06米的石人像。封土以南发现神道遗迹，长达270米，尽端两侧各发现一座夯土建筑基址，可能是陵园的地面建筑，但并未发现任何墙垣遗迹。

北齐高祖高欢的埋葬较为特殊，死后曾秘密葬于磁州鼓山智力寺的天宫之旁，即在佛窟中心柱的顶部开凿墓室，邺城附近的北响堂山石窟就是这种形式，这

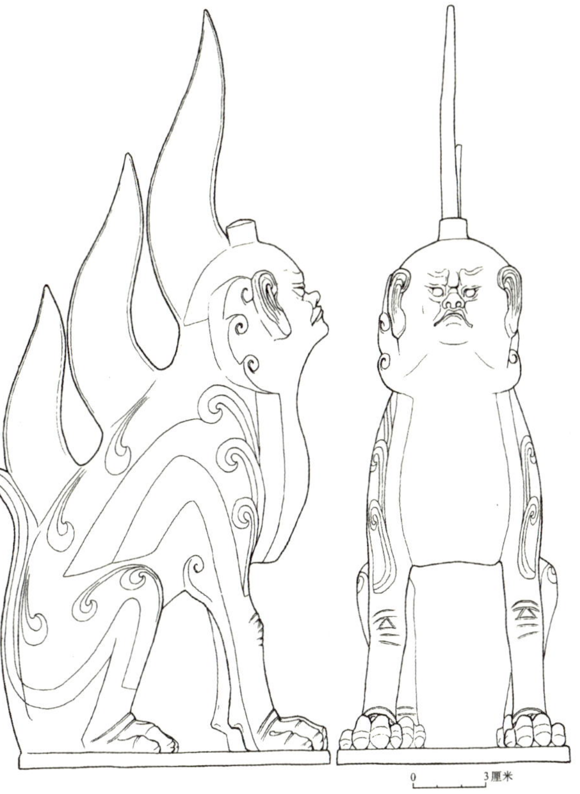

图2-3-18　磁县湾漳大墓出土陶镇墓兽（引自中国社会科学院考古研究所、河北省文物研究所编著《磁县湾漳北朝壁画墓》，2003年）

图2-3-19　磁县湾漳大墓出土陶镇墓武士（引自中国社会科学院考古研究所、河北省文物研究所编著《磁县湾漳北朝壁画墓》，2003年）

或与北朝时期佛教对陵墓制度的渗透有关[1]。

东魏北齐的其他帝陵迄今暂无明确的考古线索，不过在邺城附近的大量高等级墓中，不排除也有帝陵的存在。

除帝陵外，在邺城及东魏北齐的另一个政治中心晋阳（今山西太原）还发现了大量皇室成员或异姓勋贵墓，如磁县发现的武定八年（550年）茹茹公主闾氏墓[2]、武平七年（576年）左丞相文昭王高润墓[3]、武平七年文宣帝高洋妃颜玉光墓[4]等，以及太原发现的武平元年（570年）东安王娄叡墓[5]、武平二年（571）武安王徐显秀墓[6]等。有的墓葬规格与作为帝陵的湾漳大墓不相上下，它们共同代表了东魏北齐时期的最高埋葬等级。

茹茹公主（537—550年）是漠北民族柔然的可汗之孙女，嫁于武成帝高湛（537—568年）为妻，十三岁而亡，墓志称“葬于滏水之阴、齐献武王之茔内”。献

1　徐苹芳：《中国秦汉魏晋南北朝时代的陵园和茔域》，《考古》1981年第6期，第521—530页。

2　磁县文化馆：《河北磁县东魏茹茹公主墓发掘简报》，《文物》1984年第4期，第1—9页。

3　磁县文化局：《河北磁县北齐高润墓》，《考古》1979年第3期，第235—243页。

4　安阳县文教局：《河南安阳县清理一座北齐墓》，《考古》1973年第2期，第90—91页。

5　山西省考古研究所、太原市文物管理委员会：《太原市北齐娄叡墓发掘简报》，《文物》1983年第10期，第1—23页。

6　山西省考古研究所等：《太原北齐徐显秀墓发掘简报》，《文物》2003年第10期，第4—40页；太原市文物考古研究所：《北齐徐显秀墓》，北京：文物出版社，2005年。

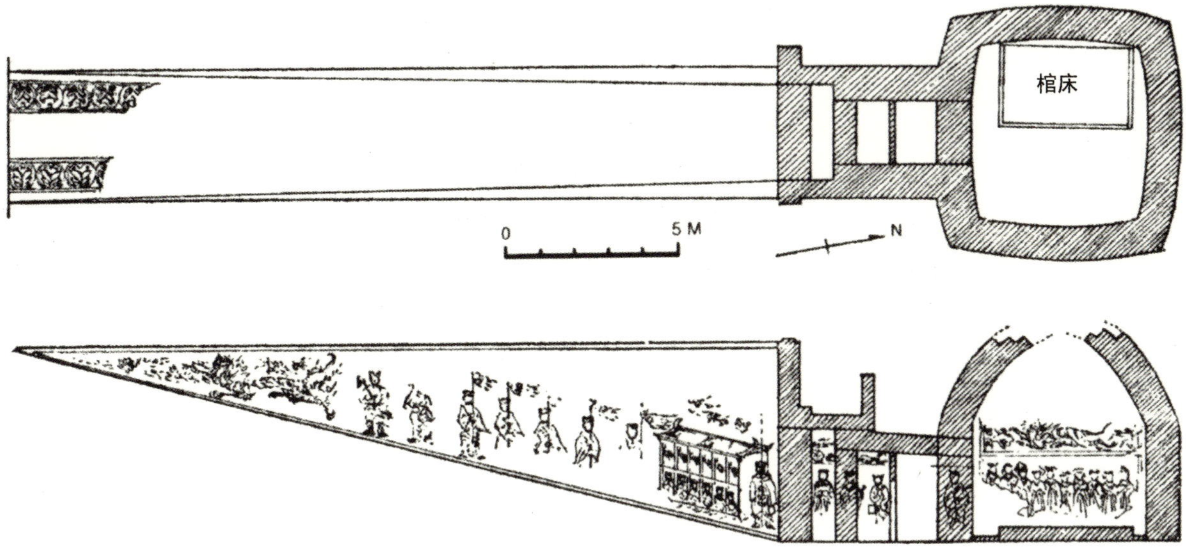

图2-3-20　磁县茹茹公主墓平剖面图（引自磁县文化馆《河北磁县东魏茹茹公主墓发掘简报》，1984年）

武王即高欢，据茹茹公主墓志的线索，该墓西南约300米处的一座高大封土冢可能就是高欢的义平陵。

茹茹公主墓的形制结构与湾漳大墓相似，惟规模稍小。墓室平面略呈方形，四壁微向外弧，南北长5.23米、东西宽5.58米，斜坡墓道全长22.79米，也有类似的出行仪仗行列，由14人组成，以青龙白虎引导，地面为地毯式的莲花图案。甬道内设置三道封门墙和一道素面石门框，但无石门。墓壁厚达1米，墓室西侧设砖砌棺床。墓室四壁有壁画，正壁居中人物可能是墓主人茹茹公主肖像，两侧为侍女，侧壁绘侍者（图2-3-20）。

墓内出土了各式陶俑、动物模型、青瓷器、各种金饰品等共1000多件，以陶俑为大宗。较为特殊的是出土了一件萨满巫师俑，类似形象曾见于河南邓县北朝彩色画像砖上[1]；另出土了两枚拜占廷金币，表明当时中国与拜占廷帝国（东罗马帝国）之间的联系。

武安王徐显秀墓是晋阳地区发现的等级最高的北齐墓，发现于太原市迎泽区郝庄乡王家峰村，基本形制结构与湾漳大墓和茹茹公主墓相似，墓葬规格并不逊于高氏皇室成员，甚至壁画更为精美，墓道的出行仪仗由96人组成（图2-3-21）。墓葬曾多次被盗，但仍出土两百余件瓷器和三百余件陶俑，还发现了一件嵌蓝宝石的金戒指，其造型和纹饰具有西亚或地中海地区风格。

邺城政治是北魏洛阳政治的延续，文化方面亦如是，正如陈寅恪所说："洛阳文物人才虽经契胡之残毁，其遗烬再由高氏父子之收掇，更得以恢复炽盛于邺

1　河南省文化局文物工作队：《邓县彩色画像砖墓》，北京：文物出版社，1958年。

图2-3-21　太原北齐徐显秀墓壁画

图2-3-21　太原北齐徐显秀墓壁画

都。"[1]从陵寝制度来看，邺城确有明显的洛阳因子，但又有新的面貌呈现。

首先，邺城墓葬的排列方式分别以东魏孝静帝陵和北齐神武帝义平陵为中心，其他皇室成员和勋贵分别围绕在四周[2]，虽然现在未能明确墓葬的排列规则，

1 陈寅恪：《隋唐制度渊源略论稿》二《礼仪（附都城建筑）》，上海古籍出版社，1982年。

2 马忠理：《磁县北朝墓群——东魏北齐陵墓兆域考》，《文物》1994年第11期，第56—80页。

但极有可能继承了洛阳邙山北魏陵域的族葬习俗；其次，墓葬建筑延续了洛阳的单室砖墓形制和结构，不过规模更大，随葬品更多，卤簿类的陶俑群和壁画中的出行队伍非常庞大，而且各墓的表现非常一致，表明丧葬礼制至北齐时已完全确立；此外，邺城出现了很多非中原文化因素，除了舶来的珍稀物品外，还有壁画等艺术风格的西域倾向[1]，这可能正是北齐社会胡化倾向的反映[2]。

五、西魏北周

西魏传三帝，历24年，都长安。534年北魏孝武帝西奔长安依宇文泰，次年被鸩杀，元宝炬被立为西魏第一帝，551年葬永陵；后二位西魏皇帝被废或被杀，陵寝无载。北周传五帝，历25年，加上被追赠的文帝宇文泰，共有六座陵寝[3]，不过正史中关于这些陵寝并无太多信息，加上北周也施行“不树不封”，地面无任何标记，因此给考古工作增加了难度。

据文献记载，西魏文帝乙弗后以秦州麦积山石窟的佛龛为墓，今麦积山石窟第43窟确实有一处以龛为墓的例子，这当然不会是西魏皇室成员陵墓的常态，只是一种特例，不过也反映了北朝时期统治者的崇佛情况，正如北魏冯太后方山永固陵前立佛寺、北齐高欢潜埋于石窟寺中心柱窟窟顶一样，佛教思想已经向陵墓制度渗透[4]。

《周书》载文帝宇文泰于魏恭帝三年（556年）葬于成陵[5]。清代学者毕沅认为该墓在陕西省富平县凤凰山南，并于陵前立碑“北周文帝成陵”。今在富平县宫里乡宫里小学院内有陵冢，现高12米，周长142米。不过该墓并未作考古工作。

北周都城长安附近的咸阳塬地势高亢、平坦开阔，分布着西汉帝陵和隋代帝陵，考古学家在今咸阳市陈马村至底张镇一带也发现了大批北周高等级墓葬，因此这个地区应该也是北周帝陵和贵族的墓葬区。葬于宣政元年（578年）的武帝宇文邕孝陵正是发现于此[6]。

孝陵是武帝和皇后阿史那氏（突厥可汗之女）的合葬墓，位于咸阳东北陈马村附近，经过钻探，没有发现封土、神道、寝殿等遗迹。墓葬全长68米，由斜坡墓道、

1 罗世平：《太原北齐徐显秀墓壁画中的胡化因素——北齐绘画研究札记（一）》，《艺术史研究》2003年第5辑。他认为东魏北齐的壁画人物用橘黄色作退晕色，染低不染高的晕染法，以及北齐画家以胡桃油为调色剂的胡画风气等都有西域胡化的特征，其西域指向是远取粟特，近取龟兹。

2 李梅田：《从洛阳到邺城——北朝墓室画像及象征意义的转变》，《考古与文物》2006年第2期，第65—72页。

3 北周六陵为文帝宇文泰，葬成陵（556年）；孝闵帝宇文觉，葬静陵（557年）；明帝宇文毓，葬昭陵（560年）；武帝宇文邕，葬孝陵（578年）；宣帝宇文赟，葬定陵（579年）；静帝宇文衍，葬恭陵（581年）。

4 徐苹芳：《中国秦汉魏晋南北朝时代的陵园和茔域》，《考古》1981年第6期，第521—530页。

5 《周书》卷二《文帝纪》，北京：中华书局，1971年，第37页。

6 陕西省考古研究所等：《北周武帝孝陵发掘简报》，《考古与文物》1997年第2期，第8—27页；曹发展：《北周武帝陵志、石志、后玺考》，《中国文物报》1996年8月11日第3版。

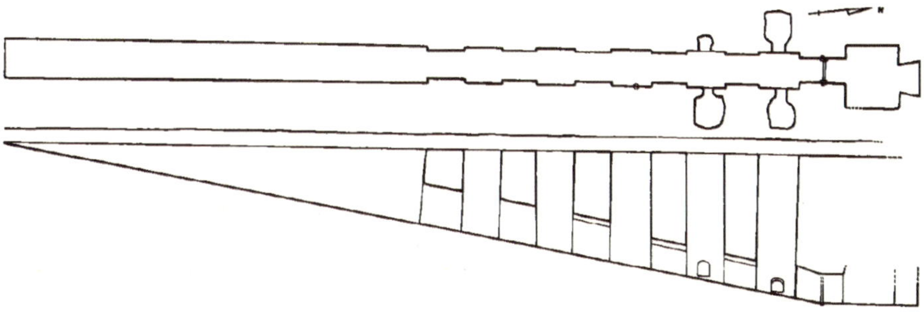

图2-3-22　北周武帝孝陵平剖面图（引自陕西省考古研究所等《北周武帝孝陵发掘简报》，1997年）

图2-3-23　北周武帝孝陵武德皇后墓志

5个天井、5个过洞、4个壁龛及甬道、1个土洞式单墓室组成。墓室后壁有壁龛，因此呈凸字形，占地5.5米×3.8米，残高1.3米，地面有铺地砖，发现东西并置的两具木棺痕迹（图2-3-22）。甬道内发现皇帝的墓志和志盖，被收缴的皇后墓志（武德皇后墓志）估计原来也应放在此处（图2-3-23）。

墓葬虽然被盗多次，但仍出土了数百件文物，大多出自墓道的壁龛，以陶俑最多，能构成一组出行仪仗俑，包括镇墓武士和镇墓兽、各类武装俑、男女侍仆俑，也有劳作状俑和仓、灶、井、碓、磨等模型（图2-3-24）。也有一些非常特殊的器物，如一套做工精致的蹀躞带、石灰枕、金花瓣等，还在墓室木棺痕迹范围内发现质地不明的“微型坐佛”1件，武帝生前曾发动大规模灭佛运动，他的墓内发现佛

陶具装俑

彩绘陶风帽俑

陶镇墓兽

图2-3-24　北周武帝孝陵陶俑

像确实非常特殊。

北周武帝是一位有雄才大略的皇帝，曾灭北齐、平突厥、定江南，生前留下遗诏，要求“丧事资用，须使俭而合礼，墓而不坟，自古通典。随吉即葬，葬讫公除”[1]。孝陵地面未见封土、寝庙、神道石刻等遗迹，甚至墓志也未加装饰，志文极为简略。武帝之弟谯王宇文俭（建德七年卒，578年）也力主薄葬，在遗令和墓志中都提到“不树不封”[2]。

与北齐拥有邺城和晋阳两个政治中心一样，北周也有两个同等重要的中心——长安和原州（今宁夏固原）。北周的皇室成员、重要勋贵墓大多集中于此二地。其中，长安墓葬多分布于孝陵附近的咸阳市底张镇一带，已发掘的墓葬包括建德七年（578年）谯忠孝王宇文俭墓[3]、宇文俭母权氏迁葬墓[4]、保定四年（564年）骠骑大将军拓跋虎夫妇合葬墓[5]、建德三年（574年）骠骑大将军叱罗协墓、建德五年（576年）仪同大将军王德衡墓、骠骑大将军若干云墓、大都督独孤藏墓、大成元年（579年）上柱国尉迟运墓[6]等；原州墓葬多集中于北周原州城的西南郊，已发掘的大型墓葬有保定五年（565年）大将军大都督宇文猛墓[7]、天和四年（569年）柱国大将军李贤夫妇合葬墓[8]、建德四年（575年）柱国大将军田弘夫妇墓[9]，这三座墓相距数百米至千米，附近还发现了多座唐代高等级墓葬。

这批北周墓葬相对北齐墓葬而言保存完好，在历代高等级古墓里也是非常难得的现象，可能主要因为一般无地面建筑（个别墓葬发现石刻）[10]，又都是看似简陋的土洞墓而幸免于被盗。墓葬的主人多是皇室成员或九命、八命（一品、二品）的高官，他们的埋葬模式非常一致，墓葬形制皆为带天井和过洞的单室土洞，随葬品以陶俑为主，俑群数量和质量相差不大，多没有封土和地面建筑，各墓之间并没有明显的等级差异，因此有人认为北周可能还没有建立一套严格的丧葬制度[11]。其实，埋葬形式上的高度一致性正反映了丧葬规制的确立，虽然无

1 《周书》卷六《武帝纪》，北京：中华书局，1971年，第107页。

2 陕西省考古研究所：《北周宇文俭墓清理发掘简报》，《考古与文物》2001年第3期，第38页。

3 陕西省考古研究所：《北周宇文俭墓清理发掘简报》，《考古与文物》2001年第3期，第37—40页。

4 邢福来等：《咸阳发现北周最高等级墓葬——再次证明咸阳北原为北周皇家墓葬区》，《中国文物报》2001年5月2日第1版。

5 咸阳市渭城区文管会：《咸阳市渭城区北周拓跋虎夫妇墓清理记》，《文物》1993年第11期，第35—45页。

6 1986—1990年配合咸阳机场建设而发掘的12座北周墓葬，这批墓葬不但规格高，而且大多保存完好。负安志编著：《北周珍贵文物——北周、初唐、盛唐、中晚唐考古发掘报告系列之一》，西安：陕西人民美术出版社，1992年。

7 宁夏文物考古所固原工作站：《固原北周宇文猛墓发掘简报》，《宁夏考古文集》，银川：宁夏人民出版社，1996年。

8 宁夏回族自治区博物馆：《宁夏固原北周李贤夫妇墓发掘简报》，《文物》1985年第11期，第1—20页。

9 原州联合考古队：《北周田弘墓——原州联合考古队发掘调查报告》，日本东京：勉诚出版社，2000年。

10 卫忠：《北周墓葬形制》，载固原博物馆、中日原州联合考古队编《原州古墓集成》，北京：文物出版社，1999年，第34—39页。

11 陕西省考古研究所、咸阳市考古研究所：《北周武帝孝陵发掘简报》，《考古与文物》1997年第2期，第27—28页。

明显的等级差别，但大家都遵循了一套特定的规制来建造墓葬，这种情况与邺城、晋阳的北齐墓葬相似。

西魏北周帝陵所表现的文化面貌显然与同时期的东魏北齐已经大不相同，其中除了人口、经济、技术等方面的原因外，可能与统治者的政治文化倾向有关。宇文氏统治关中期间，为了与关东高齐、江南萧梁抗衡，利用熟悉本土掌故的关中世家苏绰等人，创立了一套以关中地域为本位的制度，陈寅恪谓“泰以少数鲜卑化之六镇民族窜割关陇一隅之地，而欲与雄踞山东之高欢及旧承江左之萧氏争霸，非别树一帜，以关中地域为本位，融冶胡汉为一体，以自别于洛阳、建邺或江陵文化势力之外，则无以坚其群众自信之心理”[1]。

第四节　南方帝陵

今南京、江宁、句容、丹阳等地是六朝帝陵和皇室成员墓葬集中分布的地区，文献所载东晋至南朝时期的帝后陵寝和其他成员墓葬有近70座，有些在地面残留有神道石刻，有些墓葬经过了考古发掘。从陵园的布局、地面遗存和墓葬形制、随葬品情况看，南方帝陵与同时期的北方地区存在巨大差别，形成了独具特色的六朝陵寝制度。

一、东晋

316年西晋孝闵帝司马邺在长安降刘曜，西晋灭亡，次年司马睿在建邺称帝，为避孝闵帝讳改建邺为建康，自司马睿即位至末帝司马德文被废（420年），东晋传十一帝历104年。除司马奕被桓温废，葬于吴县吴陵外，其余十帝均葬于南京。此外，有些皇室成员的陵号也见于正史，如废帝庾皇后的敬平陵、简文帝母郑太后的嘉平陵、安恭二帝母陈太后的熙平陵、孝武帝母李太后的修平陵等。

史载东晋帝陵大致分布在南京的三个陵区：鸡笼山之阳、钟山之阳、幕府山之阳，其中幕府山只有穆帝的永平陵，由于位于建康以北，被称为“北陵”，其余九座位于鸡笼山和钟山，分别合称“西陵”和“东陵”[2]，不过也有人认为西陵应该指孙吴的蒋陵[3]。

通过考古工作，三个陵区的确切位置也已基本确认[4]。钟山之阳的5座帝陵（康

1 陈寅恪：《隋唐制度渊源略论稿》二《礼仪（附都城建筑）》，上海古籍出版社，1982年。

2 南京市博物馆：《南京北郊东晋墓发掘简报》，《考古》1983年第4期，第321页；蒋赞初：《南京东晋帝陵考》，《东南文化》1992年第3—4期，第101—102页，详细讨论了历代学者对文献所载诸山的讨论。

3 罗宗真、王志高：《六朝文物》第三章，南京出版社，2004年，第69—70页。

4 罗宗真、王志高：《六朝文物》第三章，南京出版社，2004年，第67—73页。

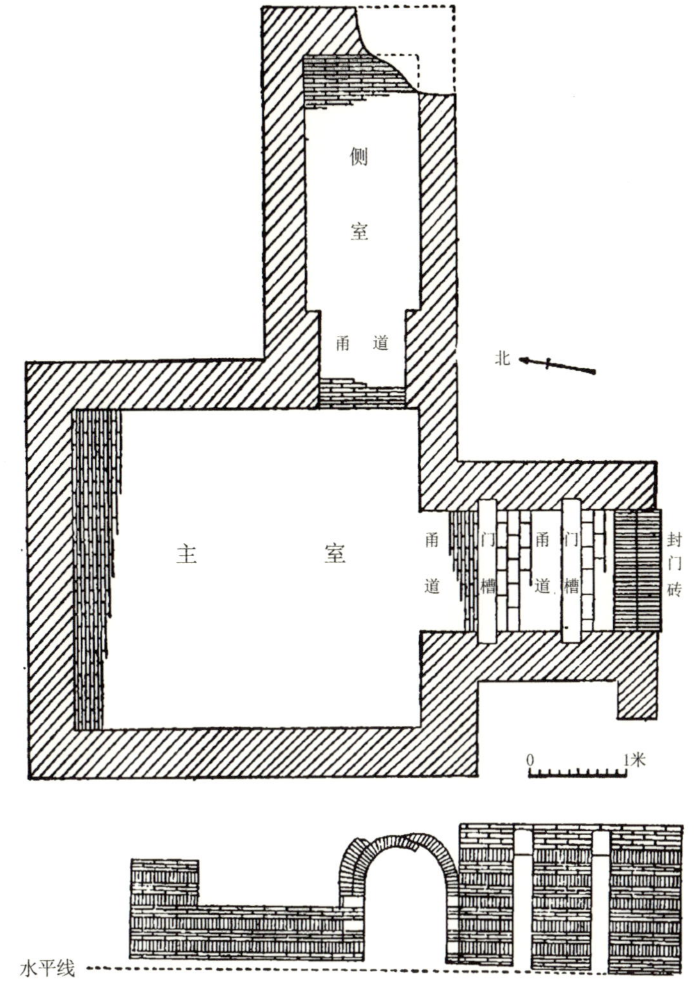

图2-4-1 南京大学北园东晋墓平剖面图（引自南京大学历史系考古组《南京大学北园东晋墓》，1973年）

帝、简文帝、孝武帝、安帝、恭帝）在今南京富贵山一带。考古学家在此地发现了恭帝的玄宫石志，附近发现的一座东晋晚期大墓可能就是最后一位皇帝恭帝的冲平陵[1]，当然也有不同看法[2]，不过作为东晋帝陵应该没有疑义。

鸡笼山之阳的帝陵可能在今鸡笼山以西的鼓楼岗一带，分布着四座帝陵（元帝、明帝、成帝、哀帝），是东晋早期的陵区。南京大学北园发现的一座东晋早期大墓可能是一座帝陵[3]，推测是东晋首座帝陵，即葬于太宁元年（323年）的司马睿建平陵，墓内侧室祔葬者为明帝的生母荀氏[4]，属夫妻同穴合葬（图2-4-1）。

唯一位于幕府山的东晋帝陵——穆帝永平陵也在今郭家山至北崮山一带的南

1 南京博物院：《南京富贵山东晋墓发掘报告》，《考古》1966年第4期；李蔚然：《南京富贵山发现晋恭帝玄宫石碣》，《考古》1961年第5期，第260页。

2 蒋赞初：《南京东晋帝陵考》，《东南文化》1992年第3—4期，第98—106页。

3 南京大学历史系考古组：《南京大学北园东晋墓》，《文物》1973年第4期，第36—50页。

4 罗宗真、王志高：《六朝文物》第三章，南京出版社，2004年，第70—71页。

京汽轮电机厂内被发现[1]，这座永平陵也是唯一一座有封土的东晋帝陵，东晋高等级墓葬皆“阴葬不起坟”，可能沿袭了西晋“不树不封”的传统，地面也没有南朝帝陵那样的神道石刻。

以上经过发掘并被公认为东晋帝陵的大墓都位于山的南坡，形制结构相似，都是单室砖墓，甬道内设两道木门（地面留有门槽），墓室与甬道构成凸字形的平面形状，墓葬前可能有墓道，不过从东晋到南朝的墓道都未经发掘。都有多层砖砌的墓基和外部护墙。墓葬总面积在30至40多平米左右。墓顶并非当时较为新式的穹隆顶，而是券顶。

这些大型砖室墓虽然与洛阳西晋帝陵的“土藏”式墓葬不同，但基本应该还是沿用了西晋大型砖室墓的形制，与洛阳发现的元康九年（299年）徐美人墓[2]、元康三年（293年）关中侯裴祇墓[3]有着类似的结构。不同的是，以木门取代了石质墓门，可能与东晋早期的经济状况有关。此外，在其他非皇族墓葬内已经出现穹隆顶、排水管、直棂窗、凸字形灯龛、弧壁等新式作风，但这些形制基本不见于帝陵，而且帝陵中的随葬品也表现得相当保守，蒋赞初先生认为这是由于东晋皇族努力维护传统的丧葬礼制所致[4]。

二、南朝

宋、齐、梁、陈四朝共经24帝，历167年，不计追赠的帝后陵墓，正史记有陵号的帝陵共14座，皆位于都城建康附近。

根据文献记载，刘宋帝陵位于建康城外的北部、东北和南部地区，主要在今南京及镇江两地，分布在钟山、岩山、幕府山几个陵区。其中葬于钟山的主要有武帝初宁陵、文帝长宁陵，可能在今南京东郊马群至麒麟门一带；葬于岩山的有孝武帝景陵及母、子、贵妃墓，在今牛首山东北的翠屏山等连绵山系；葬于幕府山的有明帝高宁陵及生母崇宁陵等[5]。

通过考古调查，甘家巷和麒麟门各发现一座疑似刘宋帝陵的墓葬，其中一座可能是刘宋开国皇帝刘裕的初宁陵，地面曾发现一对石兽。不过这两座墓葬都没有发掘[6]。2000年考古学者在岩山陵区发现三座大型南朝墓，东西排列整齐，甬道

1 南京市博物馆：《南京北郊东晋墓发掘简报》，《考古》1983年第4期，第315—322页。

2 河南省文化局文物工作队第二队：《洛阳晋墓的发掘》，《考古学报》1957年第1期，第169—185页。

3 黄明兰：《西晋裴祇和北魏元暐两墓拾零》，《文物》1982年第1期，第70—73页。

4 蒋赞初：《南京东晋帝陵考》，《东南文化》1992年第3—4期，第99—100页。

5 罗宗真、王志高：《六朝文物》第三章，南京出版社，2004年，第73—79页。

6 罗宗真：《六朝陵墓埋葬制度综述》，《中国考古学会第一次年会论文集（1979）》，北京：文物出版社，1980年，364页及第360页地图。

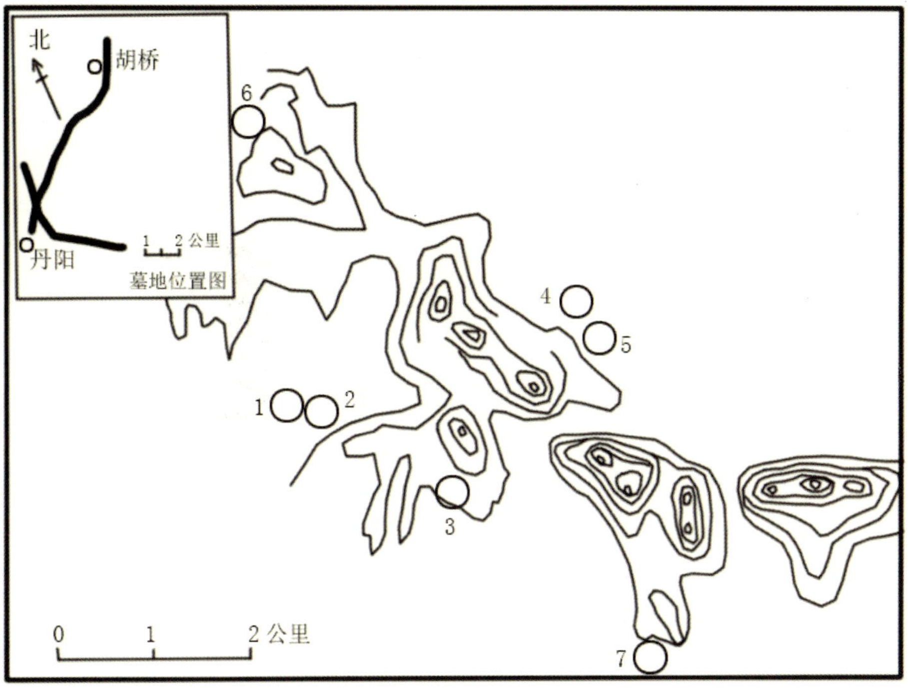

图2-4-2 丹阳胡桥、建山的六朝陵墓分布图（引自南京博物院《江苏丹阳县胡桥建山两座南朝墓葬》，1980年）

内发现石门，墓内有大型石棺，推测可能是刘宋帝陵[1]。

萧齐和萧梁帝陵都在萧氏故里兰陵郡（今丹阳）境内，今地表尚存巨大的神道石刻遗存，共26件。

萧齐七帝加上追赠的二帝都葬于今丹阳东北，以胡桥附近的低山区域较为集中，如胡桥、建山等乡镇。根据碑志和神道石刻遗存，考古学者判断这一带已发掘的几座大型南朝墓都是南齐帝陵[2]（图2-4-2），如胡桥鹤仙坳大墓为静帝修安陵、吴家村大墓为宣帝永安陵或高帝泰安陵（图2-4-3）、建山大墓为和帝恭安陵或东昏侯萧宝卷墓。虽然多数学者认可这些墓葬是南齐帝陵，但在墓葬与墓主的对应关系上还存在很多争议[3]。

已发掘的南齐陵墓形制与东晋相似，都是带甬道的单室砖墓结构，不过甬道内不再是木门，而是非常讲究的石门，另外墓室后壁和左右壁皆外弧，平面呈壶形，墓室面积都在50平方米以上。可能因南方潮湿易塌方，也像东晋墓葬一样在墓外砌有护墙，地面铺有多层地砖。

另一点与东晋墓葬不同的是，这些南齐帝陵都发现了以“竹林七贤”为题材的

1 南京市博物馆等：《南京隐龙山南朝墓》，《文物》2002年第7期。

2 南京博物院：《江苏丹阳县胡桥建山两座南朝墓葬》，《文物》1980年第2期，第1—17页。

3 关于这些南齐大墓墓主身份的讨论参南京博物院《江苏丹阳县胡桥建山两座南朝墓葬》，《文物》1980年第2期，第1—17页；徐苹芳《中国秦汉魏晋南北朝时代的陵园和茔域》，《考古》1981年第6期；町田章著，劳继译《南齐帝陵考》，《东南文化》1986年第2期，第43—63页；［日］曾布川寛《南朝帝陵の石獸と磚畫》，《東方學報》第63号（1991年），129—146页。

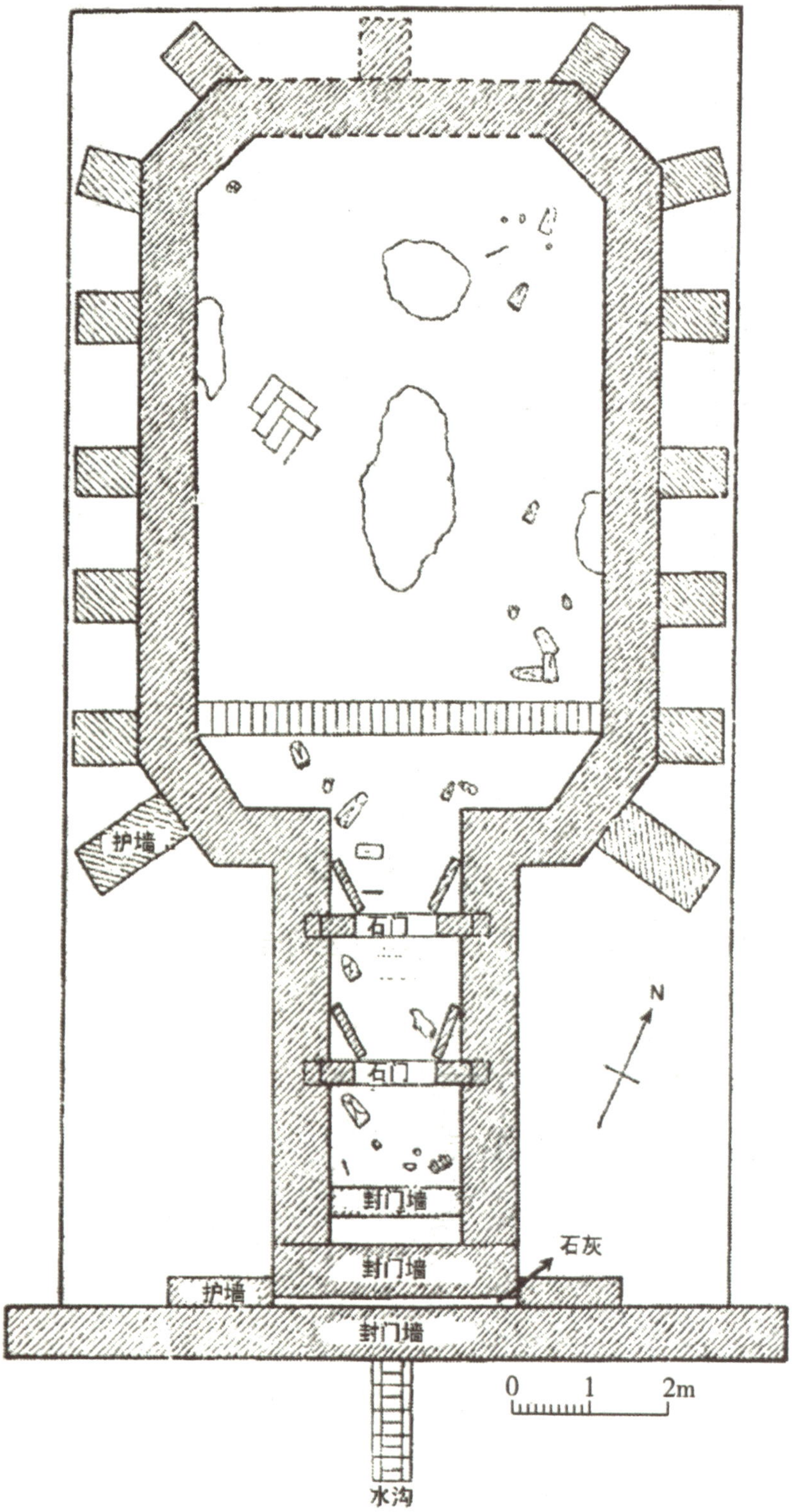

图2-4-3　丹阳胡桥吴家村南朝墓平面图（引自南京博物院《江苏丹阳县胡桥建山两座南朝墓葬》，1980年）

拼镶砖画[1]，这是南方特有的墓葬装饰方式，而竹林七贤有可能是帝陵特有的绘画

1　南京博物院：《江苏丹阳胡桥南朝大墓及砖刻壁画》，《文物》1974年第2期，第44—56页；南京博物院：

主题。

丹阳的萧梁帝陵有文帝建陵、武帝修陵、简文帝庄陵等，但更多的皇室成员墓位于南京的甘家巷、尧化门一带，如昭明太子萧统安宁陵位于建康以北。根据现存神道石刻和考古发掘可以确定的萧梁皇室墓葬包括：甘家巷的安成康王萧修墓[1]、尧化门的南平元襄王萧伟墓[2]、梁武帝之兄桂阳王萧融夫妇合葬墓[3]、桂阳敦王萧象墓[4]、白龙山的临川靖惠王萧宏墓[5]等。这些墓葬的建筑形式与南齐帝陵相似，代表了齐梁时期的最高等级埋葬。

陈朝的五代皇帝中，荒淫无度的亡国之君——后主陈叔宝被隋军俘虏至洛阳后，卒并葬于邙山，其余四帝虽然都葬在建康附近，但不像前三代南朝帝陵那样集中，分散在南京的东、南、西方，如武帝陈霸先的万安陵位于建康东南方，今地面尚存一对神道石兽；文帝陈蒨的永宁陵位于建康以东的陵山之阳，今栖霞山狮子冲的一对石兽可能属该陵，不过在麒麟镇灵山发掘的一座南朝晚期大墓也曾被认为是文帝永宁陵[6]；宣帝陈顼的显宁陵位于建康西南的西善桥附近，此墓也经过考古发掘，全长13.5米，甬道中设有二道石门，在墓室的前部和墓门后面都建有护墙，墓壁残存大幅狮子拼镶砖画[7]。

对六朝帝陵的探索除了文献外，还有现存地面的大型神道石刻作为地理参照，这是非常有利的条件，但地下墓室的结构特点在判断墓葬年代和墓主身份方面可能更可靠。随着六朝皇室成员墓葬的发掘资料增多，以往的一些推论可能要做一些修正，如发现于南京宫山的西善桥大墓，以“竹林七贤和荣启期”拼镶砖画闻名的（图2-4-4），曾被认为是东晋至刘宋时期的墓葬[8]，但从墓葬结构和随葬品特征来看，有可能是陈朝废帝陈伯宗的墓[9]。

考古所见的六朝陵寝制度可概括为以下几个特点[10]：

（1）六朝帝陵按陵区分布，按血缘关系和身份地位排列墓位，长幼尊卑有序，

《江苏丹阳县胡桥、建山两座南朝墓葬》，《文物》1980年第2期，第1—17页；

1 南京博物院、南京市文物保管委员会：《南京栖霞山甘家巷六朝墓群》，《考古》1976年第5期，第316—317页，第324页。

2 南京博物院：《南京尧化门南朝梁墓发掘简报》，《文物》1981年第12期，第14—23页。

3 阮国林：《南京梁桂阳王肖（萧）融夫妇合葬墓》，《文物》1981年第12期，第8—13页。

4 南京博物院：《梁朝桂阳王萧象墓》，《文物》1990年第8期，第33—40页，第29页。

5 南京市博物馆等：《江苏南京白龙山南朝墓》，《考古》1998年第12期。

6 罗宗真、王志高：《六朝文物》第三章，南京出版社，2004年，第77页。

7 罗宗真：《南京西善桥油坊村南朝大墓的发掘》，《考古》1963年第6期，第291—300页。

8 南京博物院等：《南京西善桥南朝墓及其砖刻壁画》，《文物》1960年第8、9期合刊，第37—42页。

9 罗宗真、王志高：《六朝文物》第三章，南京出版社，2004年，第77—79页。

10 罗宗真：《六朝陵墓埋葬制度综述》，《中国考古学会第一次年会论文集（1979）》，北京：文物出版社，1980年，第358—366页；罗宗真：《六朝陵墓及其石刻》，《南京博物院集刊》1979年，第79—98页；徐苹芳：《中国秦汉魏晋南北朝时代的陵园和茔域》，《考古》1981年第6期，第524—525页；罗宗真、王志高：《六朝文物》第三章，南京出版社，2004年，第79—92页。

图2-4-4 南京西善桥大墓竹林七贤与荣启期拼镶砖画（拓片）

主从贵贱分明。

（2）陵墓的选址注重风水之术。晋郭璞《葬书》所谓之形胜佳穴“峰峦矗拥，众水环绕，叠峰层层，献奇于后，龙脉抱卫，砂水翕聚”在六朝帝陵有很好的体现，多背依山峰，面临平原，两侧矮丘环抱，远近溪水萦绕。因此陵墓的朝向并不像北方陵墓那样统一，而是依地形而定。

（3）茔域未发现垣墙，但有可能像建康城一样设有竹篱类分界，类似东汉帝陵的“行马”。

（4）东晋与邙山西晋陵墓一样未见神道石刻等地面建筑，但可能有“凶门柏历”等竹木类标记，而南朝帝陵盛行神道设置，以石兽、华表和石碑的组合最常见；东晋帝陵多承袭西晋不树不封的传统，一般无封土，而南朝帝陵均有圆形的高大封土。

（5）六朝帝陵的地下部分由甬道和长方形墓室组成凸字形平面，皆砖室结构，南朝帝陵多呈壶形，有排水沟流向墓外水塘；东晋帝陵流行木质墓门，南朝帝陵多石门，门上有精美雕刻；南朝帝陵流行竹林七贤等题材的拼镶砖画装饰。

第三章
墓地设施与地下空间

如前所述，在汉代的厚葬模式下，墓葬设施必有地面和地下两部分，其中地面包括封土、墓阙、神道石刻等标记性设施，以及寝殿、便殿、原庙等祭祀性设施，并以垣墙围绕而成陵园（茔域）；地下则由居室性设施、祭祀性设施和器物群组成。虽然这套厚葬模式到东汉时期已有所简省，但真正的变革是从曹魏开始的，在曹魏开创的薄葬模式下，地面设施不复存在，地下空间的设施也近乎简陋。

到南北朝时期，丧葬文化又一次以新的面目出现，一度消失的标记性和祭祀性地面设施重新出现，地下空间又趋复杂，不过，无论地面设施还是地下空间，其所体现的丧葬文化已经与汉代有所差异。

魏晋南北朝的丧葬文化不仅出现了以上阶段性的变化，更表现出显著的地域性差异，正是复杂的地域文化互动与嬗变造就了丰富多彩的物质文明。

第一节　地域差异

魏晋南北朝时期除了西晋王朝短短的四五十年统一外，大部分时间是南北分裂，北方又因复杂的政权割据而出现多个政治、文化中心，南方各地也因自然环境的差异而有开发程度的不同，因此魏晋南北朝丧葬文化最显着的特征是地域的差异。这个时期的墓葬主要集中于南北各政权的都城附近或经济文化较发达的地区，它们有着各自的自然环境、文化传统，又受政治格局和人口结构的影响而呈现出独特的文化面貌。

一、中原地区

今河南、河北、山东、山西、北京、陕西等地是中原王朝的统治核心地区，也是魏晋南北朝时期人口迁徙和民族融合的主要发生地区。魏晋南北朝时期的大多数“胡族”皆来自这个区域之外，为了将“胡族”文化与传统的中原文化相区别，不妨将这个地区称为广义上的中原地区。

曹魏、西晋时期的中原地区基本处于统一的版图之下，墓葬分布较为广泛，文化面貌较为统一，但以都城洛阳附近最为集中，其次是河套东部和雁北一带，以及山东地区和关中地区，在北京地区仅有少量发现。

以洛阳为中心的地区地处豫北山地间的伊洛河流域，位于中原的腹心，形势险固，漕运便利，为历代兵家必争之地、帝王理想建都之所，东汉、曹魏和西晋均以这个地区为统治的中心，汉、魏晋时期的一些重要政治、经济、文化制度都最先在这个地区推广施行，墓葬文化面貌最能代表魏晋时期的埋葬规范。今洛阳、偃师、孟津、巩县、郑州等地是曹魏西晋墓葬最集中的地区。

河套东部和雁北地区自东汉晚期起成为鲜卑的主要聚居地，拓跋鲜卑东汉晚期南迁至匈奴故地，即河套以北的汉五原郡境内，组成了以檀石槐为首领的部落军事大联盟，拓拔力微于曹魏代汉之年（220年）继为拓跋鲜卑首领后，致力于与中原沟通，并于神元三十九年（258年）迁至汉定襄郡之盛乐，自此拓跋鲜卑开始游牧于河套东部一带，并逐渐向雁北地区渗透。这个地区的历史背景和文化面貌与洛阳一带迥然有别，墓葬文化带有浓厚的游牧民族特征。

山东地区在汉末是军阀混战的重要地区，曹魏时期，青、兖、徐等州社会相对安定，经济得到恢复，门阀士族的庄园经济得到很大的发展。这个地区是东汉画像石墓最为集中的地区之一，因此魏晋墓葬保留了较多的汉墓传统，同时又因地缘因素而与洛阳和辽东的墓葬文化有着密切的联系。

关中平原在秦汉时为统一王朝的核心区域，曹魏至西晋以关中平原为中心置雍州，居民有相当大一部分是所谓“戎、狄”，其墓葬文化面貌已与中原地区存在较大的差别。北京地区地处中原王朝与北方政权的交接地带，发现的墓葬数量较少，文化面貌主要体现了中原的丧葬礼俗。

永嘉丧乱后，中原地区的衣冠士族大多南迁，原有的曹魏西晋版图内相继出现了十多个北方少数民族建立的割据政权，受少数民族埋葬习俗的影响，墓葬的数量急剧减少，墓葬文化面貌也发生了巨大变化。前一阶段墓葬集中的洛阳、山东、关中仅有零星发现，而以平城（今山西大同市）为中心的雁北地区成为这个阶段的主要墓葬分布区。北魏以平城为都城长达97年，迁洛后尤其孝昌二年（526年）六镇之乱后，平城才迅速衰落。这个地区的墓葬反映了鲜卑势力向中原推进过程中文化面貌的逐渐转变。

北魏为了进取中原，于太和十八年（494年）开始从平城迁都洛阳，加强改行汉制，孝文帝下诏“迁洛之人，自厥兹后，悉可归骸邙岭，不得就茔恒代”[1]，北魏洛

1 《魏书》卷二〇《文成五王传·广川王》，北京：中华书局，1974年，第527页。

阳郭城西北的邙山成为北魏后期墓葬最为集中之地，而且多属贵族、官吏的高等级墓葬。

河北景县、河间、吴桥等地地处太行山以东平原，经济基础较好，北魏时期是高门士族最为集中之地，这个地区发现了大量属于高门士族的家族墓地，如景县封氏、河间邢氏、赞皇（赵郡）李氏、景县（渤海）高氏、无极（中山）甄氏等，文化面貌与洛阳地区保持了一致，但也有明显的地域特色。

当北魏后期中原地区陷入杜洛周、葛荣之乱时，山东地区成为河北流民南迁的重要落脚点，同时也是南朝进入中原的一个重要通道。以临淄崔氏墓地的圆形石室墓为代表的山东墓葬不见于中原地区，具有鲜明的地域特色。

北魏末年孝武帝入关之前，关中地区居民当仍以氐、羌、匈奴等族为主[1]。虽然人口结构与洛阳有着较大差别，但在统一的北魏统治下，墓葬文化面貌差别并非太大。关中北魏墓葬主要集中于政治、军事的中心长安和原州附近。

北朝后期的中原墓葬主要分布于东部的邺城、晋阳，以及西部的长安、原州，由于人口结构、文化传统和经济基础的差异，北朝东、西部的墓葬文化已经迥然有别。

东魏北齐的高氏政权以邺城为都城，同时设大丞相府于晋阳，邺城和晋阳是东魏北齐时期并重的两个政治中心，迄今发现的东魏北齐墓葬也以邺城和并州最为集中，多属贵族、官吏的高等级墓葬，反映了北朝后期新的墓葬规范。

与之同时的宇文氏西魏北周政权共历47年（535—581年），统治范围主要在以长安为中心的关陇地区，即雍、华、岐、同、原、夏、灵、泾等州所在的“关中”和秦、交、渭、河、凉、甘等州所在的“陇右”[2]，相当于今陕西、宁夏的大部和甘肃河西走廊地区，虽然此后“南清江汉、西兼巴蜀”[3]，势力范围至宣帝大象元年（579年）拓展到整个江北之地，但西魏北周的统治中心却在关陇之地，尤其是以长安、原州为中心的关中诸州。西魏北周的关中墓葬主要集中于长安及原州附近，墓葬文化的地方特色十分明显，反映了关中自成体系的文化发展轨迹。

在上述中原各地，北朝后期东、西部的差别显然是最主要的地域差异，这主要是经济背景、文化传统方面的客观原因造成的。《隋书·地理志》记东部的冀州与西部的雍州之别：

冀州：“信都、清河、河间、博陵、恒山、赵郡、武安、襄国，其俗颇同。人性多敦厚，务在农桑，好尚儒学，而伤于迟重。……魏郡，邺都所在，浮巧成俗，雕刻之

1 马长寿：《碑铭所见前秦至隋初关中部族》序言，中华书局，1985年。

2 王仲荦：《北周地理志》卷一，中华书局，1980年。

3 《隋书》卷二九《地理志上》：“周氏初有关中，百度草创，遂乃训兵教战，务谷劝农，南清江、汉，西兼巴、蜀。”北京：中华书局，1973年，第807页。

工，特云精妙，士女被服，咸以奢丽相高，其性所尚习，得京、洛之风矣。"[1]

雍州："京兆王都所在，俗具五方，人物混淆，华戎杂错。去农从商，争朝夕之利，游手为事，竞锥刀之末。贵者崇侈靡，贱者薄仁义，豪强者纵横，贫窭者窘蹙。桴鼓屡惊，盗贼不禁，此乃古今之所同焉。自京城至于外郡……其风大抵与京师不异……平凉、朔方、盐川、灵武、榆林、五原，地接边荒，多尚武节，亦习俗然焉。"[2]

二、东北地区

汉末以后，随着乌桓、鲜卑等族的内迁，中原政权在辽西、辽东的辖区逐渐缩小，魏晋时期的辽西主要被慕容鲜卑占据，辽东则先后为公孙氏、曹魏西晋、高句丽统治。辽西墓葬主要是慕容氏三燕遗存及北魏遗存；辽东则主要是魏晋及高句丽遗存。辽西、辽东墓葬文化面貌差别较大，辽西地区因慕容鲜卑的进入，主要反映了鲜卑的葬俗，但中原魏晋因素逐渐增多；辽东地区自汉末公孙氏割据以来，一直与中原保持密切联系，墓葬文化与山东地区的关系非常密切。

尽管辽西与辽东墓葬文化存在显著的差异，但二地同时都与中原保持着密切的经济、文化联系，并成为中原与朝鲜半岛文化交流的桥梁。汉末中原丧乱，大量幽冀吏民迁往东北"三郡乌桓"之地（辽东、辽西、右北平）[3]，慕容廆"刑政修明，虚怀引纳，流亡士庶多襁负归之。廆乃立郡以统流人……于是路有颂声，礼让兴矣"[4]。慕容皝时"南摧强赵，东灭句丽，开境三千，户增十万"[5]，攻克辽东郡治襄平（今辽阳），分徙辽东大姓于棘城；东晋咸康三年（337年）建立前燕政权。当时流寓辽西的中原流民以冀州、豫州、青州、并州人居多，这些来自中原传统文化深厚地区的流民，促进了东北的经济开发，同时也加强了东北与中原的文化联系。

慕容氏在盘踞东北的同时也致力于向中原发展，前后燕时期慕容鲜卑的统治中心一步步从辽西的龙城，经幽州蓟城迁往中原的腹心邺城、中山。慕容燕北起龙城、南至邺城的迁都路线，正是四世纪中原地区沟通南北最主要的一条交通线[6]。前燕势力盛时最南到达东晋竟陵（湖北天门）[7]。慕容氏藉此交通线得以与中原和东晋保持密切的联系。

---

1 《隋书》卷三〇《地理志中》，北京：中华书局，1973年，第859—860页。

2 《隋书》卷二九《地理志上》，北京：中华书局，1973年，第817页。

3 仅建安九年曹操破袁尚（袁绍之子）后的二年，迁往三郡的幽冀吏民人数就至少有二十多万户。参马长寿《乌桓与鲜卑》第二章，上海人民出版社，1962年，第147页。

4 《晋书》卷一〇八《慕容廆载记》，北京：中华书局，1974年，第2806页。

5 《晋书》卷一〇九《慕容皝载记》，北京：中华书局，1974年，第2823页。

6 ［日］前田正名著，李凭等译：《平城历史地理学研究》附篇二，北京：书目文献出版社，1994年，第400页。

7 《晋书》卷八《海西公纪》："（太和二年，367年）夏四月……慕容尘寇竟陵。"北京：中华书局，1974年，第212页。

北魏太延二年（436年）攻龙城，北燕主冯文通焚毁宫殿、逃往高句丽，北燕灭亡，辽西地区纳入北魏版图，不过北魏时期的辽西地区墓葬发现极少，北魏迁洛以后墓葬更为罕见，这可能与辽西地区持续不断向中原移民有关。早在前燕势力最盛时，慕容氏主要致力于向中原发展，辽西人口可能也大量随之迁往内地，因此北魏攻下前燕都城中山后，徙往平城的三十六万"山东六州民吏"中就有大量的徒何、高丽人[1]。慕容宝退保龙城时，辽西已是"地狭民贫"[2]。北魏明元帝、太武帝伐北燕时，又有大量辽西人口被迁往平城[3]，所以北魏统治时期，辽西地区已经人口稀少，经济极度凋敝了。

在上述历史背景下，辽西和辽东地区墓葬首先表现为地域文化的差异，辽西因慕容鲜卑的统治，而与辽东汉文化传统下的墓葬差别明显；其次，两地墓葬文化的异同表现出明显的阶段性，曹魏、西晋墓葬各自表现出浓厚的地方特色，而东晋十六国时期，由于中原和南方因素的进入，墓葬文化面貌趋于一致，北魏时期两地墓葬数量都大幅减少，文化面貌逐渐与华北地区趋同。

东北地区墓葬表现出的地域文化差异与人口的迁徙密不可分，自秦汉至西晋末，大量中原人士移居东北（及朝鲜半岛），而西晋末高句丽灭乐浪之后，又出现了向中原内徙的反向移民浪潮[4]，由于不同时期与中原文化的互动，东北墓葬呈现出明显的地域特色和阶段性发展。

三、西北地区

西北地区的魏晋南北朝墓葬主要集中于河西走廊的敦煌、嘉峪关、酒泉、张掖、武威以及新疆的高昌等地。

河西地区在秦汉时期为羌、月氏、匈奴等族的杂居之地，西汉纳入中央版图后，中原士庶陆续来此定居，此后的河西地区成为历代中原士庶最理想的避乱之地。晋末中原丧乱，永宁元年（301年），"张轨为凉州刺史，镇武威，上表请合秦雍流移人于姑臧西北，置武兴郡……是时中原沦没，元帝徙居江左，轨乃控据河西，称晋正朔，是为前凉"[5]。前凉通过奉晋室为正朔，控制了河西大族，施行了一系列的经济发展措施。经过三四十年的经营，河西经济文化发展很快，与中原地区的八

1 《魏书》卷二《太祖纪》："（天兴元年，398年）车驾发中山……徙山东六州民吏及徒何、高丽杂夷三十六万，百工伎巧十万余口，以充京师。"北京：中华书局，1974年，第32—33页。

2 《资治通鉴》卷一〇九《晋纪》"隆安元年"条，北京：中华书局，1956年，第3444页。

3 《魏书》卷三《太宗纪》："（泰常三年五月）道生至龙城，徙其民万余家而还。"北京：中华书局，1974年，第58页；卷四《世祖纪上》："（延和元年九月）徙营丘、成周、辽东、乐浪、带方、玄菟六郡民三万家于幽州。"又："（延和二年六月）讨和龙……守将封羽以城降，收其民三千余家。"北京：中华书局，1974年，第81、82页。

4 李梅田：《乐浪王氏墓志及考古遗存述略》，《庆祝宿白先生九十华诞文集》，北京：科学出版社，2012年。

5 《晋书》卷一四《地理志上》，北京：中华书局，1974年，第434页。

王之乱和十六国的纷争局面迥异，该地成为永嘉之乱后难得的一方净土，也成为十六国时期少有的一片中原传统文化保有之地。

东晋太元元年（376年），前秦苻坚进入姑臧，迁凉州豪右七千余户于关中[1]，前凉灭亡。前秦淝水之战失败后，河西地区进入四雄并立时期：秃发乌孤南凉（397—414年）都乐都，吕光后凉（386—403年）都武威，沮渠蒙逊北凉（397—460年）都张掖，李暠西凉（400—421年）都敦煌。经过数年的兼并战争，北凉沮渠蒙逊先后灭后凉、南凉、西凉，于421年统一河西，北凉全盛时，拥有武威、张掖、敦煌、酒泉、金城、西平、乐都、西城等整个河西地区，与北魏、刘宋三分天下。北魏太延五年（439年），太武帝大举伐凉，攻破姑臧，擒沮渠牧犍并徙凉州三万余户入平城，河西进入北魏版图。沮渠无讳、沮渠安周等拒降北魏，先后退据酒泉、鄯善，最后占领高昌，奉表江左，被宋文帝封为凉州刺史、河西王，以高昌为都，直到460年（承平十八年）为柔然所灭，此后高昌政权相继经过阚氏、张氏、马氏、曲氏的统治，直到隋初被突厥攻破。

魏晋北朝时期的河西地区不仅仅是中原文化的保持和发展之地，同时也是西来文化的中转站，由于河西地处丝绸之路的必经之路，从中亚、西域传来的佛教和其他外来文化都在河西地区得到良好的发展，并辗转影响到平城、洛阳等中原之地。

目前所发现的河西墓葬以魏晋和五凉时期居多，主要集中于各割据政权的中心统治地区如酒泉、敦煌、张掖、武威、嘉峪关等。从墓葬文化总体面貌看，河西前凉墓葬基本沿着前一阶段的轨迹发展，是中原魏晋文化传统转移至河西后的持续发展。

除河西走廊外，今青海大通、西宁、乐都一带的河湟地区也发现了一些较有地域特色的墓葬。这里在秦汉以前为羌人活动之地，魏晋时期除了汉人之外，其他少数民族也纷纷迁入，其中包括匈奴别部卢水胡、鲜卑等，最重要的是397年在乐都建立南凉的秃发鲜卑。源出于拓跋鲜卑的秃发部落大约于魏晋之际迁入河西[2]，与汉羌及其他鲜卑部落杂处。晋初泰始年间，秃发鲜卑逐步参与到群雄争霸河西的战争中，一度与后凉、北凉、西凉诸雄对峙，直到414年被北凉所灭。秃发鲜卑的活动中心当主要在河西东部和河湟地区。

今新疆的吐鲁番地区即魏晋北朝时期的高昌，墓葬主要分布于阿斯塔纳、哈拉和卓一带，较早的属于北凉及其残余势力统治高昌时期，较晚的则属于高昌国

1 《晋书》卷一一三《苻坚载记上》，北京：中华书局，1974年，第2898页。

2 《晋书》卷一二六《秃发乌孤载记》："秃发乌孤，河西鲜卑人也。其先与后魏同出。八世祖匹孤率其部自塞北迁于河西。"北京：中华书局，1974年，第3141页。周伟洲认为秃发匹孤约于219至256年间迁于河西陇右以北游牧，曹魏将军邓艾于256至263年间又将其迁至河西、陇右。参周伟洲《西北民族史研究》，郑州：中州古籍出版社，1994年，第89页。

时期。

四、南方地区

虽然魏晋南北朝时期的北方各地在文化上千差万别，但总体来看，南、北文化的差异仍是这个时期的主要特征。在南北朝对峙时期，南、北方上自制度、下至日常生活习俗都出现了巨大的差异。

六世纪二十年代，南朝梁武帝使臣陈庆之与北魏中大夫杨元慎之间的“正朔”之争，或许能反映南北分裂二百余年后的文化隔阂[1]：

> 永安二年（529年），……庆之因醉谓萧、张等曰：“魏朝甚盛，犹曰五胡。正朔相承，当在江左，秦皇玉玺，今在梁朝。”（杨）元慎正色曰：“江左假息，僻居一隅。地多湿蛰，攒育虫蚁，疆土瘴疠，蛙黾共穴，人鸟同群。短发之君，无杼首之貌；文身之民，禀蕞陋之质。浮于三江，棹于五湖。礼乐所不沾，宪章弗能革。虽复秦余汉罪，杂以华音，复闽、楚难言，不可改变。虽立君臣，上慢下暴，”……。

陈庆之返回建康后完全改变了对北方的态度，称：“自晋、宋以来，号洛阳为荒土，此中谓长江以北，尽是夷狄。昨至洛阳，始知衣冠士族并在中原，礼仪富盛，人物殷阜，目所不识，口不能传。所谓帝京翼翼，四方之则。始登泰山者卑培塿，涉江海者小湘、沅。北人安可不重？”于是“庆之因此羽仪服式，悉如魏法，江表士庶，竞相模楷，褒衣博带，被及秣陵”。

颜之推（531—591年）在《颜氏家训》里对南北文化的差异有着更生动的描述。他是比陈庆之更晚的梁朝人，西魏恭帝元年（554年）作为俘虏被带到了北方。他从日常生活的多个细节讨论了南北方的差异，如方言、服饰、妇女地位、待客礼仪、亲属称谓、行为举止、丧葬习俗等，内容几乎无所不包。

在魏晋南北朝时期，南方地区的政治格局远没有北方那么复杂，虽然也发生了大规模的人口迁徙，但不像北方那样有着“五胡”文化的渗透，因此南方各地的文化面貌相对较为统一，墓葬的分布地区也相对较为稳定。从今天考古发现的六朝墓葬来看，以都城建康（南京）附近的长江下游最为集中，其次是长江中游的武昌（鄂州）及汉水流域、上游的益州（成都）地区，此外在南方沿海的今福建、两广地区以及西南的云贵地区也有大量墓葬分布。

南方墓葬的分布地点大多位于水路交通要道上的城市附近，便利的交通往往是南方区域开发的关键因素。虽然南方文化的地域性没有北方那么相差悬殊，但由于自然环境的差异和开发的早晚，文化上也存在一些地域差异。

---

1 ［北魏］杨衒之撰，范祥雍校注：《洛阳伽蓝记》卷二《城东》“景宁寺”条，上海古籍出版社，1958年，第117—119页。

建康（今南京）当然是南方文化的核心地区，它是六朝三百多年的都城，也是南方地区经济最发达、交通最便利的地区，考古发现的六朝墓葬有近四分之一分布于南京地区；建康以南的三吴（吴、吴兴和会稽三郡）在六朝政治和经济上的地位也非常重要，也集中了一大批高等级的六朝墓葬；太湖之滨的宜兴地处北上建康的交通要道，战略位置十分重要，宜兴望族周氏正是在此基础上发展起来的，这里发现的周氏墓地很好地反映了西晋时期江南士族在政治和经济上的特殊地位。

从建康逆江而上的马鞍山、芜湖等地也分布着大量三国至南朝晚期的高等级墓葬，以东吴至西晋时期最多。这里地处京畿之地，文化面貌与建康十分接近，同时又因便利的水陆交通与外界有着密切的联系，墓葬中包含有大量来自长江中游的文化因素，显然这是一个外地文化输入建康的重要通道。

长江中游的武昌（今鄂州）曾是孙吴西部的军事据点，享有特殊的战略地位，是各方必争之地。虽然自身资源条件不如长江下游，但通过与汉江的沟通，可以从江汉平原获取丰富的资源，同时汉江还是南北文化交流的重要通道，在武昌西北、汉江沿岸的襄阳、老河口、房县等地发现的六朝墓葬呈现出明显的南北文化交融的面貌，与汉江上游的陕南安康、汉中六朝墓葬有着很多相似性。

长江中游的支流——湘江既是通过长江进入下游的通道，也是南通岭南的重要管道。湘江沿岸及汇入长江之处的洞庭湖平原土地肥沃、资源丰富，也是六朝时期经济发达的地区之一，在这个区域的郴州、资兴、长沙、岳阳、益阳等地都发现了大量六朝墓葬。

与湘江流域相似，长江的另一条支流——赣江沿岸及汇入长江之处的鄱阳湖地区，同样是六朝墓葬的重要分布区。汉末三国以临江的南昌最为重要，是豫章郡治所在，也是孙权幼子的封地，在南昌附近发现了大量汉末三国时期的墓葬；东晋以后，土地肥沃、交通便利的赣江流域得到了更好的开发，从北部的九江到南部的赣州等地都发现了大量的六朝墓葬。

东南沿海地区的交通条件不如长江中游的河湖密布之便，在相当长的时间里在与世隔绝的群山之中独立发展，少有外来人口的进入，是六朝开发较晚的地区之一，迄今仅在沿海的福州、闽侯、福清、晋江、南安等地和西北山区河谷地带的南平、建瓯、将乐等地发现了少量的六朝墓葬。这些地区直到隋唐时期才得到大规模开发，唐初大量汉人移民进入福建，主要经由北部的浙江、南部的广东沿海地区，或沿着西北部的河谷而下，由此形成了两大移民开发地带——沿海和山区[1]，与六朝墓葬的发现地点大致吻合。

1 ［美］丁爱博（Albert E.Dien）著，李梅田译：《六朝文明》第四章，引［瑞典］毕汉思（Hans Bielenstein）关于福建的移民开发与行政中心的形成的讨论。参Hans Bielenstein, The Chinese Colonization of Fukien until the end of the T'ang. In Studia Serica Bernhard Karlgren Dedicata, edited by Soren Egerod and Else Glahn, Copenhagen: Ejnar Munksgaard, 1959, pp.98—122.

同在沿海的广东、广西地区交通条件比福建优越得多，珠江及其支流创造了区域内部的交通条件，而越过南岭又可与开发较早的湘江流域和赣江流域沟通，秦代开通的运河——灵渠打通了桂江与湘江的直接交通，因此两广地区至少在秦汉时期就得到了良好的开发。这一地区的六朝墓葬主要分布在以上交通线上的城市附近，广东境内墓葬最集中的地区是广州、肇庆、英德、曲江、韶关、梅县等地，广西境内墓葬主要集中于兴安、桂林、融安、梧州、苍梧、贺县和贵县等地，广西北部在六朝早期可能是汉人与土著居民杂居之地，因此相对而言，广西的六朝墓葬文化面貌比广东更复杂一些。

长江上游的四川和重庆六朝墓葬主要位于成都平原和长江沿岸的山区，这是两个特殊的地理单元，彼此以长江及众多支流相连，而与外界保持相对封闭的状态；既有丰富的物产资源，又有形势险固的高山峡谷作为屏障，早在先秦时期即出现了高度发达、极具特色的巴蜀文明。在秦汉六朝时期，成都平原所受战争的侵扰较大，尤其西晋灭蜀、成汉据蜀、苻秦入蜀时的战争，都在很大程度上给当地经济和文化造成了损害。无论成都平原还是长江沿岸山区，六朝时期的墓葬与当地的汉墓一样，呈现出十分特殊的地域特征，如在崖壁上开凿的崖墓、以石块垒砌的石室墓以及与之共存的特殊随葬品，都反映了这个地区自成体系的文化发展轨迹。

西南地区的云贵高原与四川、重庆一样，也是高山与盆地、河谷交错分布的地区，不过地形更为复杂，也更晚得到汉人移民的开发，秦汉六朝时期与中央王朝的联系也远不如四川那么紧密，因此云贵高原的六朝遗存非常稀少，发现的少量墓葬也表现出浓厚的地域特色，如在贵州地势稍显平缓的地区发现了与峡江地区类似的石室墓，但更多的是简陋的土坑墓。云南发现的六朝墓葬更少，较为明确的一座六朝石室墓属于东晋时期的地方汉人官吏霍承嗣，这座墓葬的建筑方式和壁画内容反映了一种独具特色的西南地区文化面貌[1]。

第二节　墓地设施

一、茔域

西汉帝陵地面有陵园、寝殿（陵园内的祭祀性建筑，陈设皇帝的衣冠几杖象生之具，并有“宫人随鼓漏理被枕，具盥水，陈严具”[2]）、便殿（休息宴享之所）、原庙（藏主之庙）、封土、神道石刻等物，有些是祭祀性设施，有些是标记

1 云南省文物工作队：《云南省昭通后海子东晋壁画墓清理简报》，《文物》1963年第12期，第1—5页。
2 《后汉书》志第九《祭祀下》，北京：中华书局，1965年，第3200页。

性设施。东汉帝陵要简省得多，如从东汉明帝显节陵开始，罢省了陵邑、原庙，陵园也不再设垣墙，而是改用竹木围成的“行马”，但在封土前仍有寝殿和便殿设施。

汉代帝陵之外的贵族和官吏墓葬也大多有完备的墓地设施，如茔域、封土、祠堂、墓碑、墓阙等，其中祠堂的画像石、墓阙、墓碑等物为石、砖结构，因此成为今天汉代考古的重要遗存。

不过，由于丧葬模式的变化，魏晋南北朝时期的墓地设施已远不如汉代完备，而且因时、因地而相差悬殊。

如前所述，魏晋南北朝时期的帝陵陵园较为明确的有洛阳北魏后期陵区、邺城东魏北齐陵区、建康东晋和南朝陵区，墓位的安排和地面的设施都体现了相应的制度。对当时的世家大族而言，也有相应的茔域制度，“聚族而葬”是其主要特征。

魏晋南北朝时期，无论南北方都出现了延续数代、规划严整的世家大族茔域，从考古发现来看，大族茔域以南方的东吴至东晋、北方的北魏最为盛行。如安徽马鞍山的三国豪族朱然家族[1]、江苏宜兴的西晋周氏[2]、吴县西晋的傅氏[3]、南京象山的东晋王氏[4]、南京老虎山的东晋颜氏[5]、南京戚家山的东晋谢氏[6]、南京吕家山的东晋李氏[7]、南京郭家山的东晋温氏[8]、河北赞皇的东魏李氏[9]、无极的北朝甄氏[10]、

1 安徽省文物考古研究所等：《安徽马鞍山东吴朱然墓发掘简报》，《文物》1986年第3期，第1—15页。

2 罗宗真：《江苏宜兴晋墓发掘报告——兼论出土的青瓷器》，《考古学报》1957年第4期，第83—106页；南京博物院：《江苏宜兴晋墓的第二次发掘》，《考古》1977年第2期，第115—122页。

3 吴县文管会：《江苏吴县狮子山西晋墓清理简报》，《文物资料丛刊》第3辑，北京：文物出版社，1980年；吴县文管会：《江苏吴县狮子山四号西晋墓》，《考古》1983年第8期，第707—713页。

4 南京市文物保管委员会：《南京人台山东晋兴之夫妇墓发掘报告》，《文物》1965年第6期，第26—33页；南京市文物保管委员会：《南京象山东晋王丹虎墓和二、四号墓发掘简报》，《文物》1965年第10期，第29—45页；南京市博物馆：《南京象山5号、6号、7号墓清理简报》，《文物》1972年第11期，第31—36页；南京市博物馆：《南京象山8号、9号、10号墓发掘简报》，《文物》2000年第7期，第4—20页；南京市博物馆：《南京象山11号墓清理简报》，《文物》2002年第7期，第34—40页。

5 南京市文物保管委员会：《南京老虎山晋墓》，《考古通讯》1957年第6期，第288—295页；周萼生：《南京老虎山晋墓的地理佐证》，《考古》1960年第7期，第70页。

6 南京市文物保管委员会：《南京戚家山东晋谢鲲墓发掘简报》，《文物》1965年第6期；南京市博物馆等：《南京南郊六朝谢琉墓》，《文物》1988年第5期，第4—14页；南京市博物馆等：《南京司家山东晋、南朝谢氏家族墓》，《文物》2000年第7期，第36—49页。

7 南京市博物馆：《南京吕家山东晋李氏家族墓》，《文物》2000年第7期。

8 南京市博物馆：《南京北郊东晋温峤墓》，《文物》2002年第7期；王志高：《试论温峤》，《东南文化》2002年第9期，第38—44页；南京市博物馆：《南京市郭家山东晋温氏家族墓》，《考古》2008年第6期，第3—25页。

9 石家庄地区革委会文化局发掘组：《河北赞皇东魏李希宗墓》，《考古》1977年第6期，第382—390页。

10 孟昭林：《无极甄氏诸墓的发现及其相关问题》，《文物》1959年第1期，第44—47页。

景县的北魏高氏[1]、景县的北朝封氏[2]、河间的北魏邢氏[3]、山东临淄的北魏崔氏[4]等茔域。

这些家族茔域的地面不一定还留有遗迹，但依据出土墓志，可知茔域内墓位的排列是遵循了一定制度的，或为父子兄弟一行顺排，或依传统的昭穆制按长幼嫡庶排列，祖墓在前，子墓在后，同辈在一行[5]。茔域的选址一般在矮山丘陵的半山腰，面向平原，排列有一定规律，可能是当时流行的风水观念的反映。

家族茔域的盛行与魏晋南北朝时期的门阀之风有关，今考古所见的家族茔域以南方地区的六朝早期最多，规模也最大，应是当时南方豪族强大的政治、经济势力的反映。晋室南迁之初，南方世家大族（如宜兴周氏）势力强大，是皇室及随迁的北方士族的巨大威胁，如周处的后人周筵为母亲举行的丧礼就遭到当时辅政权臣王敦的忌惮，"（周）札一门五侯，并居列位，吴士贵盛，莫与为比，王敦深忌之。后（周）筵丧母，送者千数，（王）敦益惮焉。"[6]在整个东晋时期，一些高门士族如王氏、谢氏、桓氏等的势力更加强大，他们轮番控制朝廷，势力甚至凌驾于皇室之上，这些高门士族在丧葬上往往建造庞大的家族茔域，采用奢华的埋葬规格。进入南朝之后，随着皇族势力的加强，世家大族开始由盛转衰，可能也影响到了大族的茔域，迄今南京附近未见典型的南朝世家大族茔域。这一方面是由于南朝皇权的加强，另一方面可能也与东晋以后世家大族在丧葬上刻意保持低调有关。

东晋王氏家族墓地是一处较典型的家族茔域，位于南京市北郊的象山。自二十世纪六十年代开始陆续发掘了11座墓葬，根据出土墓志，可知这是琅琊王氏的一支、东晋尚书王彬的家族墓地，总面积达5万余平方米，墓葬按长幼尊卑和埋葬时间先后排列墓位，集中分布在象山西麓、南麓西段和中段、东麓四个墓区（图3–2–1）[7]。

在已发掘的墓葬中，除2号墓可能晚至南朝外，其余都属东晋时期的王氏，其中7号墓规模最大，年代也最早，推测是王彬之兄——平南将军、荆州刺史、武陵侯王廙的墓，6号墓为王彬的继室夫人夏金虎墓，8号墓主为夏金虎子王仚之，1号墓为王彬子王兴之夫妇合葬墓，5号墓主为王兴之长子王闽之，3号墓为王彬长女

1 河北省文物管理处：《河北景县北魏高氏墓发掘简报》，《文物》1979年第3期，第17—31页。

2 张季：《河北景县封氏墓群调查记》，《考古通讯》1957年第3期，第28页。

3 孟昭林：《记后魏邢伟墓出土物及邢蛮墓的发现》，《考古》1959年第4期，第209页。

4 山东省文物考古研究所：《临淄北朝崔氏墓地》，《考古学报》1984年第2期，第221—224页；淄博市博物馆等：《临淄北朝崔氏墓地第二次清理简报》，《考古》1985年第3期，第221—226页。

5 徐苹芳：《中国秦汉魏晋南北朝时代的陵园和茔域》，《考古》1981年第6期，第521—530页。

6 《晋书》卷五八《周处传》，北京：中华书局，1974年，第1575页。

7 罗宗真、王志高：《六朝文物》第四章，南京出版社，2004年，第111页；南京市博物馆：《南京象山8号、9号、10号墓发掘简报》，《考古》2000年第7期，第4—20页。

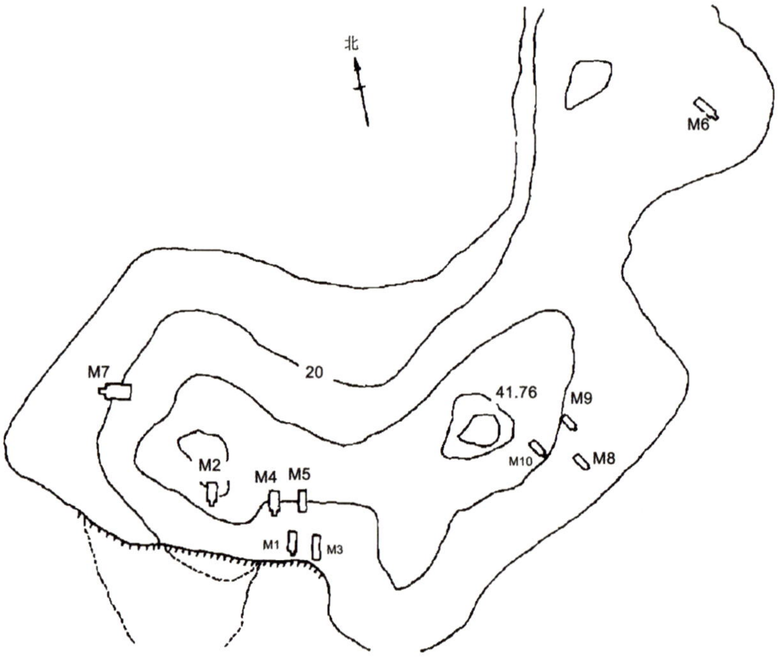

图3-2-1　南京象山东晋王氏家族墓地（引自南京市博物馆《南京象山8号、9号、10号墓清理简报》，2000年）

王丹虎墓，9号墓主为王彬的曾孙王建之夫妇，11号墓主为王康之夫妇。根据出土墓志的线索，王彬可能葬在其子王兴之和其女王丹虎之间，不过墓葬早已被破坏。此王氏茔域内的墓葬排列规律大致是长者、尊者居前和居右，又按埋葬年代先后自西向东排列，如6号墓为王彬的继室夏金虎墓，地位不比正室，卒亡也较晚，故葬于象山东麓。

琅琊王氏可谓建康政权的最大支柱，自西晋太保王祥直到南朝，王氏历经数代而不衰，尤其东晋时期素有“王与马，共天下”之谓，王彬官至尚书、左仆射，年五十九卒，赠特进、卫将军，加散骑常侍，也是非常显赫的一支。

在这个庞大的家族茔域内，墓葬的地下部分是东晋常见的单室券顶或穹隆顶形制，不过墓葬内的随葬品仍显示出这个家族的特殊地位，如规模最大的7号墓出土了玻璃杯、镶嵌金刚石的金指环等舶来品以及大量精致的青瓷器，1号墓出土了一件也来自域外的鹦鹉螺杯，这些无疑是东晋时期的稀有物品，在建康的帝陵和豪族墓葬中也只是偶尔发现（图3-2-2）。

聚族而葬的世家大族茔域是魏晋南北朝墓葬的一个重要特征，虽然曾广为流行，但其制度可能与帝王陵园有所区别。从考古材料较丰富的东晋、北魏大族茔域来看，除了地下设施较为奢华外（有些甚至与帝陵并无明显差别），地面并不像帝陵那样有高大的封土和神道石刻等标记性设施，也没有汉代流行的祠堂等祭祀性设施，因此，从地面情况来看仍是魏晋薄葬模式的延续。茔域的地面虽无人工建造的设施，但以自然的山川形势作为茔域的自然界限，这点在南方地区较为明显。

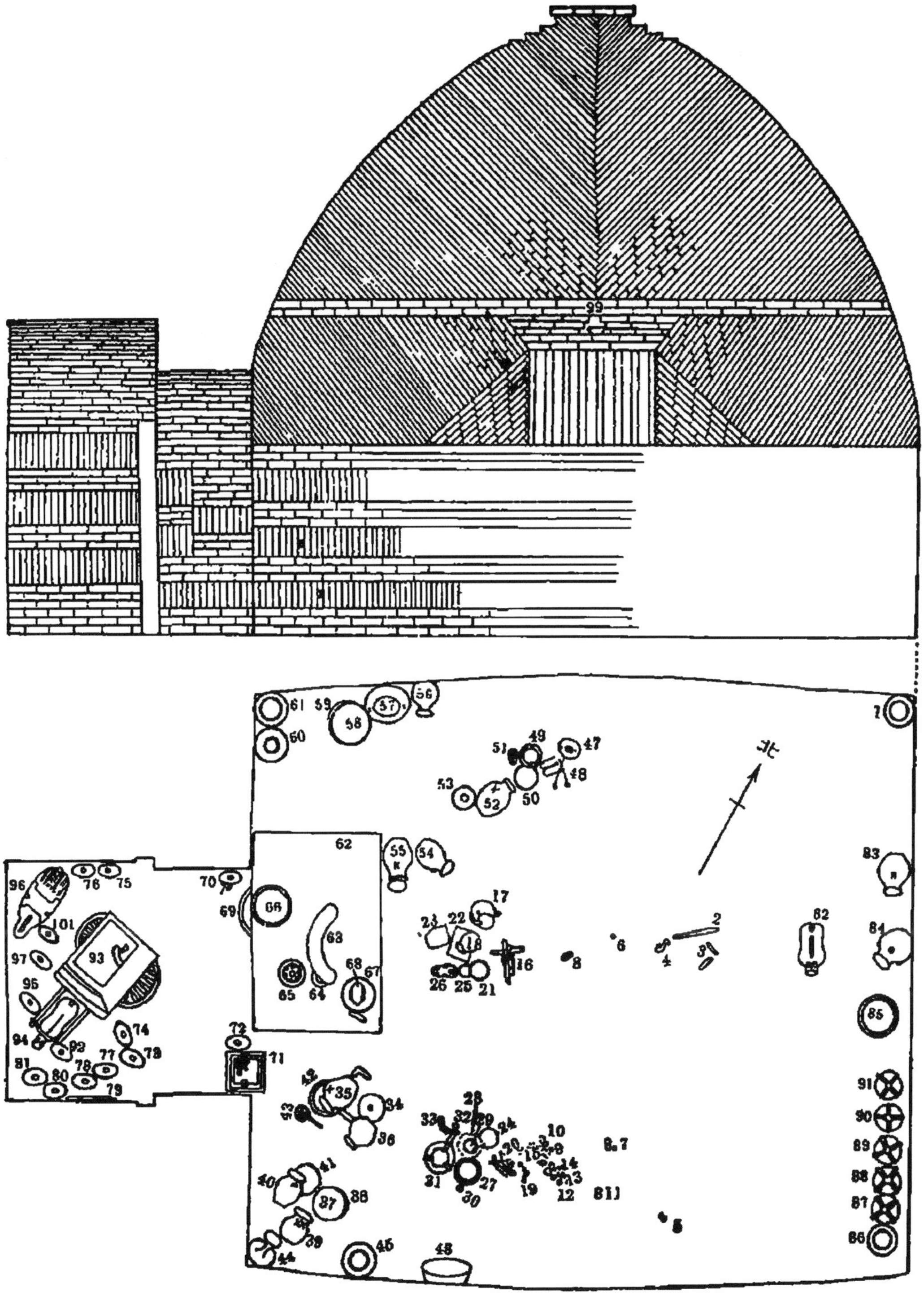

图3-2-2　南京象山7号墓平剖面图（引自南京市博物馆《南京象山5号、6号、7号墓清理简报》，1972年）

魏晋南北朝的家族茔域在西北地区的表现有些不同，在河西走廊和吐鲁番等地也发现了一些家族茔域，一般在地面建有明确的标志性设施，以砾石堆砌院墙和山门，构成平面方形的坟院，茔域内也以特定的方式排列墓位[1]。

1　徐苹芳：《中国秦汉魏晋南北朝时代的陵园和茔域》，《考古》1981年第6期，第521—530页。

二、封土

封土或“坟”、“冢”，即坟丘，是古代墓葬地面上的主要标志性设施，《礼记·檀弓上》：“吾闻之古也，墓而不坟，今丘也，东西南北之人也，不可以弗识也，于是封之，崇四尺。”作为墓地的标记，封土常与植树一起出现，《吕氏春秋·安死篇》：“世之为丘垄也，其高大若山。其树之若林。”“封”、“树”是古代丧葬礼制的重要组成。根据考古发现，中国古代最早的墓葬封土出现在商周时期，江南地区的土墩墓极有可能是封土的最早形态[1]。

秦汉崇尚厚葬，封土成为必不可少的地面设施，以始皇陵为代表的秦汉帝陵多采取了方形截尖顶（覆斗形）的封土形制，“秦始皇帝葬于骊山之阿，下锢三泉，上崇三坟，其高五十余丈，周回五里有余。”[2]始皇陵封土现存高度51米多，底面南北长350米，宽345米，封土斜面能看出分三阶段版筑的迹象，可能即文献所称的“上崇三坟”[3]。此类夯筑的方形封土需耗费大量人力，应为一种最尊崇的封土方式，西汉帝后陵、诸侯王陵等大型墓葬大多采取了这种形式的封土，无论是“黄肠题凑”墓（如长沙马王堆轪侯家族墓），还是凿山为藏的崖墓（如徐州楚王陵、永城梁王陵），地面皆有分段版筑的高大方形封土，后者虽然在天然山体内开凿墓室，但也将大量黄土运到山顶，在山峰上建造版筑的方形封土[4]。

东汉帝陵位于洛阳市郊，有南北二个陵区，通过对陵区内封土的踏查和考古钻探，可以确认东汉帝陵的封土皆为圆形，西汉流行的覆斗形封土已经不复存在，此为汉代葬制的重大变化之一[5]。

事实上，两汉封土的差异不仅仅出现在帝王陵墓上，而且被各等级墓葬所普遍采用。从西汉至东汉，封土由方变圆的原因可能是多方面的，有学者解释为封土的象征意义发生了变化，如认为覆斗形的封土是对宫殿“堂”的建筑形式的模仿，而圆形的封土则象征明堂辟雍，意在宣政教化；东汉对方形封土的革除可能还因为光武帝刘秀出于政治家族意识而对西汉传统的刻意背叛[6]。也有学者认为西汉覆斗形封土象征着汉代新型社会秩序的确立和稳定，有些分段版筑的封土可能与汉代流行的昆仑仙山传说有关，而圆形封土反映了秦汉“天圆地方”宇宙观之下以“圆”代表宇宙天体的思想，此与地下墓室穹隆顶的结构在象征意义上完全一致[7]。

1 林留根：《试论中国墓葬封土之源流》，《铁道师院学报（社科版）》1993年第3期，第54—61页。

2 《汉书》卷三六《楚元王传》，北京：中华书局，1962年，第1954页。

3 黄晓芬：《汉墓的考古学研究》第六章，长沙：岳麓书社，2003年。

4 黄晓芬：《汉墓的考古学研究》第六章，长沙：岳麓书社，2003年。

5 韩国河：《东汉帝陵有关问题的探讨》，《考古与文物》2007年第5期，第10—17页。

6 韩国河：《东汉帝陵变制原因探析》，载洛阳市第二文物工作队编《洛阳汉魏陵墓研究论文集》，北京：文物出版社，2009年。

7 黄晓芬：《汉墓的考古学研究》第六章，长沙：岳麓书社，2003年。

其实西汉覆斗形封土和东汉圆形封土不仅仅只是简单的外观差异，在建造工程量上也非常悬殊，前者一般体量庞大，最大的封土底边边长229米，高达46.5米，最小的边长也有150米，高26米[1]，后者规模小得多，东汉帝陵封土的直径一般只有70米至130米左右，高度不足20米[2]；在建筑难度上，前者需要以大量土方进行分段、分层版筑，较后者的建筑难度要大得多。

封土外观的变化可能是丧葬行为由奢变简的重要体现。在盛行覆斗形封土的西汉时期，文帝的霸陵是唯一的例外，没有夯筑封土，而是利用自然山体。文帝是最早提出“薄葬”的一位帝王，从封土至地下设施皆有明确的简省规定，大大地减少了陵墓建造上的耗费，因此，对方形夯筑封土的革除可能正是薄葬思想的反映。东汉光武帝刘秀遗诏“今所制地不过二三顷，无为山陵，陂池裁令流水而已”[3]。即指对西汉耗费巨大的覆斗形封土的革除，封土的形状利于排水足矣[4]。从刘秀陵墓开始，东汉普遍采用模拟自然山形、耗费较少的圆形封土，逐渐开启了一个薄葬的年代。

曹魏和西晋继承了东汉的薄葬制度而表现更为严苛，从曹操开始的历代统治者皆规定“不树不封”，东汉的圆形封土也被革除，此已为今天的考古发现所证实。曹魏和西晋对封土的革除固然有经济方面的原因，但消除墓地的标记性设施无疑也是一个重要考量，如前所述，这正是魏晋薄葬模式的重要内容。

南方地区考古发现的东吴墓一般规模不大，地面设施被破坏较严重，封土的情况不太清楚，不过从等级较高的马鞍山朱然墓来看，地面曾有封土，封土之上可能还建有“享堂”式的建筑[5]。东吴末帝孙皓曾为宠夫人张氏在禁苑中大起坟冢，表明当时的高等级墓葬可能还是有封土的，此与中原地区的曹魏墓葬有所不同。不过，建康附近的东晋诸陵大多继承了洛阳西晋帝陵“不树不封”的传统，只有幕府山下的穆帝永平陵例外，是平地起坟，“周四十步，高一丈六尺”。

南北朝时期的墓葬规模虽然已不及汉代，但似乎已抛弃了曹魏西晋的薄葬传统，开始重新配置地面的标记性和祭祀性设施，地下空间也渐趋奢华。从平城、洛阳、邺城、建康发现的各代高等级墓葬来看，封土又成了南北方不可缺少的地面设施，皆采取了东汉的圆丘形。

考古工作者在调查北魏前期的金陵遗存时，在山西省右玉县境内发现大批与冯太后方山永固陵相似的封土，即带有方形基座的圆丘式封土。方山永固陵的封

1 刘庆柱：《西汉诸陵调查与研究》，《古代都城与帝陵考古学研究》，北京：科学出版社，2000年。

2 严辉：《“陂池”——东汉帝陵封土的新形制》，《中国文物报》2006年10月20日。

3 《后汉书》卷一下《光武帝纪》，北京：中华书局，1965年，第78页。

4 蔡运章：《东汉帝陵封土考辨》，《中国文物报》2007年10月19日。

5 安徽省文物考古研究所、马鞍山市文化局：《安徽马鞍山东吴朱然墓发掘简报》，《文物》1986年第3期，第1—15页。

土可能是北魏前期规模最大的，方形基座117米×124米，圆形封土高23米[1]。此规模超过了大多数东汉帝陵的封土规模。

迁洛以后的北魏帝陵也多有封土，皆为圆丘形，但没有了方形基座。长陵封土约35米高，直径45米，景陵封土约30米高，直径超过40米，孝庄帝陵封土约15米高，直径30米。这些圆形的封土之下是高高隆起的墓室，虽然只有一个单墓室，但由于采取了穹隆式墓顶，墓内的纵向空间大为扩展，如宣武帝景陵的穹隆顶高达9.36米（参见图2-3-15）。此种地下空间与地面的圆形封土浑然一体，共同营造了一个模拟“天”的世界，而广为流行的弧形墓壁使得这种设计理念似乎比东汉更加强化。

邺城、安阳和太原一带的东魏北齐皇室成员和高级贵族墓葬延续了洛阳传统，皆有高大的圆形封土，在今磁县、安阳一带地表遗留的数百座土冢以往被讹传为曹操的“七十二疑冢”，经考古调查，它们实际上多为东魏北齐的皇室成员。其中规模最大的湾漳大墓（即文宣帝高洋的武宁陵）地表封土已不存，但通过考古钻探，封土的基址为圆形，直径达到100—110米，封土之下墓室的复原高度达12.6米，可见东魏和北齐陵墓继承了洛阳北魏帝陵的设计理念，而规模更大，内部设施也更加奢华。

长安和原州（今宁夏固原）一带的西魏北周高等级墓葬与东魏北齐同等级墓葬有着明显的差异，大部分都较为简朴，尤其周武帝宇文邕和武帝之弟谯王宇文俭墓皆未发现封土等标记性设施，这与他们生前倡导的“墓而不坟”、“不树不封”有关。不过，经考古发掘的其他高等级墓葬大多有圆形封土，如1986—1990年在咸阳机场工程中发现的建德三年（574年）骠骑大将军叱罗协墓，封土高约20余米[2]，固原南郊发现的建德四年（575年）柱国大将军田弘夫妇墓的封土已损毁，残高4米左右，但根据发掘情况推测其原始直径不超过25米[3]，保定五年（565年）大将军大都督宇文猛墓的封土残高4.6米，直径12米[4]。

南朝帝王陵墓大多有高大的圆形或椭圆形封土，此已为文献和考古发掘所证实，如丹阳胡桥吴家村大墓封土高达8米，直径28—30米，南京油坊村大墓封土高约10米，周长141米，都远超过文献所载的封土规模[5]。

综上所述，在魏晋南北朝时期，除了推行薄葬制度的曹魏、西晋时期，以及个

---

1 这种上圆下方的封土象征着天圆地方的宇宙观念，但迁洛后改为圆馒头形的封土。这种改变被认为是丧葬观念改变的结果，可能与南朝的影响有关。参张庆捷《北魏永固陵的调查与探讨》，载洛阳市第二文物工作队编《洛阳汉魏陵墓研究论文集》，北京：文物出版社，2009年，第122—133页。

2 负安志编著：《北周珍贵文物——北周、初唐、盛唐、中晚唐考古发掘报告系列之一》，西安：陕西人民美术出版社，1992年。

3 原州联合考古队：《北周田弘墓》，北京：文物出版社，2009年。

4 固原博物馆编著：《原州古墓集成》，北京：文物出版社，1999年。

5 罗宗真、王志高：《六朝文物》第三章，南京出版社，2004年，第89页。

别帝王（如北周武帝）的特例外，无论南北方基本沿袭了东汉以来的圆形封土之制。圆形封土在东汉产生之时，即具备了“拟天”的象征意义，这种理念在流行穹隆顶单室砖墓的洛阳和邺城北朝墓葬中得到最充分的体现，不过在流行土洞式墓葬的西魏北周和流行长方形砖室墓的南朝，可能只是沿用了圆形封土这一形式，并无太多的“拟天”意义。

三、神道石刻

汉中山简王死，“大为修冢茔，开神道”。李贤注：“墓前开道，建石柱以为标，谓之神道。”[1]神道即陵墓前的大道，既是陵园或茔域的标识，也是一种象征等级的礼仪性设施，愈是厚葬的年代，神道的配置愈加受到重视。

神道的传统可能始于西汉，作为武帝茂陵陪葬墓的卫青、霍去病墓除了封土似庐山、祁连山外，还在封土前列置石人、石兽，如霍去病墓前有怪兽食羊、马踏匈奴、跃马、卧牛、伏虎、卧猪等14件石刻[2]，此为彰显墓主生前战功的特例，尚未形成定制。东汉时期神道石刻渐为流行，且组合更加丰富，除动物雕像外，还出现了石人，以象征墓葬的守卫或代表墓主人生前的属吏，此与当时墓葬壁画或画像石中常见的人物具有相似的涵义；还出现了镇墓辟邪类的动物形象，不过这些形象并非某种现实中的动物，而往往是多种动物形象的组合，可能与墓侧立方相氏以禁御魍像的信仰有关。

神道石刻是一种厚葬的元素，一般不见于曹魏和西晋墓葬，洛阳发现的西晋散骑常侍韩寿的墓表是个例外，呈圆柱形，上端有刻铭，标识为“神道”，刻铭上下有沟槽圆弧线[3]。曹魏西晋统治者出于薄葬的考虑，明文禁止神道石刻，如魏文帝曹丕遗诏“寿陵因山为体，无为封树，无立寝殿，造园邑，通神道。……”[4]；咸宁四年（278年），晋武帝司马炎“诏曰：此石兽碑表，既私褒美，兴长虚伪，伤财害人，莫大于此。一禁断之。其犯者虽会赦令，皆当毁坏”[5]。

虽然现在并未发现东晋时期的神道石刻遗迹，但根据文献记载，东晋并未固守前代不树不封的传统，即是说，树碑立表之风虽然并不普遍，但并未禁绝。晋室南渡之初，司马氏为了笼络南方土著豪族，曾经允许一部分功臣在墓前立碑表，如卒于永嘉六年（312年）的顾荣是晋室立足南方的有功之臣，曾被特许立碑[6]。

1 《后汉书》卷四二《光武十王列传》，北京：中华书局，1965年，第1450页。
2 茂陵文物保管所：《茂陵和霍去病墓》，《文物》1976年第7期；王子云：《西汉霍去病墓石刻》，《文物参考资料》1955年第11期，第87—89页。
3 黄明兰：《西晋散骑常侍韩寿墓墓表跋》，《文物》1982年第1期，第65—69页。
4 《三国志》卷二《魏书·文帝纪》，北京：中华书局，1959年，第81页。
5 《宋书》卷一五《礼志二》，北京：中华书局，1974年，第407页。
6 李蔚然：《东晋帝陵有无石刻考》，《东南文化》1987年第3期，第83—86页。

但进入南朝之后，神道石刻不再是偶一为之的现象，与封、树一样成为高等级墓葬不可缺少的礼仪性设施，目前所见的南方神道石刻主要见于南朝帝陵和皇室成员墓葬，已发现三十多处此类遗存。神道的长度与封土、墓室的规模共同构成了南朝墓葬的等级标识，一般来说，帝后的神道既长且宽，而王侯神道窄而短，如梁文帝建陵的神道宽34.5米，梁临川王萧宏墓神道长约1000米、宽18.9米，其子平乐侯萧正义墓神道长约500米、宽10.2米，其间等级差别十分明确。

此外，神道两侧的石刻形成了十分固定的组合，分为石兽、石柱和石碑三组，目前保存最完整的一组石刻属梁武帝之弟萧秀（天监十七年，518年卒），包括石兽一对、石柱一对和石碑数座（图3-2-3）。

石兽主要是辟邪类的动物，根据墓葬等级而有不同形象，帝陵前的石兽或被称为麒麟，一般以整块巨石雕成，高达3米以上，虽体量庞大，但雕刻之功细腻生动，不失为六朝艺术的精品。石柱的形状与前述西晋韩寿墓表大致相同，只是更为精致，由圆形带棱的柱身、带蹲兽的伞盖状柱首和方形柱础组成，在柱身上部又嵌有一块方形柱额，左右两柱相对，额上文字一为正书，一为反书，上记某主人某某之神道字样。石柱柱首和柱础上还有精细的动物、莲花、双龙、怪兽等浮雕。石碑一般由龟趺基座、

图3-2-3　南朝梁萧秀墓神道石刻组合（引自丁爱博著，李梅田译《六朝文明》，2013年）

碑身和半圆形碑首组成，碑身除刻写文字外，两侧浮雕八格，格内刻有鸟兽神怪动物，并饰有忍冬、花草等边饰。墓前立石柱、石碑的传统源自于汉代，但某些造型和装饰元素又融入了外来文化因素，如伞盖状的柱首、莲花纹等来自于佛教，带棱的柱子造型可能源自于希腊，而很多神怪动物形象也可能来自于西方艺术（图3-2-4、图3-2-5）。

南朝神道石柱上的反书文字是一类十分特殊的现象，有人推测这是专为墓主的亡灵而设，文字的反转让观者产生感知上的转换[1]，也有学者认为其作用与墓葬中常见的镜子一样，可以透过镜子来感知另一个世界[2]。类

图3-2-4　南朝梁萧景墓神道石柱

1 Hung Wu, Monumentality in Early Chinese Art and Architecture, Stanford: Stanford University Press, 1995, p.278。

2 ［美］丁爱博（Albert E.Dien）著，李梅田译：《六朝文明》第五章，注释78，北京：社科文献出版社，2013年。

图3-2-5 南朝梁萧景墓神道石辟邪

似的反书文字不仅见于南朝帝陵神道石刻，在平壤附近的乐浪墓葬和汉水上游的南朝墓葬中，发现了大量反书的模印墓砖，字迹虽然潦草，但显然系有意为之。在个别南朝的青铜佛像上也可见到这种反书文字。这种现象的起源和涵义尚需更合理的解释。

相比南朝而言，神道石刻在北朝范围内只是偶有所见。洛阳发掘的北魏宣武帝景陵前发现石刻武士像，残高2.89米，拄剑，穿广袖袍服，孝庄帝静陵前也发现一尊逾3米高的石雕像，磁县湾漳大墓（北齐高洋陵墓）封土前发现长达270米的神道遗迹，附近还发现一尊高达4.06米的石人像。尽管北朝墓葬前的石刻较为单一，但至少表明当时是存在神道设施的。

北魏宣武帝的宠臣赵修之父赵谧死后，赵修恃宠而厚葬其父，“百僚自王公以下无不吊祭，酒犊祭奠之具，填塞门街。于京师为制碑铭，石兽、石柱皆发民车牛，传至本县。财用之费，悉自公家。凶吉车乘将百辆，道路供给，亦皆出官。”[1]赵修此举不仅是骄奢行为，更是一种礼制上的僭越，因此很快遭到弹劾而被鞭死。

尽管南北朝时期的神道石刻在南北方的发展并不同步，但它在礼制上的象征意义已经十分明确，配置也初具雏形，入唐以后，石刻的规模进一步扩大，配置进一步完善，除了石兽、石碑外，还出现了阵容庞大的文武官吏和侍从形象。

1 《魏书》卷九三《恩幸传·赵修》，北京：中华书局，1974年，第1998页。

第三节　墓葬建筑

墓葬建筑相比地面设施和随葬品而言，是考古发现中最为完整的一类遗存，虽然也大多残损，但基本结构大致清晰。墓葬建筑本质上是个藏尸之所，但在“事死如事生”的丧葬思想下，又被营造成亡灵的居所，即“阴宅”。虽然不能将它与地面的人居建筑（“阳宅”）简单对应，但二者之间的关系是很密切的，一般来说，墓葬建筑是对地面人居建筑的象征性表达，其形制、结构与装饰必会受到政治环境、经济条件、建筑技术、思想信仰等的影响，因此，墓葬建筑风格的时空转换能为我们提供丰富的历史文化方面的信息。

一、中原地区

在广义上的中原地区，魏晋北朝墓葬的分布地点往往集中于各朝代的统治中心地区，如曹魏、西晋墓葬以洛阳、安阳一带最集中，北魏墓葬分别集中于大同和洛阳地区，东魏北齐墓葬集中于磁县、安阳和太原地区，西魏北周墓葬则以西安、固原地区最为集中。这些统治中心地区的墓葬往往是一个时代丧葬礼制的典型体现。

中原地区的墓葬主要有砖室墓、土洞墓和竖穴土坑墓三类。一般来说，前二者主要是中高级的墓葬形制，从帝王、皇室成员至低级官吏都盛行以砖筑墓，土洞墓似为一种简陋的建筑，但在西晋、北魏和北周时期常被高级贵族，甚至帝陵所采用；竖穴土坑墓一般是最简陋的平民墓葬，但也有例外，如在安阳孝民屯发掘的4座十六国墓葬，皆为简单的长方形竖穴土坑，其中M154长2.6米，宽0.85—0.9米，南壁上有一个小龛，龛内有殉牲的遗存，墓内发现一具木棺，较特殊的是以一套完整的鎏金马具随葬，马具由123件鞍具、辔具及前后鞧銮饰组成，显然这座墓葬的主人并非平民，可能是十六国时期进入中原的鲜卑贵族[1]（参见图2-3-9、图2-3-10）。

同一类型的墓葬也有时空上的变化和等级的差异。砖室墓是东汉以来流行的主流墓葬形制，在魏晋南北朝时期的基本演变趋势是墓室数目越来越少，由多室变为单室，但由于穹隆顶的出现，室内空间在纵向上得到扩展。

曹魏至晋初的洛阳地区砖室墓已简化为前后二室，少量带耳室。前室象征“堂”，一般是方形，置帷帐、各类明器和生活用具，后室为棺室，一般是长方形，置各类生活用具，有的将随葬品依用途不同置于耳室或壁龛。偃师杏园村M6就是

1　中国社会科学考古研究所：《安阳孝民屯晋墓发掘报告》，《考古》1983年第6期，第501—511页。

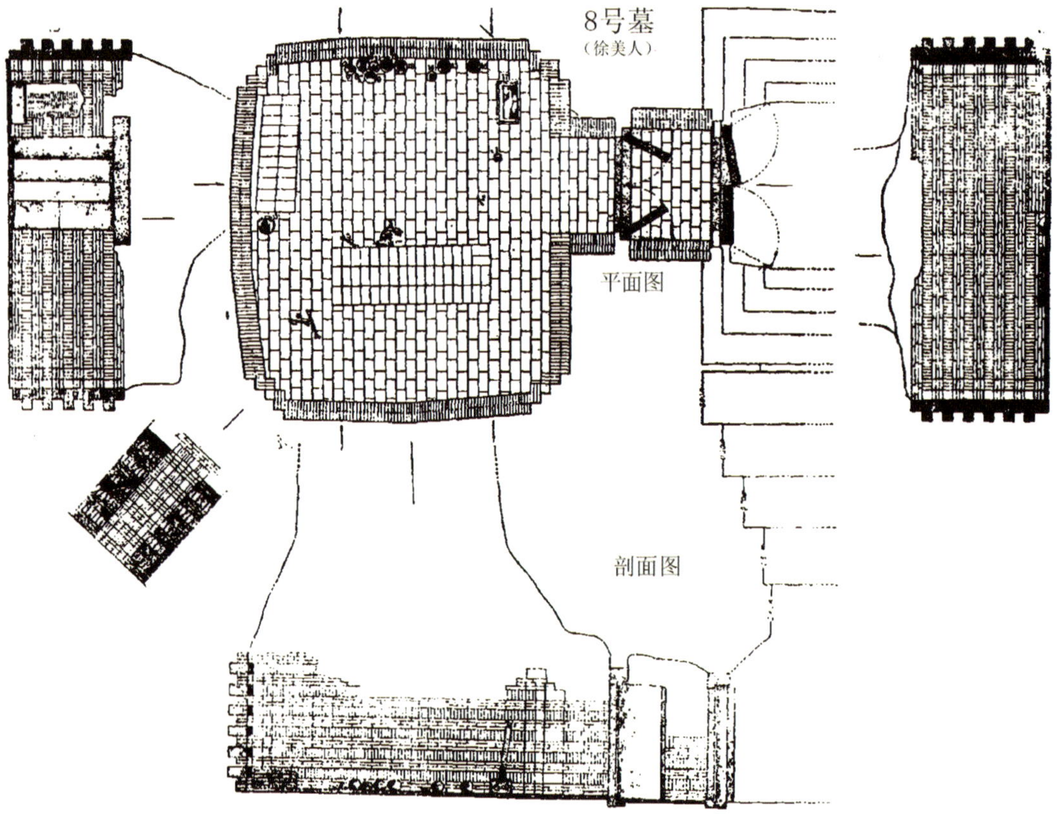

图3-3-1 洛阳西晋徐美人墓平剖面图（引自河南省文化局文物工作队第二队《洛阳晋墓的发掘》，1957年）

这样的一座规模很大的砖室墓，前后墓室和耳室的总面积达41.89平方米[1]。

洛阳元康九年（299年）徐美人墓是一座较为特殊的多室墓，墓道长达37.3米，作五级台阶式内收（图3-3-1）[2]。西晋大司农关中侯裴祇墓是一座葬于元康三年（293年）的多室墓，前室为穹窿顶，后室为券顶，主室的右侧另开了一个侧室，该侧室又有一个附加的耳室，加上后室共有三个棺室，分别埋葬着裴氏家族的四位成员，母亲葬于后室，夫妻二人葬于侧室，女儿葬于最小的耳室，出土墓志明确记载了各个棺室内遗体的身份："太夫人柩止西箱，府君柩止北箱西面，夫人柩止北箱东面，女惠庄柩止北箱东入。"这种多室墓并非表明墓葬的较高等级，而是因"祔葬"的需要而产生的特殊形制（图3-3-2）[3]。

洛阳发现的永宁二年（302年）命妇孙世兰女墓也是一座大型祔葬墓，但只在甬道、地面部分用砖，墓室为土洞结构，孙氏墓志中提到"棺五寸，敛以时服，土

1 中国社会科学院考古研究所河南第二工作队：《河南偃师杏园村的两座魏晋墓》，《考古》1985年第8期，第721—726页。

2 河南省文化局文物工作队第二队：《洛阳晋墓的发掘》，《考古学报》1957年第1期。

3 黄明兰：《西晋裴祇和北魏元暐两墓拾零》，《文物》1982年第1期，第70—73页；齐东方：《三国两晋南北朝时期的祔葬墓》，《考古》1991年第10期，第943—949页，第938页。

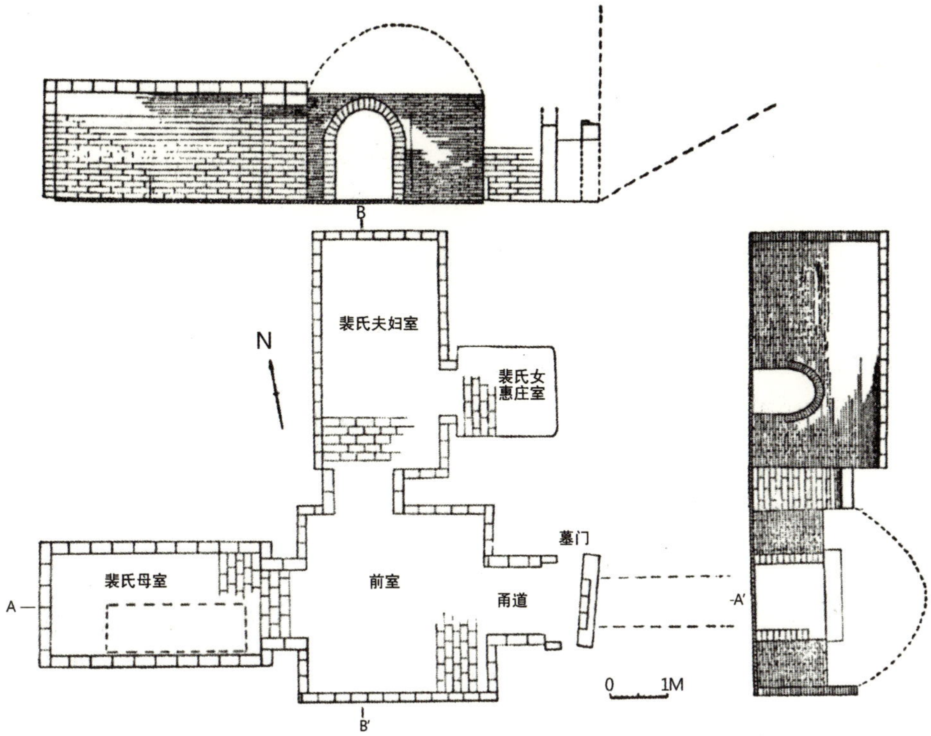

图3-3-2 洛阳西晋裴祗墓平剖面图（引自黄明兰《西晋裴祗和北魏元暐两墓拾零》，1982年）

椁，陶器，无藏金玉”，这是魏晋时期常见的薄葬标准，该墓只有局部用砖，大部分为“土椁”，虽然总规模很大，但已经是一种薄葬。墓志还提到以二子祔葬，应葬于前室旁的耳室内，不过未发现遗骨[1]。

由于魏晋统治者的“薄葬”措施深入人心，至西晋中期，洛阳地区已经极少见到多室墓，墓葬的主流形制进一步简化为单室，而且土洞墓大量增加（用砖愈少，愈能体现薄葬）。在已发现的洛阳晋墓中，单室墓占了绝大多数，其中砖室墓和土洞墓约各占一半，大多不带耳室，或仅有象征性的假耳室。单室砖墓是最具时代特色的墓葬，一般由长斜坡墓道、甬道和四壁微弧的墓室组成，甬道为券顶，墓室多穹隆顶；墓室四角以砖砌出角柱；以墓道的长短、墓道台阶的多少、有无石墓门等作为区别等级的标准。

西晋以后的洛阳被北方非汉民族所占据，极少发现墓葬。时隔近二百年之后，当北魏迁洛，洛阳又重新出现大量墓葬。从墓葬形制看，主要是魏晋传统的延续，从帝陵到普通官吏墓基本上采用了单室砖墓和土洞墓两种形制，可能抛弃了魏晋时期的薄葬传统，不但地面出现了封土、神道石刻等标记性设施，墓室内也流行墓志，因此发现了很多身份和年代明确的高等级墓葬。身份可考者均属皇室成员或官吏，大型墓墓室一般在5米见方以上，如延昌四年（515年）宣武帝景陵、孝昌二年

1 河南省文化局文物工作队第二队：《洛阳晋墓的发掘》，《考古学报》1957年第1期，第175页。

（526年）元乂墓[1]、孝昌元年（525年）清河王元怿墓[2]、永平四年（511年）阳平王元冏墓[3]等；中型墓墓室一般在3—5米见方，如熙平元年（516年）洛州刺史元睿墓[4]、正光五年（524年）燕州治中从事史侯掌墓[5]、孝昌二年（526年）镇远将军射声校尉染华墓[6]等。但也有例外，如永平元年（508年）豫州刺史司马悦墓墓室面积甚至大于景陵[7]；建义元年（528年）常山文恭王元邵墓墓室边长不到5米[8]，孝昌三年（527年）南平王元暐墓边长仅3米[9]。这些情况表明北魏迁都洛阳后，传统的丧葬礼制并未得到很好的执行，还存在僭越的现象。

这个时期的墓葬建筑中还出现了一些特殊的结构，如土洞墓墓道内的天井。这类土洞墓一般以四角攒尖顶为主，多设土棺台或石棺床，有的设置石门、石棺，个别在墓室四壁绘壁画（如太昌元年，532年，安东将军王温墓[10]）。一般在斜坡墓道内设置1—2个天井，建义元年（528年）的元邵墓即为一座典型的天井式土洞墓，墓道内设一天井，墓室近方形，边长约4米，四角攒尖顶，墓室内设有土棺台。

北魏灭亡以后，中原的统治中心转移到邺城，邺城和晋阳（今山西太原）成了东魏和北齐高等级墓葬最集中的地区。这里的墓葬形制继承了洛阳的传统，但只有单室砖墓一种结构，均方形墓室，四壁略外弧，由长斜坡墓道、甬道、石门和墓室组成，多为穹隆顶，甬道口上方多设高大门墙，大多曾有壁画；流行砖棺床或石棺床，多设盝顶盖墓志。

墓葬结构上的一致表明丧葬礼制已经确立，墓葬的等级主要通过墓道长度、墓室面积和墓内设施等体现，大型墓葬的墓室边长均在5米以上，设石门、石棺床或砖棺床，流行在墓道、甬道、门墙、墓室四壁彩绘，为皇室成员墓葬。这类墓葬除前述磁县发现的湾漳大墓、茹茹公主墓外，还有太原发现的河清元年（562年）定州刺史顺阳王厍狄迴洛墓[11]、武平元年（570年）右丞相东安王娄叡墓[12]等，均有仿木构石墓门、砖棺床和大型房形椁，墓室边长在5.5米左右。娄叡墓墓道内设天

---

1 洛阳博物馆：《河南洛阳北魏元乂墓调查》，《文物》1974年第12期，第53—55页。

2 徐婵菲：《洛阳北魏元怿墓壁画》，《文物》2002年第2期；韦娜等：《洛阳古墓博物馆》，郑州：中州古籍出版社，1995年。

3 310国道孟津考古队：《洛阳孟津邙山西晋北魏墓发掘报告》，《华夏考古》1993年第1期，第42—51页。

4 中国社会科学院考古研究所：《河南偃师县杏园村的四座北魏墓》，《考古》1991年第9期，第818—831页。

5 洛阳市文物工作队：《洛阳孟津晋墓、北魏墓发掘简报》，《文物》1991年第8期，第48—61页。

6 偃师商城博物馆：《河南偃师两座北魏墓发掘简报》，《考古》1993年第5期，第414—425页。

7 孟县人民文化馆：《孟县出土北魏司马悦墓志》，《文物》1981年第12期，第44—46页；《河南省孟县出土北魏司马悦墓志》，《考古》1983年第3期，第279页。

8 洛阳博物馆：《洛阳北魏元邵墓》，《考古》1973年第4期，第218—224页。

9 黄明兰：《西晋裴祗和北魏元暐两墓拾零》，《文物》1982年第1期，第70—73页。

10 洛阳市文物工作队：《洛阳孟津北陈村北魏壁画墓》，《文物》1995年第8期，第26—36页。

11 王克林：《北齐厍狄迴洛墓》，《考古学报》1979年第3期，第377—402页。

12 山西省考古研究所、太原市文物管理委员会：《太原市北齐娄叡墓发掘简报》，《文物》1983年第10期，第1—23页。

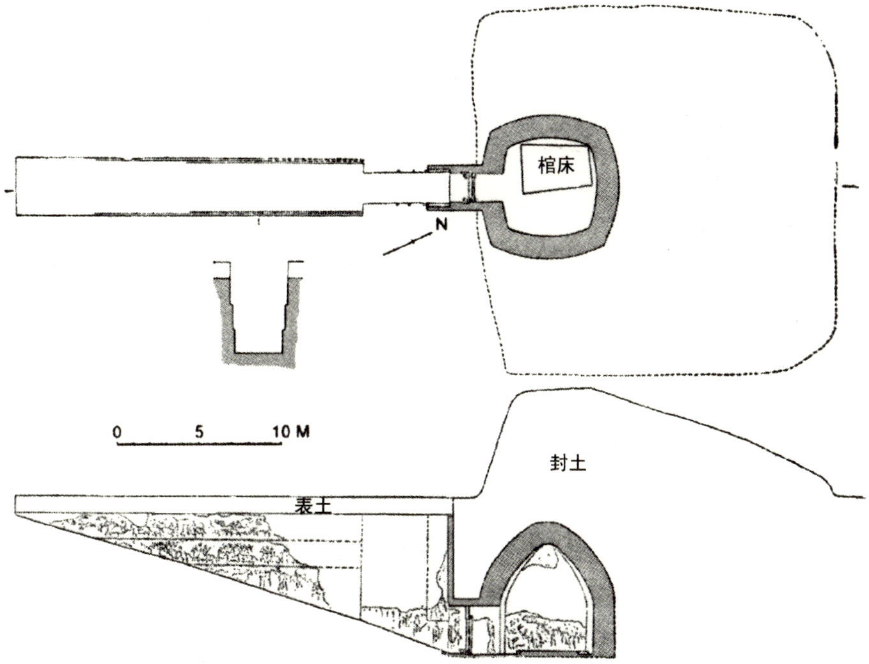

图3-3-3　太原北齐娄叡墓平剖面图（引自山西省考古研究所、太原市文物管理委员会《太原市北齐娄叡墓发掘简报》，1983年）

井，后部天井设木柱和瓦顶；墓门、墓道、甬道、墓顶和四壁均分层布置壁画（图3-3-3）。

邺城和晋阳的墓葬建筑主要继承了洛阳的弧方形单室墓传统，但出现了新的因素，如流行在甬道口上方砖砌高大门墙、个别墓葬在墓道设壁龛、流行大面积壁画、壁画多分层布局等。

山东地区邻近中原的核心，墓葬形制大致保持了与洛阳、邺城同步，但也有一些极具地方特色的内容，其中最特殊的莫过于北朝崔氏墓葬了（图3-3-4）。1973年临淄发现的崔氏墓地是一处规模较大的世家大族茔域，共有19座墓葬[1]，采取了极为特殊的圆形石室墓形制。其中身份可考的墓葬包括孝昌元年（525年）青州刺史崔鸿夫妇墓、延昌元年（512年）员外散骑常侍崔猷墓、元象元年（538年）镇远将军秘书郎中崔混墓、天平四年（537年）济州刺史崔鹔墓、天统元年（565年）崔德墓、武平四年（573年）崔博墓等，这些墓葬均由墓道、墓门和墓室组成，穹隆顶，个别在圆形墓室一侧设单耳室。石墓门均向外凸出。墓室内设石棺床。如崔鸿墓为十分规整的圆形，直径达5.8米，墓室大部分被大型石棺床占据。

更早发现的另一座崔氏墓是位于济南的天平五年（538年）征北将军邓恭伯夫人崔令姿墓，分前后二个圆形墓室，平面成8字形，由不规则石块垒砌而成，前室直

1　山东省文物考古研究所：《临淄北朝崔氏墓地》，《考古学报》1984年第2期，第221—224页；淄博市博物馆等：《临淄北朝崔氏墓地第二次清理简报》，《考古》1985年第3期，第221—226页。

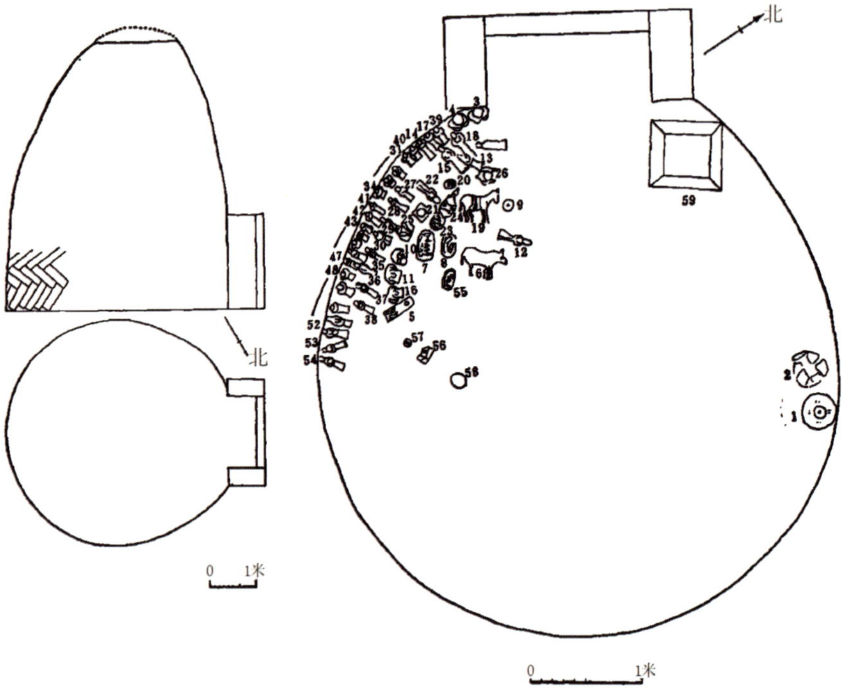

图3-3-4　临淄北朝崔氏墓平剖面图（引自山东省文物考古研究所《临淄北朝崔氏墓地》，1984年）

径3.1米、后室直径4.5米，石门呈半圆的拱形，出土器物多为滑石质[1]。

1986年在临朐县发现的天保二年（551年）威烈将军行台府长史崔芬墓与其他崔氏墓葬有所不同，虽然也是石室墓，但墓葬平面为方形，两道石门，门扉浮雕忍冬、莲花图案，墓室边长3.58米，北壁和西壁中下部设方形壁龛，西部设石棺床，甬道和墓室白灰面上彩绘壁画，甬道绘武士、墓室绘星象、四神、墓主夫妇出行及竹林七贤屏风画[2]。

在远离山东的河北平山县也发现了一座崔氏墓，即天统元年（565年）祠部尚书崔昂墓，虽然是砖结构，但同样采取了圆形平面，墓室直径达10米，北半部被巨大的半圆形棺床所占据，墓门为精致的仿木构石门[3]。

以大同为中心的雁北地区也是魏晋北朝墓葬的重要分布地区，自汉末至北魏前期的墓葬建筑呈现出中原因素逐渐增多的趋势，早期除了部分汉人的砖室墓外，还有大量的单室土洞墓和竖穴土坑墓，以大同南郊墓群为代表的这类墓葬，建筑形式简单，流行前宽后窄的木棺、殉牲习俗、陶俑和壁画人物穿着鲜卑服饰等，但中原因素也在逐渐增多，如部分土洞墓中也出现了石棺床、彩绘漆棺等，它们可能是鲜卑贵族的墓葬[4]。

1　济南市博物馆：《济南市东郊发现东魏墓》，《文物》1966年第4期，第56页。

2　山东省文物考古研究所：《山东临朐北齐崔芬壁画墓》，《文物》2002年第4期，第4—26页。

3　河北省博物馆等：《河北平山北齐崔昂墓调查报告》，《文物》1973年第11期，第27—38页。

4　山西省考古研究所等：《大同南郊北魏墓群发掘简报》，《文物》1992年第8期，第1—11页；山西大学历随着鲜卑政权汉化程度的加深，大同一带出现了大量等级较高的砖室墓。大约从太和前期开始，砖室墓逐渐成为主流，以墓室设置、随葬品多少等为标准的等级制度重新确立。等级最高的是前后二室砖墓，墓主为帝后或异姓重臣，一般由斜坡墓道、甬道、前后墓室组成，墓室均近方形，四角攒尖顶。此类墓葬的典型墓例如太和八年（484年）的琅琊康王司马金龙夫妇墓，墓道内两侧砖砌两堵墙，前室左侧另设方形耳室，前室边长4.4米，后室超过6米，内设石棺床、石柱础，皆有精美的石刻图像，还发现了一件精致的漆画屏风[1]（图3-3-5、图3-3-6）。

单室砖墓也是一种等级较高的墓葬，墓主既有鲜卑贵族、非鲜卑族官吏，也有普通平民，是前后室墓消失之后的主流墓葬形制，与洛阳一样也以墓室大小区别墓主身份。太和元年（477年）的宋绍祖墓墓道设两组过洞和天井，墓室弧方形，边长约4.1米，墓室中央设三开间仿木构石椁，甬道和石椁，壁面有壁画[2]（图3-3-7、图3-3-8）。大同智家堡壁画墓的墓室东西宽2.11米，南北进深1.13米，墓室发现的三开间仿木构石椁与宋绍祖墓相类[3]。正始五年（508年）的元淑墓有高大封土，墓室面积6.75米×5.7米，墓道分土壁和砖壁二段，墓室设砖棺床和前宽后窄木棺一具，随葬碑形墓志，墓主人元淑为使持节平北将军平城镇将[4]；正始元年（504年）封和突墓等级稍低，墓室面积2.3米×1.3米[5]。

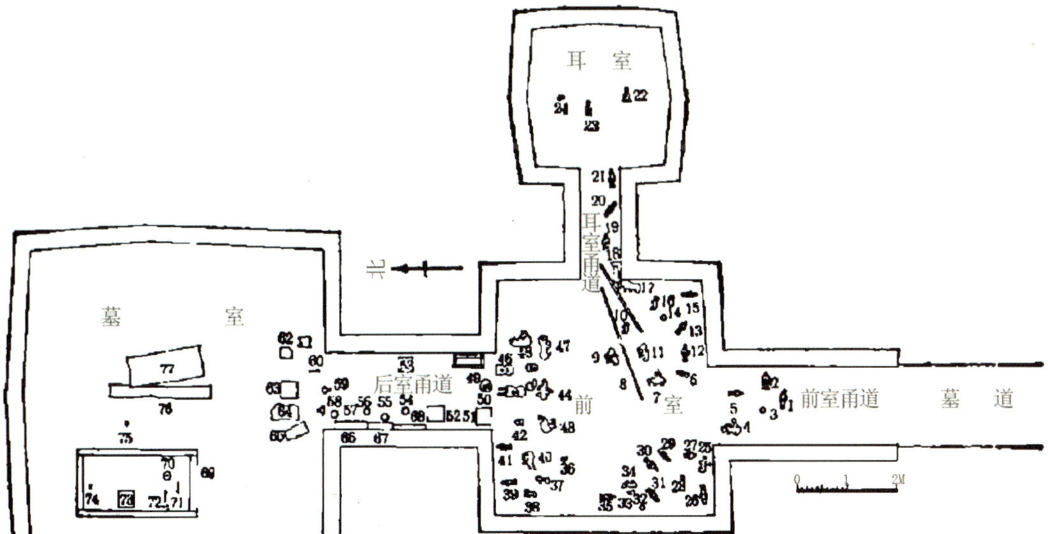

图3-3-5　大同北魏司马金龙墓平面图（引自山西省大同市博物馆等《山西大同石家寨北魏司马金龙墓》，1972年）

史文化学院等：《大同南郊北魏墓群》，北京：科学出版社，2005年。

1　山西省大同市博物馆等：《山西大同石家寨北魏司马金龙墓》，《文物》1972年第3期，第20—33页。

2　山西省考古研究所、大同市考古研究所：《大同市北魏宋绍祖墓发掘简报》，《文物》2001年第7期，第19—39页。

3　王银田等：《大同智家堡北魏墓石椁壁画》，《文物》2001年第7期，第4051页。

4　大同市博物馆：《大同市东郊北魏元淑墓》，《文物》1989年第8期，第57—65页。

5　马玉基：《大同市小站村花圪塔台北魏墓清理简报》，《文物》1983年第8期，第1—4页。

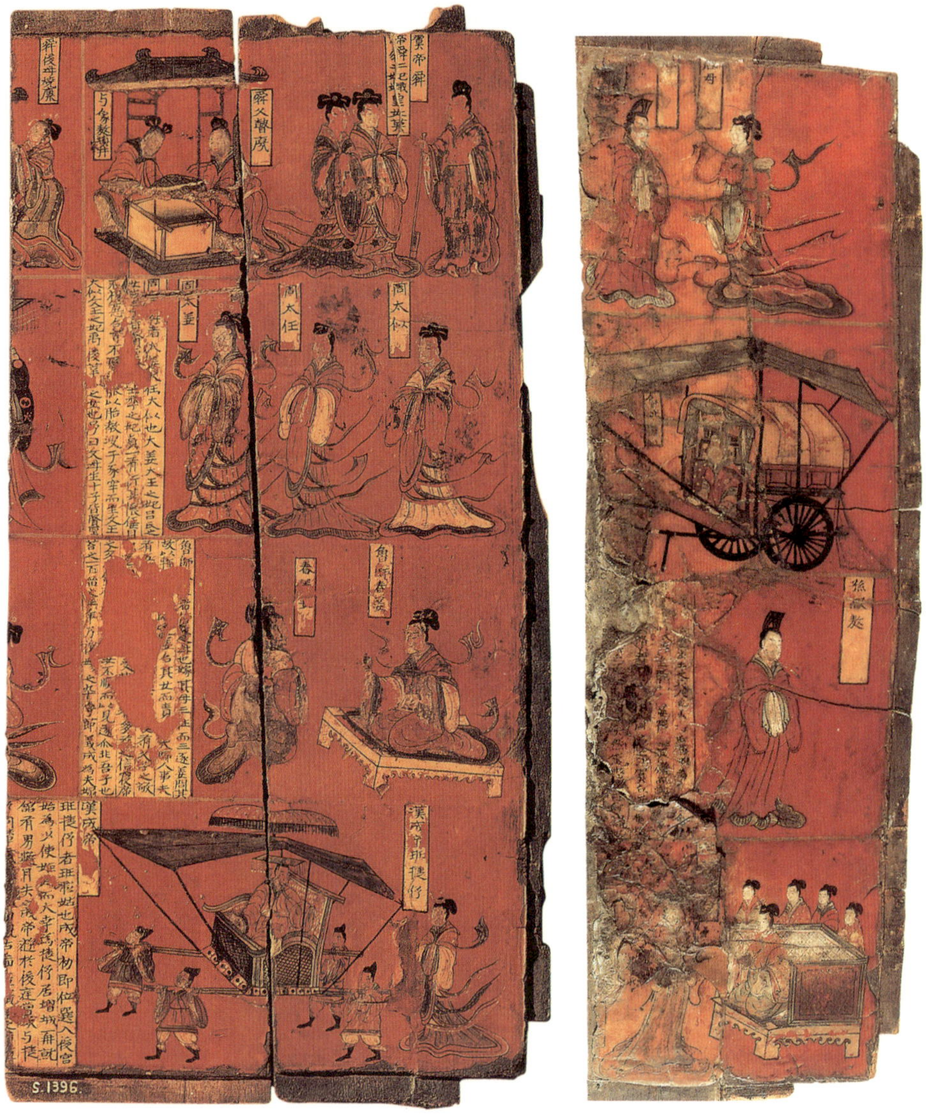

图3-3-6　大同北魏司马金龙墓漆画屏风

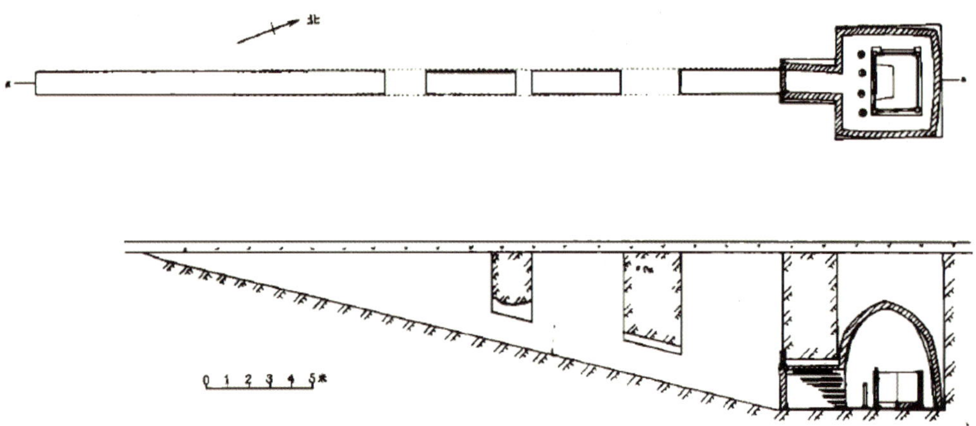

图3-3-7　大同北魏宋绍祖墓平剖面图（引自山西省考古研究所、大同市考古研究所《大同市北魏宋绍祖墓发掘简报》，2001年）

关中地区也是魏晋北朝墓葬的集中分布地区，由于文化传统和政治环境的不同，墓葬建筑与上述各地有所差异。魏晋墓葬发现较少，形制主要是本地汉代传统的延续，有较浓厚的关中地方特色，如砖室墓流行砖砌门楼、土洞墓流行天井的做法，有的墓顶绘有天象图，这些都是本地的汉墓传统；而砖室墓的墓壁外弧的现象、土洞墓长斜坡墓道作分级内收的做法可能是受洛阳影响而出现的魏晋新形制。

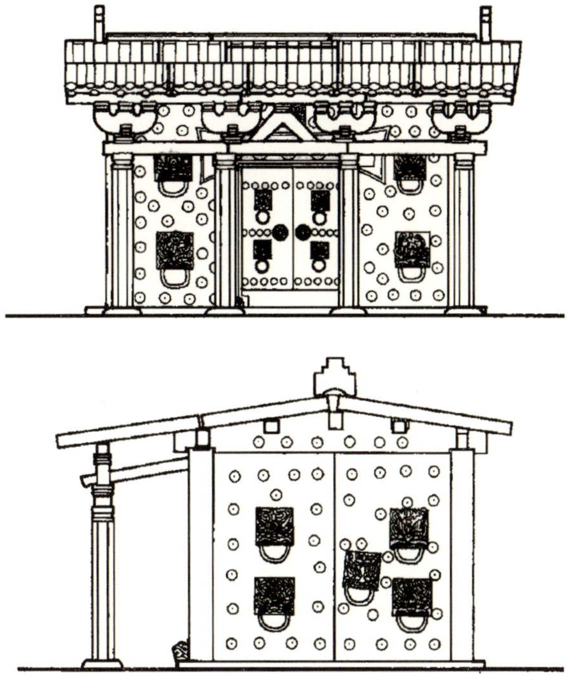

图3-3-8　大同北魏宋绍祖墓石椁（引自山西省考古研究所、大同市考古研究所《大同市北魏宋绍祖墓发掘简报》，2001年）

十六国时期的关中地区墓葬数量很少，但西安草厂坡1号墓是一座保存相当完整的墓葬，可以作为这个时期墓葬的代表。这是一座由前后二个墓室组成的大型土洞墓，墓室均方形，以甬道相通，甬道外墓道两侧各设一长方形耳室，穹隆顶，墓内随葬有一套较为完整的卤簿性质陶俑群，包括具装、武士、鼓吹、牵马俑等[1]（图3-3-9）。

北魏时期的关中墓葬仍然很少，彭阳新集墓是一座北魏早期的墓葬[2]，采用了长斜坡分级内收的墓道、带天井和过洞的土洞墓，一件土刻房屋模型与墓道、甬道一起构成楼阁庭院式墓葬（图3-3-10）。土刻楼阁模型是关中汉以来砖雕和彩绘楼阁式门墙传统的延续，与墓葬结合构成的院落结构与河西走廊十六国时期砖室墓比较接近，如酒泉前凉时期的观M11的前后室地面、丁M3墓门处、后凉至北凉时期的丁M5前室地面均筑院落式方坑，与照墙、墓道、甬道和墓室内的屋檐等一起构成院落[3]。

北魏分裂后，关中地区成为西魏北周的政治中心，在今西安和固原附近发现了大量高等级的墓葬，墓葬形制与同时期的东魏北齐有很大差别，均为土洞墓，逐渐形成了以单室土洞墓为特征的一套严格的埋葬规范，基本结构是长斜坡墓道、

1 陕西省文物管理委员会：《西安南郊草厂坡村北朝墓的发掘》，《考古》1959年第6期，第285—287页。
2 宁夏固原博物馆：《彭阳新集北魏墓》，《文物》1988年第9期，第26—42页。
3 甘肃省博物馆：《酒泉、嘉峪关晋墓的发掘》，《文物》1979年第6期，第1—17页。

多组天井和过洞、木质墓门、藻井顶或穹隆顶，以墓道长短、墓室大小、天井和壁龛的数目等区别墓主的身份；墓葬大多有壁画。

关中的墓葬建筑演变趋势也与洛阳、邺城一带不同，主要表现在土洞墓的逐渐增多，甚至成为北周最高等级的墓葬形制。北周墓葬大多身份明确，均为皇室成员或高级官吏（均为右八命以上），均为土洞墓，以单室者为主流。均采用了长斜坡墓道、多天井（壁龛）的土洞墓制，墓葬等级大致与墓葬总长度、墓室面积、天井和壁龛的数目、陶俑数量等成正比，多采用木质墓门（少数为石墓门），大多有壁画。

柱国大将军叱罗协墓是规模最大的墓葬，全长71米，有前后二室，6天井，4壁龛[1]。其他墓葬的规模无有出其右者，即使武帝孝陵也只是单室墓，5个天井，此当与叱罗协的特殊地位相关，叱罗协是北周的开国元勋，立有赫赫战功，晚年虽受宇文护之株连而免职，但仍受到武帝的特别恩待。

有5天井的墓葬包括宇文猛墓[2]、田弘墓[3]、宇文俭墓[4]、尉迟运墓[5]、安伽

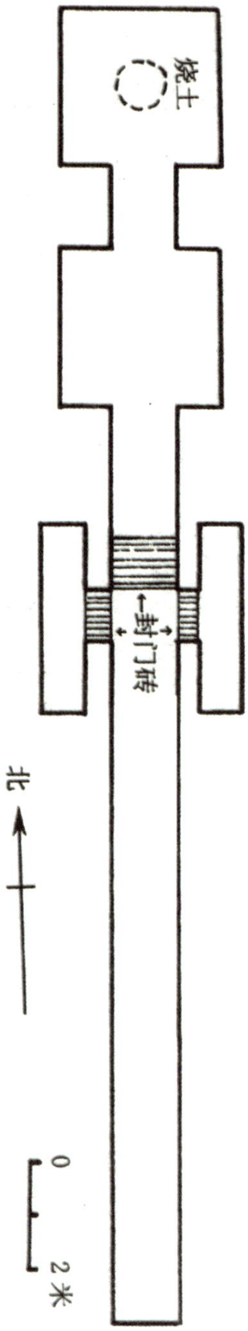

图3-3-9　西安草厂坡十六国墓平剖面图（引自陕西省文物管理委员会《西安南郊草厂坡村北朝墓的发掘》，1959年）

1　负安志编著：《北周珍贵文物——北周、初唐、盛唐、中晚唐考古发掘报告系列之一》，西安：陕西人民美术出版社，1992年。

2　宁夏文物考古所固原工作站：《固原北周宇文猛墓发掘简报》，载《宁夏考古文集》，银川：宁夏人民出版社，1996年。

3　原州联合考古队：《北周田弘墓——原州联合考古队发掘调查报告》，日本东京：勉诚出版社，2000年。

4　陕西省考古研究所：《北周宇文俭墓清理发掘简报》，《考古与文物》2001年第3期，第37—40页。

5　负安志编著：《北周珍贵文物——北周、初唐、盛唐、中晚唐考古发掘报告系列之一》，西安：陕西人民美术出版社，1992年。

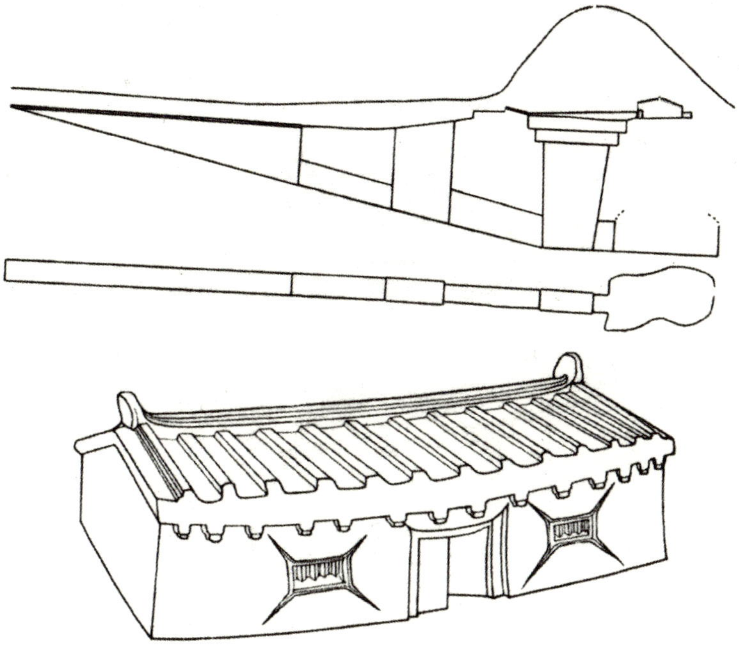

图3-3-10　彭阳新集北魏墓及土刻房屋（引自宁夏固原博物馆《彭阳新集北魏墓》，1988年）

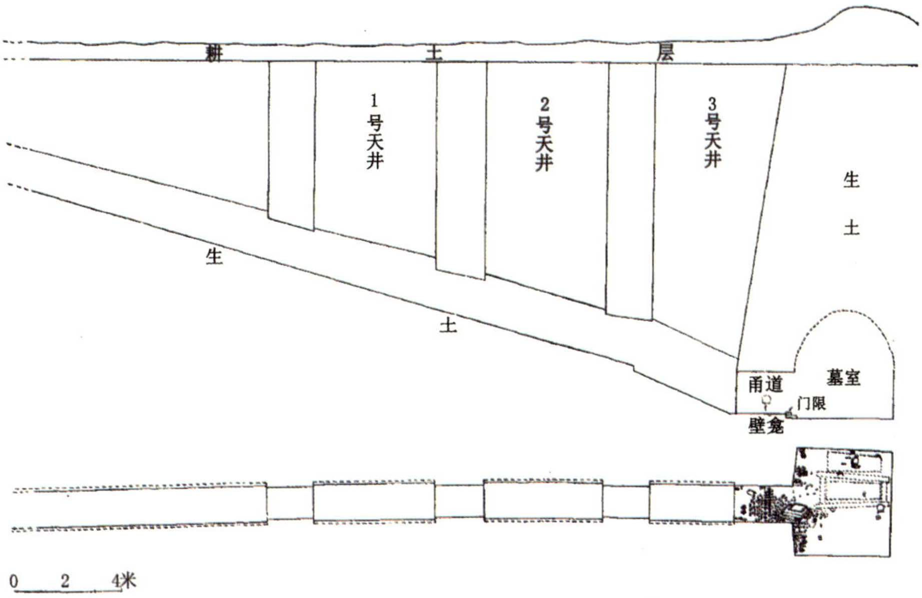

图3-3-11　固原北周李贤夫妇墓平剖面图（引自宁夏回族自治区博物馆、宁夏固原博物馆《宁夏固原北周李贤夫妇墓发掘简报》，1985年）

墓[1]等，他们的官品均为右正九命，墓葬总长在50米左右，墓室（主室）边长3—3.5米左右，无壁龛或仅有1个壁龛，墓葬规模显然小于叱罗协和孝陵，属次一等的墓葬。李贤墓虽仅有3天井，但墓葬总长48米，墓室面积4米见方，有大面积壁画[2]（图3-3-11）。有

1　陕西省考古研究所：《西安发现的北周安伽墓》，《文物》2001年第1期，第4—26页；《西安北郊北周安伽墓发掘简报》，《考古与文物》2000年第6期，第28—35页。

2　宁夏回族自治区博物馆、宁夏固原博物馆：《宁夏固原北周李贤夫妇墓发掘简报》，《文物》1985年第11期，第1—20页。

3天井的墓葬有王德衡墓、若干云墓、独孤藏墓等，墓葬总长不超过30米，墓室边长不超过3.5米，多在3米见方以下，均无壁龛，随葬陶俑较少，保存完好的王德衡墓和若干云墓分别发现陶俑108和138件，不及孝陵和叱罗协墓的劫余之数。咸阳机场M5为发现的最低等级墓葬，全长仅11米，发现1个天井，墓室面积仅2.5平米左右[1]。

可见，北周时期已经形成了一套以长斜坡墓道、多天井制为特征的墓葬等级规范，这种规范是在魏晋以来关中墓制的基础上逐渐形成的，后来被关中隋唐墓所继承。

二、东北地区

东北地区的墓葬（不包括高句丽）主要集中于辽西和辽东地区，两地墓葬建筑在曹魏以前差异较大，辽西是慕容鲜卑活动的重要地区，埋葬形式还存在较浓厚的鲜卑民族特色，而辽东自汉末公孙氏割据以来，一直与中原尤其是隔海相望的山东地区关系密切，墓葬建筑与山东非常相似。不过，随着慕容鲜卑势力向中原的渗透，辽西墓葬建筑有与辽东趋同之势。

曹魏、西晋时期的辽西墓葬与内蒙古哲里木盟的鲜卑墓葬[2]十分相似，主要是慕容鲜卑进入辽西之始至前燕建国前后的遗存，墓葬建筑的鲜卑特色十分浓厚。墓葬建筑的主流形制是梯形石室墓，以北票房身村的石室墓[3]和朝阳田草沟晋墓[4]为例，皆以石块平砌墓室，墓室为前宽后窄、前高后低的梯形体，顶部多以数块大石块平铺，少量叠涩成穹隆顶，少量带有耳室，附设小龛或二层台，一般无墓道和甬道。多以前宽后窄的木棺为葬具，多为单人葬。这种梯形的墓葬建筑与中原传统墓葬大不相同。无独有偶，在大同南郊也发现了大量这种形制的鲜卑墓葬，而且同样以梯形木棺为葬具。墓葬里的随葬物品也极具鲜卑特色，如鲜卑系统的陶罐、陶壶、鎏金马具，以及慕容鲜卑贵族喜戴的“步摇冠”等佩戴饰物。

辽东地区的同时期墓葬大多集中于辽阳一带，也以石板墓为主，不过在建筑结构上与辽西差别较大，而与山东地区更接近，一般是用竖立的石板结合石柱支砌而成的墓室，有的大型石板墓还有前后回廊。墓门有立柱，立柱上置栌斗、下垫柱础石，墓顶多为几块石板平铺而成平顶，少数为叠涩顶，一般将尸体直接置于尸床上，

---

1 负安志编著：《北周珍贵文物——北周、初唐、盛唐、中晚唐考古发掘报告系列之一》，西安：陕西人民美术出版社，1992年。

2 张柏忠：《哲里木盟发现的鲜卑遗存》，《文物》1981年第2期；张柏忠：《内蒙古科左中旗六家子鲜卑墓群》，《考古》1989年第5期，第9—15页。

3 陈大为：《辽宁北票房身村晋墓发掘简报》，《考古》1960年第1期，第24—26页；田立坤：《三燕文化遗存的初步研究》，《辽海文物学刊》1991年第1期。

4 辽宁省文物考古研究所等：《辽宁朝阳田草沟晋墓》，《文物》1997年第11期，第33—41页。

而不用棺。墓门、墓壁和墓顶多有壁画。如三道壕窑业二厂令支令张君墓[1]与山东苍山"元嘉元年"墓[2]（汉末魏初）的墓葬建筑结构相同，都是采用了一大一小二耳室、横前室和并列后室。该墓墓门左壁残存庖厨图，右耳室绘墓主夫妇家居宴饮图、鞍马出行图，并有榜题"□令支令张□□"、"公孙夫人"等。辽东地区除了石板墓外，还出现了墓壁弧形外凸的砖室墓，这也与山东地区墓葬建筑的发展趋势相同。

两晋之际，辽东、辽西二地墓葬建筑的统一性较前一阶段有所增强。辽西墓葬形制仍以前一阶段的梯形石室墓为主，三燕墓葬占了这一阶段墓葬的绝大多数，墓葬建筑风格仍带有强烈的鲜卑特色，继承了最具鲜卑特色的梯形石室墓制，如朝阳发现的前燕奉车都尉墓[3]、锦州永昌三年（324年）李廆墓[4]、后燕建兴十年（395年）崔遹墓[5]、北票发现的北燕西官营子太平七年（415年）冯素弗夫妇墓等，这些墓葬继续流行随葬鎏金冠饰、马具和马饰，并出现了马镫和成套的马具具装，反映了三燕时期战争装备的进一步发展，这种成套马具还随着慕容鲜卑向中原的推进而出现在中原十六国墓葬中，安阳孝民屯M154发现了与辽西北票喇嘛洞墓地M17相近的成套马具[6]。

辽西除了这些固有的鲜卑系统墓葬外，也出现了高句丽灭乐浪后自辽东迁至辽西的大族墓葬，他们将辽东的多室石板墓建筑形式带到了辽西，以朝阳袁台子壁画墓为代表的石板墓，可能是慕容皝时被徙于棘城的辽东大族墓葬[7]，该墓以规整的大石板和石柱竖立支砌椁室，墓顶以石板平铺封盖，长方形主室设左右耳室（一大一小），中壁设对称小龛，后壁设一小龛，耳室内发现一套马具，有马鞍、马镫、马衔、马镳及鞧带铃饰，共挂有118个铃铛。十分难得的是墓内出土了一副金属帐构漆案及成套的餐具（盘、钵、勺、圆形多子盒、壶等14件），经过复原，帷帐可能原本是罩在漆案上的，这套帷帐、案和餐具的组合极可能是当时墓内祭奠的遗存（图3-3-12、图3-3-13、图3-3-14）。

东晋时期的辽东地区仍流行叠涩顶的石板墓和弧方形的砖室墓，墓葬建筑

1 李文信：《辽阳发现的三座壁画古墓》，《文物参考资料》1955年第5期。

2 山东省博物馆等：《山东苍山元嘉元年画像石墓》，《考古》1975年第2期，第124—134页；方鹏生、张勋燎：《山东苍山元嘉元年画像石题记的时代和有关问题的讨论》，《考古》1980年第3期，第271—278页。

3 田立坤：《朝阳前燕奉车都尉墓》，《文物》1994年第11期，第33—37页。

4 辛发等：《锦州前燕李廆墓清理简报》，《文物》1995年第6期，第42—46页。

5 陈大为等：《辽宁朝阳后燕崔遹墓的发现》，《考古》1981年第4期，第270—274页；李宇峰：《辽宁朝阳发现十六国时期后燕崔遹墓碑》，《文物》1982年第3期，第270—274页。

6 喇嘛洞是一处规模很大的以三燕墓葬为主的墓地，面积约一万平米，墓葬400余座。辽宁省文物考古研究所：《三燕文物精粹》，沈阳：辽宁人民出版社，2002年；张克举等：《辽宁北票喇嘛洞鲜卑贵族墓地》，《中国文物报》1996年12月22日；田立坤等：《朝阳发现的三燕文化遗物及相关问题》，《文物》1994年第11期，第2—32页。

7 辽宁省博物馆文物队等：《朝阳袁台子东晋壁画墓》，《文物》1984年第6期，第29—45页；田立坤《三燕文化的类型与分期》，《汉唐之间文化互动与交融国际学术讨论会论文集》，北京大学考古系，2000年。

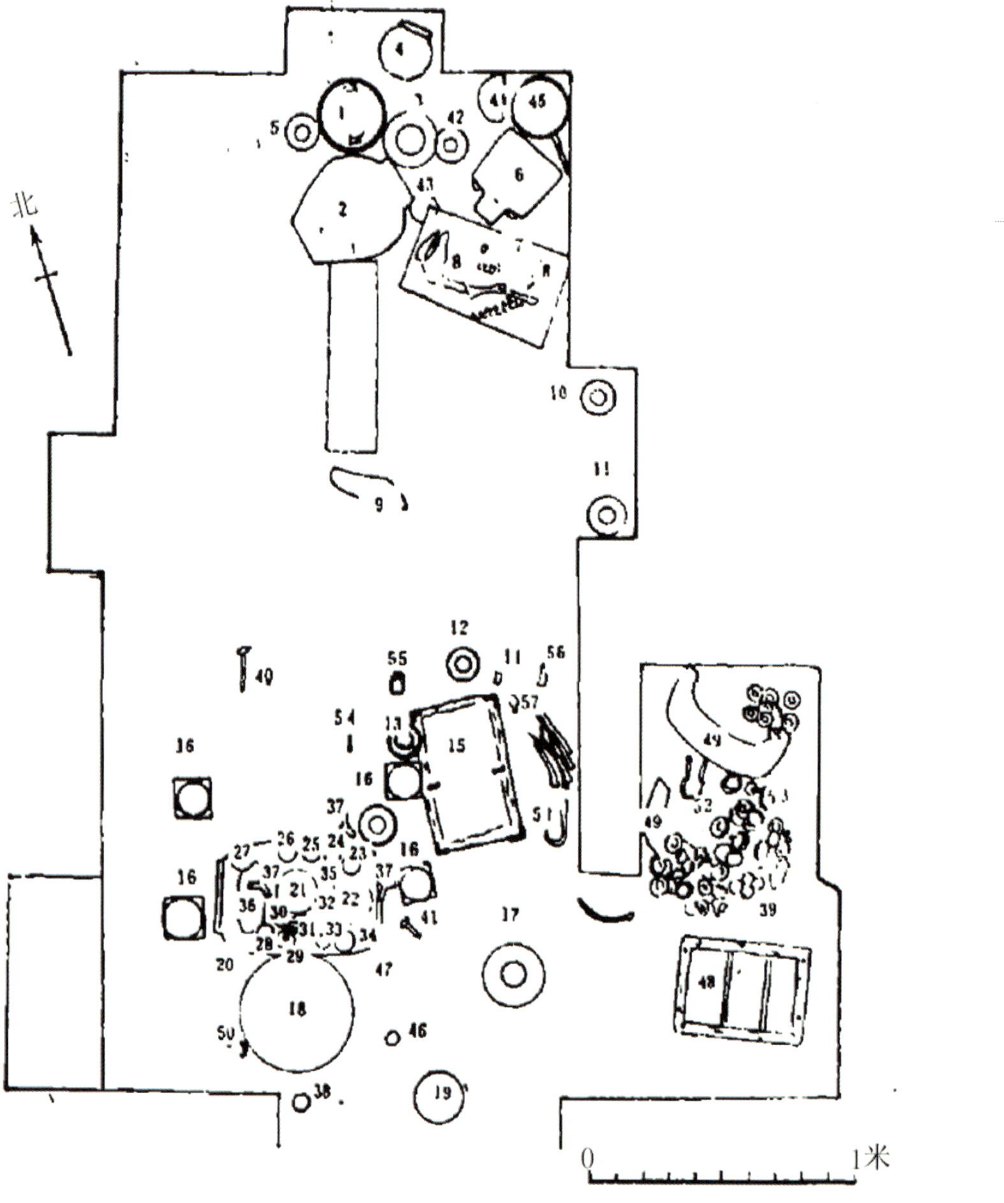

图3-3-12　朝阳东晋袁台子壁画墓平面图（引自辽宁省博物馆文物队、朝阳地区博物馆文物队、朝阳县文物馆《朝阳袁台子东晋壁画墓》，1984年）

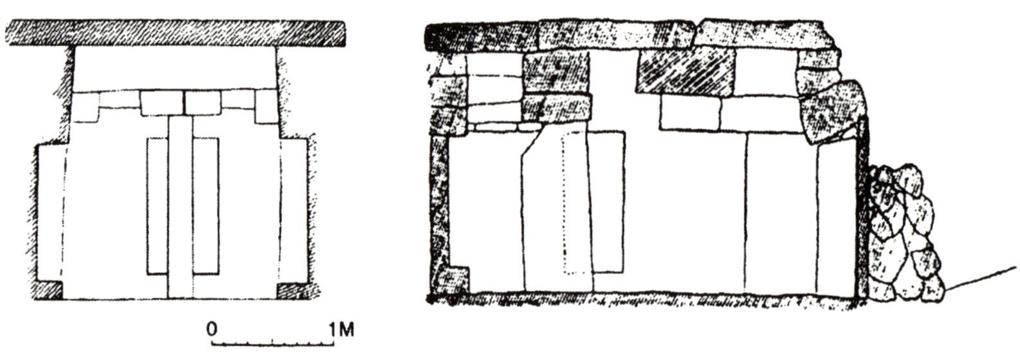

图3-3-13　朝阳东晋袁台子壁画墓剖面图（引自辽宁省博物馆文物队、朝阳地区博物馆文物队、朝阳县文物馆《朝阳袁台子东晋壁画墓》，1984年）

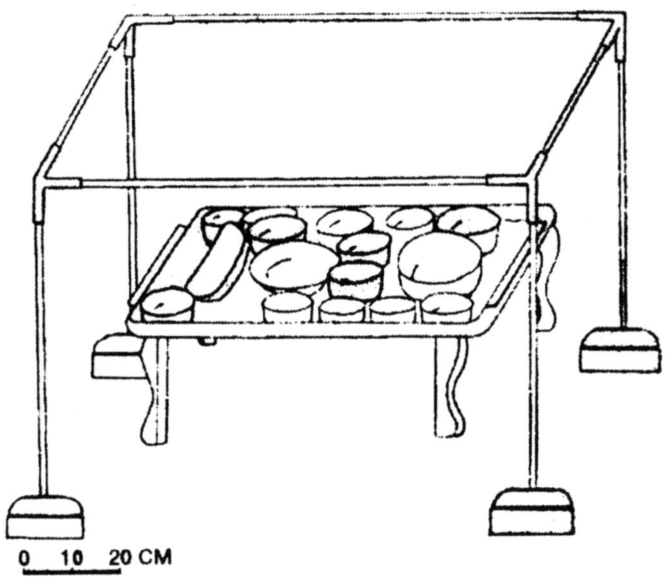

图3-3-14　朝阳东晋袁台子壁画墓帷帐及漆案（引自辽宁省博物馆文物队、朝阳地区博物馆文物队、朝阳县文物馆《朝阳袁台子东晋壁画墓》，1984年）

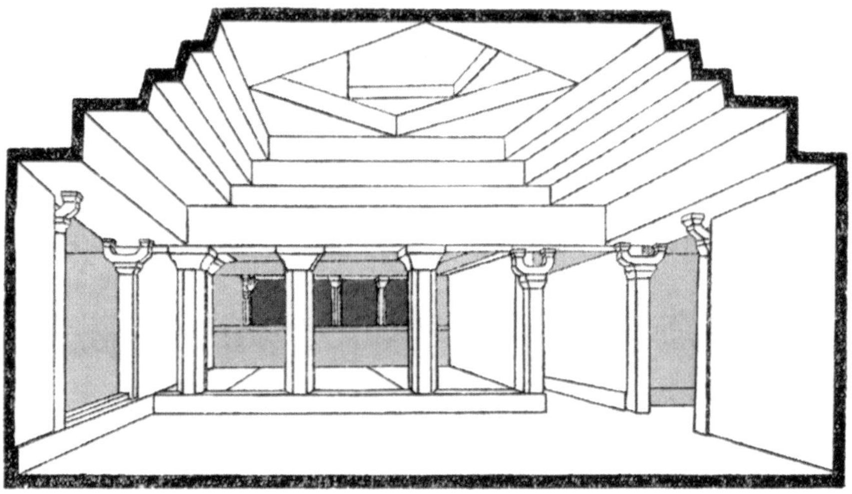

图3-3-15　平壤东晋冬寿墓剖面图（引自朝鲜《安岳第三号坟发掘报告》，1958年）

与平壤附近原乐浪地区的墓葬有很多共同点，也出现了一些高句丽的因素，如本溪小市镇晋墓与朝鲜发现的冬寿墓接近，被认为是四世纪后叶高句丽势力西侵时的墓葬[1]。

冬寿墓（即朝鲜安岳三号墓）是一座叠涩顶的多室石板墓，墓顶用石板互相抹角叠压，成方形藻井状，墓室由斜坡墓道、甬道、前后廊和侧廊、左右耳室和椁室组成，前廊西壁有墨书墓志铭，墓主为卒于东晋永和十三年（357年）、亡命朝鲜的前燕慕容

1　辽宁省博物馆：《辽宁本溪晋墓》，《考古》1984年第8期，第715—720页。

瓤司马——冬寿（图3-3-15）。辽阳上王家村发现的石板墓规模稍小，但墓葬建筑形制与壁画内容都与冬寿墓相似，发掘者根据出土的一件青瓷“虎子”推测为晋代墓葬[1]，这种虎子是长江下游特有的器物，由此表明当时辽东与江南的文化联系。

北魏灭北燕（436年）后，在东北先后置营州、平州管理辽东、辽西诸郡，不过可能大量人口被强行迁往平城，辽西地区的北魏墓葬发现极少，辽东则基本没有。从发现的少量辽西北魏墓来看，墓葬建筑已与三燕时期差别很大，原来最具特色的梯形石室墓消失，以长斜坡墓道、弧方形、穹隆顶砖室墓为主要的墓葬类型，这正是当时北魏都城——平城附近的主流墓葬建筑形式，反映了政治的统一带来的文化统一。

三、西北地区

魏晋南北朝时期的河西走廊地区流行家族式的茔域，这当与中原丧乱之时大量豪族前往避乱有关，这些家族茔域的地面常有砾石堆成的围墙，目标十分醒目。地下部分的墓室建筑也与同时期的中原地区存在较大差异，总的来说是中原汉代传统的延续，但建筑样式与风格的变化略显滞后，同时又保持着浓厚的河西地方特色。

河西墓葬主要有砖室墓和土洞墓两种形制，砖室墓以酒泉、嘉峪关、武威等地较多，敦煌较少。一般由长斜坡墓道、甬道、拱券形墓门、墓室及耳室、壁龛组成。大多砖室墓流行在墓门上方砖砌高大门楼，这是河西墓葬建筑最显著的特色，一般以镶嵌的造型砖构成模仿地面建筑的仿木构结构，往往在门楼上还有彩绘。这种墓葬建筑有明显的模拟生前居室的特征，根据墓主人的身份等级而有墓室的多少之别，单室墓一般在墓室后壁设二层台，左右壁设砖或土棺床，墓顶做成覆斗式的藻井顶，有的还设有耳室，四角设砖灯台，这样的墓葬在酒泉、武威等地多有发现[2]，武威南滩M2也是一座单室砖墓，但在唯一的墓室内置8具棺木（图3-3-16）[3]。

有前后两个墓室的砖室墓一般前室近方形，后室长方形，墓顶为覆斗藻井顶或弧券顶，有的在前室墓门处地面砌筑方坑，以象征院落。有的前室四壁做出屋檐状，前室左右还设有壁龛和耳室，随葬品放置在砖砌二层台上，后室为棺室，墓室四壁有的有精美的壁画。1972年在嘉峪关新城发掘的画像砖墓前室有屋檐状结构，下有壁龛，东西壁有对称的高大耳室，墓室四角有兽头状的造型砖，并有砖砌灯台，其中一座出土了一件“甘□二□”铭文的朱书陶壶，被认为是曹魏“甘露二年”（257年），墓葬壁画中发现榜题“段清”（72M1）（图3-3-17）[4]。

河西砖室墓中最奢华的墓葬有前、中、后三个墓室，一般前、中室近方形、覆斗形

1 李庆发：《辽阳上王家村晋代壁画墓清理简报》，《文物》1959年第7期，第60—62页。
2 甘肃省博物馆：《酒泉、嘉峪关晋墓的发掘》，《文物》1979年第6期，第1—17页。
3 武威地区博物馆：《甘肃武威南滩魏晋墓》，《文物》1987年第9期，第87—93页。
4 嘉峪关市文物清理小组：《嘉峪关汉画像砖墓》，《文物》1972年第12期，第24—30页。

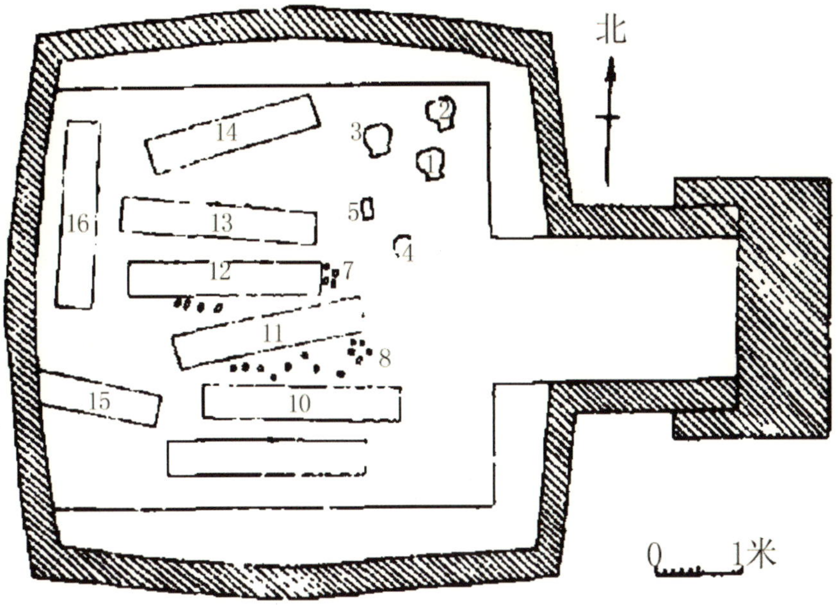

图3-3-16　武威南滩魏晋墓剖面图（引自武威地区博物馆《甘肃武威南滩魏晋墓》，1987年）

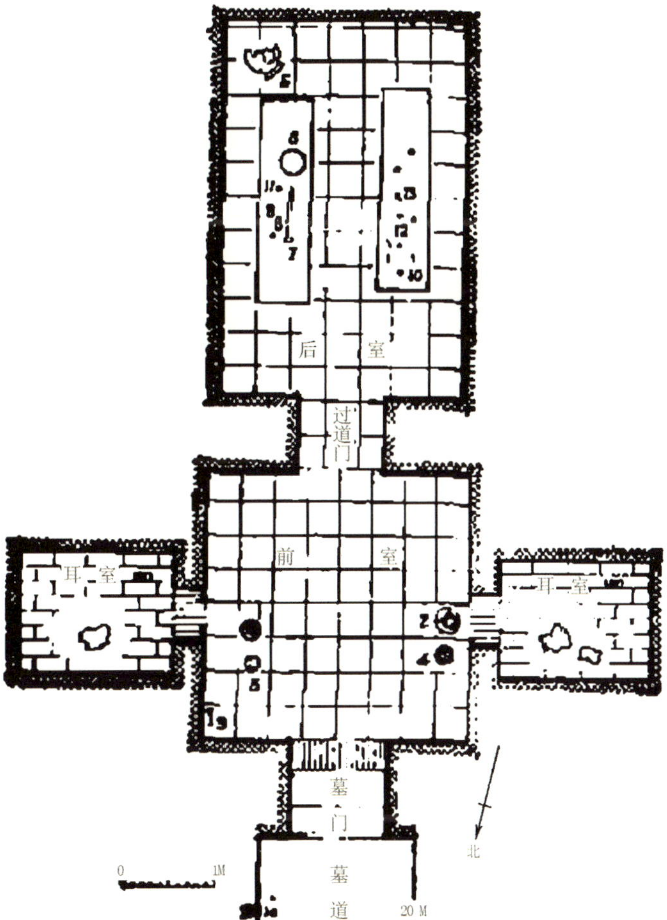

图3-3-17　嘉峪关魏晋壁画墓剖面图（引自嘉峪关市文物清理小组《嘉峪关汉画像砖墓》，1972年）

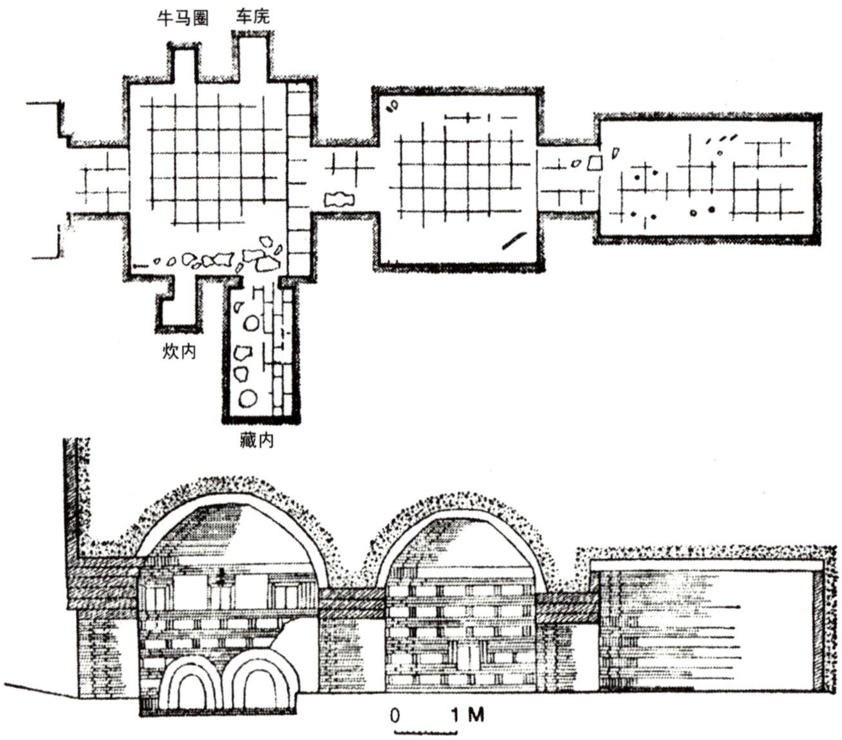

图3-3-18　嘉峪关新城M3魏晋墓平剖面图（引自甘肃省文物队等《嘉峪关壁画墓发掘报告》，1985年）

顶，墓顶以砖封堵成藻井式，墓顶砖中部钻小孔，以铜挂钩悬挂铜镜，后室长方形、普通弧券顶。前室四壁以凸出的砖作出屋檐状，屋檐下有壁龛，前室两侧还有耳室，有放置随葬品的砖砌二层台。中室的地面明显低于前室，后室（棺室）地面又低于中室。墓室四壁大都有壁画，一般前室描绘墓主庄园经济生活，中室绘燕居生活内容，后室绘内室生活场景，象征卧室。1972年在嘉峪关新城发现的画像砖墓中有一座这种形制的墓葬（72M3），前室屋檐东西龛有榜题“各内”，4个耳室分别朱书榜题“臧内”、“炊内”、“牛马圈”、“车庑”，前室至中室过道旁有小龛，有榜题“中合”；中室无耳室，但有壁龛（图3–3–18）。此墓还发现了一枚“王沾印信”石印章，此王沾和前述段清可能都是河西地方政府官员，也可能是河西世家大族[1]，因此这种较为奢华的多室砖墓的主人显然有较高的政治和经济地位。

敦煌地区流行的墓葬建筑与武威、嘉峪关、酒泉等地有所不同，砖室墓较少而以土洞墓为主要形制，敦煌祁家湾发现的117座均为土洞墓[2]。这种墓葬一般不用砖或用砖较少，但一般也有高大门楼，墓室也做成覆斗形藻井顶。可能受建筑材料的局限，与砖室墓相比，土洞墓的结构有一些特殊性，如门楼以土坯镶嵌，一般无装

1 甘肃省文物队等：《嘉峪关壁画墓发掘报告》第三章，北京：文物出版社，1985年。
2 甘肃省文物考古研究所：《敦煌祁家湾：西晋十六国墓葬发掘报告》，北京：文物出版社，1994年。

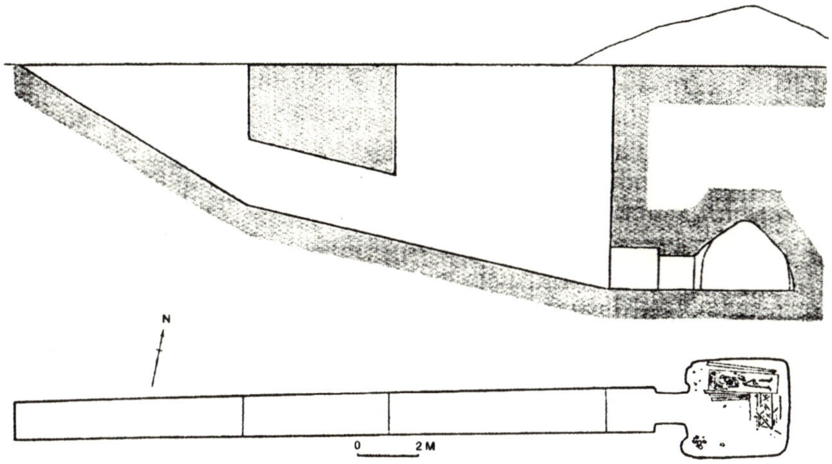

图3-3-19　敦煌义园湾60M1平剖面图（引自敦煌文物研究所考古组《敦煌晋墓》，1974年）

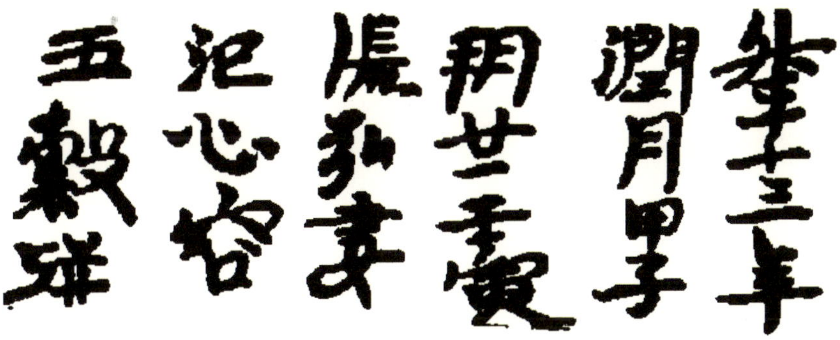

图3-3-20　敦煌义园湾60M1出土斗瓶文字（引自敦煌文物研究所考古组《敦煌晋墓》，1974年）

饰，墓道在较晚阶段出现了天井和过洞（这种设施在中原和关中地区一般也出现在土洞墓中），墓室内以砖或土坯围框、以泥砂填筑而成尸床，上置木质尸罩（因无底板而区别于棺木），流行祔葬，流行朱书镇墓文的斗瓶随葬等。

这类土洞墓是敦煌地区的一种流行墓葬形制，并不表明墓主人的身份较低，在敦煌发现的一座东晋墓（义园湾60M1）中发现了一件斗瓶，墨书铭文"升平十三年（369年）闰月甲子朔廿一壬寅张弘妻汜心容五谷瓶"，发掘者认为死者汜心容的丈夫张弘即为前凉晚期张重华的部将张弘，因张弘战死异乡，故未与妻合葬，汜姓为敦煌大姓，此墓所在的茔域可能是汜姓的一个家族墓地（图3-3-19、图3-3-20）。[1]

今青海地区古为羌人活动地区，在魏晋十六国时期也成了多民族杂居之地，是十六国时期的秃发鲜卑主要活动地区。在西宁、乐都、大通所在的河湟地区也发现了一些魏晋十六国时期的墓葬，尤其是1973—1981年发掘的大通县上孙家寨

1　敦煌文物研究所考古组：《敦煌晋墓》，《考古》1974年第3期，第191—199页。

汉晋墓群值得引起重视[1]。从墓葬建筑上看，这个墓群发掘的近200座墓葬与河西走廊墓葬非常相似，也有一些本地特色，如墓门门券多无门楼，即使有简略门楼式建筑，也很少作出仿木构的重檐结构，墓室四角流行斜插转头，以加固墓室，墓顶以穹隆顶居多，不见河西走廊流行的覆斗顶作风，一般以木棺为葬具，流行多人合葬，随葬品置于死者周围，无专门的随葬品区域。

在今吐鲁番附近的阿斯塔纳、哈拉和卓周围是北凉至曲氏高昌时期的墓葬集中区域，年代相当于魏晋北朝[2]。这里的墓葬与河西和中原相比，建筑形式相对简单，以土洞或土坑墓为主，很少用砖，只有少量墓志用砖坯封门，较大型的墓有墓道，墓顶被做成带藻井的覆斗顶。

四、南方地区

如前所述，南方各地的墓葬因自然环境的差异和开发的早晚而存在地域差异，但从东吴至南朝，各地墓葬建筑形式经历了大致相似的演变轨迹。

建康为中心的长江下游是六朝墓葬发现最多、年代体系最完备的地区，其墓葬的建筑形式最具典型意义。这里的六朝早期（东吴和西晋）墓葬有明显渊源于东汉的迹象，还保留着多室砖墓的传统，不过除了少数墓葬有耳室外，大多仅有前后两个墓室，一般采用穹隆式或券顶式墓顶，这类墓葬一般建造比较精致，有的在甬道内设有石门，显然是一种较为高等级的埋葬。流行在墓室转角砖砌灯台，或在墓壁上作出小龛，有的还在前室砖砌祭台，这些设置与同时期的中原相比并无明显的区别，直到稍晚阶段才出现南方特有的直棂假窗和凸形灯龛。

这个地区在六朝早期最常见的是凸字形砖室墓，即长方形单墓室前有一个凸出的短甬道，甬道位于墓室的中轴线上，不同于其他地区（如三峡地区）流行的“刀形墓”（甬道的一条侧壁与墓室侧壁平齐），墓顶大多为穹隆顶，少数券顶，耳室已变得罕见，这种凸字形的砖室墓逐渐成为南方六朝墓葬的主流形制。

公元317年司马睿建都建康后，墓葬建筑发生了较大的变化，地方特色愈来愈明显，凸字形的单室砖墓成为六朝墓葬的绝对主流，墓葬内部的结构也变得更加精致，出现了直棂假窗、凸字形灯龛。东晋中期以后基本不见穹隆顶，多采用券顶结构，大型墓葬流行砖砌棺床，有的在甬道内设置木门，现在留下了安装木门的门槽，这很可能是随着晋室南渡而来的中原旧俗之一。这一时期的墓内仍然少见装饰，只在一些大墓里发现模印图案或文字的墓砖，不过图案一般较为简单，主要

1 青海省文物考古研究所：《上孙家寨汉晋墓》，北京：文物出版社，1993年。

2 新疆维吾尔自治区：《新疆吐鲁番阿斯塔那北区墓葬发掘简报》，《文物》1960年第6期，第13页。新疆维吾尔自治区博物馆：《吐鲁番县阿斯塔那——哈拉和卓古墓群清理简报》，《文物》1972年第1期，第8—29页；新疆维吾尔自治区博物馆：《吐鲁番县阿斯塔那——哈拉和卓古墓群发掘简报（1963—1965）》，《文物》1973年第10期，第7—27页。

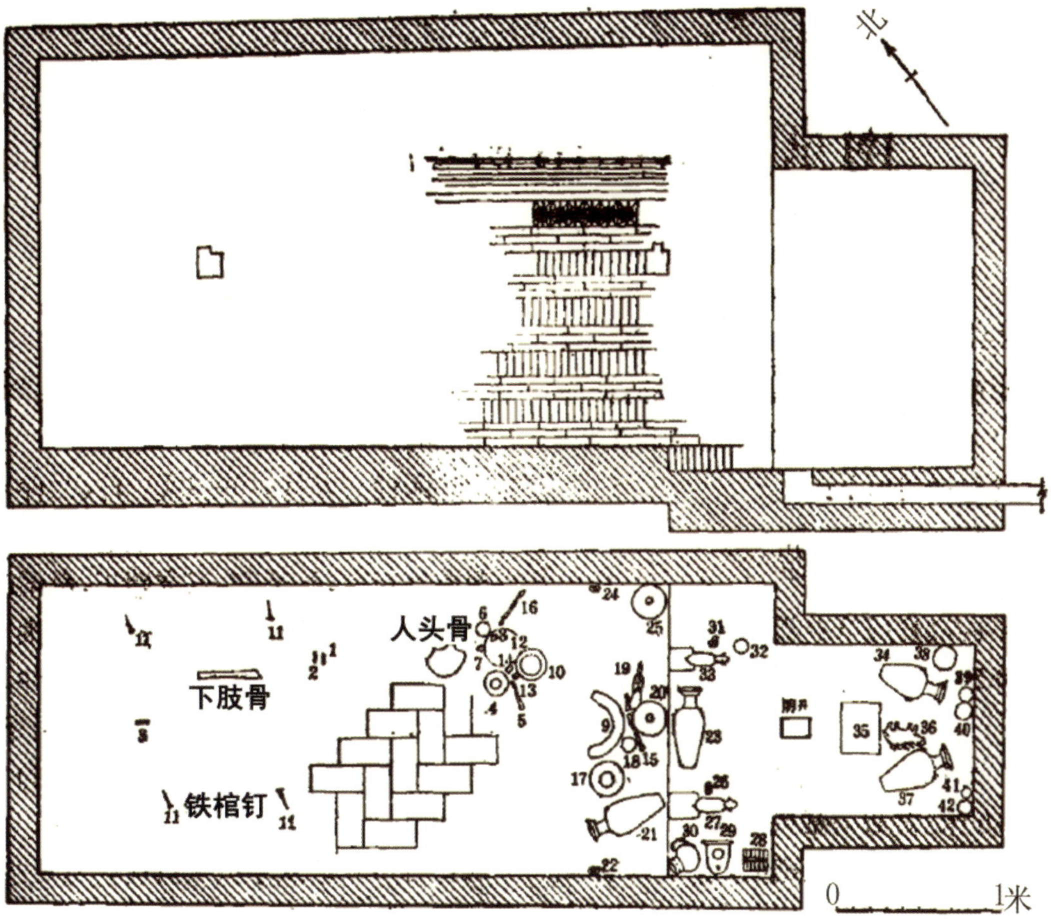

图3-3-21 南京童家山南朝墓平剖面图（引自南京博物院《南京童家山南朝墓》，1985年）

是四神或怪兽图案，尚未见到大型的拼镶砖画。

南朝时期的墓葬几乎都是凸字形的券顶单室砖墓，墓内设有排水沟、假窗、棺床和壁龛等设施，墓葬建筑形制非常统一，表明典型的南方墓葬风格已经形成，如南京童家山的南朝墓（图3-3-21）[1]。不过也存在一些与同时期的北方类似的墓内设施，如在高等级墓葬里流行石质墓门，由门额、门柱、门扉、门槛、门栓等组成，有的石门上浮雕仿木构结构。石棺座、石祭台等也开始出现在高等级墓葬里。同样作为高等级墓葬标志的还有大面积拼镶砖画的出现，即以模印花纹的墓葬拼砌而成大幅的壁画，最引人注目的是“竹林七贤和荣启期”题材，它们与精致的墓葬建筑一起营造了一个奢华的丧葬空间（图3-3-22）。

南京地区墓葬建筑的另一个特殊现象是墓壁外弧，为适应墓壁的弧度而往往采用穹隆式墓顶，这是一种符合力学原理的设计，有助于承受较多的墓外土壤压力。这种墓葬的建造难度较大，但内部空间更宽敞，也更加坚固，是汉魏晋南北朝时期高等级墓葬的一种特殊形制，不过南方不如北方普遍，西晋时期曾短暂流

1 南京博物院：《南京童家山南朝墓》，《考古》1985年第1期。

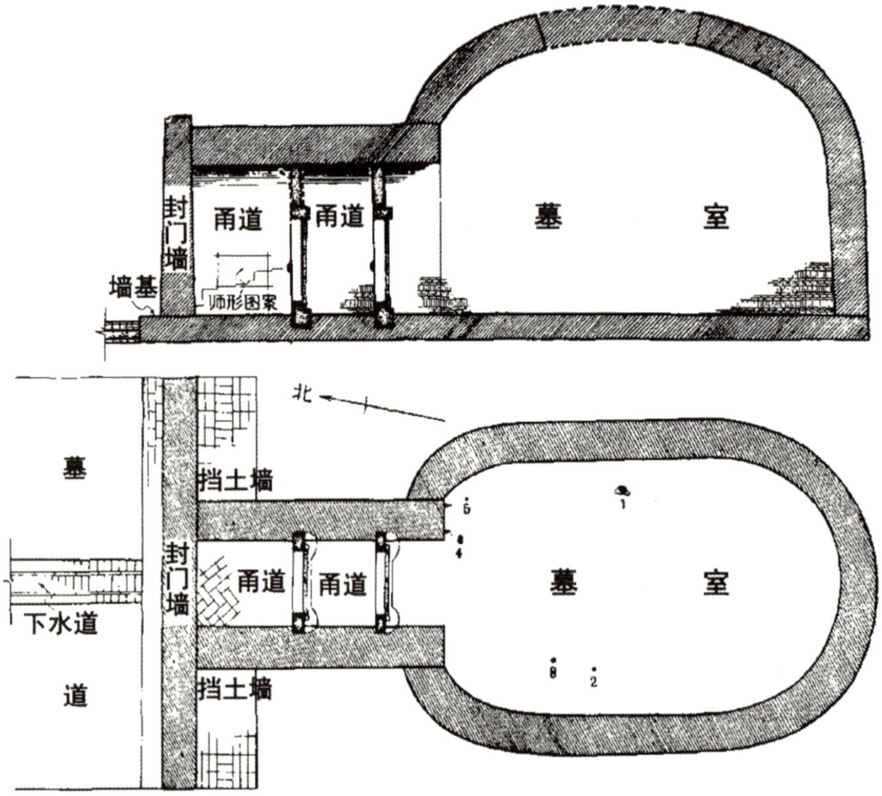

图3-3-22 南京西善桥大墓平剖面图（引自罗宗真《南京西善桥油坊村南朝大墓的发掘》，1963年）

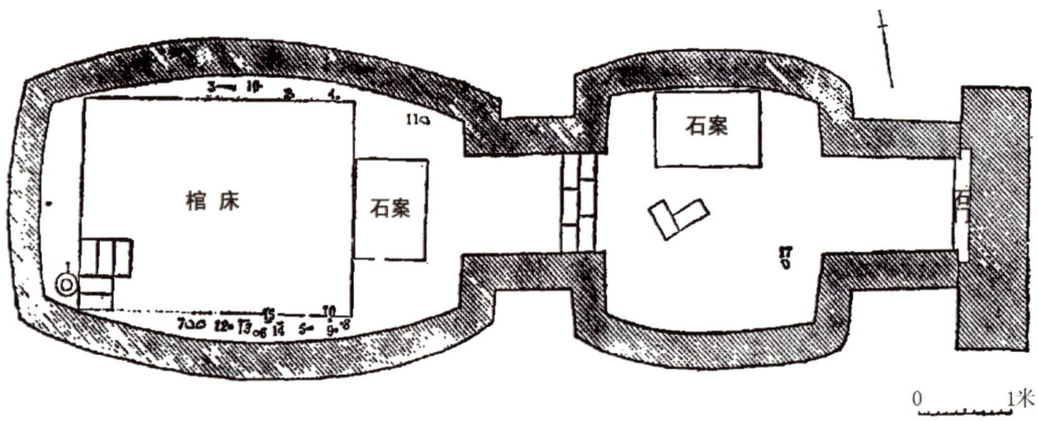

图3-3-23 宜兴周氏家族墓M4平面图（引自《江苏宜兴晋墓的第二次发掘》，1977年）

行于三吴等地，而东晋南朝时期仅在南京地区有极少发现，多为规模较大、建造精致的墓葬，有的还在封门两侧、四壁外围砌有辅墙，南京象山大墓就是这样的一座典型弧壁砖室大墓（参见图3-2-2）[1]。这种特殊墓葬建筑在南方地区的兴衰、流布情况或许与当时的政治文化环境密切相关[2]。

都城建康以外的六朝墓葬建筑大致保持了同步演变，但明显受到本地文化传

1 南京市博物馆：《南京象山5号、6号、7号墓清理简报》，《文物》1972年第11期，第31—36页。

2 李梅田：《魏晋南北朝墓葬中的弧壁砖室现象》，《国家博物馆馆刊》2012年第7期，第22—23页。

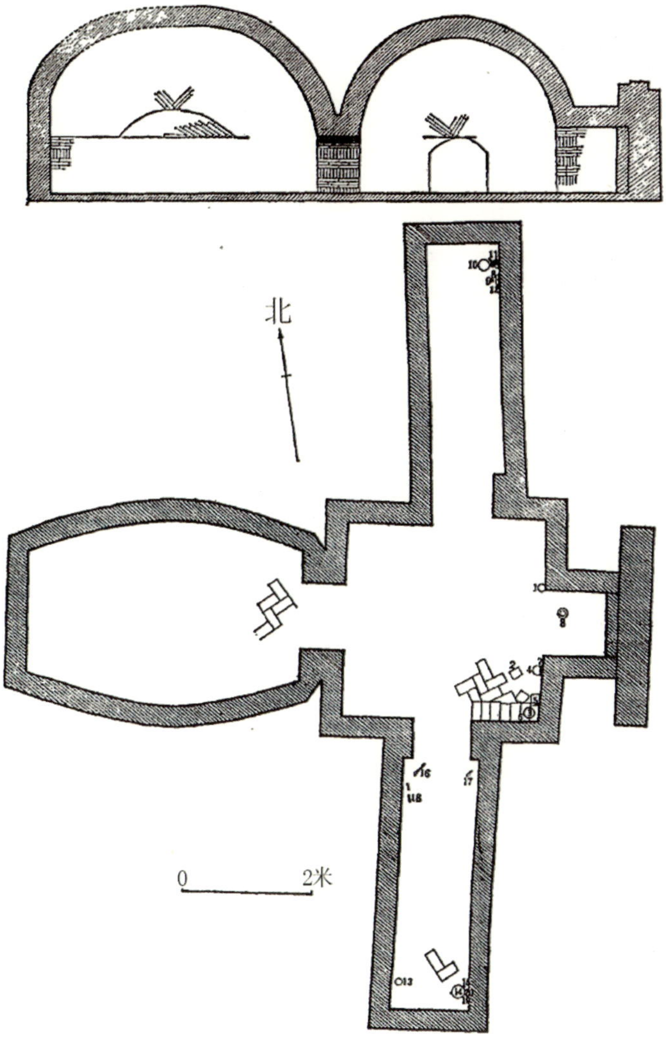

图3-3-24　宜兴周氏家族墓M5平剖面图（引自南京博物院《江苏宜兴晋墓的第二次发掘》，1977年）

统和地理因素的制约，地域差异之强并不亚于同时期的北方。宜兴地处建康外围地区通往都城的交通要道，此处发现的周氏家族墓地很好地反映了它与建康的关系。周氏家族墓地从西晋一直延续到东晋初[1]，包括几座前后二室的砖室墓，采用了高等级墓葬特有的弧形墓壁，并有耳室，墓葬的规模和精致程度甚至超过都城的大墓，这与周氏家族在当地的势力密切相关（图3-3-23、图3-3-24）。

在马鞍山、芜湖等地发现的六朝墓葬相对建康而言，建筑形制较为单一，主要是“凸”字形墓，只有极少的双室墓。发现于马鞍山的朱然墓是一座规模较大的双室墓，朱然卒于东吴赤乌十二年（249年），出土了大量保存完好的漆器（图3-3-25）[2]。

1　华东文物工作队清理小组：《江苏宜兴周墓墩古墓清理简报》，《文物参考资料》1953年第8期，第90—103页；罗宗真：《江苏宜兴晋墓发掘报告》，《考古学报》1957年第4期，第83—106页；南京博物院：《江苏宜兴晋墓的第二次发掘》，《考古》1977年第2期，第115—122页。

2　安徽省文物考古研究所、马鞍山市文化局：《安徽马鞍山东吴朱然墓发掘简报》，《文物》1986年第3期，

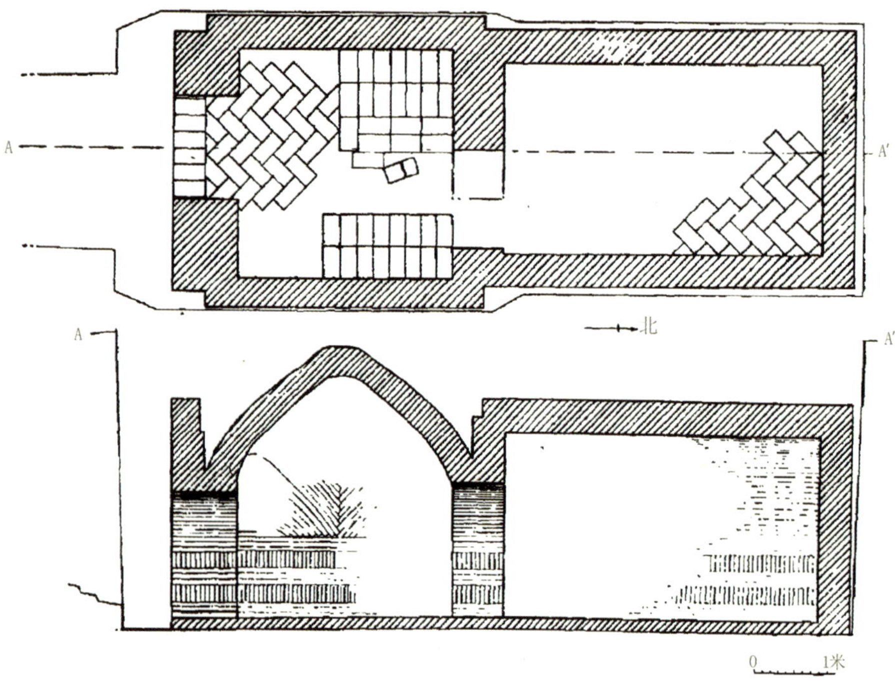

图3-3-25　马鞍山朱然墓平剖面图（引自安徽省文物考古研究所、马鞍山市文化局《安徽马鞍山东吴朱然墓发掘简报》，1986年）

长江中游的今湖北、湖南、江西等地也是六朝墓葬分布集中的地区，与建康一样，东吴至西晋时期的墓葬较多继承了本地汉墓的传统，流行多个墓室，如前述可能属孙吴宗室的鄂州钢铁厂孙将军墓[1]、鄂钢饮料厂1号墓[2]，皆由甬道和前后墓室组成，皆保留了汉代附设耳室的习俗，前者总长约9米，后者约14.5米。在长江中游支流沿岸的长沙、武昌、老河口等地也屡屡发现三国至西晋时期的多室墓葬，值得注意的是这些地区除了在壁龛放置灯盏外，还出现了一种放置灯盏的砖柱。

从东晋开始，长江中游各地开始大量流行凸字形的单室砖墓，基本形制与建康周围相似，有砖砌棺床、排水沟、祭台等设施，但也有一些极具地方特色的结构，如甬道偏于墓室一侧的刀形墓、两个长方形墓室并列的合葬墓等，这些可能是本地汉墓传统的延续。西晋时期出现的砖柱结构在东晋和南朝时期开始广为流行于中游地区。

东南沿海地区的福建、两广六朝墓葬数量不如长江中下游多，墓葬建筑风格虽然受到核心地区的影响，但相对简陋，这与当地的移民开发较晚有关，墓葬主要集中于临近浙江、江西的一些河谷地带。这个地区的墓葬以砖室墓为主流建筑形制，包括前后室的双室墓和单室的凸字形墓、刀形墓等。较早的墓葬多刀形和凸字

第1—15页。

1　鄂城县博物馆：《鄂城东吴孙将军墓》，《考古》1978年第3期，第164—167页。

2　鄂州博物馆等：《湖北鄂州鄂钢饮料厂一号墓发掘报告》，《考古学报》1998年第1期，第103—131页。

形的单室墓，也有极少量的双室墓，墓室内部较为简略，没有祭台、壁龛等设施。东晋开始，双室墓的数量愈来愈少，而且前后室之间不设过道，呈现出衰落的迹象；而刀形墓成为墓葬的主流，内部设施逐渐复杂化，壁龛和祭台开始出现，并出现了砖砌的棺床和灯台[1]。

南朝后期墓葬的数量大量增加，墓葬的建筑形式以刀形和凸字形为主，并新出现了在墓室转角设砖柱的墓葬，这种形式当是受到了长江中游砖柱墓的影响而出现的。在这几种墓葬建筑中，有砖柱的墓葬一般规模较大，内部结构较为复杂，除了祭台、壁龛、灯龛等设施外，增设了完善的排水设施，有的沿墓壁砖砌排水沟，有的墓室地面分台阶式逐级下降。

福建与两广地区的六朝墓葬在建筑风格上有很多相似性，但后者似乎更复杂一些，无论单室墓还是多室墓，墓内设施更加精致和复杂，尤其是一些多墓室的大墓。广东揭阳发现的一座南朝墓由三个并排的前后室墓相连，每一部分都由横长方形的前室、纵长方形的后室组成，墓葬内部设有壁龛、棺床、台阶、祭台、直棂假窗、排水设施等，这是一座非常精致的合葬墓[2]。

长江上游地区的四川、重庆和西南的云贵地区墓葬有相当的共同性，由于民族成份和地理环境的特殊性，墓葬建筑的地域风格较为显著。除了其他地区常见的砖室墓外，还多见石室墓、砖石混筑墓、崖墓。砖室墓的建筑形制与长江中游差别不大，以单室砖墓为主，不过墓道偏于一侧的刀形墓更为常见。石室墓有的用不规则的片状石块砌成，壁面较为粗糙，但咬合非常紧密，也有的用非常规则的条石砌成，这类石室墓都非常坚固，往往延续多代，常见后代借用前代墓室的情形，在今三峡长江沿岸还能见到汉代以来一直屹立不倒的石室墓，墓内遗物早已不存，成为了当地居民储藏物品或圈养牲畜的绝佳场所。石室墓的平面形状与同时期的砖室墓类似，多为墓道偏于一侧的刀形，也有凸字形平面，有些地面以砖铺地，即砖石混筑。

崖墓是西汉以来流行于西南地区的一种墓葬建筑，一般在悬崖上向崖壁内开凿墓室，也有的利用天然洞穴稍加整葺形成墓室，可能由于建筑难度较大，崖墓的规模一般不大，如四川昭化发现的一座郡太守墓葬，墓室长仅有2.5米（图3-3-26）[3]。崖墓的规模虽然不大，但墓葬建筑仍像砖室墓一样做出墓道、甬道、墓门、排水沟等设施，有的还在墓室内砖砌棺床、祭台、壁龛等设施（图3-3-27），可见崖墓并非一种埋葬上的权宜之计，而是一种经过精心设计的墓葬建筑[4]。在四川成都附近曾发现一座带有八个墓室的东汉崖墓，葬有14具遗体，也有大量随葬品，可

---

1 林中干等：《福建六朝隋唐墓葬的分期问题》，《考古》1990年第2期，第157—164页；曾凡：《关于福建六朝墓的一些问题》，《考古》1994年第5期，第453—467页。

2 广东省博物馆等：《广东揭阳东晋南朝唐墓发掘简报》，《考古》1984年第10期。

3 沈仲常：《四川昭化宝轮镇南北朝时期的崖墓》，《考古学报》1959年第2期，第109—126页。

4 关于崖墓的研究，参罗二虎《四川崖墓的初步研究》，《考古学报》1988年第2期，第133—167页。

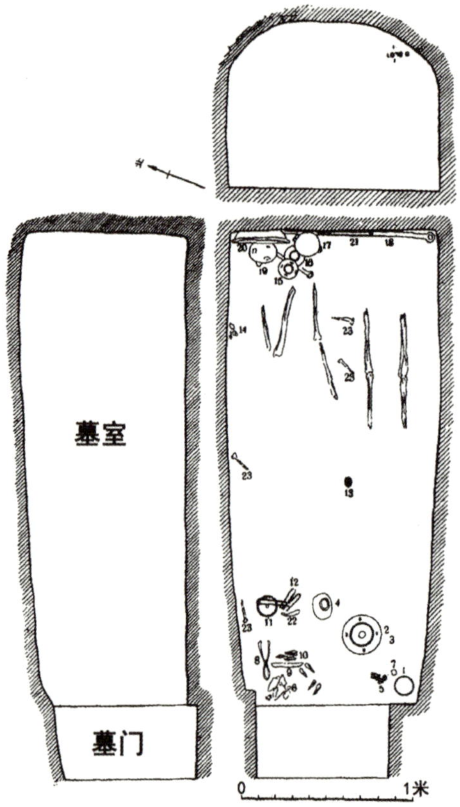

图3-3-26　四川昭化宝轮院六朝阴平太守墓平剖面图（引自沈仲常《四川昭化宝轮镇南北朝时期的崖墓》，1959年）

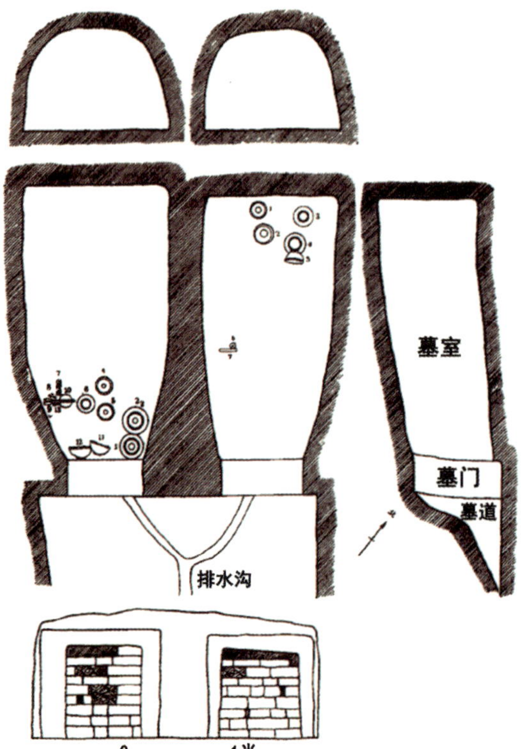

图3-3-27　四川昭化宝轮院六朝崖墓平剖面图（引自沈仲常《四川昭化宝轮镇南北朝时期的崖墓》，1959年）

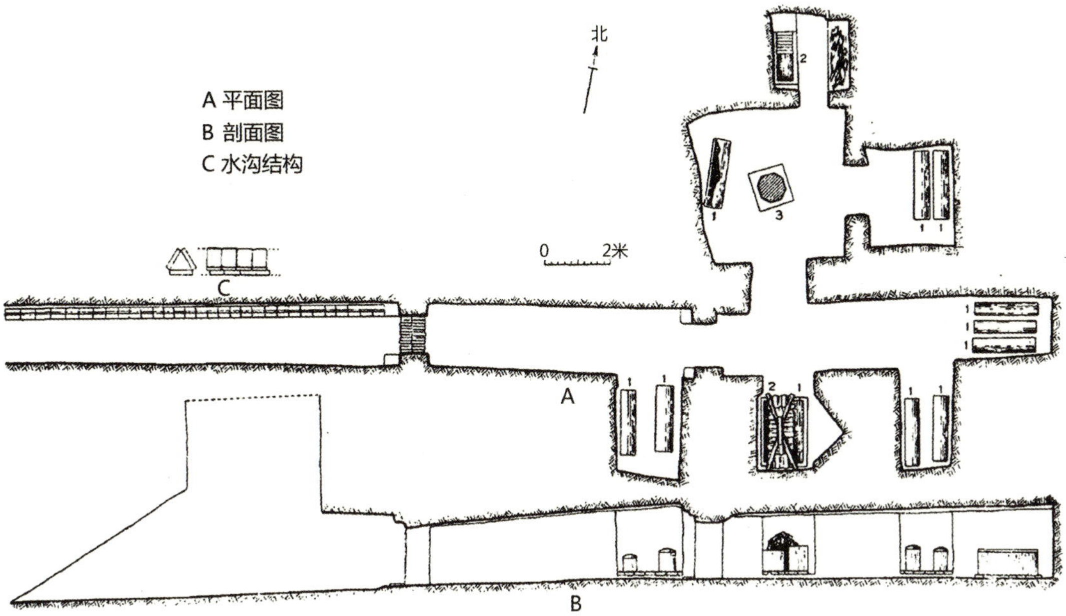

图3-3-28 成都天回山东汉崖墓平剖面图（引自刘志远《成都天回山崖墓清理记》，1958年）

能是一座大规模的家族墓葬（图3-3-28）[1]。

在三峡地区还有一种很不起眼的洞室墓，由于墓室全在地下，地面少有踪迹。一般在土坡上开口，向内和向下挖洞，在洞室内砖砌甬道和墓室，并以砖铺地，洞内的平面形状与当地砖室墓和石室墓一样，多为刀形。这类墓葬也并非一种简陋的埋葬，有的埋葬等级相当高，如巫山发现的大量汉至六朝洞室墓可能是当地豪强的一种奢华墓葬，不但墓室面积较大（洞室内面积近20平米），而且以精致的陶俑、青瓷器随葬，从出土的大量带有精美图像的鎏金棺饰来看，所用木棺葬具也是非常奢华的。

上述南方地区六朝墓葬从建筑材料来看包括了砖、石、砖石混筑、洞室、崖墓等，无论哪一种建筑方式，墓葬的平面形状都遵循了相似的演变轨迹，即由多室墓向单室墓转变，但单室墓的墓内设施有逐渐复杂化的趋势。总体来说，这类墓葬在六朝时期属于较高等级的埋葬，墓主人多为官吏或有一定经济实力的平民，事实上在各地考古发现中还有大量的土坑墓，由于规模较小、随葬品稀少，又极易遭到破坏，年代往往不甚明确，墓葬的主人一般是普通平民，但它是各时期数量最多的一类墓葬，若能尽可能充分地提取这些墓葬的考古信息，将有助于我们对六朝社会的更全面了解。

第四节　地下空间

地下空间往往包含与安置遗体及进行墓内祭祀有关的一些辅助性设施，包括

1 刘志远：《成都天回山崖墓清理记》，《考古学报》1958年第1期，第87—103页。

葬具（棺、椁、棺床）、祭祀性设施（祭台、帷帐）、标记性设施（墓志）等，它们是墓葬建筑的有机组成部分，既强化了墓葬模拟生宅的理念，也赋予了墓葬除藏尸之外的另一层涵义：礼仪空间。

一、葬具

棺和椁是墓室的核心，棺是盛放遗体的容器，椁则是容纳棺和随葬品的框架式空间，至少自新石器时代晚期开始（尤其黄河下游的龙山文化墓地）已经出现了棺、椁齐备的葬具，它是墓主特殊身份的标志之一。商周是棺椁墓的盛行时期，一般在竖穴土坑式的墓葬里建造分间的椁室，在椁室的中央放置木棺，墓葬的等级愈高，随葬品愈多，椁室结构就愈复杂。这种竖穴木椁墓到西汉时发展到它的顶峰，以“黄肠题凑”为其顶级形式，为帝王专用。当土坑木椁墓消失的同时，横穴式的墓葬开始兴起，并最终取代木椁墓而成为墓葬的基本形态。在以砖、石或土洞筑成的横穴式墓室里，墓葬建筑本身就具备了椁的功能（容纳棺和随葬品），墓室内一般只置棺，而不再筑木椁。

在魏晋南北朝墓葬里，除少数特殊墓葬有房屋形石椁外，棺成了唯一的葬具。棺主要有木质和石质，一般置于前后室墓的后室，或者单室墓的一侧，这种安置棺的方式当与墓内祭祀有关，前后室墓的前室和单室墓的棺前可能是墓内设奠的场所。棺是墓内祭祀的中心，因此往往被置于较高的棺床或棺台上，少数高等级墓葬往往以石棺和石棺床来标示墓主的特殊身份。

魏晋南北朝时期的棺以木棺为主，不过木料很难保存下来，考古学家仅发现了少量的木棺实物，但留下了大量铁质的棺钉、棺上的漆皮、金属棺饰等遗存。根据这些遗存可知木棺的基本形态呈前部高而宽、后部矮而窄的梯形箱体。有学者认为这种形式的木棺可能源自北方地区的鲜卑习俗[1]，在内蒙古呼和浩特附近的北魏鲜卑墓中发现了这种木棺的实物，由松木板、插销和棺钉扣合而成[2]，在大同南郊的北魏墓群中也常见类似的木棺遗存，棺板间均用亚腰形的榫卯或插销相连，棺盖呈拱形，用棺钉与棺身相扣。有些精致的棺身四周装有鎏金铜铺首衔环及泡钉，既是棺饰，也方便木棺的搬运[3]。值得注意的是，鲜卑人除了采用前高后低的木棺外，其墓葬形制也多是前高后低的梯形，一般在高而宽的头部放置随葬品。

文献所载木棺的材质有松木、柏木、樟木等，可惜在考古报告中很少对木棺的材质做出判断。二十世纪初期日本学者在平壤附近发现的汉代乐浪五官掾王盱

1 ［美］丁爱博（Albert E.Dien）著，李梅田译：《六朝文明》第六章，北京：社科文献出版社，2013年，第217页。

2 内蒙古文物工作队：《内蒙古呼和浩特美岱村北魏墓》，《考古》1962年第2期，第86—87页。

3 山西大学历史文化学院等编著：《大同南郊北魏墓群》下编第三章，北京：科学出版社，2005年。

墓（石巖洞205号坟）出土了4具柏木棺[1]。北魏可能也流行以柏木为棺，“后魏俗竞厚葬，棺厚高大，多用柏木，两边作大铜环纽”[2]。《洛阳伽蓝记》所载死人复活的故事表明柏木棺曾经在都城洛阳盛极一时：

> 洛阳大市北奉终里，里内之人，多卖送死人之具及诸棺椁，（崔）涵谓曰：“作柏木棺，勿以桑木为欀。”人问其故，涵曰：“吾在地下，见人发鬼兵，有一鬼诉称是柏棺，应免。主兵吏曰：尔虽柏棺，桑木为欀。遂不免。”京师闻此，柏木踊贵。人疑卖棺者货涵发此等之言也。[3]

魏晋南北朝各地所用木棺的材质和形态也存在一些地区差异，南方地区可能在很长时期里流行以楠木为棺。楠木是生长于亚热带的阔叶林树种，盛产于长江流域，木质坚硬，伸缩性小，易加工，耐腐朽，常用作宫殿或宗教建筑之栋梁，也适宜用作棺木或牌匾。江汉平原的春秋战国楚墓多以巨型楠木为棺椁，虽在地下埋藏了数千年，但出土时木质尚未完全腐朽。魏晋南北朝时期的楠木棺实物在长江流域也偶有发现，如南昌发现的东吴高荣墓是一座带甬道的前堂后室式砖室墓（图3-4-1），共发现三具楠木棺，甬道至前堂竖置一具，后室并列竖置两具，随葬品主要置于前堂两侧的耳室里。最大的一具木棺内长2.49米，前部宽0.55米，后

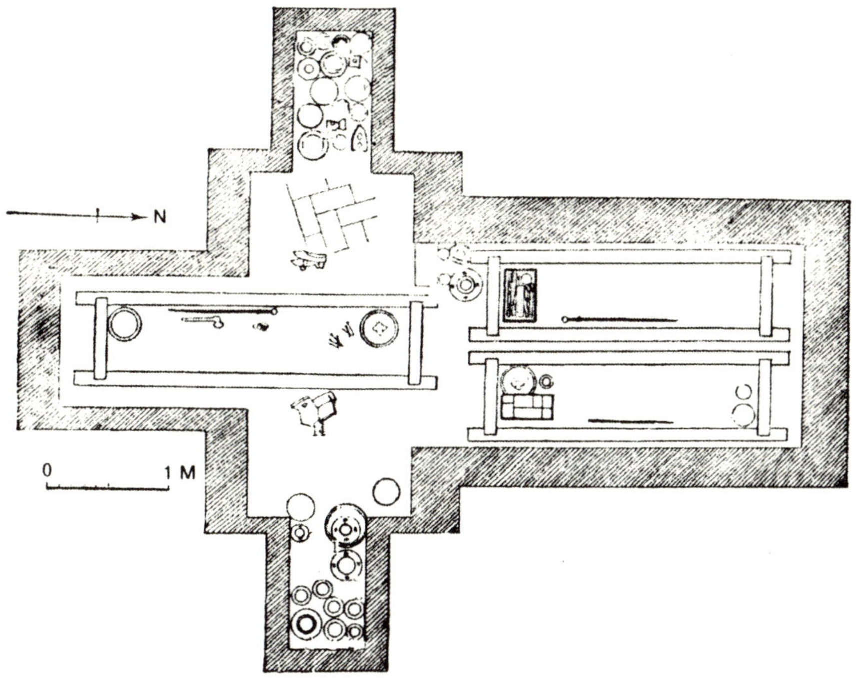

图3-4-1　南昌东吴高荣墓平面图（引自江西省历史博物馆《江西南昌市东吴高荣墓的发掘》，1980年）

1 ［日］原田淑人、田澤金吾：《樂浪》，東京帝國大學文學部，1930年；［日］原田淑人等：《樂浪五官掾王盱の墳墓》，東京帝國大學文學部，刀江書院，1931年。

2 ［唐］段成式：《酉阳杂俎·尸穸》，北京：中华书局，1981年。

3 ［北魏］杨衒之撰，范祥雍校注：《洛阳伽蓝记校注》卷三《城南》“菩提寺”条，上海古籍出版社，1958年，第175页。

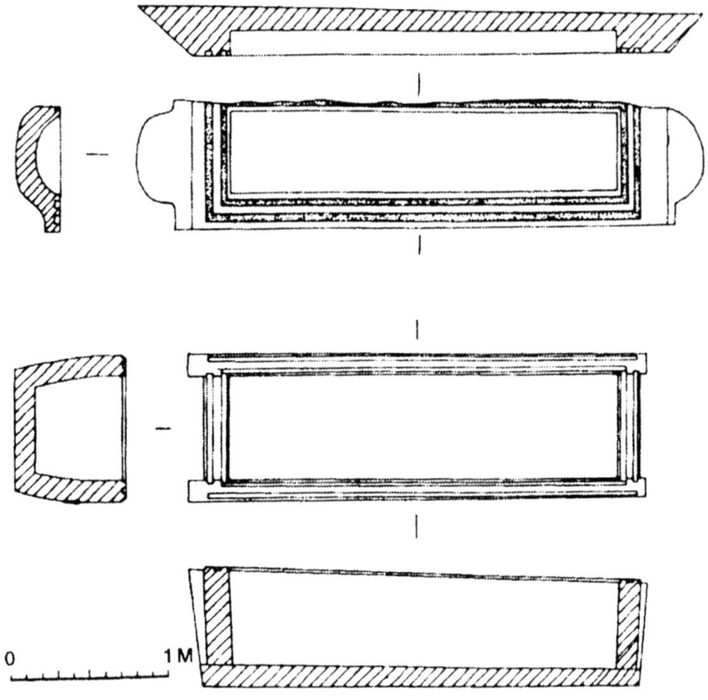

图3-4-2　马鞍山东吴朱然墓木棺（引自安徽省文物考古研究所、马鞍山市文化局《安徽马鞍山东吴朱然墓发掘简报》，1986年）

部宽0.51米，棺身高约0.55米，是一种前部和后部大小接近的长方体，与中原的头大尾小梯形体木棺不同[1]。

东吴时期曾流行以整木雕刻而成的“船棺”，底板和侧板是一个整体，前后挡板以榫卯或企口方式相连，棺身与棺盖以棺钉相扣。船棺曾在巴蜀地区和东南沿海山区广为流行，六朝早期仍有发现。安徽马鞍山朱然墓（卒于赤乌十二年，249年）曾出土两具棺木，外髹黑漆，内髹红漆，侧板和底板均以整木凿成，侧板和挡板边上有凸榫，与棺盖以企口方式扣合（图3-4-2）[2]。

不过六朝时期的南方地区更为多见的还是多块木板拼合而成的木棺，安徽麻桥东吴墓、江苏江宁东晋墓里都出土了保存较为完整的此类木棺，棺盖都呈圆弧形[3]。这类木棺更易腐朽，一般墓葬里仅留下木棺痕迹及棺钉。

木棺表面一般髹漆，有的还在漆上绘画，其中红漆的画棺在汉代礼仪中是一种高等级的葬具，被称作“东园秘器”，《后汉书·礼仪志》：“东园匠考工令奏东园秘器，表里洞赤，虡文画日、月、鸟、龟、龙、虎、连璧、偃月、牙桧梓宫如故

1　江西省历史博物馆：《江西南昌市东吴高荣墓的发掘》，《考古》1980年第3期，第224—225页。

2　安徽省文物考古研究所、马鞍山市文化局：《安徽马鞍山东吴朱然墓发掘简报》，《文物》1986年第3期，第1—15页。

3　安徽省文物工作队：《安徽南陵县麻桥东吴墓》，《考古》1984年第11期，第974—978页，第1020页；南京市博物馆、江宁县文管会：《江苏江宁县下坊村东晋墓清理》，《考古》1998年第8期，第48—52页。

事。”东园秘器本是专供皇室成员及高级贵族的葬具，但也常被作为殊荣，诏赐给宠臣或功勋之士，在汉代正史中常有这种诏赐的记载。这一传统也被北朝诸代统治者继承，在北朝正史中记有“诏赐秘器”40余件[1]。

考古所见魏晋南北朝画棺所绘内容十分庞杂，有日月星辰、神仙故事、孝子列女，也有佛教内容。大同南郊北魏墓群出土的木棺上常见极具鲜卑民族特色的内容，如着鲜卑服装的骑马射猎图像。宁夏固原曾发现一具十分精致的北魏描金彩绘木棺，木棺虽已腐朽，但从残存漆皮仍可复原大部分画面，虽然人物都穿着鲜卑式服装，但内容却是传统的中原题材，如西王母和东王公、银河、瑞兽及墓主人肖像，以及一系列反映孝悌的题材（图3-4-3）[2]。

河西地区可能是木质葬具保存最完好的地区，由于较为干燥的气候环境，在很多墓葬里都保存了完整的葬具，包括木棺、棺罩与棺床。棺床一般是由土坯或砂石垒砌而成的前宽后窄的梯形台子，有的还在前后端放置枕和脚垫。在敦煌地区的魏晋十六国墓的棺床上还流行木质的棺罩，以两侧挡板、前后挡板和盖板组合而成，没有底板，大小与棺床相合。木棺主要流行于酒泉、敦煌等地，以榫卯方式扣合，很少用棺钉的现象，扣合木棺的榫卯可能即文献

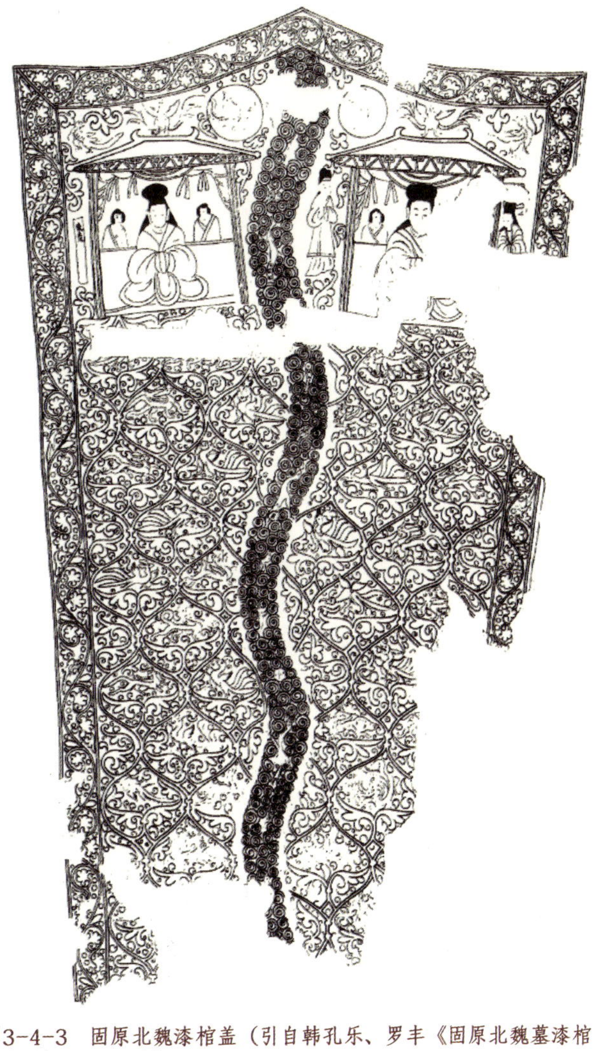

图3-4-3　固原北魏漆棺盖（引自韩孔乐、罗丰《固原北魏墓漆棺的发现》，1984年）

1 邹清泉：《北魏孝子画像研究》附录四“北朝诏赐‘东园秘器’情况表”，北京：文化艺术出版社，2007年。

2 宁夏固原博物馆：《固原北魏墓漆棺画》，银川：宁夏人民出版社，1988年；韩孔乐、罗丰：《固原北魏墓漆棺的发现》，《美术研究》1984年第2期，第3—11页。

所称的“细腰”。河西地区的木棺上常有棺画，如嘉峪关新城魏晋木棺上常见伏羲、女娲及日月星河图像，也有些绘有东王公、西王母图像，图像中的人物多采取当地现实人物的衣着装扮（图3-4-4）[1]。

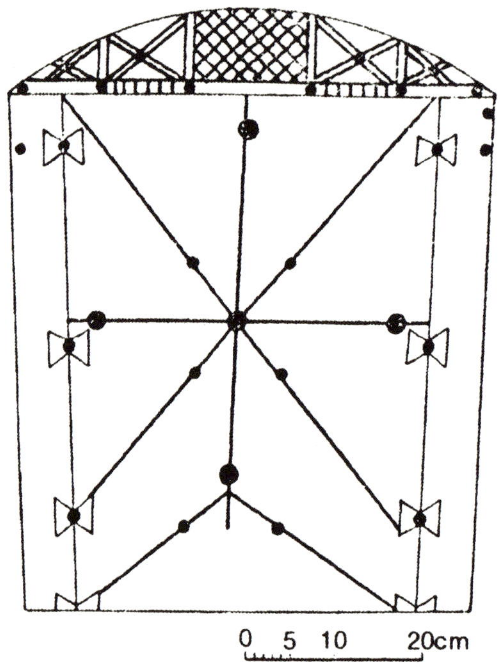

图3-4-4　嘉峪关新城13号墓木棺卦象图（引自嘉峪关市文物管理所《嘉峪关新城十二、十三号画像砖墓发掘简报》，1982年）

石棺椁是一种较为奢华的葬具，东汉时期开始流行，一般为帝王陵墓所用，《后汉书·明帝纪》：“帝初作寿陵，石椁广一丈二尺，长二丈五尺。”不过四川等地的一些地方豪强也采用石棺。总体来说，石棺椁所占比例甚小，主要是高等级贵族的专用葬具，北朝时期的洛阳等地皇室成员墓中常见石棺，邺城、晋阳、长安等北朝后期墓中常见石椁。

石棺有的以整石凿成，雕刻成仿木构的房屋结构，有的用石板拼合而成，形制与木棺相似，也像木棺一样以图画装饰表面，有些在雕刻的图案上贴金、涂色，图像内容与木棺漆画相似。

洛阳邙山曾出土多具北魏后期的石棺，一般由石板拼合而成，一具完整的石棺包括底板、左右侧板、前后挡板和棺盖，但由于很多石棺都非正式考古发掘所得，因此今天所见博物馆藏品大多不完整。分藏于各地博物馆的洛阳出土石棺大多有精美的石刻画像，包括孝子故事、家居宴饮场面、出行场面及其墓主人肖像等，如现藏美国明尼阿波利斯（Minneapolis）美术馆的元谧石棺（正光五年，524年）属赵郡贞景王元谧，仅存前挡和左右两帮，出土时曾有彩绘和贴金[2]；美国纳尔逊阿肯特斯美术馆的孝子石棺[3]可能属卒于孝昌二年（526年）的东莞太守秦洪，或卒

1　孙彦：《河西魏晋十六国壁画墓研究》，北京：文物出版社，2011年；嘉峪关市文物管理所：《嘉峪关新城十二、十三号画像砖墓发掘简报》，《文物》1982年第8期，第7—15页。

2　黄明兰：《洛阳北魏世俗石刻线刻画》，北京：人民美术出版社，1987年。黄明兰著录的年代为孝昌五年（529年），但据藏于美国明尼阿波利斯（Minneapolis）美术馆的墓志，应为正光五年（524年），参郑岩《魏晋南北朝壁画墓研究》，北京：文物出版社，2002年，第139页。

3　黄明兰：《北魏孝子棺线刻画》，北京：人民美术出版社，1985年；黄明兰：《洛阳北魏世俗石刻线刻画》，北京：人民美术出版社，1987年；宫大中：《邙洛北魏孝子画像石棺考释》，《中原文物》1984年第2期，第48—53页。

于正光五年（524年）的秦洛二州刺史王悦[1]；1977年出土的升仙石棺（开封博物馆藏）图像以升仙内容为主，左右挡板上刻有方士引导的墓主夫妇乘龙飞升场景，棺底刻青龙白虎，左右两边分12格，各雕神禽异兽，并具名（图3-4-5）[2]。洛阳也出土了一些素面石棺，如孝昌元年（525年）清河王元怿墓[3]、孝昌三年（527年）南平王元暐墓[4]等。

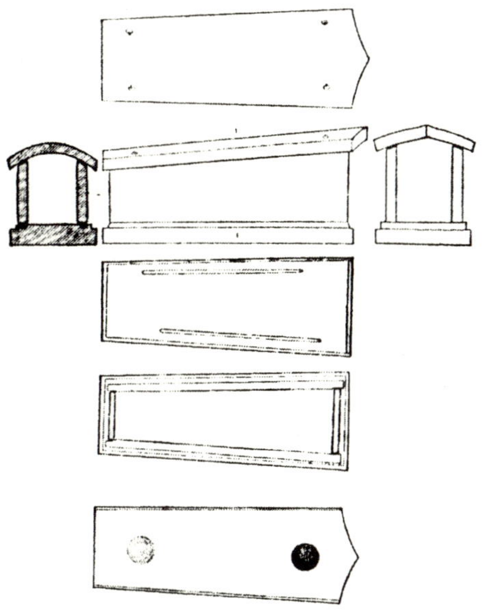

图3-4-5　洛阳北魏画像石棺（引自洛阳博物馆《洛阳北魏画像石棺》，1980年）

上述元谧石棺同时还出土了墓志，《魏书》也有元谧的传记，他死后曾被赐予“东园秘器”，则此石棺可能正是汉代以来作为宠臣殊荣的“东园秘器”。开封博物馆收藏的升仙石棺可能也是一具北魏的“秘器”，其墓主被推测为另一位鲜卑贵族——北海王元详，石棺可能属永平元年的制品[5]。

图3-4-6　洛阳出土北魏宁懋石室（引自郭建邦《北魏宁懋石室和墓志》，1980年）

除石棺外，东汉一度流行于四川地区的房形石椁再次出现在北朝墓葬中，如现藏美国波士顿美术馆的宁懋石室（孝昌三年，527年）属于北魏横野将军甄官主簿宁懋，是一座横长方形的单檐悬山式建筑，建筑物内外壁均有线刻画像（图3-4-6）[6]。经考古发掘的大同北魏宋绍祖墓（卒于太和元年，477年）也出土了一件房形石椁，高2.4米，宽3.48米，由复杂的仿木构部件组成，包括梁、

1 宫大中：《邙洛北魏孝子画像石棺考释》，《中原文物》1984年第2期，第48—53页。

2 洛阳博物馆：《洛阳北魏画像石棺》，《考古》1980年第3期，第229—241页。

3 徐婵菲：《洛阳北魏元怿墓壁画》，《文物》2002年第2期；韦娜等：《洛阳古墓博物馆》，郑州：中州古籍出版社，1995年。

4 黄明兰：《西晋裴祇和北魏元暐两墓拾零》，《文物》1982年第1期，第70—73页。

5 邹清泉：《北魏孝子画像研究》第一篇之二《北魏墓室所见孝子画像与“东园”探考》，北京：文化艺术出版社，2007年。

6 郭建邦：《北魏宁懋石室和墓志》，《河南文博通讯》1980年第2期，第33—40页；黄明兰：《洛阳北魏世俗石刻线刻画》，北京：人民美术出版社，1987年；郭建邦：《北魏宁懋石室线刻画》，北京：人民美术出版社，1987年。

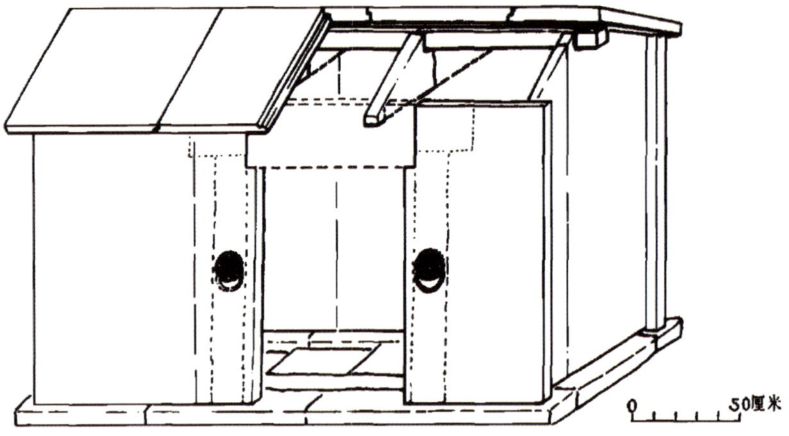

图3-4-7 大同智家堡墓石椁结构示意图（引自王银田、刘俊喜《大同智家堡北魏墓石椁壁画》，2001年）

图3-4-8 大同智家堡墓石椁图像（引自王银田、刘俊喜《大同智家堡北魏墓石椁壁画》，2001年）

枋、斗拱、门，并浮雕出铺首、门钉，内壁有彩绘人物（参见图3-3-8）[1]。大同智家堡也发现了一座北魏的石椁，壁面上也有精美的壁画（图3-4-7、图3-4-8）[2]。西安发现的凉州萨宝——粟特人史君墓内也保留有一件房形石椁（图3-4-9）[3]。最为壮观的房形石椁于1999年发现于太原，墓主人是隋代的粟特移民——虞弘，石椁放置在墓室中央，大小与前述两件石椁差不多，但装饰图像都是粟特式题材（图3-4-10、图3-4-11）[4]。巫鸿认为，北朝时期出现的房形椁表明当时的一些外来移民在丧葬

1 山西省考古研究所、大同市考古研究所：《大同市北魏宋绍祖墓发掘简报》，《文物》2001年第7期，第19—39页

2 王银田、刘俊喜：《大同智家堡北魏墓石椁壁画》，《文物》2001年第7期，第40—51页。

3 西安市文物保护考古所：《西安市北周史君石椁墓》，《考古》2004年第7期，第38—49页。

4 山西省考古研究所等：《太原隋代虞弘墓清理简报》，《文物》2001年第1期，第27—52页；张庆捷：

图3-4-9　西安北周史君墓石椁（引自西安市文物保护考古所《西安市北周史君石椁墓》，2004年）

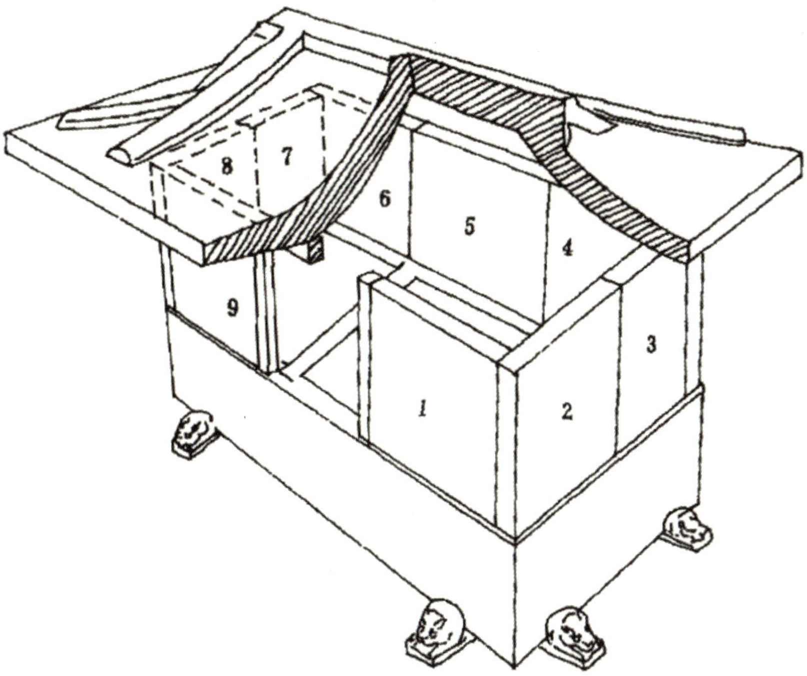

图3-4-10　太原隋虞弘墓石椁（引自山西省考古研究所等《太原隋代虞弘墓清理简报》，2001年）

方式上努力“华化”，从而将自己从“圈外人”（outsider）变为“圈内人”（insider）[1]。进入唐代后，房形石椁逐渐成为皇室贵族的主流葬具，如隋代李静训墓、唐代李寿墓、李宪墓等都采用了巨大的房形石椁[2]。

《〈虞弘墓志〉中的几个问题》，《文物》2001年第1期，第102—108页。

1　巫鸿著，郑岩译：《“华化”与“复古”——房形椁的启示》，载《礼仪中的美术——巫鸿中国古代美术史文编》，北京：三联书店，2005年。

2 成建正编：《西安碑林博物馆》，西安：陕西人民出版社，2000年；陕西省博物馆等：《唐李寿墓发掘简报》，《文物》1974年第9期，第71—88页；陕西省考古研究所：《唐李宪墓发掘报告》，北京：科学出版社，2005年。

图3-4-11　太原隋虞弘墓石椁图像（引自山西省考古研究所等《太原隋代虞弘墓清理简报》，2001年）

除石棺和石椁外，还有一类更为常见的石质葬具——棺床，即放置棺木的平台，有的可能直接陈尸棺床上。魏晋南北朝时期的南北方都流行使用棺床，根据丁爱博教授的统计，大约14.02%的墓葬里发现了棺床，棺床的使用情况有明显的地区差异：比例最高的是陕西（47.6%），其次是湖北（34.7%）、福建（37.2%）、湖南（21.4%）、辽宁（21.2%），比例最低的是江西，只有0.6%[1]。可见棺床的使用并非主要在潮湿的南方，其目的或许并非为了防潮，很可能只是丧葬礼仪的要求。

魏晋南北朝墓葬中的棺床绝大多数是砖砌的台子，有的只用几块砖简单地抬高而已，只有极少数等级较高的墓葬采用了石质棺床，且大都发现于北朝墓葬中，有的石棺床素面，有的雕刻有精美的图像，如大同北魏司马金龙墓里出土了一件雕刻精细的石棺床[2]。北朝石棺床中最引人注目的是一批与粟特有关的发现，西安北郊北周大象元年（579年）同州萨保——粟特安伽墓出土了一件完整的石棺床，呈带足的围屏式床榻形，上有彩绘贴金的粟特风格图像，如祭祀、出行、狩猎、野宴、商旅等场景（图3-4-12）[3]。类似的带有粟特图像的石棺床还发现于山

1 ［美］丁爱博（Albert E.Dien）著，李梅田译：《六朝文明》第六章，北京：社科文献出版社，2013年，第218—219页。

2 山西省大同市博物馆、山西省文物工作委员会：《山西大同石家寨北魏司马金龙墓》，《文物》1972年第3期，第20—33页。

3 陕西省考古研究所：《西安发现的北周安伽墓》，《文物》2001年第1期，第4—26页；《西安北郊北周安伽墓发掘简报》，《考古与文物》2000年第6期，第28—35页。

图3-4-12　西安北周安伽墓石棺床（引自陕西省考古研究所《西安发现的北周安伽墓》，2001年）

东青州、甘肃天水等地[1]。

石质葬具（尤其有画像者）的制作与运输，比木质葬具要耗费更多的人力和物力，因此其作为尸体的盛贮用物，实用意义已经居于次要地位，而具有了更多的“礼制”意义。因为“礼制艺术背离了最少致力（least effort）的制作原理，而引进了奢侈消费（conspicuous consumption）的原则”[2]，统治阶层依靠资源的浪费来提高自己的社会声誉和影响力，这正是石质葬具的“礼制”特征所在。在石质葬具最为盛行的北魏洛阳地区，墓葬建筑一般是规模不大的单室砖墓甚至是土洞墓，与汉代和北朝后期墓葬相比可谓简陋，但其葬具却倍受重视，显然在彼时的丧葬礼仪中，葬具被视为整个墓葬的核心。这种状况到北齐时期得到了改

1　夏名采：《益都北齐石室墓线刻画像》，《文物》1985年第10期，第49—54页；夏名采：《青州傅家北齐画像石补遗》，《文物》2001年第4期，第92—93页；郑岩：《青州傅家北齐画像石与入华祆教美术》，载《魏晋南北朝壁画墓研究》，北京：文物出版社，2002年；天水市博物馆：《天水市发现隋唐屏风石棺床墓》，《考古》1992年第1期，第46—54页。

2　巫鸿著，孙庆伟译：《九鼎传说与中国古代的“纪念碑性”》，《美术史研究》2002年第1期，第17—26页。

变，墓葬建筑变得非常奢华，不但内部空间大为扩展，而且流行大面积的壁画装饰，与之形成明显反差的是葬具，除个别粟特人墓葬外，极少见北魏时期的画像石棺椁，即使墓葬建筑奢华如茹茹公主墓和湾漳大墓者，也仅在墓室的一侧设置砖砌棺床或素面石棺床，洛阳时期流行的画像石棺椁基本绝迹。显然，在邺城东魏北齐墓葬中，葬具并没有受到十分的重视，建筑本身成为了墓葬的核心。从洛阳到邺城（或从北魏至北齐）墓葬核心的转变或许反映了丧葬实践与观念的变化[1]。

二、祭祀遗存

在周代丧葬礼仪中，祭奠死者是一系列复杂程序里最重要的一个环节，但将棺椁、明器运送入圹（墓穴），陈放明器之后即封闭墓室，此后的祭祀皆无法在墓内进行。随着横穴室墓的兴起，有了可供出入的墓门，遗体安葬后的一段时期内仍可进入墓室进行祭祀。这种墓内的祭祀行为大约始于东汉，而广为流行于魏晋南北朝，汉末王祥遗令“棺前但可施床榻而已，糒脯各一盘、玄酒一杯，为朝夕奠”[2]，即为墓内祭祀。

“前堂后室”型墓葬的前堂可能就是一个重要的祭祀场所，如果是单室墓，则将棺木陈于墓室一侧，另一侧或靠近墓门处为祭祀场所。魏晋墓葬中常见的砖台、几案（床榻）等可能是放置祭祀品的“祭台”，如王祥墓棺前的床榻。即使没有这样的“祭台”，也会有一块专门的区域放置一些盛放食物的容器。在有些墓葬里，“祭台”和随葬品上方还会悬挂帷帐，这样的帷帐在魏晋墓里并不罕见，当然大多数只留下了帷帐座或其他金属构件，如洛阳正始八年墓前室的铁帐钩。辽宁朝阳袁台子东晋墓的低矮漆木几案上，放置着14个漆盘和其他器皿，从散落在旁的铜管、石座看，几案上方可能曾支着一顶帷帐（参见图3-3-14）[3]。大同北魏司马金龙墓发现的莲花石座可能也是帷帐座[4]。南方六朝墓葬中还发现了瓷质的帷帐座[5]。

除帷帐、床榻类遗存外，考古发现的更多祭祀遗存仅是一些简单的砖台，或是献祭后留下的一些动物骨骼。在大同南郊北魏墓群中发现了普遍的棺前设奠现象，一般在棺前漆案上发现大量兽骨，也有的在壁龛内设奠。

---

1 李梅田：《从洛阳到邺城——北朝墓室画像及象征意义的转变》，《考古与文物》2006年第2期，第65—72页。

2 《晋书》卷三三《王祥传》，北京：中华书局，1974年，第989页。

3 辽宁省博物馆文物队等：《朝阳袁台子东晋壁画墓》，《文物》1984年第6期，第29—45页。

4 山西省大同市博物馆、山西省文物工作委员会：《山西大同石家寨北魏司马金龙墓》，《文物》1972年第3期，第20—33页；宋馨：《北魏司马金龙墓葬重新评估》，《中国文化研究所学报》2002年第11期。

5 阮国林：《谈南京六朝墓葬中的帷帐座》，《文物》1991年第2期，第86—90页。

三、墓志

大约从曹魏西晋开始，原本立于地面上的墓碑开始转入地下，形状也由长方形直立式转变为方形躺卧式，形成了墓志[1]。作为这种转变的直观证据就是早期的墓志还保留着墓碑的形状，如洛阳发现的西晋太康八年（287年）残墓志、元康九年（299年）贾皇后乳母徐美人（徐义）墓志（图3-4-13）[2]、元康六年（296年）贾皇后之母郭槐墓志（柩铭）[3]等都呈圭首长方形，元康五年（295年）中书侍郎荀岳及妻刘简训墓志、永康元年（300年）晋武帝贵人左棻墓志[4]、元康三年（293年）大司农关中侯裴祗家族墓志[5]等均呈长方形。这些墓志形似碑形但植于墓室，刻铭内容与墓碑相同，但首题称“某某之柩”、“某某之铭”、“某某之墓”，格式尚未固定，并不直接称“墓志”，这表明西晋正处于由墓碑向墓志转变的过渡时期。

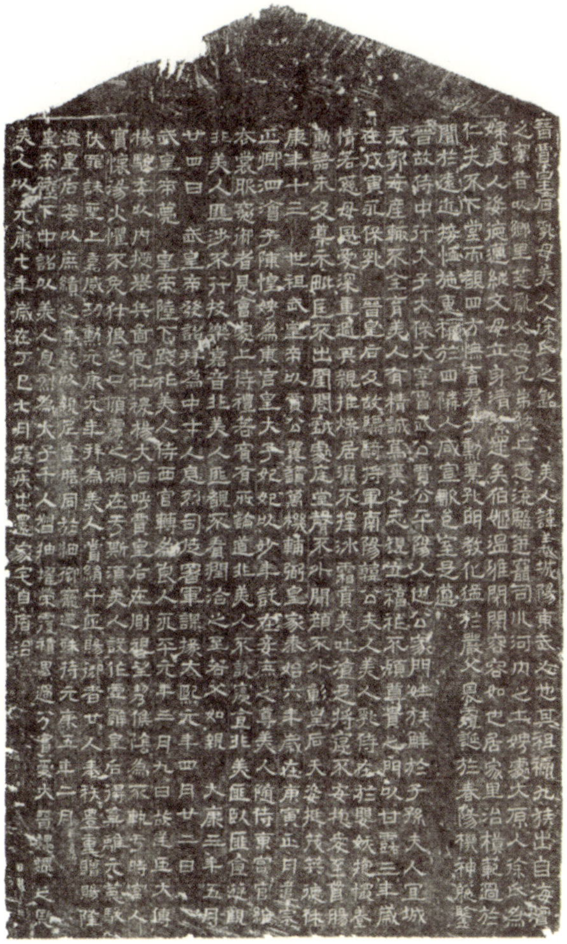

图3-4-13 洛阳西晋徐美人墓志

一般认为墓碑向墓志的转变与魏晋时期施行的薄葬制度有关，曹魏至西晋的薄葬令中往往包含“禁碑”、“不树不封”等禁断地面标记性设施的内容。西晋武帝司马炎于咸宁四年（278年）下诏：“此石兽碑表，既私褒美，兴长虚伪，伤财害人，莫大于此。一禁断之。其犯者虽会赦令，皆当毁坏。至元帝太兴元年，有

1 关于墓志的起源与演变，参赵超《墓志溯源》，《文史》1983年第21辑。

2 河南省文化局文物工作队第二队：《洛阳晋墓的发掘》，《考古学报》1957年第1期，第183页；陈直：《晋徐美人墓石考释》，《河南文博通讯》1980年第1期，第25—27页。

3 黄明兰：《西晋散骑常侍韩寿墓墓表跋》，《文物》1982年第1期，第65—69页。

4 蒋若是：《从“荀岳”“左棻”两墓志中得到的晋陵线索和其他》，《文物》1961年第10期，第49—52页。

5 黄明兰：《西晋裴祗和北魏元暐两墓拾零》，《文物》1982年第1期，第70—73页。

司奏：'故骠骑府主簿故恩营葬旧君顾荣，求立碑。'诏特听立。自是后，禁又渐颓。大臣长吏，人皆私立。义熙中，尚书祠部郎中裴松之又议禁断，于是至今。"[1]经特许才能立碑，可能导致了地面碑表的消失，或向地下转移而以墓志的形式出现，前述各墓志皆出现在此诏之后。徐美人因与贾皇后的特殊关系，死后受到大量赏赐，墓志载"赐秘器衣服，使宫人女监宋端，临亲送殡，赐钱五百万，绢布五百匹，供备丧事"，可谓厚葬，但也只在墓室植入墓志。元康初年（291年）西晋散骑常侍韩寿的墓表可能是一个例外，是一件残缺的圆柱形石柱，仅存中间一段和部分刻铭文字，是否因违犯禁令而被毁，已不得而知（图3-4-14）。

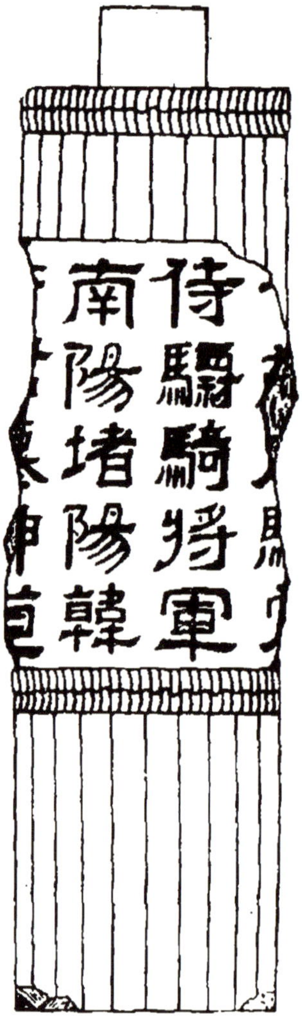

图3-4-14 洛阳西晋韩寿墓墓表（引自黄明兰《西晋散骑常侍韩寿墓墓表跋》，1982年）

晋室南渡后基本延续了禁碑的传统，不过似乎并没有西晋那么严格，主要禁止私自立碑，而允许部分功臣立碑，如卒于永嘉六年（312年）的顾荣是晋室立足南方的有功之臣，曾被特许立碑[2]。义熙年间裴松之曾上表禁立私碑：

> 松之以世立私碑有乖事实，……勒铭寡取信之实，刊石成虚伪之常，真假相蒙，殆使合美者不贵。但论其功费，又不可称，不加禁裁，其敝无已。以为诸欲立碑者，宜悉令言上，为朝议所许，然后听之。……由是并断。[3]

考古工作者在南方发现了大量东晋墓志而少见东晋碑表等地面石刻。东晋墓志有石质和砖质，以后者较为多见，墓志还保留着墓碑的形制，如江苏吴县发现的太宁三年（325年）张镇墓志和南京郭家山发现的太和六年（371年）温式之墓志，一为石质，一为砖质，但都由圆首长方形的志身和长方形的底座组成，志首有圆形穿孔，刻铭也不见"某某墓志"类的首题，只是简略记述墓主

1 《宋书》卷一五《礼志二》，北京：中华书局，1974年，第407页。
2 李蔚然：《东晋帝陵有无石刻考》，《东南文化》1987年第3期，第83—86页。
3 《三国志·附录·宋书裴松之传》，北京：中华书局，1959年，第1479页。

姓名、生平等内容，墓志的形制与内容与墓碑无异[1]，显然保持了西晋洛阳的传统。

墓志的定型始于南北朝时期，北方的北魏和南方的刘宋开始大量出现方形墓志，同时仍存在碑形和长方形墓志[2]，志首的形状也有圆形、圭形等多种，刻铭首题一般称“某某墓志（铭）”。大约从北魏后期开始出现带盖的方形墓志，志盖一般呈覆斗形，与志身相扣平放在墓室或墓道里，一般在志盖上刻有死者姓名与官爵，志身则刻生平事迹及赞颂之辞，边缘部分以四神、瑞兽、花草等装饰。这种形式的墓志后来成为北齐、北周、隋唐墓志的标准形式，墓志的大小、铭文的长短，甚至志身上的铁环数量都因墓主身份的高下而有了等级的差异。有学者认为带覆斗形盖的方形墓志与当时的墓葬建筑相似，可能与“天圆地方”的宇宙观、“阴阳五行”思想等有关[3]。

南方的墓志相对比较简单，带盖的方形墓志直到隋唐才大量流行，整个六朝时期都是碑形、方形墓志并行，石志极少，大量是简陋的砖志，而且在京畿建康以外地区少见墓志，这可能因为永嘉之乱后南迁的中原士族大都侨居建康附近，任职于京畿之外的士族死后也归葬于家族茔域；也表明墓志本是中原传统，虽经中原士族传入了南方，但由于士族们的侨居心态，身故后的墓葬也只是临时假葬，因此丧葬方面相对较为简略，墓志的发展也就滞后于北方。

从功用上说，墓志与墓碑一样主要是一种标记性设施，标识死者的姓名、籍贯、官爵、生卒日期等以便辨识，墓碑上的标识可以为后代的祭祀、迁葬等提供线索，但墓志在下葬后被埋入封闭的墓内，其标识更像是向地下世界神祇的宣示，作用有些类似买地券。墓志与墓碑上的文字都以大量篇幅记录家族谱籍、姻亲关系，并有大量歌功颂德之辞，显然是对家族势力的展示与炫耀，这与汉魏以来的门阀观念有关，士族阶层通过丧葬典礼来强化门阀意识、维护家族地位，目的是获得社会认知。

第五节　随葬物品

共同构成墓葬地下空间的还有各种各样的随葬物品，除日用器具和少量珍稀实用器（如舶来的金银器、玻璃器）外，还有大量专为丧葬而作的物品，后者种类繁多，功能各异，可统称为明器，它们有的是象征性物品，如买地券、俑、石猪等，有的是辟邪厌胜类物品，如解注瓶、铅人等，有的是模拟类物品，如仓、井、灶、

1 罗宗真、王志高：《六朝文物》第七章，南京出版社，2004年。

2 刘凤君：《南北朝石刻墓志形制探源》，《中原文物》1988年第2期，第76—84页。

3 刘凤君：《南北朝石刻墓志形制探源》，《中原文物》1988年第2期，第76—84页；赵超：《式、穹窿顶墓室与覆斗形墓志——兼谈古代墓葬中“象天地”的思想》，《文物》1999年第5期，第72—82页。

磨、灯等模型。这些物品与墓葬文化的其他方面一样，大多渊源于汉代，但在魏晋南北朝时期有着特定的表现形式和发展轨迹。

一、实用器物

墓葬中随葬的实用器物主要包括盛放食物的各类容器以及墓主生前的日用物品，是一批具有实际使用功能的器具。前者在魏晋南北朝时期以陶瓷制品为主，后者则包括铜器、铜钱、铜镜、铜或铁兵器以及较为珍稀的宝石、玉石器、金银制品和舶来的玻璃制品等。在有些墓葬中也有部分铜或铁镜、兵器（如弩机）等尺寸较小、做工粗劣的器物，可能并非实用器，而是专为丧葬而做的明器。

陶瓷容器可能是除俑外最多见于魏晋南北朝墓葬的随葬品，北方多陶器，南方多青瓷，在北朝后期还出现了白瓷。北方墓葬出土的陶器中，有相当一部分是具有鲜明北方民族特色的器物，如在大同郊区的北魏墓中常见一种做工精细的低温铅釉陶器，虽然釉陶器是传统的中原工艺，但造型具有明显的鲜卑陶器特征，如饰有水波纹、网格纹或暗纹的小口高领壶并非中原传统造型，而与东北发现的鲜卑早期遗存相似。这些釉陶器虽然火候不高，釉极易脱落，但造型非常规整，装饰非常精美，釉色呈酱、褐、黄、黑等色，应是盛储液体的容器。

成熟青瓷在东汉末期的长江下游烧造成功后，在魏晋南北朝时期生产规模大为扩大，青瓷制品迅速取代陶器成为主要的日常生活器皿。南方墓葬自东吴开始广泛以青瓷器随葬，在南朝时期遍及整个长江流域及闽广地区，种类涵盖了日常生活的各个方面，不但有盘口壶、唾壶、罐、果盒、盘、碗等日用容器，也有灯、烛台、虎子、香熏等室内器具，以及水盂、笔洗、砚台等文房用品，以弦纹、草叶纹、铺首纹、莲花纹等装饰器表，在东吴和西晋时期的长江下游还流行动物造型的日用器，如熊形的灯台、神兽形的烛台、羊形的烛台、神兽形的尊等，东晋以后更流行将容器的器盖或流、系等部件做成动物形状，如极具特色的鸡首壶在肩部贴塑一个鸡首状的流，柄部则做成龙首状，实用性与装饰性得到了完美的结合。

北方地区直到北魏前后才在一些高等级墓葬中出现青瓷器，如大同的司马金龙墓、洛阳的宣武帝景陵中都出土了典型的南方青瓷器（如盘口壶等），由于北方的瓷器生产滞后于南方，这些青瓷器应该都是南方输入品。直到北齐时期，北方墓葬中才出现了可能本地生产的白瓷器，安阳北齐范粹墓（武平六年，575年）出土了一批非常精致的白瓷器[1]，虽然胎色还略偏黄，表明去除铁元素的技术还不够成熟，但已为隋代真正白瓷的产生打下了良好的基础。

---

1 河南省博物馆：《河南安阳北齐范粹墓发掘简报》，《文物》1972年第1期，第51—61、90页。

图3-5-1　景县封氏墓地出土青瓷莲花尊（引自张季《河北景县封氏墓群调查记》，1957年）

在南北朝高等级墓葬中，还有一类十分特殊的青瓷容器——器型高大、装饰精致的莲花尊，目前发现的实物不过十余件，如淄博和庄北朝墓1件[1]、武昌何家大湾南朝墓1件[2]、南京博物院藏1件[3]、河北景县封氏墓4件（图3-5-1）[4]、国家博物馆藏1件（传为上蔡出土）[5]、深圳青瓷博物馆藏1件（个人收藏品）（图3-5-2）等[6]。这些器物的共同特征是胎厚釉浓，全身施青釉，器盖和器身都以复杂的莲花作装饰，器盖如一朵盛开的莲花，器表以浮雕形式塑造飞天、忍冬、宝相和仰覆莲瓣纹饰。从莲花尊的出土情况来看，它至少在南朝前期即已在南方生产，这当与南朝发达的瓷器制造工艺和佛教在南方的传播有关。吴和西晋时长江中下游一带流行在“谷仓罐”上贴塑莲花、佛像，东晋南朝时期“谷仓罐”减少，流行在日常实用器皿上刻划莲瓣，南朝前期莲花尊的复杂造型和莲花、忍冬装饰当直接渊源于这些早期的瓷器工艺和装饰传统。莲花尊装饰精美、器型厚重，皆出自高等级墓葬中，绝非一种简单的实用器皿，可能是流行于上层社会的特殊陈设用器。

魏晋南北朝时期是一个中西文化交流十分活跃的年代，南北方分别通过海路和丝绸之路加强了与西方的联系，上层人士有机会获得来自域外的珍稀物品，在许多高等级墓葬中都发现了来自中西亚地区甚至欧洲的物品，包括中西亚的金银器、萨珊银币、罗马玻璃等，这些舶来品的造型和装饰都明显区别于中国传统工艺，为魏晋南北朝的社会带来了一股清新的域外风情。《洛阳伽蓝记》所载元琛夸富的故事或许可以反映当时上层社会对域外珍稀物品的青睐：

> 琛常会宗室，陈诸宝器。金瓶银瓮百余口，瓯檠盘盒称是。其余酒器有水晶

---

1 淄博市博物馆：《淄博和庄北朝墓出土青釉莲花尊》，《文物》1984年第12期，第64—67页。

2 湖北省博物馆：《武汉地区四座南朝纪年墓》，《考古》1965年第4期，第176—184页。

3 南京博物院：《江苏六朝青瓷》图版105，北京：文物出版社，1980年。

4 张季：《河北景县封氏墓群调查记》，《考古通讯》1957年第3期，第28页；申献友：《青釉仰覆莲花尊》，《文物春秋》2000年第6期，第78页。

5 杨文和等：《青瓷莲花尊》，《文物》1983年第11期，第86页。

6 赵文斌：《深圳青瓷博物馆》，《文物世界》2000年第4期，第59—63页。

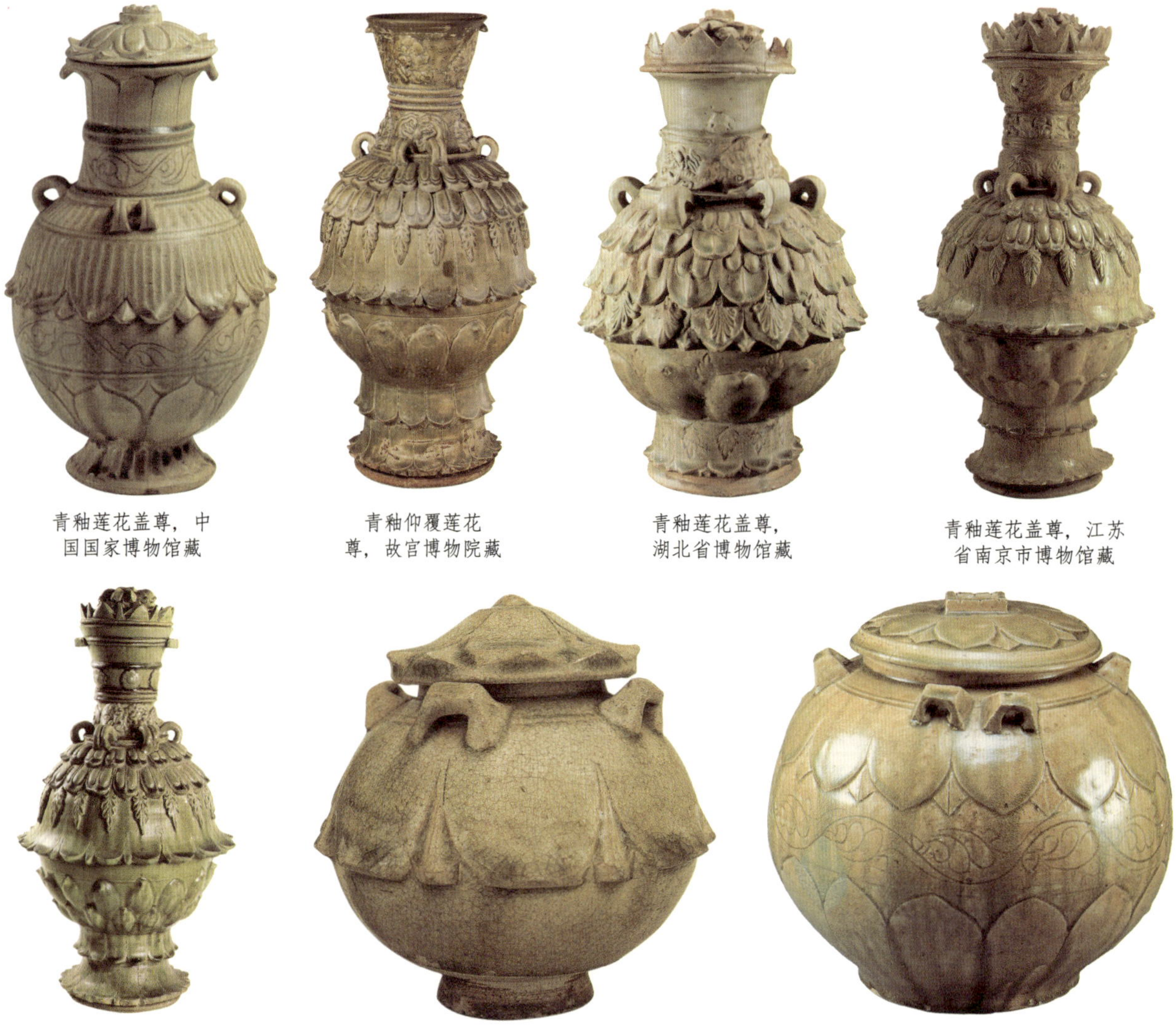

青釉莲花盖尊，中国国家博物馆藏

青釉仰覆莲花尊，故宫博物院藏

青釉莲花盖尊，湖北省博物馆藏

青釉莲花盖尊，江苏省南京市博物馆藏

青釉仰覆莲花尊，中国国家博物馆藏

青釉覆莲瓣纹小罐，南京博物院藏

青釉莲瓣纹盖罐，江苏省泰州市博物馆藏

图3-5-2　南北朝时期的青瓷莲花尊

钵、玛瑙杯、琉璃碗、赤玉卮数十枚，作工奇妙，中土所无，皆从西域而来。[1]

大同发现的正始元年（504年）屯骑校尉封和突墓出土的一件鎏金银盘以捶堞压花装饰，器表有一幅精美的狩猎图（图3-5-3）[2]，可能是一件来自中亚的萨珊银盘[3]。

辽西发现的北燕皇室成员冯素弗墓出土了5件玻璃器，其中一件为鸭嘴形器，由玻璃条粘贴成波浪形纹饰，类似的造型曾发现于中亚地区伯格拉姆（Begram）

---

1 ［北魏］杨衒之撰，范祥雍校注：《洛阳伽蓝记》卷四“法云寺”，上海古籍出版社，1958年，第207页。

2 马玉基：《大同市小站村花疙瘩台北魏墓清理简报》，《文物》1983年第8期，第1—4页。

3 夏鼐：《北魏封和突墓出土萨珊银盘考》，《文物》1983年第8期，第5—7页；马雍：《北魏封和突墓及其出土的波斯银盘》，《文物》1983年第8期，第8—12页。

的贵霜遗址里，从制作工艺看应该是二至三世纪的罗马玻璃器（图3-5-4）[1]。

除了罗马玻璃，墓葬中还屡屡见到萨珊玻璃[2]，其特征是在器表刻有成排的凹陷圆圈，如湖北鄂城发现的一件西晋玻璃碗，呈浅黄绿色，器表有刻槽纹和三道略微凹陷的花卉（图3-5-5）[3]。北京西晋华芳墓里也出了类似的玻璃器（图3-5-6）[4]。

宁夏固原的北周李贤（天和四年，569年卒）夫妇墓中也发现了多件典型的舶来品，包括一件鎏金银壶、一枚图章式金戒指、一件玻璃器以及大量琥珀、玛瑙和琉璃珠等珍稀物品[5]。银壶为细长带高圈足的造型，有长颈、鸭嘴形流，兽首状器柄焊接在器身上，柄的顶部有一个深目高鼻的外国人头像，颈、腹部交接处有一圈凸起的联珠纹，这些都是典型的波斯艺术风格[6]。器腹通过捶楪方式组成三组人物浮雕（图3-5-7），这幅画面被解读为特洛伊王子帕里斯（Paris）与斯巴达王后海伦（Helen）的故事，可能是中亚或罗马的产品[7]。该墓出土的图章式金戒指当为李贤夫人之物，镶嵌着中亚特有的青金石，上有中亚式的人物形象。类似的戒指还见于北齐李希宗夫妇墓，上有联珠纹环绕的鹿纹，同出的器物还有萨珊银币和银碗，由于李氏与北齐皇室联姻，这些极有可能来自深受中亚文化影响的北齐宫廷[8]。李贤墓出土的玻璃器是一件黄绿色的玻璃碗，饰有带凹面的柱状突。可能是来自罗马的玻璃器[9]。河北景县封氏家族墓也出土了类似的玻璃碗[10]。

南方地区的舶来品多见于朝廷所在的鄂州、建康等地及海外交通便利的广东沿海地区，较重要的一次发现是在广东遂溪县的一处南朝窖藏，在一件陶罐里藏

1 黎瑶渤：《辽宁北票县西官营子北燕冯素弗墓》，《文物》1973年第3期，第2—28页；安家瑶：《中国的早期玻璃器皿》，《考古学报》1984年第4期，第413—448页。

2 安家瑶：《北周李贤墓出土的玻璃碗——萨珊玻璃器的发现与研究》，《考古》1986年第2期，第173—181页。

3 安家瑶：《北周李贤墓出土的玻璃碗——萨珊玻璃器的发现与研究》，《考古》1986年第2期，第173—181页；南京大学历史系考古专业等《鄂城六朝墓》，北京科学出版社，2007年。

4 北京市文物工作队：《北京西郊西晋王浚妻华芳墓清理简报》，《文物》1965年第12期，第21—26页。

5 宁夏回族自治区博物馆、宁夏固原博物馆：《宁夏固原北周李贤夫妇墓发掘简报》，《文物》1985年第11期，第1—20页。

6 吴焯：《北周李贤墓出土鎏金银壶考》，《文物》1987年第5期，第66—76页。

7 [俄]马尔萨克（Boris Marshak）、[日]穴澤咊光（Anazawa Wako）：《北周c李賢夫妻とその銀製水瓶について》，《古代文化》第41卷（1989年）第4號，第54—55页；罗丰：《北周李贤墓出土旳中亚风格鎏金银瓶——以巴克特里亚金属制品为中心》，《考古学报》2000年第3期，第311—330页。

8 石家庄地区革委会文化局文物发掘组：《河北赞皇东魏李希宗墓》，《考古》1977年第6期，388页及图版6.5。

9 宁夏回族自治区博物馆、宁夏固原博物馆：《宁夏固原北周李贤夫妇墓发掘简报》，《文物》1985年第11期，第14页、第12页及图26、图版3.1；安家瑶：《北周李贤墓出土的玻璃碗——萨珊玻璃器的发现与研究》，《考古》1986年第2期，第173—174页及图1.1。

10 张季：《河北景县封氏墓群调查记》，《考古通迅》1957年第3期，第33页及图版10.4；安家瑶：《中国的早期玻璃器皿》，《考古学报》1984年第4期，第417—418页。

图3-5-3　大同北魏封和突墓出土银盘

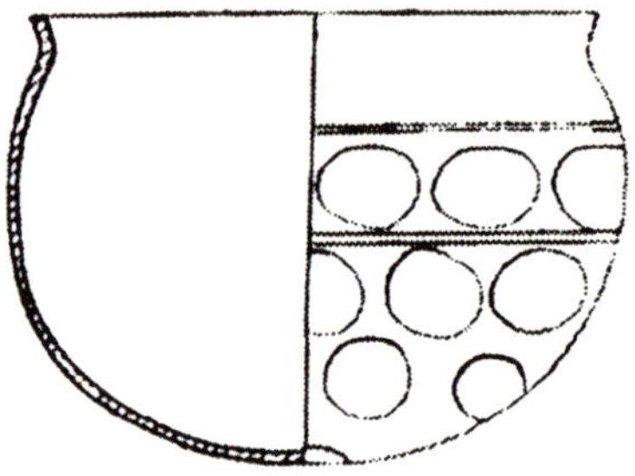

图3-5-5　鄂城出土西晋玻璃碗（引自南京大学历史系考古专业、湖北省文物考古研究所、鄂州市博物馆《鄂城六朝墓》，2007年）

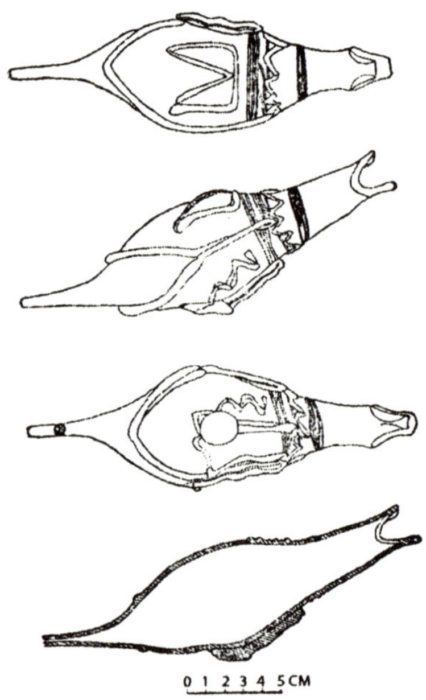

图3-5-4　北燕冯素弗墓出土玻璃碗（引自黎瑶渤《辽宁北票县西官营子北燕冯素弗墓》，1973年）

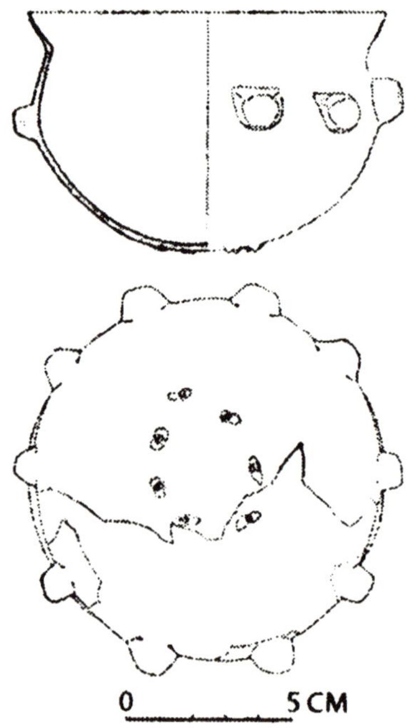

图3-5-6　北京西晋华芳墓出土玻璃碗（引自北京市文物工作队《北京西郊西晋王浚妻华芳墓清理简报》，1965年）

图3-5-7　固原北周李贤墓出土鎏金银壶及壶身图像（引自宁夏回族自治区博物馆、宁夏固原博物馆《宁夏固原北周李贤夫妇墓发掘简报》，1985年）

有20枚萨珊银币和一件带有铭文的十二叶形萨珊银碗，伴出的还有许多中国本土制造的金银首饰数十件（图3-5-8）[1]。南方舶来品的输入路线可能与北方不同，可能自东吴开始从波斯经海路传入，先后到达广东、鄂州和南京地区[2]。

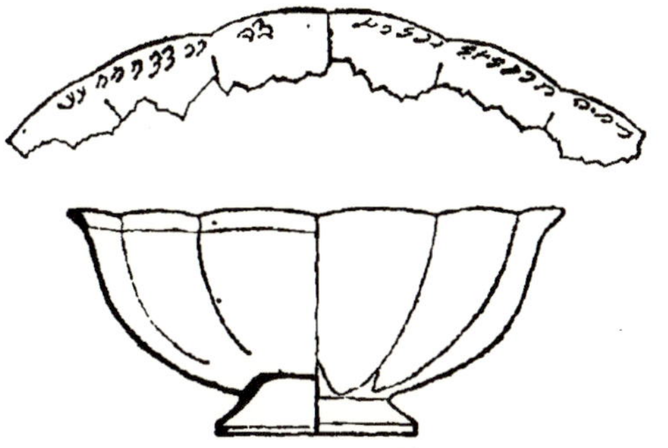

图3-5-8 广东遂溪南朝窖藏出土银盘（引自遂溪县博物馆《广东遂溪县发现南朝窖藏金银器》，1986年）

二、陶瓷俑

陶俑是模仿人和动物造型的专用随葬品，是秦汉以后墓葬中最常见的一类遗存，即使墓葬严重被盗，也往往会留下或多或少的陶俑残件。一般认为俑是作为商周人殉的替代品出现的，不过早期的俑多为动物形象，以木质居多，易腐朽，今天在湖南、湖北等楚地的战国墓葬中发现了这类木俑，多为鹿角形动物形象，可能有辟邪镇墓的象征意味。这类镇墓俑进入汉代后仍然存在，但形象发生了一些变化，如甘肃武威汉墓发现的独角兽[3]、湖北宜都汉墓发现的带翼犀牛状神兽[4]等，在有些墓葬里还可能以砖雕或壁画的形式出现。

除了以神兽形象为墓葬辟邪，秦汉时期更为多见的是各类人形陶俑，从秦始皇陵到汉代诸侯王陵，人形陶俑是最为常见的一类随葬品，一般是由兵士、奴仆、侍卫等组成的庞大俑群。虽然汉代的陶俑群从规模、工艺和写实程度上远不能与秦始皇陵兵马俑相媲美，但从此奠定了魏晋南北朝及以后随葬陶俑的基础，象征意义愈趋明显。

魏晋南北朝的陶俑组合有一个从简单到复杂的发展过程：魏晋时期组合比较简单，一般只有镇墓俑（镇墓兽和镇墓武士各1件）和男女侍仆（1—2件），到南北朝时期（尤其北朝后期）形成了复杂的俑群组合，一般由镇墓俑（镇墓兽和镇墓武士）、出行仪仗（具装俑、侍卫骑俑、伎乐骑俑、武装步卒俑、文吏俑、女官俑）、侍仆（男女侍卫、胡俑）、庖厨操作（杂役、动物模型、庭园生活模型）等四类功能各异的陶俑组成[5]。

镇墓俑是陶俑群里最具有时代和地域特色的俑，一般由兽形或人兽合体的镇墓

1 遂溪县博物馆：《广东遂溪县发现南朝窖藏金银器》，《考古》1986年第3期，第243—246页。

2 王仲殊：《试论鄂城五里墩西晋墓出土的波斯萨珊朝玻璃碗为吴时由海路传入》，《考古》1995年第1期，第81—87页。

3 甘肃省博物馆：《武威雷台汉墓》，《考古学报》1974年第2期，第101页、图版12.1。

4 宜昌地区博物馆、宜都县文化馆：《湖北宜都发掘三座汉晋墓》，《考古》1988年第8期，第718—719页及第720页，图5.8。

5 杨泓：《北朝陶俑的源流、演变及其影响》，载杨泓《汉唐美术考古与佛教艺术》，北京：科学出版社，2000年，第115—125页。

兽和执兵持盾的镇墓武士组成，早期仅有镇墓兽和镇墓武士各一件，到北朝后期，镇墓俑的组合复杂化，镇墓兽和镇墓武士往往各自成对，即一对镇墓兽包括一件人面兽形和一件兽面兽形俑，一对镇墓武士包括二件相同造型的执兵持盾、身披铠甲的武士（图3-5-9）。北齐镇墓俑的数量还因墓主身份而有等差，身份较高的可随葬多组镇墓俑。这种镇墓俑在墓室内是整个俑群的前导，镇墓兽一般放置在墓门口，然后排列镇墓武士，其后是出行仪仗俑群。这种陶俑排列方式与墓道的壁画内容相当吻合，如磁县湾漳大墓、茹茹公主墓等东魏北齐皇室成员墓都在墓道内描绘了庞大的仪仗出行场面，在墓道两壁分别以青龙、白虎引导出行队伍。北齐墓葬的墓壁往往描绘墓主的室内生活场景，如宴饮、家居内容，

图3-5-9 磁县东魏茹茹公主墓出土陶镇墓兽

图3-5-10 磁县东魏茹茹公主墓出土陶俑群（引自磁县文化馆《河北磁县东魏茹茹公主墓发掘简报》，1984年）

图3-5-11　西安北周武帝孝陵出土陶镇墓兽（引自陕西省考古研究所等《北周武帝孝陵发掘简报》，1997年）

与之相应地在墓室摆放各类男女奴仆、杂役、庖厨俑及仓、井、灶等庭院生活模型，可见墓室内的陶俑群在象征意义上当与壁画有某些共通之处（图3-5-10）。

关中地区的陶俑在造型和种类上与中原有所不同，反映了不同的文化和工艺传统，如十六国时期的关中出现了反映北方重装骑兵的甲骑具装俑，虽然俑群组合可能模拟了中原式的出行卤簿，但人与马皆着铠甲的重装形态显然反映了当地北方游牧民族的生活状态；西魏北周的陶俑与同时期的东魏北齐虽然在组合上相似，但造型大相径庭，如镇墓兽为趴卧状，背有鬃毛，有的在背部、眼、耳等部位彩绘，并无人面镇墓兽，其他陶俑皆以半模做成，后背扁平，工艺较为粗劣（图3-5-11、图3-5-12）。

图3-5-12　西安北周武帝孝陵出土镇墓武士（引自陕西省考古研究所等《北周武帝孝陵发掘简报》，1997年）

南方地区因烧窑技术的成熟，青瓷制品已经进入到包括丧葬在内的社会生活各方面，因此南方地区也出现了大量瓷质的俑，也还有一些陶塑动物和人物形象，不过大多制作粗劣，可能正因技术变革带来了对旧工艺的淘汰。由于俑一般都在本地制作，各地经济和技术发展水平极不平衡，因此在整个六朝时期，陶质和瓷质的俑几乎一直并存。总体来说，南方地区的陶瓷俑无论数量，还是造型工艺都逊色于北方，尤其没有形成如北方那样体系完备的俑群组合。

南京、长沙、鄂州、武汉等地是南方陶瓷俑较集中的地区。鄂州至武汉一带陶瓷俑出现较早，如武汉黄陂涅口东吴墓中出土了各类瓷俑19件，有持盾、持刀的武士俑，操杵、操砧的劳作俑，以及书吏、男女侍仆俑等。长沙西晋墓中也常有青瓷俑出土，包括骑马鼓吹俑、书吏俑、各类劳作俑等，姿态各异。南京地区的陶瓷俑在东晋以后的高等级墓中较为常见，不过比同时期的北方要少得多。与北方陶俑

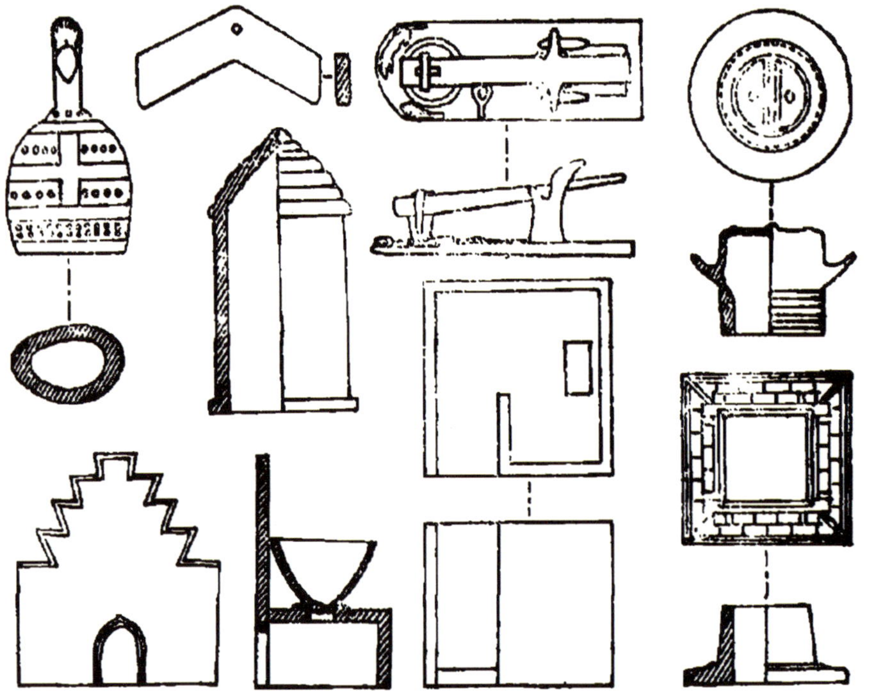

图3-5-13　磁县东魏茹茹公主墓出土陶模型明器（引自磁县文化馆《河北磁县东魏茹茹公主墓发掘简报》，1984年）

相比，南方陶瓷俑在造型上极富变化，同类俑的姿态、表情往往各异，在种类上缺少北方极为重视的镇墓俑组合，也少见象征墓主威仪的出行仪仗俑，而以反映墓主日常生活内容的俑类为主，更富生活气息。

魏晋南北朝墓葬中除了陶瓷俑外，还有大量陶瓷模型器，种类包括磨、碓、舂、臼等粮食加工工具，牛车等交通工具，灯、几案、帷帐（座）等家具，仓、厕所、鸡舍、猪圈、井栏等建筑物，以及各类家畜家禽（图3-5-13）。这些模型见于各等级的墓葬里，反映了一种共同的丧葬理念，即通过模拟现实生活而在地下营造一个应有尽有的来世空间，与现代民间葬俗中的纸质明器相似。

三、买地券

买地券是出现于汉代的一种丧葬文书，是购买阴宅的象征性契约，一般刻在长方形的铅板、锡板、石板或砖上，文字内容模仿现实世界的土地买卖契约，记有买地日期、所有者、来源、面积、价值、证人，有的还特别强调将墓地范围内的其他死者变成自己的奴婢，如“田中若有尸死，男即当为奴，女即当为婢”[1]，相当于向

1　洛阳发现的东汉建宁四年（171年）孙成买地券全文为：“建宁四年九月戊午朔廿八日乙酉，左骏厩官大奴孙成，从雒阳男子张伯始卖所名有广德亭部罗陌田一町，贾钱万五千，钱即日毕。田东比张长卿，南比许仲异，西尽大道，北比张伯始。根生土著毛物，皆归孙成。田中若有尸死，男即当为奴，女即当为婢，皆当孙成趋

地下世界的神祇宣示对墓地的所有权。

从考古发现来看，汉代买地券的主人可能大多为庶族，一般没有官爵，墓葬规模也不大。这种情况延续到了魏晋南北朝，今天所见魏晋南北朝的买地券主要发现于南方，见诸报道的共30多方，主要发现于长江中下游和两广地区的六朝墓葬中，以东吴较为多见。它的主人生前大多并非名门望族，主要流行于社会中下层，这与当时世家大族标榜门第所用的砖石墓志有着本质区别[1]，看来买地券和墓志的使用是有等级差异的，它们分别属于庶族和士族。

六朝买地券一般正面阴刻文字，之后填涂朱砂，也有直接用朱砂书写的。根据内容分为三类：一类完全模拟现实生活中的地契，主要流行于孙吴时期，与汉代买地券较为相似，如东吴赤乌八年肖整买地券记载以350万钱购买四顷五十亩，每亩单价与当时真实的地价相仿，还记有土地的卖家和见证人："从无湖西乡土主叶敦买地……乡尉蒋玟、里帅谢达证知。"一类在现实生活地契的基础上加上了宗教迷信色彩，如宅地的来源"从天买地，从地买宅"，以天干表示象征性的四至方位，见证人则是天帝、土伯、东王公、西王母、王侨等道教诸神，有的还有咒语或辟邪类的道符，如"四域之内，生根之物，尽属死人"、"如天帝律令"等，这类买地券的象征性较为明显。还有一类完全与真实地契无关，除姓名、年龄、职官、郡望、日期外，其他皆为虚拟的役使鬼神的内容，券首、尾常以道教尊神太上老君名义开列一系列神祇名称和道符，这类买地券显然受道教的影响较大[2]。以上三类买地券除第一类外，其实与现实生活中的买地契约关系并不大，因此有学者认为应更确切地称做"镇墓券"或"墓券"，它包含有大量道教性质的内容，与天师道的南迁与传播关系密切[3]。

与南方不同的是，北方地区尽管在东汉曾经流行买地券，但北朝时期极为罕见，所见数件皆为传世品，如北魏延昌元年（512年）孙抚买地券、延昌二年（513年）王皓买地券，延兴二年（472年）申洪之买地券的文字内容由墓志和地券两部分组成[4]，而陕西长武县出土的北魏太和元年郭孟买地券应该是真实的地契而非买地券[5]，有学者推测北方买地券稀少的原因，可能与北朝佛道混杂现象较为突出、所用材料易腐等原因有关，南朝梁武帝弃道崇佛之后，南方的买地券也开始变得稀少[6]。

走给使。田东、西、南、北以大石为界。时旁人樊永、张义、孙龙、异姓樊元祖皆知券约，沽酒各半。"参吴天颖《汉代买地券考》，《考古学报》1982年第1期，第23页。

1 罗宗真、王志高：《六朝文物》第七章，南京出版社，2004年。

2 罗宗真、王志高：《六朝文物》第七章，南京出版社，2004年。

3 张勋燎、白冰：《中国道教考古》第二卷《吴晋南朝买地券、名刺和遗物疏的道教考古研究》，北京：线装书局，2006年。

4 鲁西奇：《北魏买地券三种考释》，《魏晋南北朝隋唐史资料》第26辑，2010年。

5 刘庆柱：《陕西长武县出土太和元年地券》，《文物》1983年第8期；鲁西奇：《北魏买地券三种考释》，《魏晋南北朝隋唐史资料》第26辑，2010年。

6 张勋燎、白冰：《中国道教考古》第二卷《吴晋南朝买地券、名刺和遗物疏的道教考古研究》，北京：线装

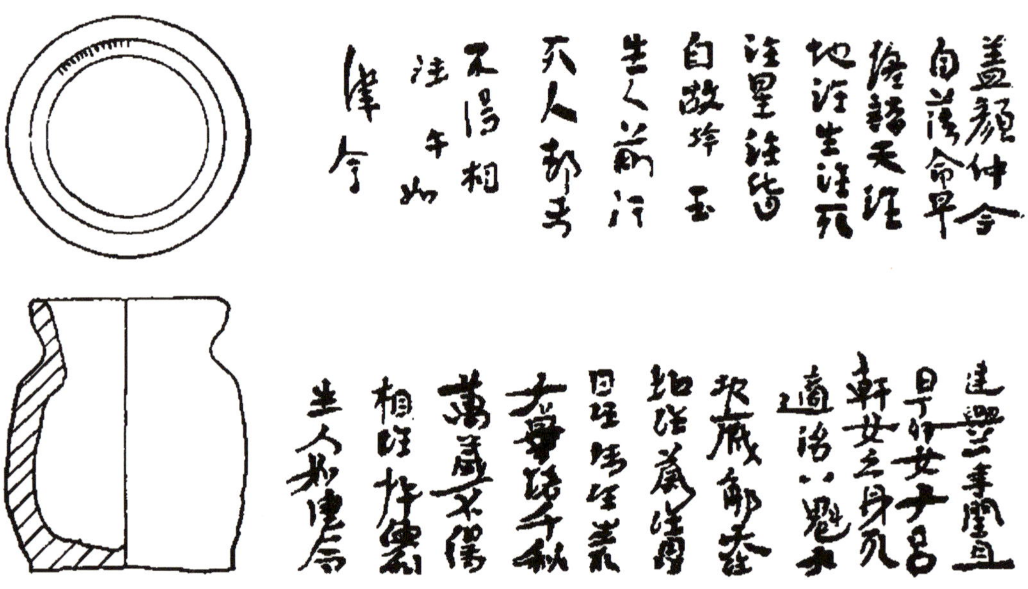

图3-5-14　敦煌祁家湾西晋墓解注瓶及铭文（引自甘肃省文物考古研究所《敦煌祁家湾：西晋十六国墓葬发掘报告》，1994年）

四、解注瓶

解注瓶是东汉中期以后流行的一种放置在墓室内的陶瓶，上书解注文字，即在某种特定祭祀仪式中使用的祛邪类咒语，一般认为与民间的道教信仰与仪式有关。曾被称做镇墓瓶，因在洛阳曾出土一件陶瓶朱书“解注瓶，百解去，如律令”而被称作解注瓶[1]。“注”即传染病等疾病灾祸，“解注”是祛除灾祸的措施，丧葬仪式中的解注即断绝生人与死鬼的接触以祛除它可能带给生人的灾祸，这是东汉至魏晋南北朝时期天师道的重要活动内容，因此解注瓶常被看作道教文物[2]。

在汉代的中原地区，解注瓶极为盛行，但进入魏晋之后已非常罕见，却大量发现于河西地区的魏晋十六国墓中，尤以敦煌最为集中。在1985年发掘的敦煌祁家湾117座墓葬中，解注瓶（自名斗瓶）是最常见的随葬品，一般高4—9厘米，陶质或泥质，往往成对出土，在头、足部各有一个，或放在枕内或尸床内，上有朱书或墨书的解注文。解注文内容包括年号及日期干支、死者乡里及姓名、慰藉性语言、“斗瓶五谷铅人”、“八魁九坎”等，最后常以仿效官府文书的文体“急急如律令”结尾[3]。以文字无残缺的太康六年（285年）解注瓶为例（图3-5-14），出自夫妻双棺合葬的M209，共出2件，其中一件朱书文字15行：

太康六年三月乙未朔，五日癸亥，顿霓儿之身死。今下斗瓶、五谷、铅人，用

书局，2006年。

1 郭宝钧等：《一九五四年春洛阳西郊发掘报告》，《考古学报》1956年第2期，第1—31页。

2 张勋燎、白冰对东汉解注器有详细的分类讨论，并探讨了与天师道的关系、天师道的性质与形成诸问题，参《中国道教考古》第一卷之壹《东汉墓葬出土解注器和天师道的起源》，北京：线装书局，2006年。

3 甘肃省文物考古研究所：《敦煌祁家湾：西晋十六国墓葬发掘报告》，北京：文物出版社，1994年。

当复地上生人。青乌子北辰诏令：死者自受其央（殃），罚不加满，移央（殃）传（转）咎，远与他乡。如律令！[1]

解注瓶或其他解注器物本为中原汉代习俗，汉末随着中原世家大族的西迁而带到了河西，魏晋十六国时期开始兴盛；而中原地区的解注瓶在汉代以后逐渐绝迹，代之而起的是同样具有辟邪功能的镇墓兽。墓葬中的镇墓兽可能起源于"掌蒙熊皮、黄金四目、玄衣朱裳、执戈扬盾"[2]的方相氏，它是傩祭仪式的主持者，也具有祛疫除灾的作用，虽然与解注瓶所代表的信仰与仪式大不相同（后者是道教信仰与仪轨的产物），但二者在墓葬里的象征意义有共通之处。因此，解注瓶与镇墓兽在中原和河西地区此消彼长的现象，或许反映了丧葬观念与仪式的变化。

解注瓶内常发现粟、面粉、雄黄、水晶、云母片、铅人等遗物。放入粮食是为了供奉死者的地下生活；雄黄、水晶是道家炼服的药物，放入解注瓶内可能用作"复除之药"；随葬的云母片、铅人等物也与道教活动有关，云母与铅是道家炼丹药的常用之物，用于丧葬可能取其长生不朽之意。山东东阿的曹魏陈思王曹植墓木棺部位发现了大量剪成星星形状的云母片。铅的实物更为多见，前述六朝买地券大多以铅板做成，解注瓶内的铅人一般是剪成人形的铅片，解注文里也常有铅人的内容，如"斗瓶五谷铅人"、"以自代铅人"、"谨以铅人、金玉为死人解适、为生人除罪过"，可见，铅人除了有祈愿不朽的寓意外，还充当死者的替身，有学者认为它是道士行使解注仪式中的代人用品[3]。不过，长安县发现的一座东汉建和元年（147年）解注瓶上的文字是"故以自代铅人，铅人池池，能舂能炊，上车能御，把笔能书。告于中高长，伯上游徼。千秋万岁，无相坠物"[4]。此处铅人在墓葬中似充当了仆役的角色，因此有学者认为铅人的作用是代替死者去地下服侍他人，与服侍墓主的俑的作用正好相反[5]。

《颜氏家训》中记载："吾当松棺二寸，衣帽已外，一不得自随，床上唯施七星板；至如蜡弩牙、玉豚、锡人之属，并须停省。"[6]颜之推所称锡人应与铅人具有相同的作用，东汉至魏晋南北朝以假人随葬可能是很普遍的习俗，除铅人、锡人外，可能还有一些易腐材质的假人，如木人或代人的木牌，考古工作者在新疆墓葬中发现了不少木人和代人的木牌，其他没有发现铅人的地方有可能只是采用了易腐

---

1 张勋燎、白冰：《中国道教考古》第一卷之（三）《中原和西北地区魏晋北朝墓葬的解注文研究》，北京：线装书局，2006年。

2 《周礼·夏官司马第四》。

3 张勋燎、白冰：《中国道教考古》第一卷之（一）《东汉墓葬出土解注器和天师道的起源》，北京：线装书局，2006年。

4 陕西省文物管理委员会：《长安县三里村东汉墓葬发掘简报》，《文物参考资料》1958年第7期，第62—65页。

5 蒲慕州：《墓葬与生死——中国古代宗教之省思》第七章《墓葬形制转变与宗教社会变迁之关系》，台北：台湾联经出版事业公司，1993年，第22—221页。

6 ［北齐］颜之推撰，王利器集解：《颜氏家训集解》，北京：中华书局，1993年。

的材质。与买地券的出土情况一样，出土解注瓶和假人的墓葬规模一般都不大，墓主多为庶民，它们可能主要反映了民间的葬俗，是魏晋南北朝时期道教信仰与传统丧葬仪式结合的产物。

五、遣策

墓葬中的随葬物品绝不仅限于以上几类，既然墓葬是对现实生活的模拟，当然可以将与墓主生前生活和死后所需的一切都照搬于地下。我们或许可以从文献记载和考古出土的随葬品清单对当时的随葬品数量和种类有个大致的了解。东晋著名礼学家贺循曾列出这样一份明器清单：

> 其明器凭几一、酒壶二……、漆屏风一、三谷三器……瓦唾壶一、脯一箧……、履一、瓦尊一、屐一、瓦杯盘勺杖一、瓦烛盘一、箸百副、瓦奁一、瓦灶一、瓦香炉一、釜二、枕一、瓦甑一、手巾赠币玄三纁二、博充幅长尺、瓦炉一、瓦盥盘一。[1]

贺循所列物品都是为死者生活预备的明器（饮食器具、衣物和部分家具），并不包含死者生前拥有的实用器具，贺循曾主张禁止厚葬[2]，因此这份清单可能仅反映了基本的礼制要求，实际埋葬中的物品要远不止这些。

考古发现的类似清单一般被称作“遣策”，又因所列物品以衣物为主，也被称作“衣物疏”，常以石（滑石）、木或其他材料（如竹、帛）制作，书写随葬物品的名称和数量后植入墓中。如江西南昌西晋夫妇合葬墓出土的木板上记录了衣物、梳妆用品和笔墨纸张[3]；长沙东晋升平五年（361年）墓出土的滑石板，记录了各式上好织物做成的衣物、盥洗用品、饰物、缝纫工具，物品前皆有一个“故”字[4]；吐鲁番地区曾发现东晋至隋代的数十份衣物疏[5]。

安阳西高穴曹操墓所出62块刻铭石牌（参第二章）是较为精致的遣策，记录了该墓曾有的随葬物品。石牌文字大多能识别，可分为衣物类、陈设类、器用类、礼仪类等，分别罗列如下：

衣物类占了绝大多数，涉及的纺织品有绫、锦、绮、绡、练等质地，袍、披衫、不（幞）、襜襦、裙、袴、褠、袜、被、褥等种类，黄、紫、绛、丹、白等色。

> 黄绫袍锦领袖一
>
> 紫绡披衫、黄绡不（幞）

1 《通典》卷八六《凶礼·丧制》。

2 《晋书》卷六八《贺循传》，贺循任武康令期间，“俗多厚葬，及有拘忌回避岁月，停丧不葬者，循皆禁焉”，北京：中华书局，1974年，第1824页。

3 江西省博物馆：《江西南昌晋墓》，《考古》1974年第6期，第373—378页。

4 史树青：《晋周芳命妻潘氏衣物券考释》，《考古》1956年第2期，第95—99页。

5 国家文物局古文献研究室等编：《吐鲁番出土文书（十）》，北京：文物出版社，1991年。

白练单衫二

长命绮复衫丹文不(幞)

白绮裙

白练单裙一

绛白複裙一

丹文直领一、白绮裙自副

绛文复袴一

丹绡襜襦

紫臂褠一具

黄绡袜

白练袜一量

绛标文绮四幅、被一

黄绮被、丹绮缘

紫绮大褥一、□补自□

勲□绛绯

绒二幅五

陈设类物品包括帷帐、屏风、书案、镜台、樗蒲床、凭几等。

广四尺长五丈绛绢斗帐一具，构自副

三尺五寸两叶画屏风一

一尺五寸两叶绛缘餶屏风一

墨画零状荐箸簟一具

墨画衣枷一

书案一

镜台一

樗蒲床一

五尺漆簿机一、□单一

漆□台一

器用类包括医疗、卫生、梳妆类物品。

慰项石一

渠枕一

漆唾壶一

沐具一具

木表漆里书水椀一

木墨敛二合、八寸机一

刀尺一

□（轩？）杅

胡粉二斤

黄豆二升、木□机一

香囊卅双

亿巳钱五万

白蜜银

黄蜜金

女藻豆、药□具

竹簪五千枚

还有一些可能直接与丧葬礼仪程序有关的物品（如饰棺之物）。

珪一

璧四

竹翣一

白缣画卤簿、游观食厨各一具

木墨行清一

以上物品除了圭、璧、枕（即慰项石）外，大多数不见于该墓的实际考古发掘中（可能大部分已经朽烂），相反，墓葬中实际存在的随葬品如铜带钩、铁甲、铁剑、铁镞、玉珠、水晶珠、玛瑙珠、陶俑等又不见于石牌。从前述各类遣策与大量考古发现来看，遣策所列物品与实际的随葬品是存在差距的，遣策所列正如贺循的清单一样，仅是礼制的基本要求，而实际埋入墓中的物品一般大大超出礼制的要求，奢俭情况则因人而异，死者地位越高，地下物品越丰富，品质也越高，而对大多数百姓而言，可能仅以几件陶罐和几枚铜钱随葬，这是礼制的要求，也是现实的反映。

第四章 丧葬图像与美术

在汉代的厚葬模式下，图像是墓葬不可缺少的装饰，流行以壁画、画像石、画像砖等方式装饰墓壁，或以漆画、石刻方式装饰葬具。随着曹魏薄葬措施的推行，丧葬类图像在中原地区基本消亡，目前仅在河西等偏远地区的墓葬照墙上发现了一些砖雕与绘画相结合的图像，葬具上发现了饰棺图像，南方的东晋墓葬内也发现了一些拼镶砖画，虽然这些图像的题材明显源自于汉代传统，但图像之风已远不如汉代之盛。随着北魏拓跋氏入主中原，汉式埋葬传统渐有恢复之势，一个显著的表现就是墓室图像重新成为贵族、官吏身份和等级的象征，此后在整个南北朝时期有愈演愈烈之势，不过无论从图像题材还是装饰技法，都已与汉代大不相同，产生并发展了一种新的丧葬图像模式。

所谓丧葬图像，泛指墓室内的一切图像，既有墓葬建筑的装饰（如壁画、画像砖、画像石），也有葬具画像（如棺床、棺、墓志）和其他墓内设施（如漆木屏风）上的画像。尽管形式多样，内容有别，技法异趣，但都属于丧葬制度与礼仪的一部分，它们不仅仅是简单的装饰，还是在“事死如生”观念之下的现实社会和丧葬思想的反映。

第一节　葬具图像

魏晋南北朝时期的葬具图像广泛见于棺、椁上，不过由于多数葬具为易朽的木质，今之所见多保存在石棺椁或棺床上，或为浮雕图像，或为平面绘画，图像技法与题材因时代和地域而异。

在北魏前期都城平城附近发现了多座石棺椁，大同太和元年（477年）的幽州刺史宋绍祖墓是一座长斜坡墓道砖室墓，在墓室内藏有一座模拟房屋的石椁，在三开间的椁内东西壁以墨线分界，图绘舞蹈、抚琴人物[1]；大同城南的智家堡北魏墓内也有一座类似的三开间石椁，顶部梁

1 山西省考古研究所、大同市考古研究所：《大同市北魏宋绍祖墓发掘简报》，《文物》2001年第7期，第19—39页。

图4-1-1　大同智家堡北魏墓石椁图像（引自王银田、刘俊喜《大同智家堡北魏墓石椁壁画》，2001年）

架绘手持麈尾、坐于帷帐之下的墓主夫妇像，周围是侍者供奉、牛车出行、羽人、莲花忍冬等图像（图4-1-1）[1]。这两座都是太和前期墓葬，当时对鲜卑服饰的改革还处于初期阶段，所以图像中的人物和伴出的人物俑都穿着鲜卑式服饰。前一座墓的主人为汉人，后者墓主身份不明，不过从房形石椁的使用以及石椁上典型的传统汉式题材来看，他也有可能是生活在平城的汉人。

在鲜卑人统治的平城地区，很多汉人可能在生活中保留着相当多的中原传统。类似的情况还见于太和年间的司马金龙墓夫妇合葬墓，金龙卒于太和八年(484年)，夫人姬辰卒于延兴四年(474年)[2]。司马金龙是降附于鲜卑的晋室贵族后裔，像其他很多北奔士人一样在北魏朝廷倍受恩宠。该墓除出土陶俑穿着鲜卑服饰外，其建筑形制、墓室设施和随葬品都采用了传统的中原样式，随葬品中发现了来自

1　王银田、刘俊喜：《大同智家堡北魏墓石椁壁画》，《文物》2001年第7期，第40—51页。

2　山西省大同市博物馆等：《山西大同石家寨北魏司马金龙墓》，《文物》1972年第3期，第20—33页。

长江下游的青瓷器，尤其引人注目的是出土了一套漆木屏风，图绘孝子故事、帝王将相、高人逸士、四神等典型的汉代传统图像，在同时期的南方地区也有以孝子列女故事图画屏风之风[1]。图像人物都穿着中原式的褒衣博带，人物形象为秀骨清像，很可能是东晋顾恺之画风影响下的产物[2]（参见图3-3-6）。

在宁夏固原还发现了一具非常难得的木质葬具——漆画木棺，被判断为太和八至十年间（484—486年）的墓葬，从朽烂后残存的漆皮上能看出较为完整的图像内容，棺盖上以一条银河为分界，两侧以东王公、西王母、侍女及日月为主题，瑞禽、忍冬点缀其间，前挡绘墓主坐榻、侍者供奉、菩萨；侧板分上中下三栏，分别绘孝子故事、历史故事等，人物均着典型的鲜卑服饰（参见图3-4-3）[3]。

除了以上几具中原传统题材的葬具外，大同南郊北魏墓群出土的一些木棺残片上也能看到极具鲜卑民族特色的内容，如着鲜卑服装的骑马射猎图像。如果说葬具图像在北魏前期还如当时的社会一样“华夷糅杂”（如中原题材与鲜卑内容并存，褒衣博带与鲜卑服饰并存），那么迁都洛阳之后则显示出更加纯粹的中原风格，这在洛阳发现的数具画像石棺上有很好的体现。

出自洛阳的北魏画像石棺椁主要包括：孝昌三年（527年）横野将军甄官主薄宁懋石室（现藏波士顿美术馆）[4]、正光五年（524年）赵郡贞景王元谧石棺[5]、可能属于孝昌二年（526年）东莞太守秦洪或正光五年（524年）秦洛二州刺史王悦的孝子石棺[6]、现藏开封博物馆的升仙石棺[7]等。除宁懋石室为屋形石椁外，其他几具都是由挡板和侧板拼合而成的石棺，墓主肖像和孝子故事是共同的画像主题。

宁懋石室保存完整，在单檐悬山式房屋的内外石壁上都刻有图像：门道左右侧外壁刻持剑武士，以山峦树木为衬，并有榜题；山墙外侧分上下二层，分别刻丁兰事木母、帝舜故事、董永故事、董晏故事；后墙外壁分层刻房屋、水井、山峦、圆形幄帐、庖厨；室内左侧山墙刻牛车出行与幄帐庖厨、右侧山墙刻铠马出行与幄帐庖

---

1 《历代名画记》记南齐画家范怀珍曾有“《孝子》屏风行于代”，见［唐］张彦远著，俞剑华注释《历代名画记》卷七，上海人民美术出版社，1964年。

2 杨泓：《北朝文化源流探讨之一——司马金龙墓出土遗物的再研究》，原载《北朝研究》1989年第1期；后收入杨泓《汉唐美术考古与佛教艺术》，北京：科学出版社，2000年。

3 固原县文物工作站：《宁夏固原北魏墓清理简报》，《文物》1984年第6期，第46—56页；宁夏固原博物馆：《固原北魏墓漆棺画》，银川：宁夏人民出版社，1988年；孙机《固原北魏漆棺画》将漆棺画的年代定为“太和八年至十年”，载孙机《中国圣火——中国古文物与东西文化交流中的若干问题》，沈阳：辽宁教育出版社，1996年。

4 赵万里：《汉魏南北朝墓志集释》，北京：科学出版社，1953年；郭建邦：《北魏宁懋石室和墓志》，《河南文博通讯》1980年第2期，第33—40页。

5 黄明兰：《洛阳北魏世俗石刻线刻画》，北京：人民美术出版社，1987年。

6 黄明兰：《北魏孝子棺线刻画》，北京：人民美术出版社，1985年；《洛阳北魏世俗石刻线刻画》，北京：人民美术出版社，1987年；宫大中：《邙洛北魏孝子画像石棺考释》，《中原文物》1984年第2期，第48—53页。

7 洛阳博物馆：《洛阳北魏画像石棺》，《考古》1980年第3期，第229—241页。

厨；室内后墙刻宁懋夫妇各三像。

元谧石棺的前挡上刻有尖拱龛形门，两侧各一门吏，上部有一宝珠和二怪兽；左右两帮中央有铺首衔环，两侧为小窗，窗内人向外观看，左帮在窗口和铺首间刻朱雀，右帮对应处刻白虎；两帮前部和底部刻孝子故事（丁兰、韩伯余、郭巨、闵子骞、孝孙原谷、舜、老莱子、董永、尹伯奇等），后部刻仙人骑鸟，以山峦树木流云填白。孝子石棺仅存左右侧板，所刻内容均为带有榜题的孝子故事，左刻董永、蔡顺、尉，右刻舜、郭巨、孝孙原谷的故事。

1977年出土的升仙石棺除后挡已佚外，其他部分保存完好，所刻图像主题是"升仙"：前挡刻有拄剑门吏、朱雀、摩尼宝珠、团花，左帮刻有褒衣博带的方士引导墓主乘龙飞升，伴以鼓吹伎乐、流云鸟兽，右帮刻有方士引导的女主人乘龙飞升，华盖侍女乘风而随，棺底的前部为青龙白虎，后部为青龙白虎与异草，最为特殊的是棺底左右两边分12格各雕神禽异兽，并具名。

在洛阳以外的山西榆社也曾发现一具北魏画像石棺——神龟年间（518—520年）方兴石棺[1]，墓主方兴为北魏遂远将军、郡太守。墓葬形制已不清。石棺刻有墓主生前家居和死后乘龙升天场景，并有鼓乐伴奏的胡人顶杆杂技表演场面。石棺的人物造型风格与洛阳北魏后期石棺所见相似，仅题材略有差别，如洛阳流行的孝子故事、圣贤故事不见了，而这里出现的出行狩猎、胡人杂技场面等不见于洛阳，表现出一定的地方性。

洛阳作为汉、晋传统文化的根基所在，正符合鲜卑氏的汉化需求，所以迁都洛阳以后的北魏文化已经彻底改变了平城时期的"华夷糅杂"局面，曾作为汉代高等级葬具的石棺椁在洛阳一度恢复，被汉人官吏和鲜卑贵族采用，图像内容也围绕汉代流行的两大主题展开：孝悌与升仙。

孝悌与升仙观念是影响汉代丧葬制度的两个基本观念。汉武帝独尊儒术，儒家重"忠义"、"孝悌"，往往以大量的孝子列女、忠臣义士图像装饰生前的宫室和死后的墓葬[2]，既体现其"养生葬死"的人生观，也有"成教化、助人伦"的作用[3]。汉代流行的黄老思想与各种神话传说、巫术、民间信仰融合，形成了汉代丧葬中独特的升仙观念，反映在丧葬图像上，则是出现了一些直接描绘与升天有关的主题图像。

汉代融合了孝悌与升仙两大思想体系的典籍是《孝经》，《孝经》宣扬的不仅

1 王太明：《山西榆社县发现北魏画像石棺》，《考古》1993年第8期，第767页。

2 东汉画家赵岐生前曾自营墓室，"年九十余，建安六年卒。先自为寿藏，图季札、子产、晏婴、叔向四像居宾位，又自画其像居主位，皆为葬颂"，见《后汉书》卷六四《赵岐传》，北京：中华书局，1965年，第3124页。

3 ［唐］张彦远《历代名画记》卷一"叙画之源流"条："夫画者，成教化，助人伦，穷神变，测幽微，与六籍同功……曹植有言曰：观画者，见三皇五帝，莫不仰戴；见三季异主，莫不悲惋；见忠臣死难，莫不抗节；见放臣逐子，莫不叹息；见淫妇妒夫，莫不侧目；见令妃顺后，莫不嘉贵。"见张彦远著，俞剑华注释《历代名画记》，上海人民美术出版社，1964年。

是孝悌，还有大量谶纬内容，是整饬社会秩序的重要经典。进入北魏后，《孝经》受到鲜卑统治者的高度重视，太武帝拓跋焘诏崔浩所解的八部经典中就有《孝经》，与《周易》、《尚书》、《诗经》、《春秋》、《礼记》等处于同等地位[1]，以至《孝经》在北魏社会广泛流传，甚至出现了以之随葬的风气，如北魏逸士冯亮遗嘱"左手执板，右手执《孝经》一卷"[2]。这种风气自然会对北魏的丧葬观念产生巨大的影响，因此北魏葬具上的图像主题实际上是汉代丧葬观念的恢复。

北魏以后的北朝后期社会出现了反汉化的趋势，石质葬具和传统的孝悌、升仙图像只是偶有所见，如西安收藏的北周建德元年（572年）匹娄欢石棺刻有伏羲女娲、青龙白虎等传统题材[3]，与洛阳北魏石棺画像相似。当北朝后期开始抛弃洛阳传统而极力"胡化"之时，一些外来的胡人却在努力"华化"，在西安、太原等地发现的中亚粟特人墓葬里，出现了刻有精美图像的石质葬具（房形石椁），虽然图像内容完全是其本民族风格，但他们对石质葬具的热情也许确是为了寻求某种文化上的认同感，他们在努力将自己从"圈外人"变为"圈内人"[4]。

从文献记载来看，南方地区也有赐予皇室成员或功勋之士东园秘器的传统。南齐皇帝萧道成的三个儿子（萧映、萧晃、萧晔）去世后，都被赐予"东园秘器，朝服一具，衣一袭"[5]；梁武帝时期的名将韦睿去世后，"遗令薄葬，敛以时服。高祖即日临哭甚恸。赐钱十万，布二百匹，东园秘器，朝服一具，衣一袭"[6]，昌义之去世后，"给东园秘器，朝服一具。赙钱二万，布二百匹，蜡二百斤"[7]。

不过从考古发现来看，南方地区既没有画像石棺椁，也没有带有图像的木棺。南方地区的葬具大多使用木棺，极难发现遗存。从幸存的几具木棺残片看，只在木棺上髹黑漆或红漆（如马鞍山东吴朱然的木棺外髹黑漆、内髹红漆），似乎并不流行彩绘，此与战国至汉代在楚地流行彩绘漆木棺不同，或许是由于地域的差异所致，也可能是木棺遗存发现太少的原因。

虽然没有北方那样的漆木画棺，南方墓葬里依然发现一些有精美图像的漆木随葬品。最重要的两个发现是安徽马鞍山的东吴大司马朱然墓[8]和南昌火车站东晋

1 《魏书》卷三五《崔浩传》："浩又上五寅元历，表曰：太宗即位元年，敕臣解《急就章》、《孝经》、《论语》、《诗》、《尚书》、《春秋》、《礼记》、《周易》。三年成讫。"北京：中华书局，1974年，第825页。

2 《魏书》卷九〇《冯亮传》："左手持板，右手执《孝经》一卷，置尸盘石上，去人数里外。积十余日，乃焚于山。以灰烬处，起佛塔经藏。"北京：中华书局，1974年，第1931页。

3 武伯伦：《西安碑林述略——为碑林拓片在日本展出而作》，《文物》1965年第9期，图版贰。

4 巫鸿著，郑岩译：《"华化"与"复古"——房形椁的启示》，载《礼仪中的美术——巫鸿中国古代美术史文编》，北京：三联书店，2005年。

5 《南齐书》卷三五《高帝十二王传》，北京：中华书局，1972年，第622、624页。

6 《梁书》卷一二《韦睿传》，北京：中华书局，1973年，第225页。

7 《梁书》卷一八《昌义之传》，北京：中华书局，1973年，第295页。

8 杨泓：《三国考古的新发现》，《文物》1986年第3期，第19—21页。

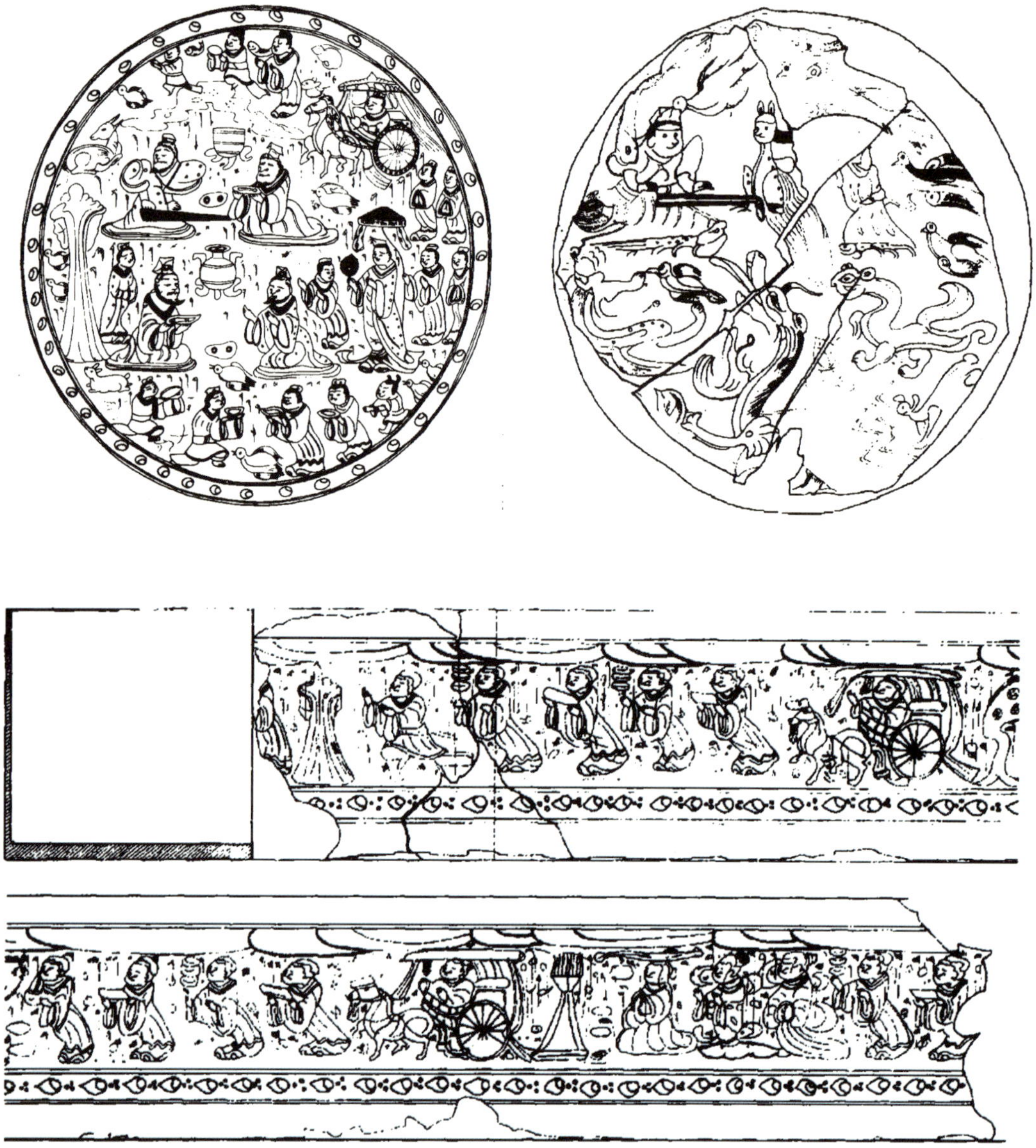

图4-1-2 南昌火车站出土东晋墓漆盘图像（引自江西省文物考古研究所、南昌市博物馆《南昌火车站东晋墓群发掘简报》，2001年）

墓[1]的彩绘漆木器，分别出土了84件和26件漆器，以黑、红等色在日用器皿上绘画，图像内容以历史或神话传说故事为主题，也有当时流行的“竹林七贤”题材和家居宴饮场景，辅以各类花草、神兽、几何纹样，不过人物形象与当时其他介质上（如拼镶砖画）的图像风格大不相同，极富汉代遗风（图4-1-2）。

1 江西省文物考古研究所、南昌市博物馆：《南昌火车站东晋墓葬群发掘简报》，《文物》2001年第2期，第12—41页；郑岩：《南昌东晋漆盘的启示——论南北朝墓葬艺术中高士图像的含义》，《考古》2002年第2期，第77—86页。

第二节　墓室图像

魏晋南北朝墓葬建筑上的图像主要以壁画和画像砖的形式出现，图像内容与建筑材料、历史背景、文化传统等皆有关系。

一、河西

西晋丧乱之后，北方游牧民族大举南下，中原地区出现了第一次大规模的人口外迁浪潮，"衣冠士族避乱江左者十八九"，世家大族大多随晋室南迁于以建康为中心的长江下游，也有一部分中原士庶迁往相对安定的西北、东北避乱。当中原地区人口空虚、礼仪尽丧之时，中原传统在江南、西北和东北得以继续保持和发展，这个时期的墓室图像形象地反映了这种社会变迁。

西北河西走廊的墓室图像主要发现于酒泉、敦煌等地的砖室墓中，武威、高台等地偶有发现，一般在门楼式照墙和墓室壁面以画像砖的形式作画，流行一砖一画，少量墓葬有通壁的绘画。土洞墓仅在照墙上偶见绘画。绘画技法是在砖面以白垩土为底，墨线勾画轮廓，再着红、赭、灰等彩色。

墓室图像的内容与布局方式因墓葬结构的不同而有差异，主要有四种情况：

（1）前、中、后三室砖墓：这是河西地区最奢华的一种墓葬，照墙和墓室四壁都绘有壁画。照墙以各种造型砖砌筑，其间镶嵌画像砖，砖上图像包括神禽异兽（青龙白虎、朱雀玄武、麒麟、辟邪、天鹿、仁鹿、受福、玄鸟、凤、飞鱼、带翼神兽）、双阙（鸡首和牛首人身者守卫阙门）、升仙（东王公、西王母、力士、羽人）、古圣先贤（伯牙抚琴、李广射猎）等。前后排列的三个墓室象征着简化了的宅院，所绘图像也因墓室的象征功能而不同，前室主要绘庄园生活内容（农桑、畜牧、坞壁、牛车出行），中室绘墓主燕居生活内容（主仆进食、宴宾待客、庖厨相关），后室绘内室生活内容（丝帛、简册、漆奁、女侍）等，在此图像配置之下，相应地在各墓室放置基本同类的随葬品。

此类墓葬的主人应该是在当地享有较高政治和经济地位的官员或世家大族，如嘉峪关新城发现的一座墓（出土了"王霑印信"石印章），除了在不同墓室依象征功能绘制各类图像外，还以榜题标明各个墓室的功能，如前室的壁龛榜题"各内"、"中合"，耳室榜题"臧内"、"炊内"、"牛马圈"、"车庑"等，王霑的具体身份并不明了，但墓葬显然是对其曾经拥有的深宅大院的模拟（图4-2-1、图4-2-2、图4-2-3、图4-2-4、图4-2-5）[1]。

1 甘肃省文物队等：《嘉峪关壁画墓发掘报告》第三章，北京：文物出版社，1985年。

（2）前后二室砖墓：照墙布局与三室墓无显著差别，墓室布局因墓室减少而另有安排，前室囊括了三室墓的前中二室内容，大抵以前室后壁为中心，向左右二壁展开，如后壁绘墓主夫妇宴乐场面，一侧壁绘庄园生活，另一侧则绘燕居生活；后室内容与三室墓无差别，也象征内室。

这类墓葬虽然比三室墓葬有所简化，但墓主身份也可能是河西的世家大族，嘉峪关新城发现的段清墓可能是曹魏时期的墓葬，出土了一件“甘□二□”铭文的朱书解注瓶，可能是“甘露二年”（257年）墓葬[1]。

较晚的河西墓葬有所简化，照墙装饰减少，墓室不再流行画像砖，而是通壁绘画，如可能属后凉或北凉时期的丁家闸5号墓就是一座装饰繁缛的墓葬。前室以土红宽带作界栏，上下分五层，分别象征天上、人间、地下，天上绘日月祥云、东王公、西王母、九尾狐、三足乌、汤王纵鸟、神禽异兽；人间绘庄园生活（农桑、放牧、坞壁、庖厨），墓主宴乐、歌舞乐伎、出行；地下图案单一，绘龟形象。后室也是上下分层，绘室内生活用具（弓箭、奁盒、拂尘、丝帛）（图4-2-6、图4-2-7、图4-2-8、图4-2-9、图4-2-10、图4-2-11）[2]。

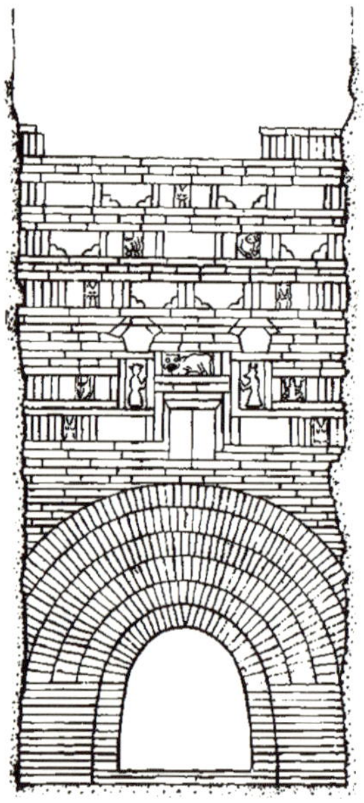
图4-2-1　嘉峪关新城M3门楼（引自甘肃省文物队等《嘉峪关壁画墓发掘报告》，1985年）

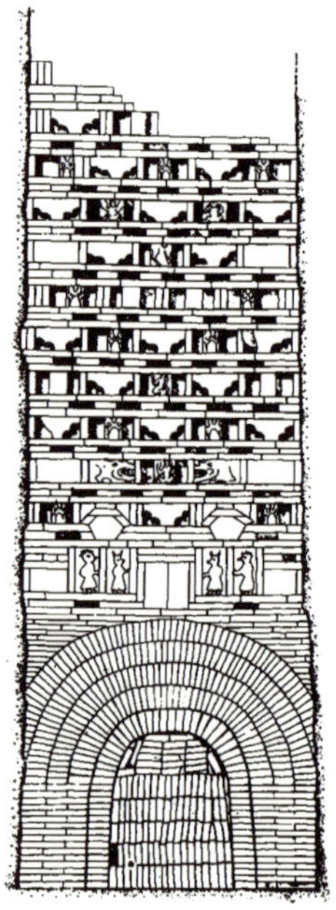
图4-2-2　嘉峪关新城M6门楼（引自甘肃省文物队等《嘉峪关壁画墓发掘报告》，1985年）

图4-2-3　嘉峪关壁画墓M6造型砖

1　嘉峪关市文物清理小组：《嘉峪关汉画像砖墓》，《文物》1972年12期，第24—30页。

2　甘肃省博物馆：《酒泉、嘉峪关晋墓的发掘》，《文物》1979年第6期，第1—17页，张朋川：《酒泉丁家闸古墓壁画艺术》，《文物》1979年第6期，第18—21页；甘肃省文物考古研究所：《酒泉十六国墓壁画》，北京：文物出版社，1989年。

图4-2-4　嘉峪关壁画墓M5出行图

图4-2-5　嘉峪关壁画墓M6出行图

图4-2-6　酒泉丁家闸5号墓前室图像（引自甘肃省文物考古研究所《酒泉十六国墓壁画》，1989年）

图4-2-7　酒泉丁家闸5号墓西王母图

图4-2-8　酒泉丁家闸5号墓羽人图

图4-2-9　酒泉丁家闸5号墓信使图

（3）单室砖墓：照墙部位内容仍无明显差别，墓室则在多室墓基础上简化了画像内容，如有关庄园生活的内容简化为撮粮、庭院嬉戏，燕居生活的内容简化为墓主进食、休闲纳凉等，象征内室生活的丝帛、简册等不见。此类墓葬在敦煌佛爷庙湾墓地较为多见。

图4-2-10　酒泉丁家闸5号墓农耕图

图4-2-11　酒泉丁家闸5号墓乐舞伎与杂技图

(4)土洞墓：是一种较为简陋的墓葬，受墓壁作画空间的限制，主要在照墙上绘画，内容以神禽异兽、升仙等主题为主。

河西魏晋十六国时期的墓室图像因墓葬的结构不同而有繁简差异，但以世俗生活场景为绘画主题是其共同特征，中原汉墓盛行的虚幻与教化主题（如升仙与孝悌）在这里很少见到，这在一定程度上反映了河西地区远离政治中心、社会相对安定的现实，图像中栩栩如生的日常生活场景与战乱频仍的中原社会形成了鲜明的反差。

二、东北

东北地区与河西一样，也是汉末以后中原士庶的理想避乱之地，不过由于民族成份、墓葬建筑及与中原的关系不同，东北的墓室图像又以另一种形式呈现在我们面前。

东北墓室图像主要集中于辽西的朝阳、北票及辽东的辽阳等地，在朝鲜平壤附近也发现了一些东晋时期的壁画墓。

辽西地区为十六国时期慕容鲜卑的聚居之地，但墓室图像明显地采用了中原式的题材，在当地流行的前宽后窄石椁墓墓壁上，以家居场面、庭院生活为绘画内容，包括墓主夫妇肖像、出行、庖厨、耕作、汲水等主题，有些墓葬里还出现了可能反映鲜卑习俗的黑狗形象。

朝阳发现的袁台子东晋墓是保存相对完整的一座墓葬，这是一座由石板砌筑的墓葬，有四个壁龛和一个耳室，墓中出土了带有明显游牧民族特征的器物，如青铜鍑，也有反映鲜卑民族特征的遗物，如耳室内发现了一整套鎏金马具，漆盘内发现了羊骨的遗骸，不过墓葬更主要体现的还是中原文化因素，在墓室前部发现了一具帷帐的构件和一个漆案，可能是仿照中原汉墓习俗的墓内设奠遗存。在墓室的四壁及墓顶均绘有壁画，墓顶为日月流云，墓室正壁为手持麈尾的墓主肖像，侧壁为男女侍仆贡食、车骑出行、宴饮、狩猎、备食场景，在壁面上部则绘制四神图像[1]。

辽东地区发现的墓葬以辽阳最为集中，时代从东汉末期延至东晋初期，若与朝鲜半岛北部发现的相当于东晋的壁画墓联系起来，辽东地区墓葬壁画的发展具有很强的延续性（表4–1）。

表 4–1 辽东地区墓葬壁画布局与内容

墓葬	布局与内容	资料出处
东门里墓	墓门内立柱绘门卒、小吏；墓室西壁上层为锯齿形水波图案及神兽（飞廉），下层绘牛车出行；墓室东壁上层为锯齿形水波纹及神兽，下层绘墓主宴居图；墓顶绘日月及星空。	《文物》1985年6期
三道壕窑业二场M2	右耳室残存墓主夫妇对坐宴饮图。	《文物参考资料》1955年12期
令支令墓（三道壕窑业二场）	墓门左壁残存庖厨图；右耳室绘墓主夫妇家居宴饮图、鞍马出行图，并有榜题“□令支令张□□”、“公孙夫人”等。	《文物参考资料》1955年5期
三道壕窑业二场M1	墓门内侧绘守门犬；右耳室三壁均绘墓主夫妇对坐宴饮图；左耳室绘车骑出行与庖厨。	《文物参考资料》1955年12期

1 辽宁省博物馆文物队、朝阳地区博物馆文物队、朝阳县文物馆：《朝阳袁台子东晋壁画墓》，《文物》1984年第6期，第29—45页。

（续表）

墓葬	布局与内容	资料出处
车骑墓（三道壕窑业四场）	墓门内绘门卒；棺室中央横枋栌斗绘兽面；左耳室绘墓主夫妇家居饮宴图；右耳室绘庖厨、庄园操作图；耳室前部和棺室前壁绘车骑出行图；墓顶绘日月星空。	《文物参考资料》1955年5期
南环街壁画墓	门柱绘云气；右耳室绘墓主家居图；左耳室绘墓主夫妇对坐宴饮图；盖石绘红日及三足乌。	《北方文物》1998年3期
鹅房M1	右耳室绘墓主夫妇对坐宴饮、百戏图，正壁绘楼阁；左耳室正壁绘八个持书简的男像，上方绘日月；后室正壁绘楼阁等。	《考古》1980年1期
北园M2	墓门内绘门卒与门犬；右耳室绘日月及武器架；左耳室绘日月、楼阁；棺室的侧室绘宴饮图。	《考古》1980年1期
棒台子M2	墓门内侧绘门卒；右耳室绘墓主夫妇对坐宴饮、属吏拜谒，有“主薄”和“议曹掾”榜题；左耳室绘车骑出行、楼阁图。	《考古》1960年1期
南雪梅M1	墓门内左右壁残存房舍；左棺室后壁残存六人拱手对坐宴饮图；棺室门框绘装饰性图案。	《考古》1960年1期
三道壕M3	右耳室西壁绘男墓主像，北壁绘女墓主像；左耳室绘鞍马出行；后廊残存楼阁图；横枋上均以云气为装饰纹样。	《考古》1980年1期
棒台子壁画墓M1	墓门内门柱绘门卒与门犬；左右耳室绘墓主饮食，前廊两壁绘面向墓主的两组乐舞百戏；左右廊壁面绘车骑出行；后廊绘三层楼阁及水井；后小室绘庖厨图；前廊墓顶盖石绘日月云气。	《文物参考资料》1955年5期
上王家墓	右耳室正壁绘手持麈尾的墓主宴饮图；左耳室正壁绘车骑出行。	《文物》1959年7期
冬寿墓	右耳室西壁绘男墓主及属吏，南壁绘女墓主及侍者，东壁绘武士；左耳室绘庖厨图、肉库、车库、圈厩；前廊侧室门口绘武士“帐下督”，并墨书墓记；前廊南壁绘武士、鼓乐场面，东壁绘角抵图；侧廊绘车马出行行列；后廊残存舞乐图。	《安岳第三号坟发掘报告》1958年

辽东地区壁画墓均为支砌石椁墓，多为平顶墓，也有少量采用叠涩藻井顶，这样的墓葬结构与辽西墓葬相比，获得了更多的绘画空间，在耳室或前、后、侧廊均有绘画。壁画的布局基本上以墓主宴享为中心，墓主像一般安排在前室的耳室正壁，向左右展开，配以乐舞百戏、侍者供奉等场面；与墓主像对称的耳室则为庖厨之所；其他耳室或侧室绘车骑出行、楼阁；墓门绘门卒与门犬。墓室石枋石额上则以云气纹为装饰。

较早的墓葬壁画内容比较单一，如汉末的东门里壁画墓只有墓主燕居和车马出行，墓主为侧坐男性，无百戏、庖厨、楼阁等场面，装饰纹样中还有飞廉等神兽。稍晚的壁画内容开始丰富起来，如三道壕窑业二场M2、令支令墓、三道壕窑业二场M1、车骑墓、南环街壁画墓、鹅房M1、北园M2、棒台子M2、南雪梅M1、三道壕M3、棒台子壁画墓M1等，这些墓葬的壁画内容复杂、人物繁多，墓主像增加了女主人，一般为对坐宴饮形象，也有将墓主夫妇分别绘同一耳室的不同壁面者；庖厨、庭院、楼阁、乐舞百戏、车骑出行场景大量增加，墓顶一般绘日月星空，不见神禽灵兽内容。到东晋时期，辽东墓葬壁画的主题和布局又有了新的变化，如在辽阳上王家村壁画墓和朝鲜冬寿墓中，墓主的形象变为手持麈尾、坐于帷帐屏风之下的正面像，形象高大；有庞大的车骑出行行列。冬寿墓男女墓主侍侧者各有分工，男墓主像旁主要是男性属吏，女墓主像旁主要是侍女。这种手持麈尾的男性正面墓主形象与中原发现的早期墓主形象相当一致，如汉末熹平五年（176年）的安平逯家庄壁画墓右耳室[1]、北京八角村晋墓庑殿顶石椁上的墓主形象（图4-2-12）[2]。

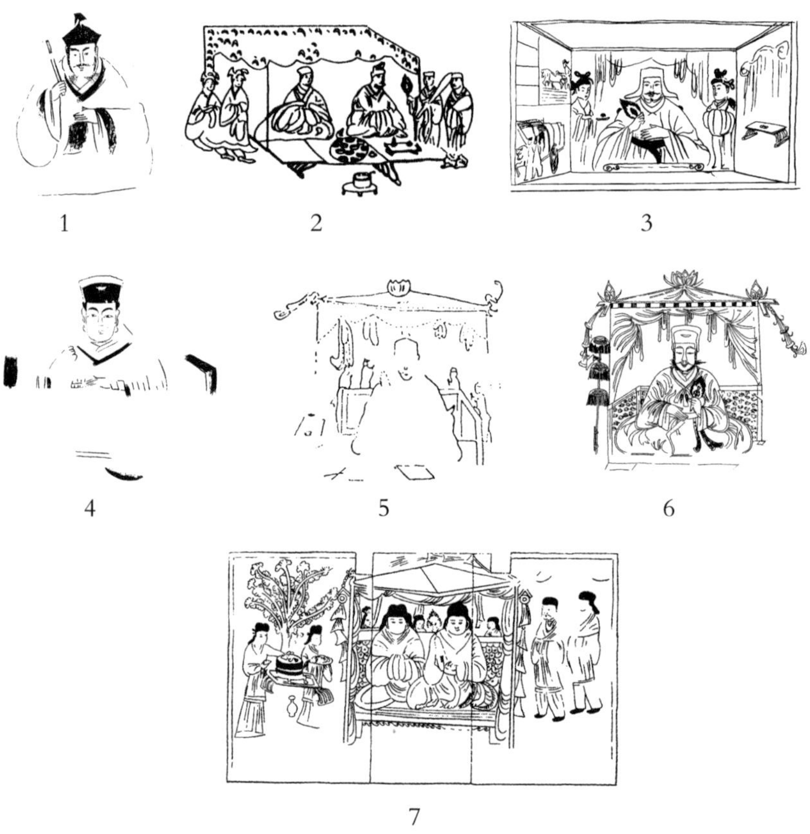

1. 安平逯家庄东汉晚期墓 2. 洛阳朱村汉魏墓 3. 北京石景山魏晋墓
4. 朝阳袁台子东晋墓 5. 辽阳上王家东晋墓 6. 朝鲜冬寿墓 7. 大同智家堡北魏墓

图4-2-12 汉晋时期墓主图像（引自李梅田《魏晋北朝墓葬的考古学研究》，2008年）

1 河北省文物研究所：《安平东汉壁画墓》，北京：文物出版社，1990年。

2 石景山区文物管理所：《北京市石景山区八角村魏晋墓》，《文物》2001年第4期，第54—59页。

三、中原

魏晋南北朝时期的中原墓室图像的主要内容显然源自汉代传统，不过由于这段时期社会变迁的加剧，图像传统并非线性地发展和延续，而是在不断的吸收和互动中嬗变，各朝代核心地区的考古发现充分反映了这种变化。

以山西北部和内蒙古河套地区为中心的云代地区是北魏前期的核心地区，发现壁画的墓葬包括太和元年（477年）宋绍祖墓、大同智家堡壁画墓、和林格尔壁画墓、“丹扬王”墓等（表4-2）。

表 4-2 云代地区墓室壁画布局与内容

墓葬	布局与内容	资料出处
丹扬王墓	墓砖浮雕四神、莲瓣、忍冬、连珠纹饰，墓道口两侧彩绘“守护神”，墓砖上有“丹扬王墓砖”字样。	《北朝研究》1993年4期
宋绍祖墓	甬道绘朱红色忍冬图案；三开间石椁内东西北壁均有壁画，采用墨线分界，作于四壁下部，残存舞蹈抚琴人物。	《文物》2001年7期
智家堡墓	三开间石椁内绘壁画。顶部梁架绘墓主夫妇并坐像、侍者供奉、牛车出行、羽人、莲花忍冬等。均着鲜卑装，壁画有边框。	《文物》2001年7期
和林格尔壁画墓	前室四壁和甬道两壁壁画，表现狩猎、山川河流、燕居行乐、杂技、四神形象。	《文物报》1993年11月28日

云代地区墓室图像的主题显然是汉代的传统题材，如孝子故事、四神、墓主宴饮、牛车出行等，智家堡壁画中手持麈尾、坐于帷帐之下的墓主像则是魏晋以来流行的壁画题材，在中原东汉晚期墓（如安平逯家庄）、北京晋墓（如石景山八角村墓）、辽阳魏晋墓（如上王家村墓）、朝鲜半岛东晋墓（如冬寿墓）中均有发现。不过从图像人物的服饰来看，呈现出明显的时代和地方特色，有两种显然不同的风格：宋绍祖墓和司马金龙墓的人物均着中原传统的褒衣博带服装；而智家堡壁画墓的人物均着鲜卑服装，与固原发现的太和年间漆棺画人物接近[1]。

图像人物服饰的变化是一个较为敏感的反映鲜卑中原化程度的形象化标志。北魏的服饰变化是一个随着汉化的深入而逐渐深入的渐进过程，《隋书·礼仪志》明确记载了这个过程：

> 自晋左迁，中原礼仪多缺。后魏天兴六年（403年），诏有司始制冠冕，各依品秩，以示等差，然未能皆得旧制。至太和中（477—499年），方考故实，正定前谬，更造衣冠，尚不能周洽。及至熙平二年（517年），太傅、清河王怿、黄门侍郎韦廷祥等，奏定五时朝服，准汉故事，五郊衣帻，各如方色焉。及后齐因之。河清

1 固原县文物工作站：《宁夏固原北魏墓清理简报》，《文物》1984年第6期，第46—56页。

中（562—565年），改易旧物，着令定制云。[1]

从太和之前的“未能皆得旧制”，到太和年间的“不能周洽”，再到迁洛之后的“定五时朝服”，拓拔氏的中原化服制改革逐步走向深入，这在云代地区的墓室图像上得到了形象的体现。

北魏迁都洛阳之后，似乎墓室图像并不如平城时期那么发达，而如前所述流行图像精致的石质葬具，这可能与墓室结构的改变有直接关系，洛阳发现的北魏高等级墓葬均为单室的砖室或土洞墓，作画空间显然大受局限。目前仅见的几座北魏后期壁画墓中，图像内容也相当简略。孝昌二年（526年）江阳王元乂墓[2]、孝昌元年（525年）清河王元怿墓[3]、太昌元年（532年）安东将军王温墓[4]可能代表了当时皇室成员与汉人官吏的墓室图像的做法，图像内容不甚丰富，基本上采用了汉代的传统题材和风格，如元乂墓中的银河、星空图像，王温墓的墓主坐像，元怿墓的拄剑武士形象等，一个显著的变化是图像的鲜卑因素基本消失了（图4-2-13）[5]。

邺城作为东魏和北齐的统治中心，是继洛阳之后北朝墓葬最集中的地区。邺

图4-2-13　洛阳北魏元怿墓武士像（引自郑岩《魏晋南北朝壁画墓研究》，2002年）

1 《隋书》卷一一《礼仪志》，北京：中华书局，1973年，第238页。

2 洛阳博物馆：《河南洛阳北魏元乂墓调查》，《文物》1974年第12期，第53—55页。

3 徐婵菲：《洛阳北魏元怿墓壁画》，《文物》2002年第2期；韦娜等：《洛阳古墓博物馆》，郑州：中州古籍出版社，1995年。

4 洛阳市文物工作队：《洛阳孟津北陈村北魏壁画墓》，《文物》1995年第8期，第26—36页。

5 河南省文化局文物工作队：《邓县彩色画像砖墓》彩版，北京：文物出版社，1958年。

城附近的北朝墓葬中发现了大量有壁画的墓葬，如磁县武定八年（550年）茹茹公主闾氏墓[1]、讲武城M56[2]、天统二年（566年）骠骑大将军赵州刺史姚峻墓[3]、武平七年（576年）左丞相文昭王高润墓[4]、武平七年（576年）文宣帝高洋妃颜玉光墓[5]、可能属于乾明元年（560年）高洋陵墓（武宁陵）的湾漳大墓[6]等。其中茹茹公主墓和湾漳大墓的形制结构、壁画布局和内容非常接近，当代表了邺城壁画的最高等级。在长长的斜坡墓道两壁绘制有青龙白虎引导的仪仗行列，一侧为出行，另一侧为回归，墓道地面为地毯式的花草纹带，甬道绘侍卫，墓室四壁绘墓主的宴饮享乐、属吏供奉等内容，墓顶绘天象。从墓道到墓室，均上下分栏布局，将主题绘于下部，而在上栏绘神兽和一些装饰性的祥瑞图案，如甬道上方的门墙绘朱雀、神兽，墓道上方绘莲花流云，墓室上方绘四神或其他瑞兽。体现二墓等级的主要是墓道仪仗行列的人数，湾漳大墓和茹茹公主墓仪仗分别由53人和14人组成，尽管无法与文献所载的卤簿制度对应，但帝王与公主间的仪仗差别是明显的（图4-2-14、图4-2-15）。

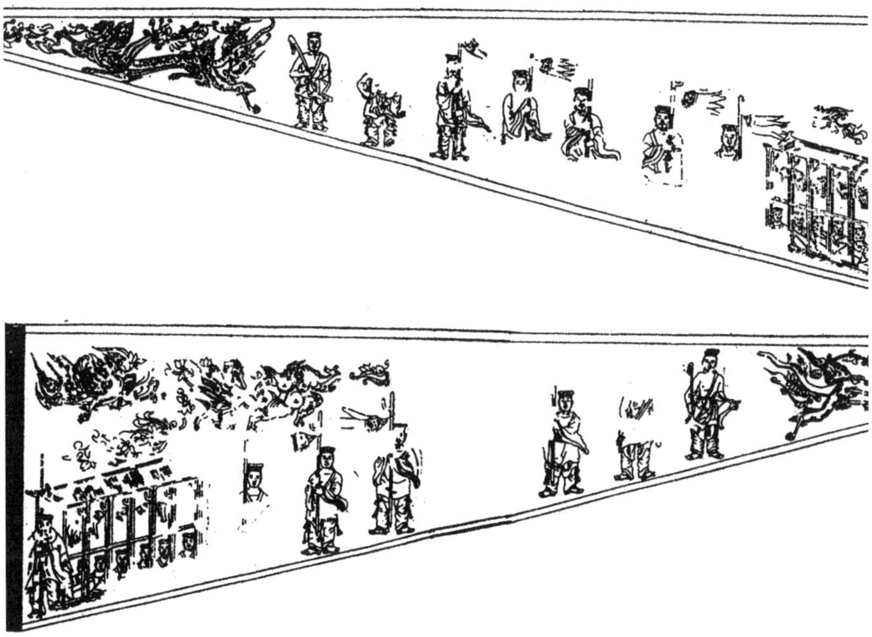

图4-2-14　磁县东魏茹茹公主墓墓道壁画（引自磁县文化馆《河北磁县东魏茹茹公主墓发掘简报》，1984年）

1 磁县文化馆：《河北磁县东魏茹茹公主墓发掘简报》，《文物》1984年第4期，第1—9页。

2 河北省文物管理委员会：《河北磁县讲武城古墓清理简报》，《考古》1959年第1期，第24—26页。

3 磁县文化馆：《河北磁县东陈村北齐姚峻墓》，《文物》1984年第4期，第24—26页。

4 磁县文化局：《河北磁县北齐高润墓》，《考古》1979年第3期，第235—243页。

5 安阳县文教局：《河南安阳县清理一座北齐墓》，《考古》1973年第2期，第90—91页。

6 中国社会科学院考古研究所、河北省文物研究所邺城考古队：《河北磁县湾漳北朝墓》，《考古》1990年第7期，第600—607页；马忠理：《磁县北朝墓群——东魏北齐陵墓兆域考》，《文物》1994年第11期，第56—80页；徐光冀：《河北磁县湾漳北朝大型壁画墓的发掘与研究》，《文物》1996年第9期；中国社会科学院考古研究所、河北省文物研究所编著：《磁县湾漳北朝壁画墓》，北京：科学出版社，2003年，第192页。

图4-2-15　磁县湾漳大墓墓道壁画（引自中国社会科学院考古研究所、河北省文物研究所编著《磁县湾漳北朝壁画墓》，2003年）

图4-2-16　磁县北齐高润墓壁画

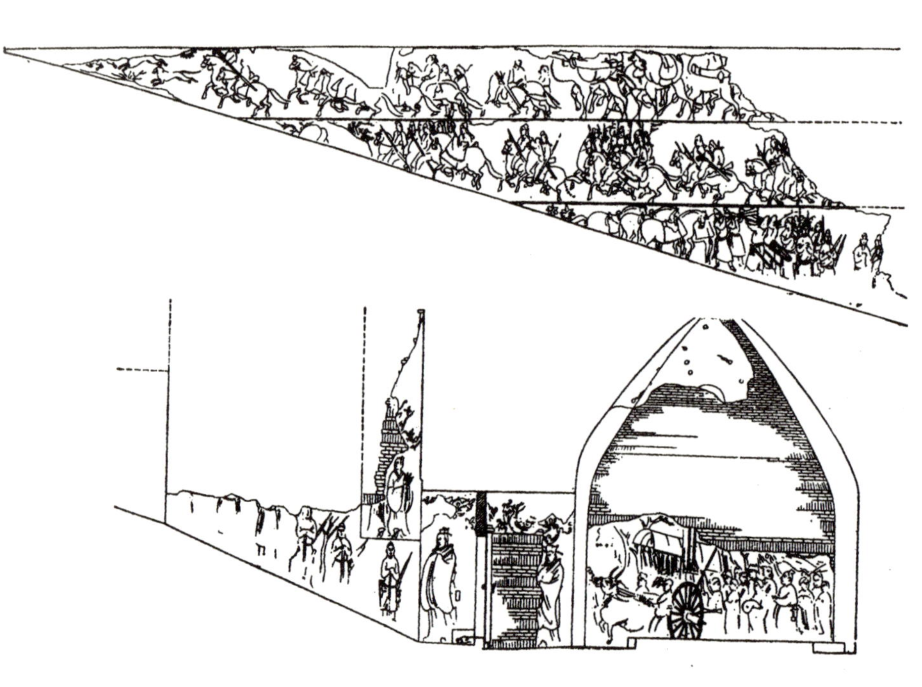

图4-2-17　太原北齐娄叡墓壁画（引自山西省考古研究所、太原市文物管理委员会《太原市北齐娄叡墓发掘简报》，1983年）

左丞相、文昭王高润墓在墓葬形制上与前二墓类似，墓室面积介于二者之间，由于壁画漫湮严重，墓道、甬道壁画情况不清楚，从残存的墓室壁画看，高润墓壁画当属另一种布局方式，墓室的正壁（北壁）绘端坐于帷帐下的墓主像，东西残留侍从像。壁画不见茹茹公主墓和湾漳大墓那样明确的分栏布局现象，如北壁墓主人画像占据了整个壁面（图4-2-16）。

邺城发现的其他东魏北齐墓葬在建筑规模和壁画的配置等级上都明显低于以上几座，可见，邺城墓葬的等级制度比洛阳严格得多。

晋阳（今太原）是东魏北齐的另一个核心地区，也发现了大量壁画墓，如太原市武平元年（570年）右丞相东安王娄叡墓（图4-2-17）、武平二年（571年）武安王徐显秀墓（参见图2-3-21）、太原南郊热电厂北齐壁画墓、寿阳河清元年（562年）顺阳王厍狄迴洛墓等，这批墓葬的结构与图像配置与邺城类似（表4-3）。

表 4-3 邺城—晋阳地区墓室壁画布局与内容

墓葬	墓道	甬道	四壁	墓顶	资料出处
茹茹公主墓	南半截单栏布局，北半截两栏布局。两壁为青龙白虎引导的两列14人仪卫；上层为方相氏、羽人、凤鸟、莲花等；地面为地毯式花草纹带。	分上下两栏布局，上层残留火焰、莲花、摩尼宝珠；下层两侧属吏与驭手；门墙绘朱雀、摩尼宝珠、方相氏。	分上下两栏布局，以红色框栏相隔。上层为四神与山川树木；下层为墓主内室生活，北壁女主人及侍女供奉；西壁女子伎乐；东壁男子属吏。	天象	《文物》1984年4期
湾漳大墓	分上下两栏布局，上层绘7种神兽及流云莲花；下层绘青龙白虎引导的四列53人仪卫；地面为地毯式三列，中为八瓣仰莲，两侧为莲花忍冬纹带。	分上下两栏布局，上层残留莲花、流云；下层残留侍卫；门墙绘朱雀、神兽、羽兔、莲花、流云。	分上中下三栏，上层四壁各有一栏分九个方格，每格一动物；中层神兽、朱雀等形象；下层残留人物形象。	天象	《考古》1990年7期
徐显秀墓	下层为4神兽引导的共96人仪仗出行队列。	甬道内容是神话和警卫场面，两壁各有4个佩剑或执鞭武士，券洞两侧各有一门吏；券洞上方是宝相莲花和云气纹，两侧为方相氏。	四壁是墓主生前的生活图景。北壁为墓主夫妇坐榻、伎乐宴饮图；西壁是墓主出行队列，以骏马为中心；东壁是墓主夫人出行场面，以卷棚牛车为中心，旁有一胡仆；南壁门洞两侧是墓道出现场面的延伸；门洞上方为硕大莲花及镇墓方相。	天象	《文物》2003年10期

（续表）

墓葬	墓道	甬道	四壁	墓顶	资料出处
娄叡墓	上中层绘出行与回归，下层绘军乐仪仗；天井上层绘佛教飞升净土，中下层绘军乐仪仗。	甬道绘门卒、军乐仪仗；墓门绘青龙白虎、卷草摩尼。	上层绘十二时及神兽；中层绘羽人、青龙、连鼓雷公；下层绘墓主坐帐、伞盖鞍马、牛车出行。	天象	《文物》1983年10期
太原热电厂壁画墓	无	无	中层：乘龙骑虎之神仙羽人、千秋万岁、神禽异兽；下层：三贵妇坐于帷帐屏风之榻上，旁有树下侍者、属吏、牛车出现场景。	天象	《文物》1990年12期
厍狄迴洛墓	不清	甬道上方残存飞鸟，两壁各绘四人，为杂技人物和侍者；墓门绘青龙白虎。	西壁残存十字图案。		《考古学报》1979年3期
高润墓	曾有壁画	曾有壁画	北壁墓主端坐帷帐、侍从供奉；东壁残留车盖、侍者；西壁残留侍从。	天象	《考古》1979年3期
讲武城M56			每副画周边有红框栏，绘车辆人物、桥梁树木、莲花等；四隅影作斗拱。		《考古》1959年1期
姚峻墓		门墙绘朱雀、羽人、朵云、莲花			《文物》1984年4期
颜玉光墓			南壁男女侍仆；北壁盔甲武士、鹰鸟；西壁妇女抱婴、骑马武士。		《考古》1973年2期

中原地区北朝后期以邺城、晋阳壁画墓为代表的墓室图像布局与主题都与洛阳大相径庭，抛弃了洛阳葬具画像的孝悌与升仙内容，而流行反映墓主生前威仪和享乐内容的主题。尽管墓葬结构复杂了，画面增加了，但画像的布局十分简洁明了，将最能反映墓主生前社会地位的仪仗、属吏供奉与宴享内容，从前至后依次布置在从墓道到甬道，到墓室的中轴线上，中轴线两侧的左右墓壁分别是出行与回归的仪仗行列，墓室正壁的墓主坐像是画面的中心。各部分画面紧密围绕着墓主像这个中心，十分紧凑地凸显出一个明确而单一的主题：现实生活的再现。

无论出行仪仗，还是墓主宴饮、属吏供奉都是一些非常“现实”的题材，生前曾经拥有的社会地位通过出行仪仗、宴饮、属吏供奉等画面逼真地再现出来。画面中的仪仗等级、墓主画像都严格地与墓主的身份相称，如茹茹公主死时年仅十三岁，墓室正壁绘的是一位雍容华贵的青年女子形象；文昭王高润为高欢之子，墓室正壁绘的正是一位威严的老年王者形象；湾漳大墓的仪仗行列可以“初步认定某些仪仗为皇帝的专用仪仗”[1]。

显然，东魏北齐的墓室图像十分重视墓主生前的社会角色，强调生前生活的奢华与威仪，与洛阳北魏画像相比，反映出浓厚的现实主义作风。如果说洛阳代表了一种虚幻的社会理想，邺城则代表了写实的个人享乐主义倾向。

青齐地区（今山东地区）是南北朝时期南北文化交流的重要通道，也发现了一批精美的墓室图像，如临朐县发现的天保二年（551年）威烈将军行台府长史崔芬墓（图4-2-18）、济南马家庄发现的武平二年（571年）祝阿令道贵墓（图4-2-19）、临淄崔氏墓地武平四年（573年）崔博墓、济南东八里洼发现的壁画墓（图4-2-20）。除崔博墓为圆形石室墓外，均为单室方形或长方形石室墓；墓主除东

图4-2-18　临朐北齐崔芬墓壁画（引自郑岩《魏晋南北朝壁画墓研究》，2002年）

1　中国社会科学院考古研究所、河北省文物研究所编著：《磁县湾漳北朝壁画墓》，北京：科学出版社，2003年，第196页。

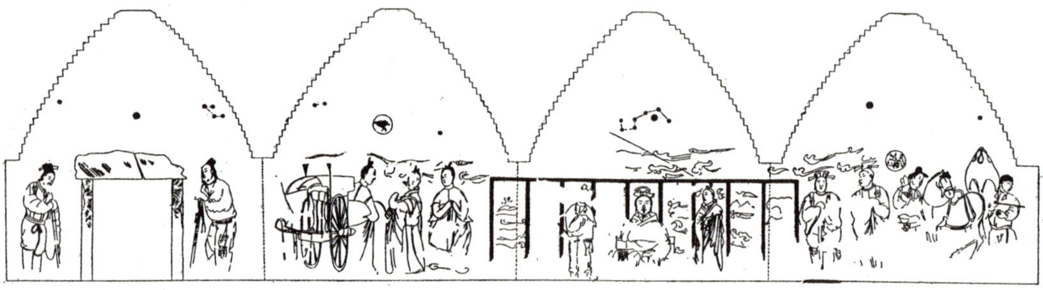

图4-2-19　济南北齐道贵墓壁画（引自济南市博物馆《济南市马家庄北齐墓》，1985年）

图4-2-20　济南东八里洼北齐墓壁画（引自山东省文物考古研究所《济南市东八里洼北朝壁画墓》，1989年）

八里洼壁画墓不清外，均为中下级官吏，墓葬规模亦无大差别，墓室边长均在3.5米左右。因石室墓的墓道均较短，不宜作画，故壁画主要绘于甬道和墓室两处（表4-4）。

表 4-4　青齐地区壁画布局与内容

墓葬	甬道墓门	墓室	资料出处
崔芬墓	甬道东西壁绘武士门卫，身后树木、假山、云朵（绘此二像之壁面曾阴刻拄仪剑武士）	墓顶及四壁上层绘四神及二十八宿，以仙人驭四神，以莲花、树木山峦为辅助纹饰；西壁壁龛横额绘墓主夫妇出行；四壁下层绘十七扇屏风，除南壁二扇空白外，其他各扇绘竹林七贤、荣启期的饮宴歌舞场面，均有侍女供奉，以假山树木为背景。	《文物》2002年4期
道贵墓	甬道门墙绘白虎	北壁绘九格屏风，墓主端坐，属吏奏事；南壁墓门两侧绘胡服门卫；东壁绘鞍马人物与胡人马夫；西壁绘妇人车舆出行；墓顶绘星座及蟾宫故事。	《文物》1985年10期

（续表）

墓葬	甬道墓门	墓室	资料出处
崔博墓	墓门两侧彩绘佩剑武士像	不清	《考古学报》1984年2期
东八里洼壁画墓	不清	东西北壁各残存二侍女形象，北壁与东壁拐角处绘八足屏风，绘垂帐帷幕，中间四扇屏风各绘一袒胸跣足之饮乐人物，旁立侍童。	《文物》1989年4期

青齐地区北齐墓葬壁画的基本布局特征是：在甬道绘武士门吏，门墙上绘白虎图像；墓室上部（含墓顶）绘星象及引导升仙场面，下部以屏风画的形式布局画面，绘墓主生活场面、竹林七贤与荣启期等历史人物内容。

壁画特征与同时期的中原地区相比，表现出较多的一致性，如布局方式上均上下分层，分别安排代表虚拟和世俗两个世界的内容；壁画题材上也有很多共性，如道贵墓甬道门墙上方绘白虎，其意义当与厍狄迴洛墓门楣上的白虎相同；墓室南壁西侧所绘门吏“头戴贯穿骨笄的小冠，着圆领窄袖衫，腰束带，下着靴”，与厍狄迴洛墓甬道壁上所绘门吏和娄叡墓墓道上人物装束相似；墓室北壁屏风前所绘墓主人头着巾子，作瞑目状，与高润墓北壁中央端坐于帷帐下的墓主人装束、神态极似，墓室顶部画天象的作风，也见于娄叡墓。

此外，青齐壁画特征还表现出很强的地方特色，尤以屏风式的竹林七贤与荣启期题材较为突出，这种题材不见于中原地区，而屡屡发现于南京地区的南朝大型墓葬中[1]，反映了东晋南朝社会对于隐逸之士的追慕。南朝几座大墓均为最高等级的墓葬，而青齐发现的几座墓葬均为中下级官吏，可见对于七贤题材的崇尚已经不限于社会上层，而已经成为南北朝社会的一种普遍风潮。青齐地处南北朝交接地区，南北政权在此进行拉锯式的统治，青齐地区既有中原地区文化的一般特征，也有条件受到东晋南朝最新文化的影响，而呈现一种南北文化交融的现象。

相对而言，关中地区的西魏北周墓室图像要简略得多，墓葬均有较长的斜坡墓道，并有过洞、天井等设施。由于过洞、天井将墓道分隔，不便于像邺城、晋阳那样绘制大规模的鞍马出行行列，而是流行在墓道、甬道、墓室四壁下部绘平行宽带纹，以栏框相隔绘单幅人物画像；墓门、甬道、过洞等处绘拄剑仪卫武士，墓门上方绘楼阁等，这些壁画绘制特点带有浓厚的关中地方特色。

北周天和四年（569年）李贤墓以栏框相隔绘单幅人物画像、墓道两侧绘拄刀

1 在南京西善桥、丹阳胡桥、吴家村、金家村发掘的南朝大墓中均发现了竹林七贤和荣启期的拼镶砖画。发掘报告分别参：南京博物院等《南京西善桥南朝墓及其砖刻壁画》，《文物》1960年第8、9期合刊，第37—42页；罗宗真《南京西善桥油坊村南朝大墓的发掘》，《考古》1963年第6期；南京博物院《江苏丹阳胡桥南朝大墓及砖刻壁画》，《文物》1972年第2期；南京博物院《江苏丹阳县胡桥、建山两座南朝墓葬》，《文物》1980年第2期。

仪卫门吏，这是新的壁画内容，其中以栏框相隔绘单幅画像的做法可能来自于邺城地区，如磁县讲武城M56绘车辆人物等内容，每幅画周边有红色框栏[1]；其拄刀的门吏形象，在表现方式上与邓县学庄南朝壁画墓[2]、洛阳北魏元怿墓所见相似[3]。

可见，关中北朝墓葬的壁画在继承本地汉晋传统的基础上，也受到中原甚至南朝壁画作风的影响。不过，以张僧繇画风为代表的丰壮型人物形象，似乎还没有传入关中地区，李贤墓的人物形象仍是秀骨清像的旧风。

根据张彦远《历代名画记》，北周画家水平最高者当属冯提伽，但“提伽之迹，未甚精密，山川草树，宛然塞北。车马为得意，人物非所长”[4]。冯提伽善于车马及山川而不长于人物，可能北周人物像还沿袭着南朝前期的旧式风格，既没有创新，也还没有受到南朝后期新风的影响。

四、南方

受墓葬形制结构及地理环境的影响，南方地区墓室图像以模印砖画为主，以建康（南京）地区墓葬中常见，而北方那样的通壁彩绘壁画较为少见，仅在南北朝交接地区的南阳、襄阳地区有所发现。

南京地区的模印砖画一般是将数块模印花纹的砖拼成一幅完整的图案，镶嵌在墓壁上，较简单的做法是将两块砖拼成一幅莲花、宝瓶图案，这类模印砖画广泛流行于南朝时期；较复杂的是用数十块模印砖拼成大幅画面，如“竹林七贤与荣启期”、“仪仗出行”、“羽人戏龙（虎）”、“日月”等，使用这类模印砖画的墓葬规模都较大，可能既是礼制的要求，也是社会地位的反映，迄今在南京附近发现的几座大幅模印砖画墓葬皆被推断为东晋至南朝时期的帝王墓葬。如有“竹林七贤”图案的西善桥油坊村大墓[5]、丹阳胡桥大墓、建山大墓[6]等分别被认为是刘宋、南齐的帝陵。

西善桥油坊村大墓保存完好，是一座难得的规模巨大、装饰精致的南朝高等级墓葬。这是一座前有石门，墓壁略外弧的长方形单室砖墓，券顶，后壁及左右两壁设有灯龛和假窗等设施，模印画砖被镶嵌在左右侧壁上，组成各长2.4米，高0.8米的大幅画面，每壁各绘四人，人物之间以树木相隔，依题记可知南壁人物为嵇

1 河北省文物管理委员会：《河北磁县讲武城古墓清理简报》，《考古》1959年第1期，第24—26页。

2 河南省文化局文物工作队：《邓县彩色画像砖墓》，北京：文物出版社，1958年；陈大章：《河南邓县发现北朝七色彩绘画像砖墓》，《文物》1958年第6期，第55—56页。

3 徐婵菲：《洛阳北魏元怿墓壁画》，《文物》2002年第2期。

4 冯提伽官至散骑常侍兼礼部侍郎，“后避周末之乱，佣画于并、汾之间”。见［唐］张彦远著，俞剑华注释《历代名画记》，上海人民美术出版社，1964年。

5 南京博物院等：《南京西善桥南朝墓及其砖刻壁画》，《文物》1960年第8、9期合刊，第37—42页。

6 南京博物院：《江苏丹阳胡桥南朝大墓及砖刻壁画》，《文物》1974年第2期，第44—56页；南京博物院：《江苏丹阳县胡桥、建山两座南朝墓葬》，《文物》1980年第2期，第1—17页；

康、阮籍、山涛、王戎，北壁四人为向秀、刘伶、阮咸、荣启期。画中人物皆坐于树下皮褥之上，手持乐器或酒具，姿态各异，颇具魏晋人物“秀骨清像”之风貌。荣启期为春秋高士，图中与竹林七贤并列，既是为了画面的对称，也因他们有着类似的经历与精神风貌。

南方地区的墓室壁画远不如模印砖画那样普遍，仅在南朝的边疆地区发现了几例，如云南昭通东晋霍承嗣墓、河南邓县学庄画像砖墓、襄阳贾家冲壁画墓等。

昭通霍承嗣墓是一座难得的墓主身份和年代明确的壁画墓，采用了西南地区流行的石室墓结构，在方形墓室前设甬道与石门，石门两侧有壁龛，墓顶为覆斗形，中心石板上刻一朵覆莲。石壁上先涂白灰打底，再以彩色作画。正壁绘有手持麈尾，端坐于榻的墓主肖像，侍从环列左右，并设有仪仗架，墓主像上方墨书91字题记：“晋故使持节都督江南交宁二州诸军事建宁越嶲兴古三郡太守南夷校尉交宁二州刺史成都县侯霍使君之像君讳□字承嗣卒是荆州南郡枝江牧六十六岁薨先葬蜀郡以太元十□□二月五日改葬朱提越渡□余魂来归墓。”左右二壁皆以花纹带分为上下二栏，上栏绘流云、莲花、日月星辰、四神、楼阁、瑞兽等图案，下栏绘执幡仪仗、武装骑从、汉族和彝族部曲队列（图4-2-21）。

根据题记可知，该墓葬于太元年间（376—396年），是唯一一座有纪年的东晋壁画墓，图像内容既有中原地区的传统题材，也有反映当地民族融合的内容，虽画技稚拙、画风单调，但为我们了解东晋时期西南边陲的社会历史留下了丰富的形象资料[1]。

邓县学庄画像砖墓其实是以壁画与画像砖结合的方式装饰墓壁，墓葬采用了南朝典型的长方形凸字形砖室结构，在墓门处以白灰打底，图绘兽首、飞天及持剑武士，形象生动、色彩艳丽。不过墓内更常见的装饰还是模印画像砖，多一砖一画，并有着色，与河西魏晋画像砖类似。砖上图案种类繁多，既有飞天、化生、麒麟、羽人等带有佛教、道教含义的图案，也有儒家传统的孝子故事、北方流行的牛车出行仪仗，有些图案还以榜题的方式注明内容，如“南山四皓”、“王子乔”、“浮丘公”等仙道人物，“郭巨”、“老莱子”等孝子，“千秋万岁”、“王人”、“凤凰”等吉语瑞兽[2]。值得一提的是，这座墓的图像给我们提供了大量非常难得的音乐史材料，如吹竽、弹琴的“南山四皓”似乎组成了一个仙道人物的乐队组合，另一块模印砖上描绘的是4男2女表演的乐舞场面，女子在舞蹈，男子则吹竽、击鼓伴奏；更有2块难得的反映军乐情况的砖画，行进中的军乐队在表演鼓乐，其中既有北方传统的乐器——胡角，还有南方系统的笛与箫。该墓墓葬结构

1 云南省文物工作队：《云南省昭通后海子东晋壁画墓清理简报》，《文物》1963年第12期，第1—5页。

2 陈大章：《河南邓县发现北朝七色彩绘画像砖墓》，《文物参考资料》1958年第6期，第55—56页；河南省文化局文物工作队：《邓县彩色画像砖墓》，北京：文物出版社，1958年；柳涵：《邓县画像砖墓的时代和研究》，《考古》1959年第4期。

图4-2-21　东晋霍承嗣墓南壁壁画（引自云南省文物工作队《云南省昭通后海子东晋壁画墓清理简报》，1963年）

图4-2-22　邓县南朝彩色画像砖墓墓门摹本（引自河南省文化局文物工作队《邓县彩色画像砖墓》，1958年）

图4-2-23　襄阳贾家冲画像砖（引自襄樊市文物管理处《襄阳贾家冲画像砖墓》，1986年）

和图像足以说明当时邓县在南北文化交流上的特殊地位，这座位于南北朝交接地区的墓葬具有明显的南北文化交融的特征，但它是一座典型的南朝墓葬，墓主人可能来自长江下游（一块画像砖侧面发现了“部曲在路日久……家在吴郡”的铭文）（图4-2-22）。

与邓县相邻的襄阳也发现了一座风格类似的墓葬——贾家冲画像砖墓，墓葬形式与邓县学庄墓相似，也是一座凸字形的砖室墓，墓壁上镶嵌的画像砖图像有孝子故事、千秋万岁、仪仗出行、武士、瑞兽等与邓县墓葬相似的内容，但佛教题材似更为多见，如佛像、飞天、供养人、化生、莲花、忍冬等图案（图4-2-23）[1]。

侯景之乱后，襄阳以北隶属于北朝，地域文化在原本南方文化的基础上不可避免地受到北方的影响，襄阳、邓县二墓的年代可能正处于这种社会变迁的时代，图像题材与艺术风格，以及伴出的陶俑和青瓷器特征，皆形象地反映了社会变迁引起的文化交流与融合。

1 襄樊市文物管理处：《襄阳贾家冲画像砖墓》，《江汉考古》1986年第1期，第16—33页。

第五章
窑业与陶瓷器

陶器是人类第一次用自然物质创造的一种新材料，也是与人类日常生活关系最密切的材料之一。由于在古代社会的广泛使用，陶瓷也成为考古发现中最常见的一类遗物。相对于其他质地的器物来说，陶瓷器原料充足，工艺简单，产量巨大，更新速度快，且其遗物易于保存，因此陶器遗存成为考古学家研究古代文化特征及进程的极佳材料。魏晋南北朝是社会文化发生巨大变迁的年代，陶瓷工业也呈现出独特的发展面貌，总体来说，这时的陶瓷发展出现了三个新的特点，一是窑炉结构的改进和烧窑工艺的提高；二是"南青北白"的区域性瓷业格局基本形成；三是陶与瓷在考古器类上迥然有别，陶器多为俑、模型明器，瓷器多为日常生活器皿。前文所述随葬品中的俑类陶器基本代表了这一时期的陶器发展水平，此处不再赘述，而仅对更具时代特征的瓷器工艺发展情况进行介绍。

第一节　窑业技术与窑炉结构

南北方地区由于原料和地理环境的差异，陶瓷种类和窑炉结构一直都大为不同。北方的制陶原料主要是来自黄土沉积地带的粘土，经过陈腐之后就可直接拉坯成型、烧窑成器，窑炉一般呈馒头形；而南方所用原料一般是富含石英、云母的瓷石，经过捣炼、陈腐后成型，再在建于山坡上的长长"龙窑"内烧造，经过1200℃以上高温，胎体得到瓷化，器表被一层均匀的玻璃质所覆盖，形成了独具特色的瓷种——"青瓷"。

铁是青瓷原料中的重要成份，在高温状态下一般呈青灰色，不同地点的原料成份不同也会影响到胎色，铁含量较大的地区，胎的颜色更深。青瓷的釉是一种瓷土、石灰与植物遗骸的混合物，即草木灰釉，加入石灰的目的是产生氧化钙，这是一种助溶剂，当温度达到800℃时，釉会融化，均匀覆盖在器物表面，形成保护和美化胎体的玻璃质。由于釉中铁含量的不同，在还原气氛下会呈现出不同的颜色，铁含量较低时，釉色为较浅的青绿色，铁含量较高时，釉色为较深的暗绿色，虽然南方各地瓷器的釉色为深浅不一的绿色，但一般被笼统称作青瓷。

南方青瓷可能在南方印纹硬陶的工艺基础上产生，考古发现的早期青瓷（“原始青瓷”）可以追溯到商周时期，在商代和西周的遗址里都发现了胎质坚硬、工艺精细的原始青瓷遗物[1]，不过真正成熟的青瓷是在东汉时期的浙江下游烧造成功的[2]。魏晋南北朝时期，对原料的处理技术、胎釉成份的控制、窑炉结构、装烧技术和火候的控制上又得到很大的发展，青瓷的品质得到进一步提高。

为了提高青瓷器的品质，魏晋南北朝时期的窑工很早就注重对胎和釉的精细化处理。除了对瓷土的精心选择和加工处理外，至少从三国开始就出现了保护和美化胎体的化妆土，在安徽马鞍山发现的东吴赤乌十二年（249年）朱然墓中，发现了青瓷上使用化妆土的迹象。成品青瓷上的化妆土呈棕黄色，但在入窑之前是一种涂在器表的细腻白色装饰层，由纯净的瓷土加工而成，这种施有化妆土的青瓷器可能来自于窑业水平最高的浙江地区。同样是在浙江地区，窑工们已不再满足于釉色的单一青色，开始在器物的口沿以褐色点彩作为装饰，后来进一步发展到在器表以褐彩绘制简单的图案。考古学家在南京雨花台的东吴至西晋墓中发现了一件当时盛行的青瓷盘口壶，壶身遍布褐色彩绘图案，有人首鸟身、仙草、瑞兽、云气、莲瓣及佛像、铺首等形象，这些图案都直接绘于胎上、釉下，被认为是中国最早的釉下彩瓷器[3]。这些青瓷器上的褐色装饰以东吴至西晋时期最为流行，一般认为产自浙江的婺州窑。随着窑业技术的传播，这些新的装饰技术可能迅速传遍南方各地，在长江上游的四川地区也发现了大量南朝时期的褐色装饰青瓷。

南方青瓷是在龙窑里烧造的，龙窑是南方地区特有的一种瓷窑，一般建于丘陵地带的缓坡上，下端是窑头和火膛，上端是窑尾和烟囱，中部是放置器物的窑床，这样的窑炉具有北方馒头窑不可比的优势，如方便利用坡势形成的自然抽力迅速升温、便于控制窑温、装烧量增大等。考古工作者在浙江绍兴的富盛曾发现一座战国时期的龙窑，是烧印纹硬陶和原始青瓷的窑炉，估计原长不超过6米，结构较为简单，但它已经是青瓷龙窑的雏形。

为了提高装烧量，魏晋南北朝的龙窑大大加长了，为了不影响烧成质量，常在窑体两侧增加投柴孔，便于窑室各部分均匀受热。窑室的加长虽然有助于提高装烧量，但若不提高坯体的装烧技术，坯体不可能码放得太高，否则容易坍塌，器物也会受热不均，更会浪费大量燃料，于是魏晋南北朝陶工也改进了装窑技术，在原有简单的支烧工具基础上发明了匣钵装烧，即将坯体放置在筒状的容器内，这样

1 衢州市文物管理委员会：《浙江衢州市发现原始青瓷》，《考古》1984年第2期，第130—134页。

2 罗宗真：《江苏宜兴晋墓发掘报告——兼论出土的青瓷器》，《考古学报》1957年第4期，第83—106页。

3 冯先铭主编：《中国陶瓷》第四章第三节，上海古籍出版社，2001年。

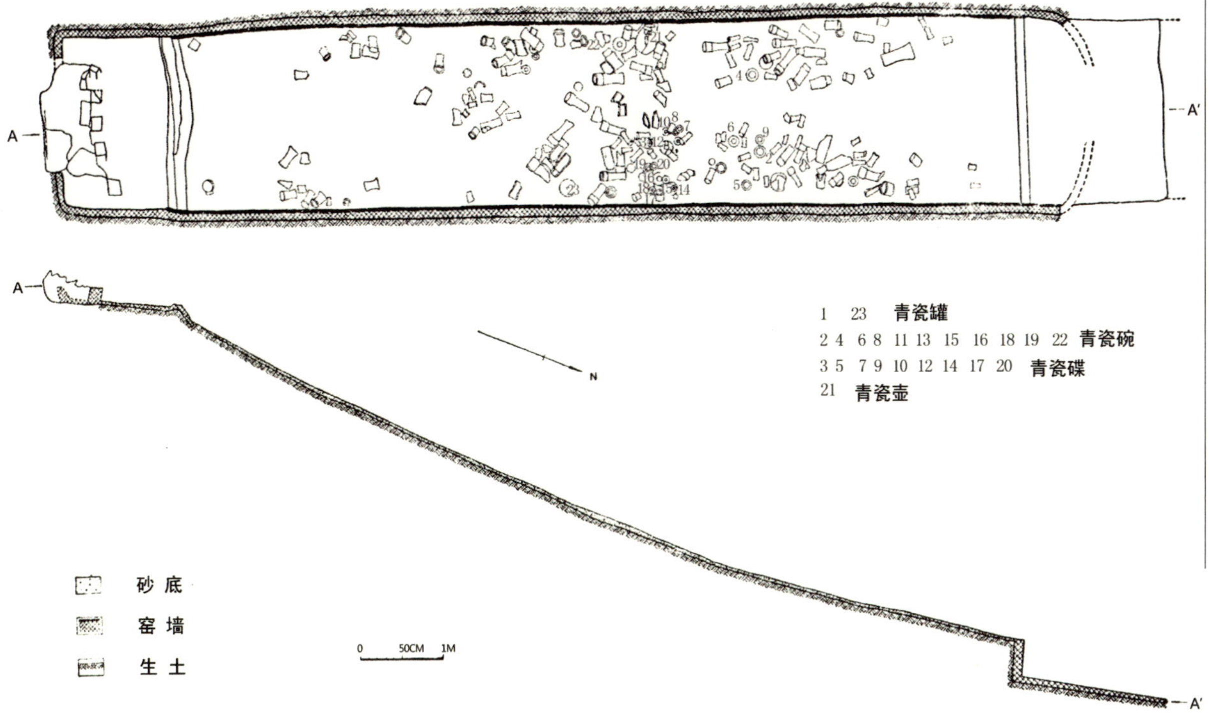

图5-1-1 上虞小仙坛三国龙窑平剖面图（引自冯先铭主编《中国陶瓷》，2001年）

就可将坯体一直码放到窑顶，而且由于坯体不再直接接触火焰，免受烟熏火燎，器物可以均匀受热而器表保持干净。经过这样的改进，南方龙窑的长度逐渐增加到三四十米甚至更长。龙窑一直是南方瓷器生产的重要窑炉形制，唐宋时期的龙窑长达五六十米，个别地区甚至达到七八十米，一次可装烧二万件瓷器。

龙窑长度的增加会出现窑室内抽力大、火焰流速过快的问题，魏晋南北朝时期发明了起缓解作用的“挡火墙”，可更有效地调节窑内抽力和温度。经测试，这一时期的瓷器都是在弱还原焰中烧成，烧结程度较好，烧成温度可达1300℃左右，达到了现代瓷的质量水平。

以浙江上虞小仙坛发掘的三国时期的龙窑（图5-1-1）为例：

窑身全长为13.32米，由火膛、窑床和烟道三部分组成。火膛为半圆形，窑床前段较宽，后段渐渐缩小，窑床后段的倾斜度比前段的大，烧窑时抽力大，火焰流速快，所以在窑床与烟道之间砌一堵矮墙，以增加窑内阻力，减少抽力，即挡火墙。后面靠近窑尾处有五个高约15厘米的粘土柱，柱间有6个排烟孔，这样的设置显然是调节窑内抽力和温度之用。窑床用于装坯件的面积达21.6平方米，若装入当时流行的腹径20厘米左右的盘口壶，一窑可烧500件以上，若以叠装的方式装入碗，一窑可烧碗1万件以上[1]。

1　喻艺琴：《浙江上虞小仙坛古窖址》，《南方文物》1995年第3期；冯先铭主编：《中国陶瓷》第四章第一节，上海古籍出版社，2001年。

青瓷窑址的选择一般是在原料（粘土）、燃料（木柴）资源都较丰富的南方丘陵地带，附近多有便利的水运交通之便。不过由于各地原料、工艺以及造型和装饰风格的差异，各地青瓷制品呈现出一定的特色，即“窑口”。由于墓葬出土的青瓷数量越来越大，窑址的发现越来越多，学者们一直试图通过考古学或自然科学方法找到墓葬出土青瓷与窑址之间的联系。

魏晋南北朝时期的墓葬中，青瓷随葬品已经逐渐取代此前的漆木器、铜器而成为主要的遗物，而且南方青瓷要远比北方普遍。墓葬和其他遗址内青瓷器物的大量出土，促使了考古学家对这些青瓷器产地的探讨。考古证据表明，魏晋南北朝时期的青瓷生产已经遍及南方各地，尤其以长江下游的浙江最为集中，上虞、余姚、绍兴等地窑场分布最为密集，延续时间最长，其次是宁波、萧山、余杭等地，这些都属六朝时期的会稽地区，是当时的一个重要经济中心，是首都建康的粮仓，有着极好的农业基础，有着丰富的瓷土资源、木柴资源和便捷的水运条件，又有着舒缓的山坡和适宜的气候条件来建造龙窑。此外，长江中游的湖南、江西，长江上游的四川等地也是青瓷器的重要产地，闽广地区也发现了大量青瓷窑址。

第二节　“南青北白”的瓷业局面

由于南北方自然条件、工艺传统的差异，魏晋南北朝时期实际上已经形成了“南青北白”的瓷业发展局面，这点通过考古发现的大量瓷窑遗址及产品得到了证实。

一、南方青瓷

南方各地的瓷窑遗址在发展过程中，逐渐在工艺、造型和装饰上形成了独具特色的产品特征，据此可以归纳成几个瓷窑系统，以浙江最多，包括越窑、婺州窑、瓯窑、德清窑等；其次是江西、湖南等地的洪州窑、湘阴窑（岳州窑）等，这些瓷窑大多延续时间很长，从汉延续至唐代，有的见于陆羽《茶经》记载而成为青瓷名窑，今天仍可根据唐代以州名窑的习惯而称呼这些瓷窑系统。

越窑即陆羽《茶经》所称“越州窑”，是窑场最多、烧造时间最长的一个青瓷窑系，窑场以余姚、上虞一带最为集中。据调查，仅上虞曹娥江两岸发现的三国窑址就达40余处，西晋时多达六七十处，窑场更扩展到绍兴、湖州、余杭、萧山、绍兴、奉化、慈溪、鄞县、临海、宁波等地。

东吴时期的早期越窑产品胎质坚硬细腻，呈淡灰色。釉质清亮纯净，釉层均匀，胎釉结合紧密，釉色以淡青色为主。主要器型有碗、钵、盘、碟、耳杯、罐、壶、洗、槅（多子盒）、盆、香炉、唾壶、虎子等以及大量用于随葬的模型明器，如造型复杂，具有神秘色彩的堆塑罐等，以前用漆木、陶、竹、金属材质制作的器物大有被瓷器取代之势。

西晋越窑由于含钛量偏高，胎色较重，呈青灰或深灰色，胎质坚硬，胎体厚重。釉层厚而均匀，普遍呈青绿中泛灰的颜色。西晋后期出现了以铁为主要着色剂的材料，在器物口沿或肩部以圆点的形式施彩，在当时单一的青釉上有着特殊的装饰效果。

东晋、南朝时期的越窑窑场范围已经不仅限于曹娥江沿岸，而是扩展到周边多个地区，但发现的窑址数量已远不及东吴和西晋，表明越窑生产在这个时期处于停滞不前的状态。从窑址出土器物来看，日常实用器似乎成了产品的大宗，以前大量流行的堆塑罐及其他随葬明器大量减少，最流行的器形是日用盛储器和饮食器皿，尤其是与饮茶习俗相关的注子（盘口壶）、碗、盏等，种类繁多、制作精美，为后来因青瓷茶具而获盛名的唐代越窑生产奠定了基础。

婺州窑的窑场中心在浙江金华、衢州一带，汉代为会稽之地，唐称婺州，陆羽在《茶经》中将婺州窑瓷器列为第三等。根据考古发掘资料，婺州窑烧瓷历史十分悠久，东汉创烧之后，经过魏晋南北朝的发展，终唐一代都十分兴盛，北宋以后才逐渐衰落。

三国时期的婺州窑瓷器胎色灰白，但较为粗糙，西晋以后常以含铁量较高的粉沙岩为料，胎体颜色呈深灰色，为了弥补胎体颜色过深的缺陷，婺州从东晋开始使用化妆土，以美化和保护胎体，这种新的工艺后来被其他地区的窑场所仿效。婺州窑的釉层往往不甚均匀，可能受烧成环境的影响，釉色并不统一，呈淡青、青黄等色，有的瓷器胎釉结合度不好，多有脱落。

婺州窑产品的产品种类与越窑类似，也有从模型明器较多向以实用器为主转变的趋势。

瓯窑也是见于古代史籍记载的一处名窑，晋潘岳《笙赋》载："披黄苞以授甘，倾缥瓷以酌醽。""缥瓷"是一种青白色的瓷器，或许指的就是以较淡的青釉为特征的瓯窑瓷器。唐陆羽《茶经》里引《荈赋》"晋杜毓《荈赋》所谓'器择陶拣，出自东瓯'"，则可能表明瓯窑至少在晋代已经广为人知。虽然文献所载的"东瓯"指越窑还是瓯窑还存在一些争议，但考古发现的瓯窑遗存表明它确是一个窑业历史悠久的窑场，而且在晋代就已经出现了不同于越窑的精美瓷器。

瓯窑主要分布在浙江南部的温州一带，已发现数百处窑址，也是魏晋南北朝时期的一处规模巨大的窑场，主要集中在瓯江两岸。瓯窑的窑业历史悠久，曾发现大量商周至汉代的原始青瓷，魏晋南北朝时期成为青瓷的重要产地。瓯窑瓷胎呈白灰色，釉色以淡青为主，东晋时期盛行以褐色点彩装点动物纹样，或在器物口沿、腹部直接画上简单褐彩纹样。这种绘于釉上的褐彩是工艺上的较大进步，为以后彩釉瓷的出现奠定了很好的基础。

与上述几处青瓷窑址不同，德清窑不见于古代文献记载，但它以独具特色的黑瓷产品在众多窑场中独树一帜。在德清、余杭等地发现了多处品种、特征相似的窑址，年代从汉延至隋唐之际，而以六朝时期最为鼎盛。考古揭露的窑业堆积中保存下来丰富的黑瓷标本，瓷胎坚硬致密，釉层饱满，乌黑发亮，经检测，釉中铁的含量达6%—8%，烧成温度在1120℃—1310℃之间，是目前所知最早的黑瓷窑址。德清窑除烧造黑瓷外，也同时兼烧青瓷，由于当地瓷土原料中铁的含量普遍偏高，青瓷的胎体也呈色较深，为了不影响青釉的成色，德清窑青瓷胎上从东晋开始施乳白色化妆土，产品质量得到大幅提高。

洪州窑也是见于陆羽《茶经》记载的唐代六大青瓷名窑之一，窑址位于江西南昌市附近的丰城县，沿赣江两岸分布。通过1979年至1993年的数次考古发掘，已发现窑址30处，面积40多万平方米。根据考古学成果可知洪州窑始烧于东汉晚期，以唐代最盛，五代时逐渐衰落。

洪州窑青瓷胎质坚硬，以灰白色为主，釉色一般较淡，青中泛黄，唐代出现了色调较深沉的青褐色，也有少量呈黄褐色，这类颜色较深的青瓷器或许就是《茶经》所谓的“洪州瓷褐”。

洪州窑窑址中曾发现东晋、南朝器物粘连在匣钵中的情况，表明匣钵至少在东晋南朝的洪州窑已经普遍使用，使用匣钵装烧后的青瓷器逐渐克服了以前胎釉受热不均的缺陷，胎釉结合很好，较少剥落现象。在南朝匣钵中还发现了器物对扣装烧的方式，烧成器物的口沿部分露胎，即所谓“芒口”，可见这种装烧工艺远早于以“芒口”闻名的晚唐五代定窑。

湘阴窑所在的湖南省湘阴县在唐代隶属于岳州，因此也被称做“岳州窑”，也是《茶经》所列唐代六大青瓷名窑之一。窑址位于湘阴县城关镇至望城县石门矶一带的湘江沿岸。通过二十世纪五十至七十年代所做的少量考古工作，可知湘阴窑的创烧年代可能早至东汉、三国时期，而以南朝至隋唐时期最为兴盛，中唐以后逐渐衰落。

湘阴窑青瓷胎体厚重，呈青灰、灰白等色，釉色以较淡的青釉为主，产品以日常盛储器和饮食器皿为主，较少浙江、江西常见的随葬明器。湘阴窑青瓷十分注重装饰，以盘、碗类器物内底模印的花卉纹最具特色。

湘阴窑中唐时期衰落之后，沿湘江南下不远的望城县铜官镇石渚湖一带兴起了长沙铜官窑，二窑或许存在着产品特征和工艺的联系。

除以上诸青瓷窑址外，南方地区的湖北、四川、福建、广东、广西等地也发现了很多这个时期的窑址，烧瓷工艺和产品特征具有很多相似性，也有着浓厚的地方特色，当地墓葬中随葬的青瓷制品可能大多是本地烧造。

二、北方白瓷

相对来说，北方瓷业不如南方发达，因为在同时期的北方墓葬中，最常见的随葬品还是陶器（日用器皿和陶俑等），部分墓葬随葬的青瓷器也明显是南方的输入品，如大同发现的北魏司马金龙墓里发现的青瓷盘口壶等与浙江墓葬和窑址所出并无二样，很可能是因墓主家族的南方渊源而输入的。迁洛以后的北魏宣武帝景陵所出青瓷器也应来自南朝。在南北朝对峙时期，南方已经普遍使用的青瓷对北朝人来说还是一种难得的奢侈品，因此发现青瓷器的墓葬多为贵族和官吏墓。这种情况说明北朝的瓷业兴起较晚，迄今发现的北朝瓷窑遗址仅见于山东地区，如淄博的寨里窑、枣庄的中陈郝窑、临沂的朱陈窑等[1]，仅有的几座窑址的生产规模远比不上同时期的南方。

虽然北朝瓷业兴起较晚，产量也不大，但从五世纪末期开始，一些高等级墓葬中出现了不同于南方输入品的瓷器，如安阳发现的北齐范粹墓出土了一批白瓷罐、碗、瓶、壶，造型和纹饰显然取材于当时的南方青瓷，但胎体厚重，胎质细腻洁白，施白釉，有些白瓷上还出现了一些绿彩装饰[2]。这些不同于南方青瓷的特征表明它们应该出自北方的某个窑址。虽然尚未发现明确的北方白瓷产地，但白瓷已在北朝出现，这已是不争的事实。要烧造白度较高的瓷器，必须尽可能去除瓷土和釉料中的铁元素（如通过捣炼等方式），范粹墓白瓷的出土表明北方窑工对瓷土的加工工艺已经大大提高。白瓷的发明是中国瓷业发展上的大事，为以后彩瓷的出现打下了良好的工艺基础。

北方除了墓葬出土的白瓷外，上述几座山东窑址里也发现了青瓷和黑瓷，虽然数量不多，但造型和装饰与南方有所差别，表现出较明显的北方特征。虽然现在并未发现完整的北方瓷窑窑炉遗存，但从先秦时期的陶窑和隋唐时期的陶窑形制来看，北朝时期应该也用圆形的馒头窑烧瓷。

南北方相对独立的窑业发展局面，固然与自然条件的差异有关，但南北方政治上的隔离、军事上的对峙和文化传统的割裂无疑也是阻碍当时技术交流的重要因素。

第三节　造型与装饰

魏晋南北朝时期的瓷器已经成为最重要的一类日常生活用品，大量发现于墓葬、窑址和其他遗迹中的瓷器有助于我们对其造型和装饰艺术的了解。与这个时期文化的其他方面一样，南北朝瓷器的造型和装饰也存在着较大的地域差异。

一、南方瓷器

南方青瓷从三国至南朝，造型上的总体变化趋势是：器形由较矮小到较高大，

1　山东淄博陶瓷史编写组等：《山东淄博寨里北朝青瓷窑址调查纪要》，《中国古代窑址调查发掘报告集》，北京：文物出版社，1984年；宋百川、刘凤君：《山东地区北朝晚期和隋唐时期瓷窑遗址的分布与分期》，《考古》1986年第12期，第1121—1125页。

2　河南省博物馆：《河南安阳北齐范粹墓发掘简报》，《文物》1972年第1期，第47—57页。

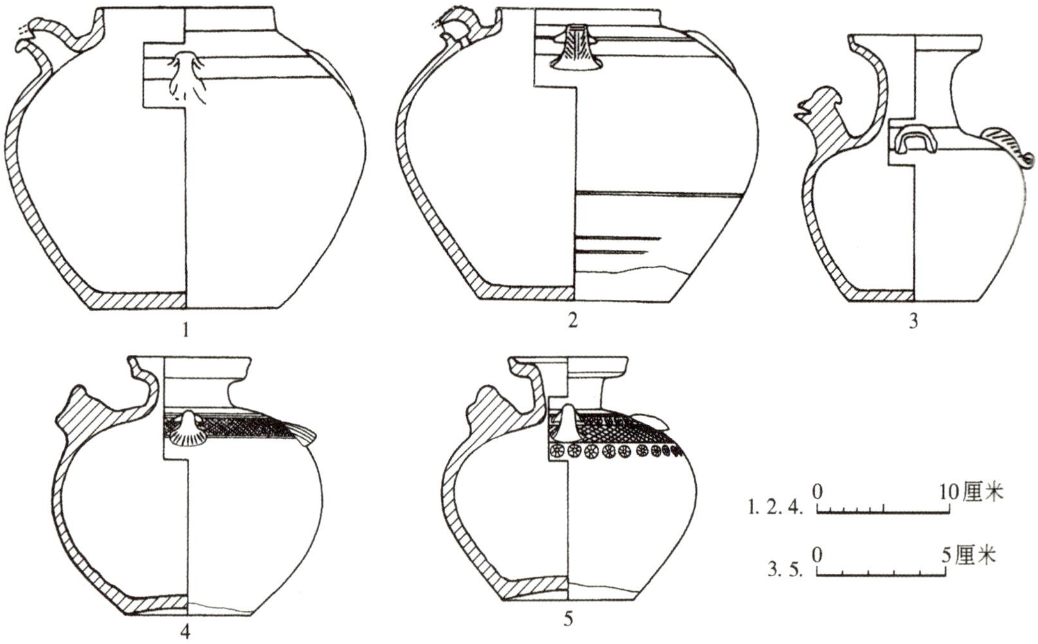

图5-3-1 鄂州六朝青瓷鸡首壶造型（引自南京大学历史系考古专业、湖北省文物考古研究所、鄂州市博物馆《鄂城六朝墓》，2007年）

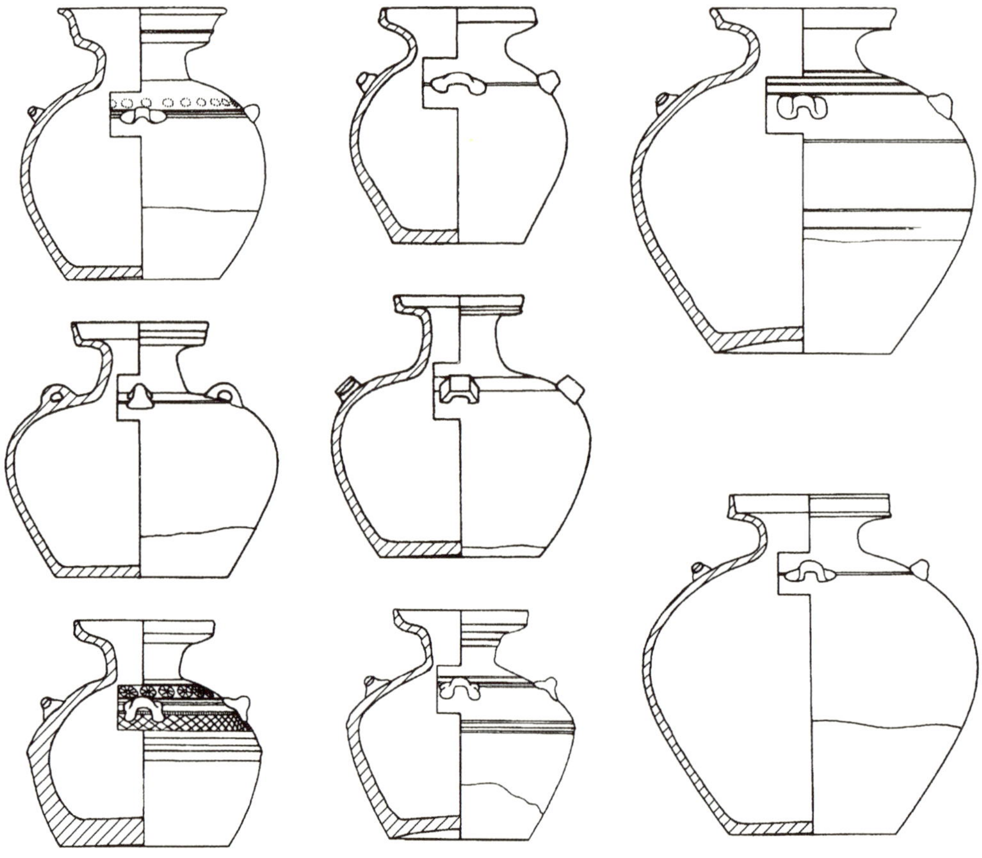

图5-3-2 鄂州六朝青瓷盘口壶造型（引自南京大学历史系考古专业、湖北省文物考古研究所、鄂州市博物馆《鄂城六朝墓》，2007年）

从扁矮肥宽到圆浑修长，器物轮廓从刻板的圆弧线到富于变化的优美曲线，这种变化趋势在数量最多的盘口壶、鸡首壶、罐、碗、钵等器类上表现最明显（图5-3-1、图5-3-2）。

具体来说，三国青瓷装饰比较简单，有弦纹、波浪纹、菱形纹和蕉叶纹等。时代特色较强的器物有小口盘口壶、大口罐、双耳罐等，器物的下半部和底部大部无釉。器物种类除了各类日用器皿、随葬明器外，出现了一些以动物为整体造型的精美器物，如羊形、狮形的烛台、熊形的灯、鸟形杯、蛙形水盂等。

赤乌十四年（251年）青瓷虎子，器身上刻有铭文“赤乌十四年会稽上虞师袁宜作”十三字，可知这件青瓷是浙江上虞窑产品，或由上虞窑工袁宜所制（图5-3-3）。另有两件出自南京清凉山东吴墓的动物造型青瓷器也十分精美——羊尊和熊灯，羊尊作卧伏状的羊形，身躯肥壮，昂首张口，全身青釉，光彩晶润；熊灯的承盘中心塑成熊形灯柱，两爪抱头，憨态可掬，头顶碗形灯盏，外底刻“甘露元年五月造”七字（图5-3-4）。

西晋青瓷的装饰比三国时期复杂，除弦纹、波浪纹、方格纹和铺首等花纹装饰继续使用外，又出现了圆圈连珠纹、堆雕塑纹，还出现了褐色的点彩，在施釉方法上已出现里外均施釉（图5-3-5、图5-3-6、图5-3-7）。这个时期最引入注目的装饰是独具特色的青瓷堆塑罐，在罐身堆塑各种人物、动物和楼阁，被称为“谷仓罐”或“魂瓶”，可能由东汉时期的五连罐发展而来，其造型经历了由简单到复杂，再到简单的过程，主要流行于三国至西晋时期的长江中下游，是一类十分普遍的随葬品。

浙江绍兴出土的一件三国堆塑罐，高46.4厘米，器物顶部塑造了五只相联的罐，大罐居中，内有小鼠欲出，四小罐分列四角，觅食的雀鸟布列其旁；器物上半部堆塑有三层楼阁，每层楼门塑有看门犬，屋檐上塑有栖息的鸟和觅食的老鼠；楼阁两侧各立一亭阙，阙下是由八位乐师组成的奏乐场景；器物下半部则为完整的青瓷罐，肩部塑有一龟趺碑，上刻“永安三年时富且洋（祥）宜公卿多子孙寿命长千意（亿）万岁未见英（殃）”24字，龟周围塑贴人物及鹿、猪、龟、鱼等动物。整体器形营造出一幅生机勃勃的百鸟争食、牲畜满栏、歌舞升平的庄园生活图景（图5-3-8）。

另一件出自江苏金坛东吴天玺元年（276年）墓的堆塑罐，上塑9层楼阁、阙门、各种人物及动物，既有吹笛、抚琴、吹笙、弹琵琶和倒立的乐舞杂技表演场面，身着孝服在灵柩旁举行葬礼的场景，也有由佛像、羽人及瑞兽反映的虚幻世界场景。

东晋南朝时期的青瓷注重实用性，装饰较前代大为简化，如斜方格纹、连珠纹、铺首消失或简化，有的器物仅有弦纹，黑褐色点彩装饰逐渐增加。造型复杂的堆塑罐消失，代表性的器物主要是盘口壶、鸡首壶、灯。盘口壶的盘口变大，颈部稍长，宽肩，下腹内收，底稍内收；鸡首壶较多见，盘口细颈、圆腹、平底，肩部饰鸡首，与鸡首相对处装有圆股形把手。总的来说，东晋南朝青瓷造型简洁实用、修长秀丽，与当时人物画像的“秀骨清像”风格一致。

图5-3-3 “赤乌十四年”青瓷虎子

图5-3-4 南京清凉山东吴墓出土青瓷熊灯

图5-3-5 宜兴西晋青瓷兽形尊

图5-3-6 南京西晋青瓷羊尊

图5-3-7 越窑西晋青瓷骑兽尊

图5-3-8 绍兴三国青瓷堆塑罐

二、北方瓷器

北方瓷器造型和装饰的风格演变总体上与南方一致，但也有一些不同于南方之处，东魏、北齐和西魏、北周墓葬中出土的瓷器大多胎体厚重，器形高大庄严，有些器物纹饰上出现了许多反映西方文化的因素，而类似风格的瓷器不见于南方诸窑，可能是北方所产。这类器物有可能产自山东地区的窑场，但也有可能出自工艺基础较好的政治中心地区——邺城、晋阳一带，虽然这一地区尚未发现窑址，但可能是北朝瓷器的一个重要产地（图5-3-9、图5-3-10、图5-3-11、图5-3-12）。

从北方墓葬出土的瓷器来看，至少从北朝晚期开始，北方瓷器已经出现了明显区别于南方的造型和装饰风格。上述安阳范粹墓除发现了最早的白瓷外，还出土了一件具有独特装饰的瓷器——黄釉乐舞图扁壶[1]。壶高20厘米，宽16.5厘米，施深黄色釉，壶身以浮雕方式饰有一组乐舞活动场面，画面中央是一位舞者，右侧一人执钹，一人弹琵琶；左侧一人吹横笛，一人击掌伴唱；五人皆深目高鼻，穿着胡服，显然表现的是西域胡人（图5-3-13）。这组乐舞可能反映的是中古中国流行的“胡腾舞”，它是起源于中亚“昭武九姓”地区的一种舞蹈，经由当时活跃于丝绸之路上的粟特人传入中国。这件扁壶的造型（源自草原民族）和装饰所呈现的浓郁胡风，正是北方民族文化多样性的形象展现。

另一类较典型的北方瓷器是器形高大、装饰繁缛的莲花尊，显著特征是器表

图5-3-9　北齐范粹墓白釉绿彩长颈瓶

图5-3-10　北齐李云墓黄釉绿彩四系罐

1 河南省博物馆：《河南安阳北齐范粹墓发掘简报》，《文物》1972年第1期，第47—57页。

图5-3-11　北齐娄叡墓青瓷灯

图5-3-12　北齐娄叡墓青瓷鸡首壶

图5-3-13　安阳北齐范粹墓出土扁壶（引自河南省博物馆《河南安阳北齐范粹墓发掘简报》，1972年）

图5-3-14 景县封氏墓出土青瓷莲花尊

图5-3-15 景县封氏墓出土青瓷莲花尊

满布仰、覆莲瓣纹，它是南北朝时期瓷器的精品。目前所见的青瓷莲花尊数量不过十余件，如淄博和庄北朝墓出土1件[1]、武昌何家大湾墓葬出土1件[2]、南京博物院藏1件[3]、河北景县封氏墓出土4件（图5-3-14、图5-3-15）[4]、国家博物馆藏1件（传为河南上蔡出土）[5]、深圳青瓷博物馆藏1件（个人收藏品）[6]等。其中仅武汉所出有明确纪年，与南齐永明三年（485年）的买地券同出，封氏墓的四件分别出自北齐河清四年（562年）的封子绘墓和纪年不明的祖氏墓，时代为北齐，其他几件无纪年。

目前还很难确认这几件莲花尊的生产地点，不过将莲花的装饰手法和风格与其他青瓷纹样进行比较，推测有些可能产自南方（如武汉墓葬所出），有些可能是

1 淄博市博物馆：《淄博和庄北朝墓出土青釉莲花尊》，《文物》1984年第12期，第64—67页。

2 湖北省博物馆：《武汉地区四座南朝纪年墓》，《考古》1965年第4期，第176—184页。

3 南京博物院：《江苏六朝青瓷》图版105，北京：文物出版社，1980年。

4 张季：《河北景县封氏墓群调查记》，《考古通讯》1957年第3期，第28页；申献友：《青釉仰覆莲花尊》，《文物春秋》2000年第6期，第78页。

5 杨文和等：《青瓷莲花尊》，《文物》1983年第11期，第86页。

6 赵文斌：《深圳青瓷博物馆》，《文物世界》2000年第4期，第59—63页。

北方生产的（如景县封氏墓所出）。莲花尊至少在南朝前期即已在南方生产，这当与南朝发达的瓷器制造工艺和佛教在南方的传播有关。吴和西晋时长江中下游一带流行在堆塑罐上贴塑莲花、佛像，东晋南朝时期堆塑罐减少，流行在日常实用器皿上刻划莲瓣，南朝前期莲花尊的复杂造型和莲花、忍冬装饰当直接渊源于三国以来的瓷器工艺和装饰传统。与堆塑罐一样，莲花尊绝非一种简单的实用器皿，而应是一种主要流行于上层社会的特殊陈设用器。南方青瓷产品（包括唾壶、莲瓣碗等）在北魏迁洛左右或稍后开始大量输入北方，北魏墓葬（如司马金龙墓）中发现的青瓷器应多是南方输入品。南方青瓷产品输入北方的同时，工艺技术也影响到北方瓷器手工业的生产，虽然现在还没有找到制造莲花尊的北方窑址，但一些工艺基础较好的地区如邺城等地，有可能是某些珍贵瓷器的生产地点。

第六章

金属工艺与金属器

进入汉代以后，中国的金属工艺开始衰落，魏晋南北朝更是金属工艺的低谷期。商周贵族墓葬中，哪怕是低等级的贵族，墓中也必有数件青铜器随葬，但魏晋南北朝时期同属社会上层人士的墓葬中，只有少部分随葬青铜器或其他金属器，与先秦时期礼器和兵器盛行之状不可同日而语。目前所见的金属遗物除钱币外，青铜、鎏金、铁器、金器等金属器因其稀有而更为上层社会所重，正如商周时期的原始青瓷因其稀有而为贵族所重一样。

魏晋南北朝时期的金属器既不如商周之盛，也没有同时期的陶瓷器发达，但金属冶铸工艺在汉代基础上还是取得了明显的进步，尤其是新的炼钢和灌钢技术被广泛运用到兵器和日用工具的制作上，一些矿冶资源较丰富的地区可能成了重要的金属冶铸中心，如孙武时期的鄂州，陶弘景《刀剑录》："吴王孙权以黄武五年采武昌铜铁，作千口剑、万口刀。"

第一节　青铜器

魏晋南北朝时期青铜制品的大幅减少，原因可能是多方面的：成熟的瓷器自东汉末期出现后，不再像商周原始青瓷那样稀有，而以成本低廉、产量巨大、更新迅速而成为与人们生活关系最密切的一类材料，以往的金属器和漆木器迅速被取而代之；混乱的政局和频仍的战争可能导致了青铜开采和运输的困难；佛教传入中国后，在南北朝上层社会的推动下，在南北方掀起了一个又一个的崇佛高潮，主要以青铜为材料的大量佛像也消耗了珍贵的青铜原料[1]。《高僧传》记载刘宋时铸像铜料不足，只得远赴湘州伍子胥庙，将庙内铜器熔化以铸；梁武帝时期因铜料不足而由百姓捐铜，甚至将铜钱熔化以铸佛像，像成之后，衣纹上还能见到青铜钱币[2]。

当然，文化和社会的变迁也是青铜器衰落的重要原因，青铜时代"国之大事，在祀与戎"

1　杜迺松：《三国两晋南北朝至隋唐时期的青铜器综论》，《故宫博物院院刊》1988年第4期，第32页。

2　［南朝梁］释慧皎撰，汤用彤校注：《高僧传》卷一三《僧亮传》、《法悦传》，北京：中华书局，1992年。

的社会背景不复存在，事实上战国时期开始，青铜器造型和装饰上已经逐渐抛弃以往的那些神秘宗教色彩，而是以更世俗的面貌出现，秦汉以后各项工艺产品皆更注重实用性而非礼仪功能，“器以藏礼”的时代一去不返了。

魏晋南北朝时期的青铜器虽然总数不多，但在贵族和官员墓葬中还是发现了一些实用器物，包括釜、鐎斗、洗、勺、唾壶等日用容器，熨斗、刀、带扣、镜等日用器具，净瓶、莲花铜灯等带有佛教因素的器物，戒指、手镯、发钗等日用饰品，也有用于丧葬的棺钉和可能专用于丧葬的明器弩机。铜容器是这一时期青铜器的主体，一部分沿袭了汉代的旧式器形，同时也出现了一些新的器类[1]，由于青铜器的礼仪功能趋于消失，造型和装饰方面都较汉代有所简化，简洁、实用成为青铜容器的重要特征。

鐎斗是一种长柄、敞口、三足的小型容器，可能是魏晋南北朝考古中最常见的青铜容器，类似的鐎斗也有的以瓷作成，它可能并非炊煮用器，而是一种温酒用器。

唾壶也称唾盂，是一种盛唾之器，呈盘口、短颈、椭圆腹形制，魏晋南北朝多以青瓷制作，流行于南方地区，只有少量为青铜制作，在山东临沂洗砚池1号墓曾出土1件青铜唾壶[2]。唾壶作为随葬品，可能是丧仪中的赗赠之物，故见于遣策，如安阳“曹操墓”出土刻铭石牌中有“漆唾壶”，在朝鲜乐浪墓中也曾发现漆唾壶实物[3]。

铜灯虽然发现的数量不多，但它作为随葬品置于墓中，可能是作为长明灯来使用的，在魏晋南北朝墓葬中，南方多烛台，北方多灯盏，常见陶瓷柱形灯，或在砖台、壁龛内放置灯盏。青铜灯一般发现于较奢华的墓葬内，如北齐厍狄迴洛墓出土的1件枝形灯带有方形底座，灯盘作成莲花形，这种较复杂的枝形灯可能与佛教思想有关，如北朝后期流行的药师信仰主张以“灯光普施法界”，在敦煌220窟的药师净土图像中，有一盏巨大的三层枝形灯[4]。在魏晋南北朝贵族墓葬中常见净瓶、水盆、手炉、供盘、灯、唾壶的组合，北方多铜器，南方或以青瓷替代之，这套组合反映了佛教仪式与丧葬的关系[5]。

魏晋南北朝青铜器的礼仪功能减弱，多为珍贵的佛教用具或实用器，功能的

1 基于考古学的魏晋南北朝青铜容器系统研究，参吴小平《六朝青铜容器的考古学研究》，《考古学报》2009年第2期，第185—216页；范佳楠《魏晋南北朝铜容器研究》，北京大学2013年硕士论文。

2 山东省文物考古研究所等：《山东临沂洗砚池晋墓》，《文物》2005年第1期，第4—37页。

3 彩箧中发现1件鎏金漆唾壶，参朝鲜古迹研究会《乐浪彩箧冢》，朝鲜古迹研究会，1934年。

4 《中国石窟·敦煌莫高窟（三）》，北京：文物出版社，1981年，图版27。关于灯和照明方式的讨论，参［美］丁爱博（Ablert E. Dien）著，李梅田译《六朝文明》第十二章，北京：社会科学文献出版社，2013年，第414页。

5 范佳楠对以净瓶为核心的随葬青铜器组合进行了精彩的讨论，参范佳楠《魏晋南北朝铜容器研究》第三章、第五章，北京大学2013年硕士论文。

转变可能推进了鎏金技术的发展，尤其鎏金佛像作为佛教徒礼拜的“金身”而大为流行。汉明帝“梦见金人长大，项有日月光，以问群臣。或曰：‘西方有神，其名曰佛。陛下所梦，得无是乎？’于是遣使天竺，问其道术而图其形像焉”[1]，东汉笮融“乃大起浮图祠，以铜为人，黄金涂身，衣以锦采，垂铜盘九重”[2]，或许最早的中国佛像就是鎏金制品。

魏晋南北朝时期的鎏金是汞合金技术，将金溶于水银，形成糊状后施于器表，加热后水银蒸发，留下一层均匀的金层，再经抛光处理即显光泽。

佛像以外的青铜制品也应用了鎏金技术，作为一类贵重随葬品，主要发现在北方遗址内，大同发现的北魏窖藏里出土了数十件鎏金铜器，包括一些可能属木质器具的附件，如铺首，9枚铺首衔环、16件牌饰和27件帽形饰[3]；在东北地区也发现了大量鎏金器物，多是马具上的装饰性附件，如本溪晋墓、朝阳袁台子东晋壁画墓中出土的鞍饰和带饰，以鎏金镂空鞍桥包片数量最多，鎏金马具是三燕文化的重要特征之一（图6-1-1）[4]。

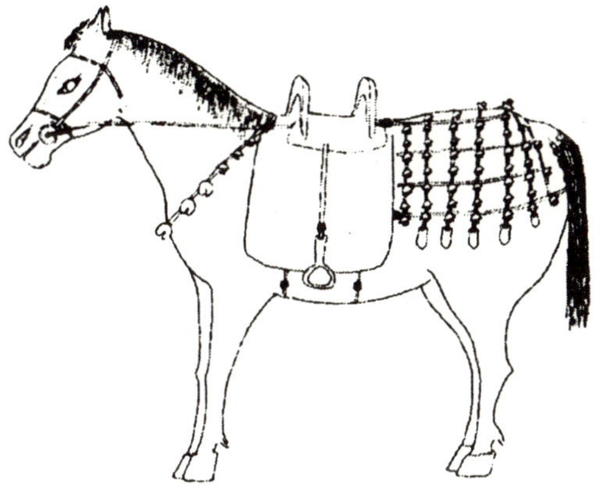

图6-1-1　朝阳袁台子东晋墓出土马具（引自辽宁省博物馆文物队、朝阳地区博物馆文物队、朝阳县文物馆《朝阳袁台子东晋壁画墓》，1984年）

在中原的安阳孝民屯154号晋墓木棺内出土了一具完整的鎏金马具，包括鞍具（含一件单马镫）、辔具及前后鞧銮饰，共123件，这是目前发现的年代最早、最完整的马具实物，从马具实物和埋葬方式来看，这座墓可能是进入中原的鲜卑人的墓葬（参见图2-3-10）[5]。

第二节　铜镜

铜镜是魏晋南北朝考古中最常见的青铜制品，以南方地区的东吴和西晋居多，当时的生产中心主要位于吴郡的吴县、会稽郡的山阴和江夏郡的武昌，这已为大量铜镜上的铭文所证实。在吴县、山阴有很多著名的铸镜工匠，如山阴的鲍氏和唐氏可能是最有名的铸镜大师，常出现在铜镜铭文中，二氏还被征调到东吴都城武昌

1 《后汉书》卷四二《楚王英传》注引袁宏《汉纪》，北京：中华书局，1965年，第1429页。

2 《三国志》卷四九《吴书·刘繇传》，北京：中华书局，1959年，第1185页。

3 大同市博物馆：《山西大同南郊出土北魏鎏金铜器》，《考古》1983年第11期，第977—999页。

4 辽宁省博物馆：《辽宁本溪晋墓》，《考古》1984年第8期，第717—718页；辽宁省博物馆文物队、朝阳地区博物馆文物队、朝阳县文物馆：《朝阳袁台子东晋壁画墓》，《文物》1984年第6期，第37—38页。

5 孙秉根：《安阳孝民屯晋墓发掘报告》，《考古》1983年第6期，第501—511页。

（今鄂州）造镜，鄂州出土的一件神兽镜上有铭文"黄武六年十一月丁巳朔七日丙辰会稽山阴作师鲍唐镜照明服者也宜子孙阳遂富贵老寿□□牛马羊家在武昌思其少天下命吉服吾王千昔□□"（图6-2-1、图6-2-2）[1]。出土铜镜铭文中也有很多吴县的铸镜工匠人名，如柏氏、周仲、周是（氏）、张元、赵忠等[2]。

东吴和西晋的铸镜量多而质精，它不仅是一类普通的生活用品，也是带有特殊涵义的象征性物品，如以镜喻鉴等，因此常作为馈赠或赏赐品使用，在日本曾发现了为数不少的吴镜[3]；铜镜也是一类重要的随葬品，魏晋南北朝考古中常见铜镜置放于棺内遗体旁，或许与当时的丧仪有关，如安徽南陵麻桥东吴墓出土的1件木质遣策上，正反两面书写了棺内和棺外物品，其中包括"竟（镜）一枚"、"□□镜一具"[4]；江西南昌西晋夫妇合葬墓的男棺遣策上列出了27件衣物、"铜镜"及笔墨纸砚等物品，所有物品皆冠以"故"字[5]。这些列在遣策上的物品都是丧仪中的赗、赠、赙、襚之物。

图6-2-1　鄂州出土三国铭文铜镜（引自南京大学历史系考古专业、湖北省文物考古研究所、鄂州市博物馆《鄂城六朝墓》，2007年）

图6-2-2　鄂州东吴墓出土鎏金铜镜

1　关于鄂州铸铜及铜镜的讨论，参蒋赞初《鄂城六朝考古散记》，《江汉考古》1983年第1期，第34—36页；蒋赞初、熊海棠、贺中香《湖北鄂城六朝考古的主要收获》，《中国考古学会第四次年会论文集（1983）》，北京：文物出版社，1985年；董亚巍《鄂州铜镜》，北京：中国文学出版社，2002年。

2　关于魏晋南北朝时期铜镜的研究，参徐苹芳《三国两晋南北朝的铜镜》，《考古》1984年第6期，第556—563页；王仲殊《吴镜师陈世所作神兽镜论考》，《考古》1986年第11期，第1017—1025页；杜迺松《三国两晋南北朝至隋唐时期的青铜器综论》，《故宫博物院院刊》1988年第4期，第32—41页。

3　王仲殊：《论日本出土的吴镜》，《考古》1989年第2期，第161—177页。

4　安徽省文物工作队：《安徽南陵县麻桥东吴墓》，《考古》1984年第11期，第978页。

5　江西省博物馆：《江西南昌晋墓》，《考古》1974年第6期，第375页、图版8。

北方的曹魏、西晋铜镜也在汉镜基础上得以延续，铸镜中心在都城洛阳，当时掌管制镜的官方机构是“右尚方”，传世铜镜中曾见“右尚方师作竟清且明”铭文，不过北方铜镜的数量明显少于同时期的南方。

西晋以后的北方铜镜铸造受社会混乱局面的影响几乎陷入停顿，数量大大减少，镜样与纹饰方面也缺乏创新；南方铸镜业也从东晋开始走向衰落，铜镜数量和品质都有大幅下降，南朝后期墓葬中常见一种制作粗劣、图案简单的小型铜镜，有的直径仅3—5厘米（以往的铜镜直径一般在8—15厘米左右），应是专为随葬而作的明器，也有可能是一种聚焦阳光的取火工具[1]。

值得注意的是，可能受北方铜料短缺、社会动荡等原因影响，魏晋南北朝时期存在着大量铁镜[2]，在北方墓葬中的比例更高一些[3]，如洛阳出土的铁镜数量仅次于“位至三公”镜[4]。有的铁镜制作非常精致，汉末曹操在进献给献帝及其他皇室成员的物品中就包括错金银的铁镜49枚，另有纯银镜台若干[5]。在安阳西高穴“曹操墓”出土了一面铁镜，直径21厘米，外包有织物，同时出土的刻铭石牌上亦有“镜台”[6]，这种铁镜的性质应与南方汉代以来遣策中的铜镜相似。

魏晋南北朝时期的铜镜纹饰也有着鲜明的时代和地域特征：

东吴时期仍延续了汉式镜的一些图案装饰，如昭明镜、规矩镜、夔凤镜、兽首镜等，新出现了立体感更强的神兽镜和画像镜，神兽镜以东王公、西王母等传说中的神仙形象和龙虎等动物为题材，神、兽的排列不再拘泥于汉镜流行的同心圆方式，而是更富于变化，出现了环列式、重列式、单向式、对置式等；画像镜的主题更丰富，包括各种神祇、历史人物、鞍马出行等内容，与汉画像石上的图像主题比较接近，艺术效果也较为一致。此外，受佛教传入的影响，东吴铜镜上开始出现了一种新的神祇——佛像，在纽座周围布列着趺坐的佛像，佛像镜的装饰方式与神兽镜一致（关于佛像镜，详见后述）。

北方的曹魏西晋铜镜也在汉镜的基础上发展而来，但纹饰有所不同，最常

---

1 赣州市博物馆：《江西赣县南齐墓》，《考古》1984年第4期，348页。这些小型镜子被认为是旅行时所用，或聚焦阳光而取火之用。关于后者，参孙机《中国圣火：中国古文物与东西文化交流中的若干问题》，沈阳：辽宁教育出版社，1996年，第1—14页。

2 全洪：《试论东汉魏晋南北朝时期的铁镜》，《考古》1994年第12期，第1118—1126页。。

3 ［美］丁爱博（Ablert E. Dien）著，李梅田译：《六朝文明》第七章，北京：社会科学文献出版社，2013年，第290—291页。

4 徐苹芳：《三国两晋南北朝的铜镜》，《考古》1984年第6期，第556—563页。

5 魏武帝《上杂物疏》：“御物有尺二寸金错铁镜一枚，皇后杂物用纯银错七寸铁镜四枚，皇太子杂纯银错七寸铁镜四枚，贵人至公主九寸铁镜四十枚。”见《北堂书钞》卷一三六，《太平御览》卷七一七；“镜台出魏宫中，有纯银参带镜台一，纯银七，贵人公主镜台四。”见《太平御览》卷七一七。

6 河南省文物考古研究所、安阳县文化局：《河南安阳市西高穴曹操高陵》，《考古》2010年第8期，第35—45页；李凭主编：《曹操高陵——中国秦汉史研究会、中国魏晋南北朝史学会会长联席会议》，杭州：浙江文艺出版社，2010年，第32—43页。

见的是规矩纹（即所谓TLV镜）、蟠龙纹镜、“位至三公”镜等。这些中原地区的流行纹样随着永嘉之乱后的北人南迁，也被带到了南方，所以以建康为中心的东晋范围内，铁镜和规矩镜、蟠龙镜等一度非常流行；东晋以后铜镜的纹样趋于简单化。

第三节　铁器

魏晋南北朝时期由于战争频繁，对铁器的需求量是很大的，铁器工艺在汉代的基础上又有所提高。当时的炼铁方法主要是百炼钢和灌钢，其中百炼钢是东汉开始的炼钢技术，将生铁经过千锤百炼之后即成十分精良的“百炼精钢”。汉末曹操命有司制作的“百辟宝刀”即指此法所作钢刀，东吴孙权亦有宝刀名“百炼”，刘备时的“七十二炼”亦指百炼钢[1]。

灌钢是将铸铁和锻铁按照一定的比例混合加热，使生铁熔化，灌入熟铁中，从而得到含碳量合适的钢，再反复锻打，即成质地均匀的钢材。这是基于汉代炒钢技术的发展，比以前的百炼钢工艺简便，成本更低，是一项巨大的工艺进步。《北齐书》载道士綦毋怀文的灌钢技术和以油脂淬火的方法：“又造宿铁刀，其法烧生铁精以重柔铤，数宿则成刚。以柔铁为刀脊，浴以五牲之溺，淬以五牲之脂，斩甲过三十扎。”[2]所谓宿铁刀，即灌钢技术做成的刀，柔铁即熟铁，以柔铁做刀脊使刀有韧性，以油脂淬火，可以有效避免铁器出现裂纹。

目前考古发现的铁器大多是墓葬中的刀、剑等武器，镜、剪、发钗、带扣之类生活用品和铁质农具等，由于墓葬以外的其他遗址很少考古工作，远不如汉代考古所见之多。不过河南渑池县涧河边发现的一处铁器窖藏仍为我们提供了极好的魏晋南北朝铁器工业例证，该窖藏出土了四千多件铁制品，包括1300多件成品，很多是农具和武器，此外还有大量铸范，大多是曹魏至北魏时期的遗物，少量早至汉代，可能是准备在附近作坊回炉的铁制品，其中部分器物标示了铁官和工匠姓名，表明是一处官营铁器作坊[3]。

魏晋南北朝各政权都设有专门的铁官，以管理铁的冶炼和铸造[4]，产品都是专

1 关于铁器工艺与考古的论著，参王巍《中国古代铁器及冶铁技术对朝鲜半岛的传播》，《考古学报》1997年第3期，285—340页；杨宽《中国古代冶铁技术发展史》，上海人民出版社，2004年；白云翔《先秦两汉铁器的考古学研究》，北京：科学出版社，2005年。

2 《北齐书》卷四九《綦毋怀文传》，北京：中华书局，1972年，第679页。

3 渑池县文化馆、河南省博物馆：《渑池县发现的古代窖藏铁器》，《文物》1976年第8期，第45—51页。

4 关于官营制铁手工业作坊的全面考察，参钮仲勋《魏晋南北朝矿业的分布与发展》，《历史地理》1982年第2期，第136—146页。

供朝廷的，如北魏的相州专为武库制作锻剑[1]；北齐的七个铁器作坊隶属于太府寺下辖的“诸冶东西道”[2]，生产朝廷所需各类用具和武器。在有些军事要塞对铁器的需求量可能是相当大的，如刘宋与北魏对峙时期，北魏破确磝，获“铁三万斤，大小铁器九千余口，余器仗杂物称此”[3]。

第四节 金银器

魏晋南北朝的金矿资源主要集中于北方的山西、陕西等地及南方的云南、贵州、四川等地[4]。《水经注》记有金矿14处、银矿1处[5]；《魏书》载“世宗延昌三年春，有司奏长安骊山有银矿，二石得银七两。其年秋，恒州又上言，白登山有银矿，八石得银七两，锡三百余斤，其色洁白，有逾上品。诏并置银官，常令采铸。又汉中旧有金户千馀家，常于汉水沙淘金，年终总输”[6]，可见当时淘金规模还是相当大的。

金银器因其珍稀而主要为上层社会拥有，东汉末年，献帝都许昌后宫中物品匮乏，曹操将祖上所得赐品及搜罗所得进献，以补宫廷之需，其所献物品中即有各类金银器70余件，包括纯银参镂带漆画书案、纯银参带台砚、纯银参带圆砚、纯金香炉、纯银香炉、纯金唾壶、纯银参带唾壶、纯银漆带镜、银匣、纯金参带方严具、纯银参带镜台、纯银澡豆奁、纯银括镂奁、银镂漆匣、纯金参带画方严器、银画象牙杯盘、纯银粉粉铫、药杵臼等[7]。

曹操进献的物品当可代表汉至曹魏时期贵族的日常器用，但与今天考古所见的金银器实物存在相当大的差距。金银器是历代盗墓者的首要目标，因此贵族的金银器具很难被发现。目前考古所见的魏晋南北朝金银实物主要是一些小件的身体装饰品（戒指、珠子、手镯、发钗等）和游牧民族的金银饰物（如鞍马饰物），此外还有一些来自境外的金银容器及钱币，从这些实物可略窥魏晋南北朝金银器的情况。

目前考古发现金银器较多的地区是华北、东北的辽宁和河西地区，南方以南京最为集中，但其他地区也有过金银器集中发现的情况。

---

1 《魏书》卷一一〇《食货志》：“其铸铁为农器、兵刃，在所有之，然以相州牵口冶为工，故常炼锻为刀，送于武库。”北京：中华书局，1974年，第2857页。

2 《隋书》卷二七《百官志》：“（后齐）太府寺，掌金帛府库，营造器物。……诸冶东道，又别领滏口、武安、白间三局丞。诸冶西道，又别领晋阳冶、泉部、大邳、原仇四局丞。”北京：中华书局，1973年，第759页。

3 《宋书》卷九五《索虏传》，北京：中华书局，1974年，第2350页。

4 纽仲勋：《魏晋南北朝矿业的分布与发展》，《历史地理》1982年第2期，第136—146页。

5 陈桥驿：《〈水经注〉记载的工业》，载《水经注研究》，天津古籍出版社，1985年。齐东方：《三国两晋南北朝时期的金银器》，《北方文物》2000年第1期，第21—26页。

6 《魏书》卷一一〇《食货志》，北京：中华书局，1974年，第2857页。

7 ［东汉］曹操：《上杂物疏》、《上器物表》，见《曹操集》卷一，北京：中华书局，1974年。

a b

图6-4-1 a 南京仙鹤观东晋墓出土金铛；b 线描图（引自南京市博物馆《江苏南京仙鹤观东晋墓》，2001年）

南京是六朝时期贵族墓葬最集中的地区，因此用作身体装饰的金银器在墓葬中也最为普遍（图6-4-1），如南京大学北园东晋墓出土了金片、金饰等50余件[1]；南京象山东晋王氏家族墓出土了金铃、指环及各类首饰60余件[2]；郭家山东晋墓出土了130多件装饰品，包括虎形器、带有珠饰的镂空椭圆形器、六瓣花形器、珠子、心形叶饰、发钗等[3]；幕府山东晋墓仅一座墓中就出土了20件金银、琥珀、玻璃等珍稀随葬品[4]。

南京以外的南方地区也常发现金银器，如江西南昌的一座东晋墓中出土了4枚带有坐佛纹饰的金戒指[5]。有的地区还发现以大批金银器随葬的现象，如湖北鄂州鄂钢西山的一座孙吴墓中出土了手镯、发钗、桃形金片、指环、项圈、唾壶等48件金银器（图6-4-2）[6]；江西南朝东吴高荣墓发现了金手镯、金钗、金耳挖、桃形金片、银钗、银唾壶、银小刀等23件金银器，部分器物与出土的遣策所记相符[7]；湖南安乡西晋刘弘墓出土金印2件及金带扣等物[8]；南昌火车站东晋墓除出土了金银首饰外，另出土了银耳挖、火拔等，共24件[9]。

1 南京大学历史系考古组：《南京大学北园东晋墓》，《文物》1973年第4期，第36—50页。

2 南京市博物馆：《南京象山5号、6号、7号墓清理简报》，《文物》1972年第11期，第31—36页。

3 南京市博物馆：《南京北郊郭家山东晋墓葬发掘简报》，《文物》1981年第12期，第1—7页。

4 南京市博物馆：《南京幕府山东晋墓》，《文物》1990年第8期，第41—46页。

5 江西省文物考古研究所、南昌市博物馆：《南昌火车站东晋墓葬群发掘简报》，《文物》2001年第2期，第12—41页。

6 鄂城县博物馆：《湖北鄂城四座吴墓发掘报告》，《考古》1982年第3期，第257—269页。

7 江西省历史博物馆：《江西南昌市东吴高荣墓的发掘》，《考古》1980年第3期，224—225页。

8 安乡县文物管理所：《湖南安乡西晋刘弘墓》，《文物》1993年第11期，第1—12页。

9 江西省文物考古研究所、南昌市博物馆：《南昌火车站东晋墓葬群发掘简报》，《文物》2001年第2期，第12—41页。

图6-4-2　鄂州东吴墓出土鎏金银唾壶

广州西郊的一座晋墓发现了金戒指、金手镯、银挖耳勺、银针、戒指、手镯、顶针等[1]；贵州平坝地区的16座东晋南朝墓中出土了大量珍稀遗物，包括148件金器，116件银器以及青铜、玛瑙、琥珀和玻璃饰品，金银器主要是一些装饰品，如金发钗和金叶饰等[2]。广州和贵州远离政治中心地区，金银饰品的发现显然反映了地方豪强的经济实力。

上述南方地区发现的金银器以小件身体饰物居多，主要是指环、手镯及头饰，其中最常见的桃形饰、花瓣形饰及叶饰等可能是冠上的附件，即文献所记贵族妇女冠上的“步摇”。《后汉书·舆服志》载皇后舆服：“皇后谒庙服，……假结，步摇，簪珥。步摇以黄金为山题，贯白珠为桂枝相缪，一爵九华，熊、虎、赤罴、天鹿、辟邪、南山丰大特六兽。”[3]清王先谦集解引北宋陈祥道：“汉之步摇，以金为凤，下有邸，前有笄，缀五采玉以垂下，行则动摇。”[4]可见步摇并不是冠，而是附加在冠上的饰件。步摇广泛流行于汉晋时期，《三国志》裴松之注引《江表传》：“（吴主孙皓）昼夜与夫人房宴，不听朝政，使尚方以金作华燧、步摇、假髻以千数。令宫人着以相扑，朝成夕败，辄出更作，工匠因缘偷盗，府藏为空。”[5]

南方地区发现的金银器以孙吴至两晋时期最多，而南朝时期极为少见，有学者解释可能存在三方面的原因：以建康为中心的六朝墓葬大多被盗掘，南朝中型以上大墓几无完好者；南朝帝王普遍主张节葬，明确禁用金银；南朝佛教兴盛，耗费了大量金银[6]。

北方的金银饰品数量上不如南方多，但也发现了一些十分精致的器物，如山东临沂洗砚池晋墓出土的大量金银饰品中有9件饰有蝉纹、金粟粒的近方形金珰，制作

1 麦英豪、黎金：《广州西郊晋墓清理报导》，《文物》1955年第3期，第24—34页。

2 贵州省博物馆考古组：《贵州平坝马场东晋南朝墓发掘简报》，《考古》1973年第6期，第345—355页。

3 《后汉书》志第三十《舆服下》，北京：中华书局，1965年，第3676页。

4 王先谦：《后汉书集解》，北京：中华书局，1984年。

5 《三国志》卷五〇《吴书·妃嫔传》裴松之注引《江表传》，北京：中华书局，1959年，第1202页。

6 罗宗真、王志高：《六朝文物》第九章，南京出版社，2004年，第308—309页。

十分精巧，按《后汉书·舆服志》的记载，以蝉为纹的金珰是侍中、中常侍等高级官员的冠饰[1]，足见此墓墓主身份之高（图6-4-3）[2]。

图6-4-3 临沂洗砚池晋墓金珰

太原发现的北齐娄叡墓出土了1件残长15厘米的镂空金器，镶嵌有珍珠、玛瑙、蓝宝石、绿宝石、贝壳和玻璃，是一件十分精致的装饰品[3]（图6-4-4）；在西安发掘的隋代贵族幼女李静训墓中出土了十分精美的项链和手镯，项链由28颗珠子串联而成，每颗直径1厘米，由12个小金环焊接而成，每个金环被一圈金粒环绕，金粒之间则填以10颗珍珠，项链上镶嵌有红宝石和蓝宝石（图6-4-5、图6-4-6），有学者认为这是境外输入的金

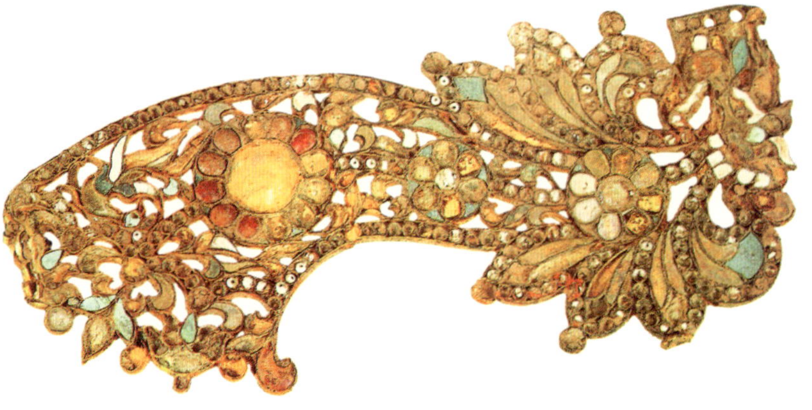

图6-4-4 太原北齐娄叡墓出土金饰

1 《后汉书》志第三〇《舆服下》："武冠，一曰武弁大冠，诸武官冠之。侍中、中常侍加黄金珰，附蝉为文，貂尾为饰，谓之'赵惠文冠'。胡广说曰：'赵武灵王效胡服，以金珰饰首，前插貂尾，为贵职。'"北京：中华书局，1965年，第3668页。

2 山东省文物考古研究所、临沂市文化局：《山东临沂洗砚池晋墓》，《文物》2005年第7期，第4—37页。

3 山西省考古研究所、太原市文物管理委员会：《太原市北齐娄叡墓发掘简报》，《文物》1983年第10期，第13页。关于金器的镶嵌艺术，参黎忠义《汉唐镶嵌金细工工艺探析》，《东南文化》1985年第1期，第159—163页。

a

b

图6-4-5　a 西安隋李静训墓出土金项链；b 线描图（引自熊存瑞《隋李静训墓出土金项链金手镯的产地问题》，1987年）

a

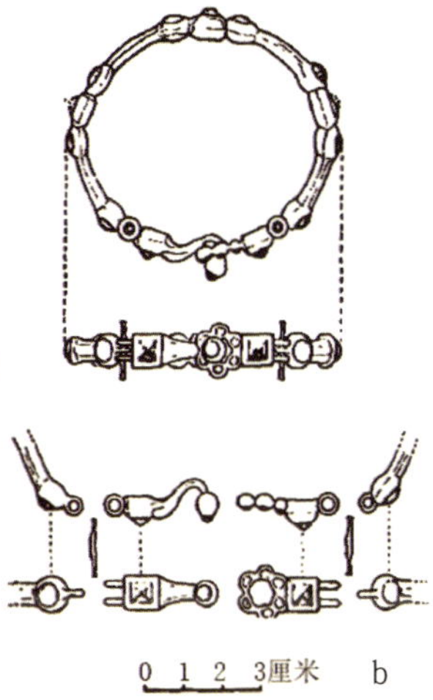

b

图6-4-6　a 西安隋李静训墓出土金手镯；b 线描图（引自熊存瑞《隋李静训墓出土金项链金手镯的产地问题》，1987年）

器，具有拜占庭的装饰风格[1]。

北方最引人注目的金银器是辽西三燕墓葬中的“步摇”饰，与鎏金马具一样是慕容鲜卑极具特色的随葬品，并对三国时期的朝鲜和古坟时代的日本产生过深远影响[2]。考古发现的此类步摇大多见于前燕以前的墓葬，是慕容鲜卑建国前的标志

1　唐金裕：《西安西郊隋李静训墓发掘简报》，《考古》1959年第9期，第471—472页；熊存瑞：《隋李静训墓出土金项链金手镯的产地问题》，《文物》1987年第10期，第77—79页；［美］丁爱博（Ablert E. Dien）著，李梅田译：《六朝文明》第七章，北京：社会科学文献出版社，2013年，第296—297页。

2　关于步摇冠饰的研究，参孙国平《试论鲜卑族的步摇冠饰》，《辽宁省考古、博物馆学会成立大会会刊》，1981年；孙机《步摇、步摇冠与摇叶饰片》，《文物》1991年第11期，第55—64页；江楠《金步摇饰品的发现与研究》，《草原文物》2012年第2期，第74—83页；张玉安《汉魏南北朝“步摇”研究》，《艺术探索》2012年第2期，第6—14页；韦正《金珰与步摇——汉晋命妇冠饰试探》，《文物》2013年第5期，第60—69页。

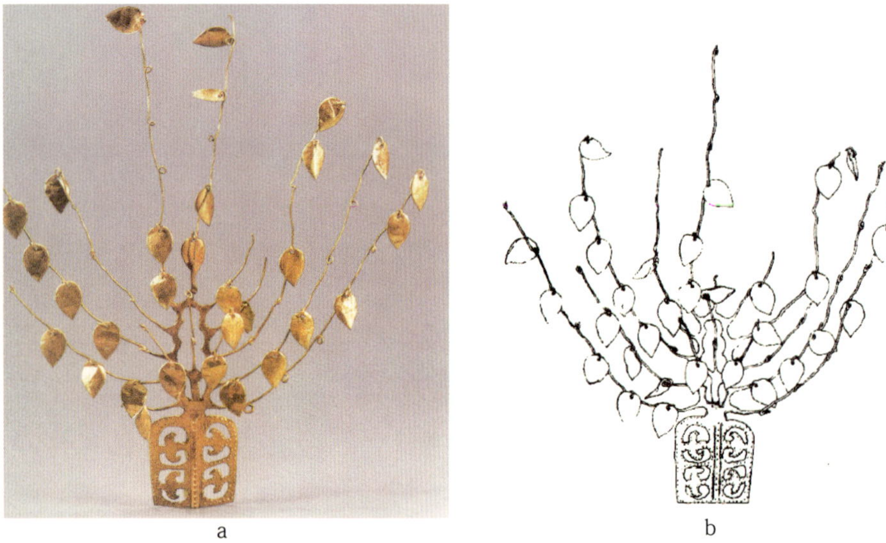

a b

图6-4-7 a 朝阳田草沟晋墓出土金步摇冠饰；b 线描图（引自辽宁省文物考古研究所等《辽宁朝阳田草沟晋墓》，1997年）

性器物，如朝阳田草沟两座晋墓[1]、北票房身村晋墓[2]等，冯素弗墓年代稍晚，也出土了这种树枝状的冠饰[3]。以田草沟1号墓所出为例，由近矩形的牌座和花树状缀叶枝干组成，牌座镂空，长5.2厘米，宽4.4—4.75厘米，花树分出10余枝，各以小环连缀桃形叶片共30余片，每叶长2.2厘米、宽1.5厘米（图6-4-7）[4]。

慕容鲜卑贵族的此类步摇冠饰与南方墓葬中的桃形、花瓣形金饰应该都是《后汉书》所谓“步摇”，不过后者没有发现牌座，或许是在冠上的搭配方法不同所致。类似的步摇冠饰在中亚、朝鲜和日本也多有出土，有学者认为它的原型当在中亚大月氏地区，在公元前后形成后向东传播，横跨欧亚大陆经我国到达日本，流行时间长达600余年[5]。

除了金银饰品外，金银容器实物也常见于北方考古发现。北朝朝廷曾制作和大量使用金银器，《魏书》载：“和平二年（461年）秋，诏中尚方作黄金合盘十二具，径二尺二寸，镂以白银，钿以玫瑰，其铭曰：九州致贡，殊域来宾，乃作兹器，错用具珍。假以紫金，镂以白银，范围拟载，吐耀含真。纤文丽质，若化若神，皇王御之，百福惟新。”[6]《南齐书》以南朝人的视角描绘北魏宫廷的奢华之状：“虏主及后妃常行，乘银镂羊车，不施帷幔，皆偏坐垂脚辕中，在殿上，亦跂据。正殿施流苏帐，金博山，龙凤朱漆画屏风，织成幌。坐施氍毹褥。前施金香炉，琉璃钵，金碗，盛杂

1 辽宁省文物考古研究所等：《辽宁朝阳田草沟晋墓》，《文物》1997年第11期，第33—41页。

2 陈大为：《辽宁北票房身村晋墓发掘简报》，《考古》1960年第1期，第24—26页。

3 黎瑶渤：《辽宁北票县西官营子北燕冯素弗墓》，《文物》1973年第3期，第2—28页。

4 辽宁省文物考古研究所编：《三燕文物精粹》图版1，沈阳：辽宁人民出版社，2002年。

5 孙机：《步摇、步摇冠与摇叶饰片》，《文物》1991年第11期，第55—64页。

6 《魏书》卷一一〇《食货志》，北京：中华书局，1974年，第2851页。

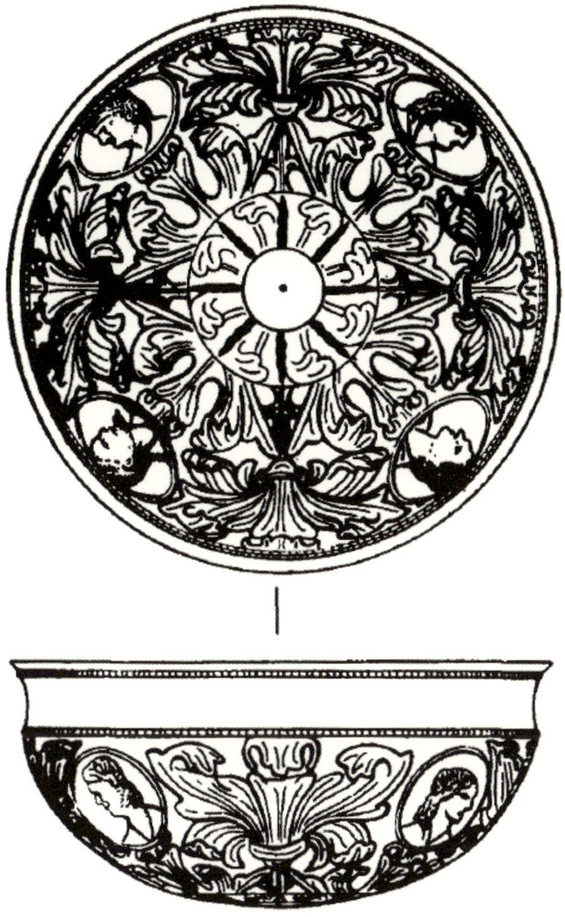

图6-4-8 大同南郊北魏墓出土鎏金银碗（引自山西省考古研究所、大同市博物馆《大同南郊北魏墓群发掘简报》，1992年）

图6-4-9 固原北周李贤墓鎏金银壶

食器。设客长盘一尺，御馔圆盘广一丈。”[1]

不过考古发现的北方金银容器大多为域外输入品，如大同北魏封和突墓中的萨珊银盘（参见图3-5-3）[2]、大同南郊北魏墓中的鎏金银碗（图6-4-8）[3]、宁夏固原北周李贤（天和四年，569年卒）夫妇墓中的鎏金银壶（图6-4-9）[4]等，这些域外输入的金银器曾广泛流行于北朝的上层社会，北方因丝绸之路的便利，与西方交往较多，上层社会人士受域外文化的影响较深。

1 《南齐书》卷五七《魏虏传》，北京：中华书局，1972年，第986页。

2 马玉基：《大同市小站村花圪瘩台北魏墓清理简报》，《文物》1983年第8期，第1—4页。

3 山西省考古研究所、大同市博物馆：《大同南郊北魏墓群发掘简报》，《文物》1992年第8期，第10页。

4 宁夏回族自治区博物馆、宁夏固原博物馆：《宁夏固原北周李贤夫妇墓发掘简报》，《文物》1985年第11期，第1—20页。

第七章

漆器与玻璃器

第一节　漆器

以生漆髹饰器表的漆器曾广泛流行于春秋战国时期的楚地，到汉代发展到顶峰。汉代漆器的胎骨主要是木胎和夹纻胎，因其体型轻巧、外表光鲜而成为日常生活中的重要器具，流行案、勺、盘、奁、箧、枕、盒等器类，工艺方面也日益精巧。从贵州清镇平坝汉墓发现的4件有铭漆耳杯来看，汉代漆器的制作分工细致而明确，须经过素工、髹工、上工、黄涂工、画工、羽工、清工、造工等一系列繁琐的程序，铭文标示这批漆器产自蜀郡（今四川成都）和广汉郡（今四川梓潼）工官[1]。今四川地区可能是汉代最重要的漆器产地，考古发现的大量汉代漆器铭文都指向此地区，尤其蜀郡漆器的流通范围远至北方的诺颜乌拉、东方的乐浪、华北的邯郸、西南的贵州以及湖北江陵、湖南长沙等地[2]。

魏晋南北朝时期战乱频繁，加上青瓷器在南方的推广，这一时期的漆器已远不如汉代普及。不过数量虽然减少了，但工艺更加精巧，常为上层社会人士独享。在前引汉末曹操的《上杂物疏》中即有"漆画韦枕"、"黑漆韦枕"、"漆画油唾壶"等物，与金银器和象牙器并提，可见至为珍稀。在安阳曹操墓的刻铭石牌上记有"漆唾壶"、"五尺漆簿机"、"食单（箪）"、"漆浆台"、"木表漆里书水椀（碗）"等漆器[3]，当为曹操的生前旧物。

考古所见的魏晋南北朝漆器实物已有多批，皆为工艺精品，多以精美漆画为饰，以战国以来传统漆器发达的长江流域最为集中。

孙吴早期都城武昌（今湖北鄂州）曾发现大量东吴时期的漆木器，在20座墓中共出土了84

1 贵州省博物馆：《贵州清镇平坝汉墓发掘报告》，《考古学报》1959年第1期，第85—103页。

2 孙机：《关于汉代漆器的几个问题》，《文物》2004年第12期，第48—56页。

3 河南省文物考古研究所、安阳县文化局：《河南安阳市西高穴曹操高陵》，《考古》2010年第8期，第35—45页；《安阳曹操高陵考古发掘成果简介》，载李凭主编《曹操高陵——中国秦汉史研究会、中国魏晋南北朝史学会会长联席会议》，杭州：浙江文艺出版社，2010年。

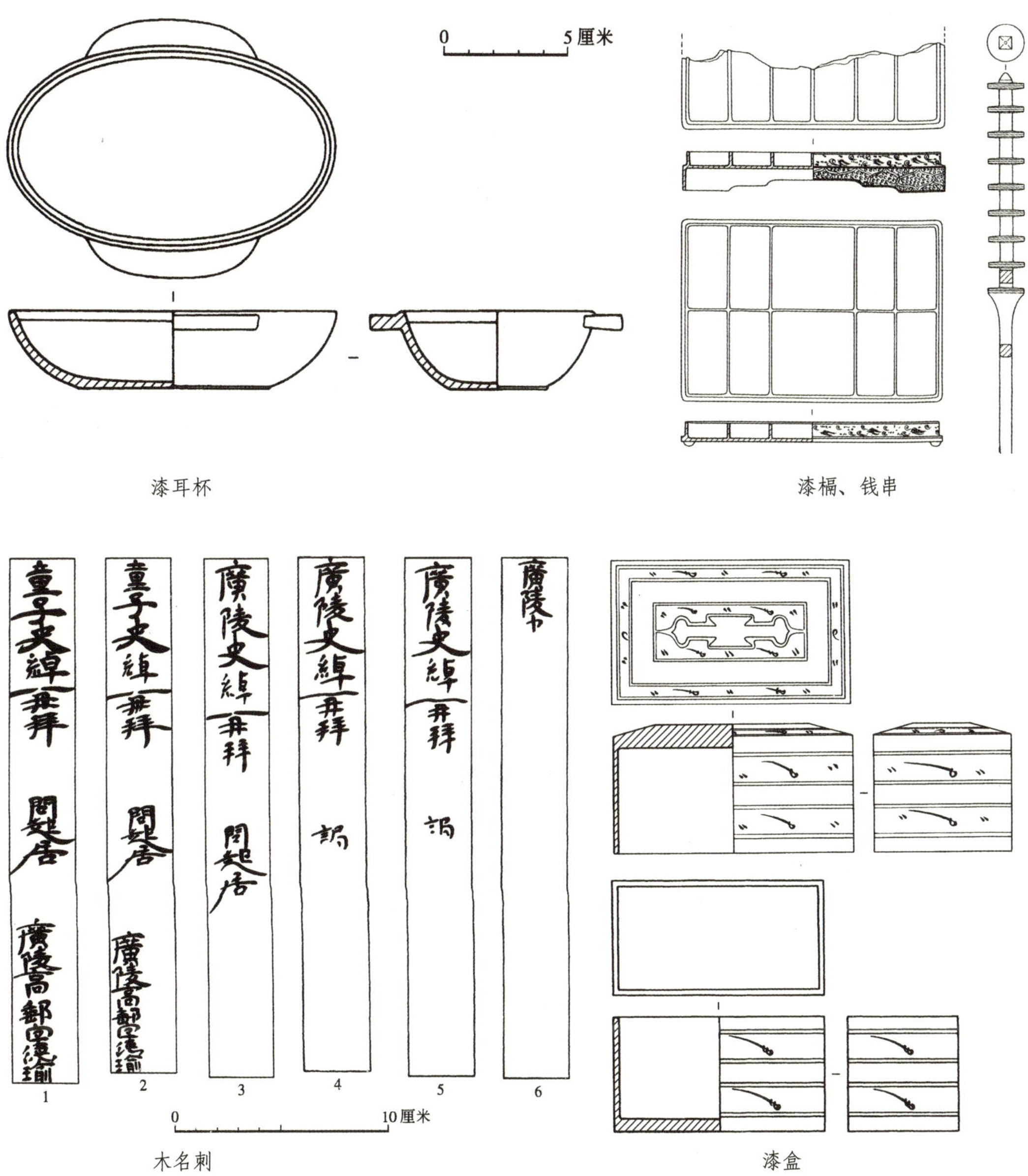

图7-1-1 鄂州东吴墓出土漆器（引自南京大学历史系考古专业、湖北省文物考古研究所、鄂州市博物馆《鄂城六朝墓》，2007年）

件，尤其是M2190、M2215出土的漆木器达20余件，包括唾盂、盘、耳杯、案、钵、槅、碗等，其中1件漆钵内壁四周画游鱼水草，底部画男女舞蹈、相扑，外壁画云气纹饰带，外底铭记“蜀郡作牢”；漆槅有木胎和布胎两种，长方形槅被分为12个小格，槅墙外壁以朱漆在黑地上绘云涡和简化的禽鸟纹（图7-1-1）[1]。

江西南昌孙吴高荣墓出土了漆槅、耳杯、钵、盘、碗、盒、奁、洗、器盖等15件，皆为木胎，有的木胎上再贴麻布，器物外壁多为黑色，内壁多为红色，少数器物有

1 南京大学历史系考古专业、湖北省文物考古研究所、鄂州市博物馆：《鄂城六朝墓》第三章第三节，北京：科学出版社，2007年，第295—299页。

彩绘或镶嵌装饰，有些器物上彩绘卷纹、凤鸟、飞禽走兽等图案[1]。

安徽马鞍山发现的孙吴重臣朱然墓（卒于赤乌十二年，249年）发现了60余件漆器，皆为木胎，漆面上有的镶嵌铜皮，有的加上鎏金铜扣，最引人注目的装饰是丰富多彩的漆画图案，一般先在木胎上贴一层粗麻布，涂一层漆腻，再在器物不同部位涂上不同颜色的漆地，最后以红、黑、金等色绘画，如在一件漆案上绘制了由55人组成的宫廷乐舞百戏场景，人物旁皆有榜题，如“皇后”、“长沙侯”、“虎贲”、“弄剑”、“鼓吹”等；在一件圆漆盘的中心画春秋时期的季札挂剑的故事，盘外底有铭“蜀郡造作牢”五字；另几件圆盘画百里奚会故妻、伯榆悲亲、童子持棍对舞（也铭“蜀郡造作”）、贵族室内生活和出游场景等。值得注意的是，墓中的一件皮胎漆耳杯以犀皮漆画方式装饰器表，在胎上用粗漆堆出高低不平的底子，再涂黑红黄不同色漆若干层，干后再打磨，露出不同颜色的漆层，自然形成云纹，有行云流水之效果（图7-1-2）[2]。

山东临沂洗砚池晋墓也出土了大量漆器，包括壶、碗、盘、耳杯、勺等饮食器

宫闱宴乐图漆案

季札挂剑图漆盘

犀皮黄口羽觞（耳杯）

犀皮黄口羽觞（耳杯）底部

图7-1-2　马鞍山东吴朱然墓出土漆器

1 江西省历史博物馆：《江西南昌市东吴高荣墓的发掘》，《考古》1980年第3期，第219—228、296—300页。

2 安徽省文物考古研究所、马鞍山市文化局：《安徽马鞍山东朱然发掘简报》，《文物》1986年第3期，第1—15页。

图7-1-3　临沂洗砚池晋墓漆器

皿，奁、盒等梳妆用具，大多为木胎，少量竹胎，通过卷、挖等方式成型，然后打磨上漆、刻铭。这批漆器以素面为主，一般黑表朱里，有的绘草纹、波纹和点纹，个别还以铜扣为饰。在部分饮食器具上以朱漆书写铭文，如“太康七年李次上牢”、“李山自用”等，除标明制作年代外，还注明了制作者或使用者的姓名。与前述汉、吴漆器多产自蜀郡官营作坊不同，这批漆器或是本地私营作坊所造（图7-1-3）[1]。

江西南昌火车站的6座东晋墓共出土了26件漆器，这是晋墓中保存最好的一批漆器，包括奁、盘、托盘、耳杯、凭几、槅、匕、箸、刀鞘等，有些器物上有非常精美的彩绘人物故事，如在一件圆形竹胎木底的漆奁上以黑漆为地，绘有车马人物三组，每车由一马牵引，车内一人，共有人物20人，描绘了一幅生动的车马出行图，皆以黑色勾线，平涂设色；在一件圆形木胎漆器上绘有头戴方胜的西王母和人首鸟身的九天玄女，下方绘虬龙和飞廉形象（参见图4-1-2）（图7-1-4）[2]。

朝阳袁台子东晋墓中，出土了一件漆案，置于主室的墓主像龛前，上面摆放了14件漆器和瓷器餐具，包括大小漆盘、勺、钵、盒、壶等，根据散落在漆案上和周围的帷帐钩件，可知原有一顶帷帐罩住漆案[3]，显然漆案是用于献祭食物的祭台。

考古发现的漆器大多是日常器具，但作为一类兼具实用性与装饰性的产品，必

1　山东省文物考古研究所、临沂市文化局：《山东临沂洗砚池晋墓》，《文物》2005年第7期，第4—37页；冯沂：《临沂洗砚池晋墓出土漆器考议》，《华夏考古》2011年第2期，第73—77，第165—166页。

2　赵德林、李国利：《南昌火车站东晋墓葬群发掘简报》，《文物》2001年第2期，第12—41页。孙机、郑岩等先生对车马出行图漆画内容进行了考证，孙机认为它是“惠太子延四皓图”，参孙机《翠盖》，《中国文物报》2001年3月18日第6版；郑岩《南昌东晋漆盘的启示——论南北朝墓葬艺术中高士图像的含义》，《考古》2002年第2期，第77—86页。

3　辽宁省博物馆文物队、朝阳地区博物馆文物队、朝阳县文物馆：《朝阳袁台子东晋壁画墓》，《文物》1984年第6期，第29—45、101—103页。

图7-1-4　南昌火车站东晋墓出土漆盘

然也是重要的居室家具陈设，只不过这类家具陈设极难保存下来，所幸我们还是可以通过墓葬中发现的大型漆器（漆屏风和漆棺）一窥当时家具陈设漆器之貌。

山西大同北魏司马金龙墓里后室部位出土了4件石雕柱础和1套漆画屏风，残存5块，每块高约80厘米，宽约20厘米，以榫卯结构相扣合。屏风皆髹红漆，在画像和榜题部位又涂成黄色，上面墨书文字题记，屏风两面皆有绘画，但倒塌后贴地的一面已经剥落严重，看不出原有图案，另一面分上下4层绘画，人物皆以黑色勾勒轮廓，以铅白涂面、手，其他部位更涂有黄、白、橙等色。经科技检测可知所用颜料是朱砂、炭黑、雌黄、雄黄、石膏，颜料分层十分明确，各层的厚度相对均匀，反映出制作者较为高超的绘画技法（参见图3-3-6）[1]。

虽然司马金龙生活和卒葬于北魏的都城，墓葬中的其他随葬品带有浓厚的鲜卑文化特征，但屏风却完全是传统的中原风格，屏风画像采用了传统的古圣先贤、帝王将相、逸士高人、孝子列女等题材。在绘画技法上，在汉代单勾线和大笔平涂的基础上又有发展，出现了与东晋顾恺之画风类似的色彩渲染和铁线描手法，从绘画的笔法、构图、色调与形象来看，也与顾恺之《女史箴图》、阎立本《历代帝王

1　李涛等：《司马金龙墓出土木板漆画屏风残片的初步分析》，《文物保护与考古科学》第21卷第3期，2009年8月，第23—28页。

图》中的人物甚为相似，可以看出三者间的渊源关系[1]。

除了这具著名的漆屏风外，司马金龙墓还出土了一件25.7厘米×23.7厘米的残漆槅，木胎，有四小足，内分10格。这种多子槅曾广泛流行于魏晋时期，尤以东吴墓葬中最为常见，北方地区在十六国墓葬中还偶有所见，北魏迁洛后逐渐在北方墓葬中消失，司马金龙墓可能是北方最晚一例[2]。

据统计，魏晋南北朝时期的漆器仅出自不到5%的墓葬里[3]，考古发现的漆器种类大约包括20种左右的器形，但大多是耳杯、盘、勺、碗、盒等小件的饮食器皿及漆棺等葬具，至于现实生活中的大件家具陈设（如屏风、几、案）等较少发现，因此考古发现的漆器并不能反映当时漆器使用的全貌。此外，漆器作为易腐物品，本是极难保存在湿热的南方土壤环境里的，但目前所见漆器遗物大多数出自长江流域，这可能与当地深厚的漆器工艺传统有关。春秋战国至秦汉时期的楚地因充足的竹、木材料及发达的木工工艺，漆器成为与青铜器媲美的一类重要器物，战国以后青铜器衰落后，漆器工艺仍在继续进步，直到汉末随着青瓷的普遍使用，漆器生产规模才逐渐缩小，魏晋南北朝时期的漆器虽然已不是手工业的主流，但因其更精巧的工艺而愈加受到社会上层人士的重视。

第二节　玻璃器

中国古代文献里对玻璃的称呼极不统一，有“璆琳”、“流离”、“药玉”、“瓘玉”、“颇梨”、“琉璃”、“料器”等，可能因古人对玻璃的特性不甚了解，早期将火山喷出的酸性岩凝固而得的透明物质（即玻璃）与玉质相混淆，故有“璆琳”、“药玉”、“瓘玉”等称呼，后又将其与陶瓷上玻璃质的釉相混淆，故又有“琉璃”与玻璃不分的现象。在今天的考古报告里，玻璃与琉璃仍未明确区分，一般将透明的称为玻璃，不透明的称为琉璃。

虽然先秦时期已有关于玻璃的记载，考古也发现了很多玻璃实物，此后中国古代玻璃一直持有使用氧化钾和氧化铅作为主要熔剂的传统，与外来传入的玻璃制品有明显区别[4]，遗憾的是中国古代玻璃一直未成为工艺的主流，主要以镶嵌物

1　山西省大同市博物馆、山西省文物工作委员会：《山西大同石家寨北魏司马金龙墓》，《文物》1972年第3期，第20—33页；张安治等编：《中国美术全集·绘画编1·原始社会至南北朝绘画》，北京：人民美术出版社，1989年，第153—163页。关于屏风的讨论，参志工《略谈北魏的屏风漆画》，《文物》1972年第8期，第55—59页。

2　宋馨：《北魏司马金龙墓葬重新评估》，《中国文化研究所学报》2002年第11期，第273—298页。

3　［美］丁爱博（Ablert E. Dien）著，李梅田译：《六朝文明》第七章，北京：社会科学文献出版社，2013年，第329—336页。

4　干福熹：《中国古代玻璃的起源和发展》，《自然杂志》2006年第4期，第187—193页，该文认为，中国最早的玻璃是含碱钙硅酸盐玻璃，大多为单色玻璃珠和镶嵌物，属春秋末至战国早期，如青铜剑格上的镶嵌

或装饰品的形式存在，是一种廉价的宝石代替物[1]，这可能与中国古代青铜器、漆木器、陶瓷器等工艺相继得到巨大发展有关，即便在外来玻璃大量流行的魏晋南北朝时期，玻璃工艺也并未在中国占有应得的一席之地。

外来玻璃可能在先秦时期即已传入中国，但大量进入内地应是在张骞开通西域之后。当时中国与世界玻璃生产的中心——地中海沿岸和伊朗高原皆有交流，来自罗马、萨珊的玻璃器源源不断地输入中国[2]。

《后汉书·西域传》记载了西域所见的罗马玻璃："（大秦）土多金银奇宝，有夜光璧、明月珠、骇鸡犀、珊瑚、琥珀、琉璃……"[3]大秦（今罗马）传入中亚的玻璃有十种颜色，《太平寰宇记·罽宾国》："（罽宾）赤色珠玑、珊瑚、琥珀、璧流离，流离青色如玉。《魏略》曰大秦国出，赤、白、黑、黄、青、绿、缥、绀、红、紫十种流离。"[4]

罗马玻璃最主要的工艺特征是吹制成型，这是一种极为简便的提高产量的方法，使得罗马玻璃业迅速繁荣起来。罗马玻璃器皿在汉晋南北朝时期大量进入中国，与金银器同为东晋宫廷中的日用器皿，玻璃碗、杯等是最常见的器类。

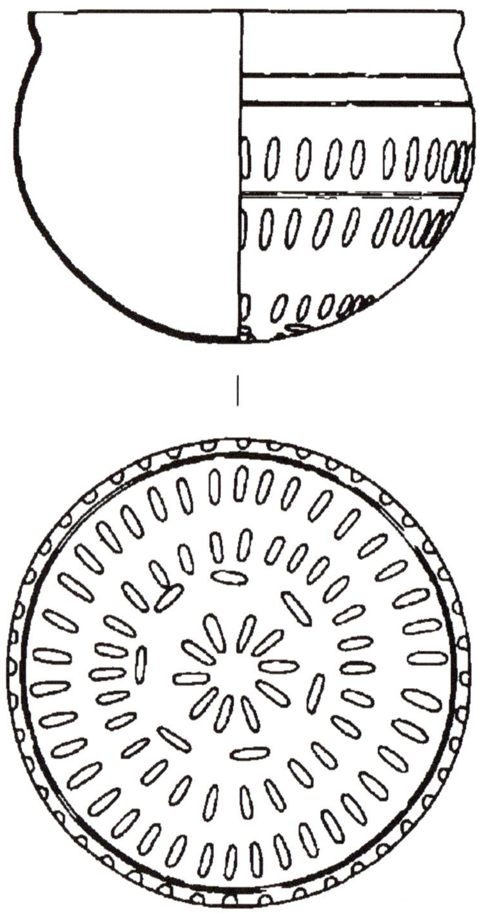

图7-2-1　南京仙鹤观东晋墓出土玻璃器（引自南京市博物馆《江苏南京仙鹤观东晋墓》，2001年）

出自南京象山7号墓男棺内的一件磨花玻璃筒形杯，圜底，无色透明，泛黄绿色，气泡较少、较小（正是吹制玻璃的优点之一）。口沿和底部磨出椭圆形花瓣纹，腹部有7个大椭圆形纹饰；同墓女棺内也出土了一件修复完整的

玻璃和湖北楚墓中的玻璃珠等。

1　中国早期的玻璃可能更多是作为宝石的廉价代替品存在，如大量发现的单色或多色玻璃珠，耳环等饰品上的镶嵌玻璃等，参程朱海《试探我国古代玻璃的发展》，《硅酸盐学报》1981年第1期，第97页。

2　此处关于玻璃的大量讨论，皆基于安家瑶《中国的早期玻璃器皿》，《考古学报》1984年第4期，第413—448页。

3　《后汉书》卷八八《西域传》，北京：中华书局，1965年，第2919页。

4　［北宋］乐史：《太平寰宇记》卷一八二《四夷·罽宾》。

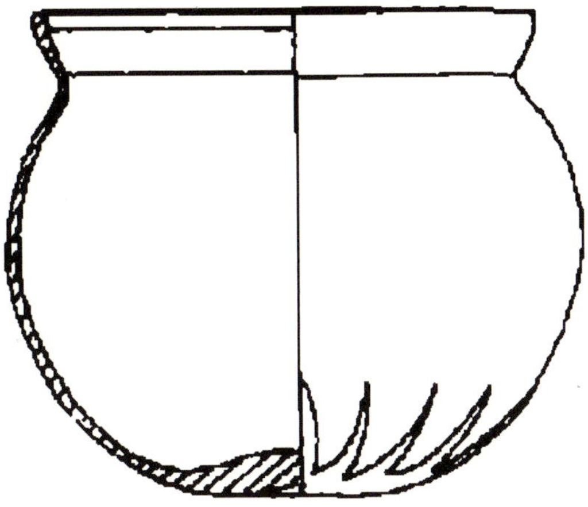

图7-2-2　南京富贵山六朝墓出土玻璃碗（引自南京市博物馆等《江苏南京市富贵山六朝墓地发掘简报》，1998年）

图7-2-3　鄂州东吴墓玻璃碗

类似玻璃碗，该墓墓主推测为平南将军、荆州刺史、武陵侯王廙夫妇[1]。

类似的磨花玻璃还见于南京其他东晋墓葬中，如南京仙鹤观东晋名臣高崧家族墓6号墓女棺内出土的一件玻璃碗，口沿外侈，束颈，圜底，腹部及底部有4周磨光的竖长椭圆形花纹（图7-2-1）[2]。南京富贵山六朝墓地M4也出土了一件修复完整的玻璃碗，呈无色透明淡蓝色，敛口、束颈、圜底，下腹至底部有20条火焰状磨光花瓣纹，该墓墓主推测为东晋早期司马氏宗室（图7-2-2）[3]。南京大学北园大墓推测属东晋早期某帝，在侧室甬道口出土一件颜色、造型和装饰类似的玻璃碗残片[4]。

南京以外的南方六朝墓中也发现了很多类似风格的玻璃器，如鄂州西山鄂钢饮料厂孙吴大墓出土了一件玻璃残片，无色透明，可见暗弦纹，墓主可能是东吴威远将军孙邻（图7-2-3）[5]；广州大学校园晋墓M5是一座东晋早期墓，在后室出土了一件玻璃器残片，呈蓝色，外有凸棱，器壁极薄，可能是碗、杯一类器物[6]；广东肇庆发现的一座东晋太宁三年（325年）墓内出土了一件完整的玻璃碗，胎体极薄，敞口、束颈、圜底，无色透明，泛绿色[7]。

上述南京地区出土的玻璃容器从造型到装饰显然都不是中国传统器形，测试

1　南京市博物馆：《南京象山5号、6号、7号墓清理简报》，《文物》1972年第11期，第31—36页。

2　南京市博物馆：《江苏南京仙鹤观东晋墓》，《文物》2001年第3期，第4—40页；王志高、周裕兴、华国荣：《南京仙鹤观东晋墓出土文物的初步认识》，《文物》2001年第3期，第88页。

3　南京市博物馆等：《江苏南京市富贵山六朝墓地发掘简报》，《考古》1998年第8期，第35—47页。

4　南京大学历史系考古组：《南京大学北园东晋墓》，《文物》1973年第4期，第36—50页。

5　鄂州博物馆等：《湖北鄂州鄂钢饮料厂一号墓发掘报告》，《考古学报》1998年第1期，第103—131页。

6　广州市文物管理委员会：《广州市下塘狮带岗晋墓发掘简报》，《考古》1996年第1期，第36—45页。

7　广东省文物考古研究所等：《广东肇庆市坪石岗东晋墓》，载广东省文物局编《广东文物考古三十年》，广州：暨南大学出版社，2009年。

分析结果也表明属舶来的钠钙玻璃系统，但从器形和测试进行细分，又可分为罗马和萨珊两个不同来源，如以南京象山M7玻璃筒形杯为代表的器物器壁较厚，与德国出土的罗马玻璃成份相同，属罗马玻璃系统；以鄂州五里墩M4021玻璃碗为代表的器物器壁较薄，与伊朗高原发现的玻璃器相似，应属萨珊玻璃系统。萨珊玻璃既受罗马玻璃影响，又有自己独特的风格，这两种风格的玻璃器都在六朝时期传入了中国南方地区[1]。

在南北对峙、交通阻隔的魏晋南北朝时期，这些玻璃制品经由西北丝绸之路传入南方的可能性不大，极有可能是经由海路从伊朗高原的波斯和大秦（今罗马）获得，获得的方式可能有使臣礼品、商贾贸易等方式。史籍中存在大量东吴至南朝时期东南亚使臣输入玻璃的记载。

罗马和萨珊玻璃作为舶来的珍稀物品，主要为社会上层人士拥有，上述发现玻璃器的墓葬皆属东吴至东晋的贵族，《世说新语》也记载了很多东晋朝廷里关于玻璃的故事。

《世说新语·纰漏》：“王敦初尚主，如厕，见漆箱盛干枣，本以塞鼻，王谓厕上亦下果，食遂至尽。既还，婢擎金澡盘盛水，琉璃碗盛澡豆，因倒著水中而饮之，谓是干饭。群婢莫不掩口而笑之。”[2]《世说新语·排调》：“王公与朝士共饮酒，举琉璃碗谓伯仁曰：‘此碗腹殊空，谓之宝器，何邪？’答曰：‘此碗英英，诚为清澈，所以为宝耳。’”[3]

六朝时期传入中国南方的玻璃除了玻璃容器外，也出现了平板玻璃。《世说新语》记载了晋武帝时以玻璃作的屏风，“满奋畏风，在晋武帝坐，北窗作琉璃扇屏风，实密似疏，奋有难色。帝笑之，奋答曰：臣犹吴牛，见月而喘”[4]。这种透明或半透明的平板玻璃极有可能也是境外输入品，对当时的社会上层人士来说，还属十分稀见之物。

北方地区也与中西亚地区保持着密切的联系，一些玻璃制品也源源不断地得以输入魏晋北朝。《魏书·西域传》：“（波斯）多大真珠、颇黎、琉璃、水精、瑟瑟、金刚……”[5]北方的玻璃输入路线与南方有所不同，可能主要经由中亚胡商的中转，由西北丝绸之路输入。

北京西晋华芳墓里也出土了一件萨珊玻璃碗，器表有一排10个柱状突，器底上

1 此处关于舶来玻璃来源的考察，均参安家瑶《中国的早期玻璃器皿》，《考古学报》1984年第4期，第413—448页，第531—540页；王志高《六朝墓葬出土玻璃容器漫谈——兼论朝鲜半岛三国时代玻璃容器的来源》，载《“六朝历史文化与镇江地域发展学术研讨会（2010年）”论文汇编》，第211—217页。

2 [南朝宋]刘义庆撰，[南朝梁]刘孝标注，杨勇校笺：《世说新语校笺》下卷《纰漏》，北京：中华书局，2006年。

3 [南朝宋]刘义庆撰，[南朝梁]刘孝标注，杨勇校笺：《世说新语校笺》下卷《排调》，北京：中华书局，2006年。

4 [南朝宋]刘义庆撰，[南朝梁]刘孝标注，杨勇校笺：《世说新语校笺》上卷《言语》，北京：中华书局，2006年。

5 《魏书》卷一〇二《西域传·波斯》，北京：中华书局，1974年，第2270页。

以一圈7个小突钉作为器足（图7-2-4）[1]。新疆营盘遗址出土的玻璃杯也有类似的成排刻纹，呈透明白色，略微泛绿，小平底，器壁略外弧，口沿厚而平。饰有凹地圆点纹饰带，凹地上突起七个圆形圜带，其上又有两圈椭圆形带，斯坦因将其断为五至六世纪的物品[2]。萨珊玻璃的造型与罗马玻璃不同，一般在器表上有成排的凹圈装饰，有的器物上有成排的柱状突。河北景县封氏家族墓也出土了2件典型的罗马造型玻璃，口沿外侈、直壁，器底上还有吹制玻璃的痕迹，器表上也有玻璃条粘贴成的波浪纹饰，也是钠钙玻璃[3]。

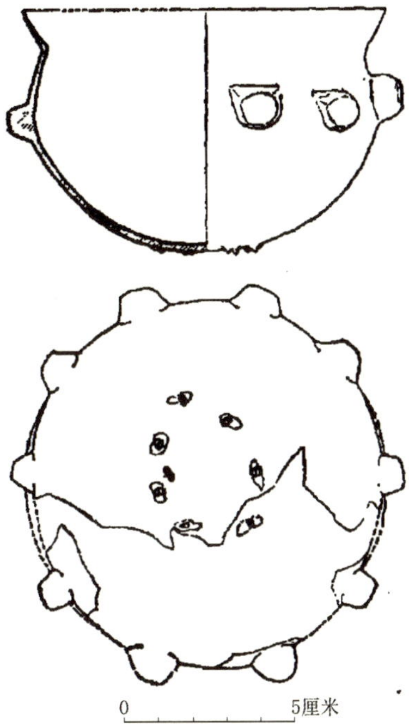

图7-2-4　北京西晋华芳墓出土玻璃碗（引自北京市文物工作队《北京西郊西晋王浚妻华芳墓清理简报》，1965年）

北朝时期在大量输入域外玻璃制品的同时，也传入了玻璃的制作技术。五世纪前期，北魏太武帝拓跋焘统一北方后，丝绸之路重新得以畅通，来自大月氏的胡商率先在京师平城采矿并制造出了精美的玻璃。《魏书·西域传》载太武帝时期开始制作平板玻璃，“世祖时，其国（大月氏）人商贩京师，自云能铸石为五色琉璃，于是采矿山中，于京师铸之。既成，光泽乃美于西方来者。乃诏为行殿，容百余人，光色映澈。观者见之，莫不惊骇，以为神明所作。自此中国琉璃遂贱，人不复珍之”[4]。

考古遗址里也发现了一些这个时期的“国产玻璃”。如河北定县石塔基（北魏太和五年，481年）发现的1件玻璃碗和6件玻璃瓶皆采用了中国传统器型，以无模吹制技术成型，并借鉴了罗马、萨珊的粘贴玻璃条技术，以玻璃条作成圈足，但器物很小，质量也不及“进口玻璃”[5]。

这种仿照萨珊、罗马技术制作的玻璃虽然已经出现，但显然中国玻璃工艺的发展仍然相当缓慢，不但质量不及“进口玻璃”，产量可能也很低，以致鲜卑贵族

1　安家瑶：《北周李贤墓出土的玻璃碗——萨珊玻璃器的发现与研究》，《考古》1986年第2期，第173—181页；北京市文物工作队：《北京西郊西晋王浚妻华芳墓清理简报》，《文物》1965年第12期，第22页。

2　安家瑶：《北周李贤墓出土的玻璃碗——萨珊玻璃器的发现与研究》，《考古》1986年第2期，第173页。

3　张季：《河北景县封氏墓群调查记》，《考古通迅》1957年第3期，第33页；安家瑶：《中国的早期玻璃器皿》，《考古学报》1984年第4期，第413—448、531—540页。

4　《魏书》卷一〇二《西域传·大月氏》，北京：中华书局，1974年，第2275页。

5　河北省文化局文物工作队：《河北定县出土北魏石函》，《考古》1966年第5期，第252—259页；安家瑶：《中国的早期玻璃器皿》，《考古学报》1984年第4期，第413—448页。

迁都洛阳后，来自西域的玻璃器仍为重要“宝器”。《洛阳伽蓝记》：“（元）琛常会宗室，陈诸宝器，金瓶银瓮百余口，瓯檠盘盒称是。自余酒器，有水晶钵、玛瑙杯、琉璃碗、赤玉卮数十枚，作工奇妙，中土所无，皆从西域而来。”[1]

北魏时期出现的新式玻璃制作技术可能曾一度失传，以致到隋代时无人能作玻璃，《隋书·何稠传》：“稠博览古图，多识旧物。波斯尝献金绵锦袍，组织殊丽。上命稠为之。稠锦既成，逾所献者，上甚悦。时中国久绝琉璃之作，匠人无敢厝意，稠以绿瓷为之，与真不异。”[2]何稠对一些失传的西域工艺（如织锦）甚是精通，虽然所做玻璃只是“以绿瓷为之”，但隋代有可能还是恢复并发展了玻璃制作技术的，西安李静训墓（大业四年，608年）发现的几件玻璃器比北魏时期明显进步，但由于玻璃里含有大量气泡，严重影响了器物的透明度[3]。隋代的玻璃已由中国传统的铅钡玻璃转变为更适应于吹制的高铅玻璃，那时的工匠应已基本掌握了西亚的玻璃制造工艺[4]。

1 ［北魏］杨衒之撰，范祥雍校注：《洛阳伽蓝记》卷四《城西·开善寺》，上海古籍出版社，1958年，第207页。

2 《隋书》卷六八《何稠传》，北京：中华书局，1973年，第2596页。

3 安家瑶：《中国的早期玻璃器皿》，《考古学报》1984年第4期，第413—448页。

4 安家瑶：《中国的早期玻璃器皿》，《考古学报》1984年第4期，第413—448页。

第八章 佛教与道教

魏晋南北朝是社会发生巨大变迁的时代，也是宗教大发展的时代，本土的道教和外来的佛教在这一时期得到广泛的传播，为我们留下了丰富多彩的物质文化遗产。虽然道教与佛教在大多数时候并行于世，但道教势力始终不如佛教之盛；与佛教得到大多数统治者的大力推崇不同，道教是自下而上、主要流行于民间的宗教，因此，道教给我们留下的实物遗存远不如佛教系统和丰富，我们对这一时期宗教文化的讨论主要是佛教。

第一节　佛教的初传

关于佛教传入中国内地的时间，有汉哀帝时大月氏使臣口授浮图经、汉明帝时遣使西行求法等多种传说，准确时间已很难考，但佛教的传入与汉之沟通西域有关，这点是没有疑问的。

《魏书·释老志》系统记载了汉人初识西域佛教及佛教东传的情况：

> 汉武元狩中，遣霍去病讨匈奴，至皋兰，过居延，斩首大获。昆邪王杀休屠王，将其众五万来降。获其金人，帝以为大神，列于甘泉宫。金人率长丈余，不祭祀，但烧香礼拜而已。此则佛道流通之渐也。及开西域，遣张骞使大夏还，传其旁有身毒国，一名天竺，始闻有浮屠之教。哀帝元寿元年，博士弟子秦景宪受大月氏王使伊存口授浮屠经。中土闻之，未之信了也。后孝明帝夜梦金人，项有日光，飞行殿庭，乃访群臣，傅毅始以佛对。帝遣郎中蔡愔、博士弟子秦景等使于天竺，写浮屠遗范。愔仍与沙门摄摩腾、竺法兰东还洛阳。中国有沙门及跪拜之法，自此始也。[1]

东汉明帝时楚王刘英是见于史籍记载的最早的佛教徒，《后汉书》描述了他的学佛行为：

> 英少时好游侠，交通宾客，晚节更喜黄老，学为浮屠斋戒祭祀。（永平）八年，诏令天下死罪皆入缣赎。英遣郎中令奉黄缣白纨三十匹诣国相曰：“托在蕃辅，过恶累积，欢喜大恩，奉送

1 《魏书》卷一一四《释老志》，北京：中华书局，1974年，第3025—3026页。

缣帛，以赎愆罪”。国相以闻。诏报曰：“楚王诵黄老之微言，尚浮屠之仁祠，絜斋三月，与神为誓，何嫌何疑，当有悔吝？其还赎，以助伊蒲塞桑门之盛馔。”因以班示诸国中傅。英后遂大交通方士，作金龟玉鹤，刻文字以为符瑞。[1]

虽然当时可能已经出现了从事苦修的僧侣（“伊蒲塞桑门”即优婆塞沙门），但刘英学佛，一边“诵黄老之微言”，一边“尚浮屠之仁祠”，在形式上虽然学习斋戒祭祀，但又结交方士，从事“作金龟玉鹤，刻文字以为符瑞”的道教活动，这表明佛教初传时期，佛教思想的影响十分有限，即使在东汉社会上层，佛教与道教或其他信仰并无明显区别，佛不过是一种新的神祇。

佛教真正进入中国社会是随着僧侣的往来与译经活动的展开而开始的。史籍所载的译经始于二世纪中期的汉末桓灵时期，如安息僧人安世高于公元147年来到洛阳，大月氏僧人支娄加谶于167年来到汉地等，因此，到汉代末年，佛教可能才真正进入中国人的生活。

佛教入华与西域于阗、龟兹的关系最为密切。

于阗是和田绿洲上的一个城邦国家，塞人入主绿洲后建立了瞿萨旦那王朝（即《大唐西域记》中的“瞿萨旦那国”），即于阗尉迟氏王朝，来自克什米尔的僧人开始在此弘扬小乘佛教。正是在此期间，于阗开始了与中原王朝的联系，公元前119年张骞第二次出使西域时，派副使到达于阗，公元前60年西汉设立西域都护府后，于阗与中原的联系进一步加强。

魏晋时期，于阗成为西域最大的大乘佛教中心，中原僧人西行取经必经于阗，于阗僧人亦多赴中原译经传教，三国僧人朱士行于甘露五年（260年）从长安赴于阗取经，逗留直至身故，期间得梵本《放光般若经》，由弟子传至中原，后由于阗僧人无叉罗等译为汉文。西晋太康年间，于阗僧人祇多罗将《光赞》带到中原，由敦煌僧人竺法护译为汉文。此后，于阗佛教源源不断传入中原。东晋法显于隆安五年（401年）到达于阗，他描述了于阗的佛法之盛：“其国丰乐，人民殷盛，尽皆奉法，以法乐相娱。僧众乃数万人，多大乘学，皆有众食。彼国人民星居，家家门前皆起小塔，最小者可高二丈许。作四方僧房，供给客僧及余所须。国主安堵法显等于僧伽蓝。僧伽蓝瞿摩帝，是大乘寺，三千僧共犍槌食。入食堂时，威仪齐肃，次第而坐，一切寂然，器钵无声。”[2]

龟兹在今库车、拜城一带，东西分别与焉耆和疏勒相通，是一处重要的沟通内地与中亚的要道。龟兹佛教之始，文献无明确记载，但据考证，龟兹可能最晚在汉武帝时已信奉佛教[3]，三四世纪时佛教已然十分兴盛，《晋书·四夷传》描述了龟兹

---

1 《后汉书》卷四二《楚王英传》，北京：中华书局，1965年，第1428—1429页。

2 ［东晋］法显撰，章巽校注：《法显传校注》，上海古籍出版社，1985年，第13—14页。

3 常被引作龟兹早期佛教证据的文献是南朝梁代刘之遴献“龟兹澡灌”事，《梁书》卷四〇《刘之遴传》：“之遴好古爱奇，在荆州聚古器数十百种。……其第三种，外国澡灌一口，铭云：‘元封二年，龟兹国献’。其

佛教之盛："龟兹国西去洛阳八千二百八十里，俗有城廓，其城三重，中有佛塔庙千所……武帝太康中，其王遣子入侍。"[1]西晋时已与中原王朝发生联系。龟兹的很多高僧都为龟兹佛教的东传做出了贡献，其中最著名的僧人当属鸠摩罗什。

鸠摩罗什祖籍天竺，其父东渡龟兹，被尊为国师，母为龟兹王妹，鸠摩罗什自小在龟兹出家，并赴罽宾学习，返回龟兹后声誉陡升，一跃而为西域名僧。龟兹佛教早期流行小乘佛教，鸠摩罗什开始大力宣扬大乘佛教，《高僧传·鸠摩罗什传》载：罗什"广诵大乘经论，洞其秘奥，龟兹王为造金狮子座，以大秦锦褥铺之，令什升而说法"；"西域诸国咸伏什神俊，每至讲说，诸王皆长跪座侧，令什践而登焉。其见重如此"[2]。鸠摩罗什的盛名也见闻于内地，长安高僧释道安力劝苻坚延请罗什入中土，建元二十年（384年）吕光攻破龟兹，俘罗什至凉州，此后数十年罗什皆逗留凉州和长安，潜心译经弘法，成为内地著名高僧。《资治通鉴》载："秦王兴以鸠摩罗什为国师，奉之如神，亲帅群臣及沙门听罗什讲经。又命罗什翻译西域经论三百余卷。大营塔寺。沙门坐禅者常以千数。公卿以下皆奉佛，由是州郡化之，事佛者十室而九。"[3]

鸠摩罗什在龟兹期间（384年以前）正处于龟兹石窟的初创期，现存石窟如克孜尔石窟、森木塞姆石窟、克孜尔尕哈石窟等均开凿于四世纪[4]。鸠摩罗什对龟兹佛教的兴盛及东传内地而言，无疑是十分重要的人物。

史籍所载的佛教入华路线大多指向西域，但印度佛教的外传不止中亚一途，佛教的入华之路也必定不限于西北丝绸之路，西南陆路和南海海道也是佛教传播的重要路线。

《汉书·张骞传》记录了西汉张骞出使西域时在大夏见到蜀地物品之事，"臣在大夏时，见邛竹杖、蜀布，问：'安得此？'大夏国人曰：'吾贾人往市之身毒国。身毒国在大夏东南可数千里。其俗土著，与大夏同，而卑湿暑热。其民乘象以战。其国临大水焉。'"于是汉武帝遣使经西南夷地，欲通印度，但受到今昆明附近的滇王阻隔，终西汉一代都未能打通这条通往印度的道路。直到东汉时期，西南夷完全纳入汉王朝版图，由滇缅至印度的道路才得以畅通，二世纪时，汉与印度、缅甸

第四种，古制澡盘一枚，铭云：'初平二年造'。"北京：中华书局，1973年，第573页。元封二年即公元前109年，澡灌为佛教僧侣洗濯用具，以澡灌作为礼品送人可能是龟兹佛教徒喜爱的一种礼节。另据［南朝梁］释慧皎撰，汤用彤校注《高僧传》卷六《释慧远传》（北京：中华书局，1992年）载，慧远在庐山，闻鸠摩罗什至长安，乃修书致意罗什，并送"天酒之器，此既法物，聊以示怀"。罗什答书，回赠"往常所用鍮石双口澡灌，可备法物之数也"。则龟兹敬献澡灌给汉武帝，或许表明其实龟兹已有佛教。参陈世良《关于佛教初传龟兹》，《西域研究》1991年第4期，第80—81页。

1 《晋书》卷九七《四夷传·龟兹国》，北京：中华书局，1974年，第2542页。

2 ［南朝梁］释慧皎撰，汤用彤校注：《高僧传》卷二《鸠摩罗什传》，北京：中华书局，1992年。

3 《资治通鉴》卷一一四《晋纪》"义熙元年"条，北京：中华书局，1956年，第3579页。

4 关于鸠摩罗什与龟兹佛教，参丁明夷《鸠摩罗什与龟兹佛教艺术》，《世界宗教研究》1994年第2期，第46—49页。

等国出现了使节往来，这条路也成为中印之间的商贸之路、佛教传播之路。

唐代高僧义净自海道求法印度的归途中所作《大唐西域求法高僧传·新罗慧轮法师》中记载了一条从蜀入印度的道路：

> 那烂陀寺东四十驿许，寻弶伽河而下，至密栗伽悉他钵娜寺。去此寺不远，有一故寺，但有砖基，厥号支那寺。古老相传云是昔室利笈多大王为支那僧所造。于时有唐僧二十许人，从蜀川牂牁而出，向莫诃菩提礼拜。王见敬重，遂施此地，以充停息，给大村封二十四所。……准量支那寺，至今可五百年矣。[1]

义净曾周游印度佛教圣迹，在那烂陀学习十年，于武周证圣元年（695年）返回洛阳，上溯五百年是二世纪末、三世纪初，即相当于汉末三国时期，印度的支那寺已建成。多数学者认为这条入印之路就是川滇缅印道，也与四川境内发现的大量早期佛像在时间上吻合[2]。

除了上述自蜀入印的川滇缅道外，南方可能还存在另一条佛教入华之路，即天竺（印度）—扶南（柬埔寨）—交趾（越南）或广州的海道，被称作“交广道”，登陆后可直通长江流域的建邺或武昌。三国孙吴最盛之时，势力扩展到今越南、泰国、缅甸、老挝等地，这些地区地处中印之间的交通要道，在佛教外传时期的地位相当于西北的于阗与龟兹。

交趾是这条海路上的重要通道，公元前111年，汉武帝灭南越国，在今越南北部设立交趾、九真、日南三郡，此后东南亚、南亚、西域诸国常由此道遣使贡献。三国时期的士燮家族数代经营交趾，使交趾成为理想的避难之地，这里聚集了大量胡人：“燮体器宽厚，谦虚下士，中国士人往依避难者以百数。……燮兄弟并为列郡，雄长一州，偏在万里，威尊无上。出入鸣钟磬，备具威仪，笳箫鼓吹，车骑满道，胡人夹毂焚烧香者常有数十。”[3]当时交趾的佛教活动已具相当规模，这些胡人中或有大量僧人[4]，康僧会就是交趾最著名的一位僧人，曾活跃于建邺，《高僧传·康僧会》：“其先康居人，世居天竺。其父因商贾，移于交趾……时吴地初染大法，风化未全。僧会欲使道振江左兴立图寺，乃杖锡东游，以吴赤乌十年，初达建邺，营立茅茨设像行道。时吴国以初见沙门，睹形未及其道，疑为矫异……以始有佛寺故号，建初寺。因名其地为佛陀里。由是江左大法遂兴。”[5]康僧会对孙吴的佛

1 ［唐］义净著，王邦维注：《大唐西域求法高僧传校注》，北京：中华书局，1988年。

2 阮荣春：《佛教南传之路》，长沙：湖南美术出版社，2000年，第51—52页；童恩正：《试谈古代四川与东南亚文明的关系》，《文物》1983年第9期，第73—81页。也有学者不认同这条佛教入川之路，如吴焯等认为佛教入川之路是从塔克拉玛干入青海，再入川西北，即唐长孺所称“河南道”，参吴焯《四川早期佛教遗物及其年代与传播途径的考察》，《文物》1992年第11期，第46—49页；罗世平《汉地早期佛像与胡人流寓地》，《艺术史研究》1999年第1期，第94—99页；吴焯《西南丝绸之路研究的认识误区》，《历史研究》1999年第1期，第37—49页。

3 《三国志》卷四九《吴书·士燮传》，北京：中华书局，1959年，第1191—1192页。

4 阮荣春：《佛教南传之路》，长沙：湖南美术出版社，2000年，第57—58页。

5 ［南朝梁］释慧皎撰，汤用彤校注：《高僧传》卷一《康僧会传》，北京：中华书局，1992年。

教传播有开创之功。

上述几条道路也许早已是汉地与西域或天竺之间的重要商路，但直到汉末魏晋时期才随着本土佛教的发展而逐渐形成佛教的东传之路，中国西行取经的僧人和来华的西域、天竺僧人逐渐增多。僧人的频繁往来加速了佛教思想的传播，佛教不再是仅仅流行于社会上层的异域方术，而是被社会各阶层广泛接受的普遍信仰。

在魏晋南北朝近四个世纪里，佛教从初传走向兴盛。由于佛教势力的过于膨胀，以及佛道矛盾，南北朝时期发生过几次对佛教的毁灭性打击，如北魏太武帝时，强令沙门还俗以充兵役、禁止私养沙门、尽杀长安沙门、捣毁经像，北周武帝也曾于建德年间将境内寺院悉数充官，强令僧尼还俗。不过总体来说，包括北方十六国少数民族政权统治者在内的南北诸帝大多笃信佛教，如北魏文成帝、孝文帝、南朝梁武帝等是著名的崇佛者。在统治阶层的推动下，各地建造了大量的寺院、石窟寺，制作了大量造像，也为我们留下了丰富的物质文化遗产。

第二节　佛教造像

佛教诞生后的五六百年间，佛教徒一直遵循印度婆罗门教不立偶像的传统，在公元一世纪以前并无佛像，如阿育王时代建造的佛陀伽耶之摩诃菩提寺中，有很多雕塑和图案，但并无佛像，而是以一些象征物代表佛陀的存在，如以佛座代表释迦牟尼，以脚印代表佛诞，以法轮代表说法，以菩提树代表悟道成佛等，佛教徒所崇奉的对象主要是舍利、佛牙、佛发等。直到公元一世纪以后，随着希腊文化的东进，在中亚地区形成了希腊文化与西域文化、印度文化的混合体——犍陀罗文化，创造出一种貌似古希腊人的佛陀形象，像希腊神祇一样被供奉在寺庙里，这才出现了最早的佛像。

在今巴基斯坦白沙瓦附近的犍陀罗遗址里，在贵霜王朝迦腻色迦时期的钱币上铸有穿着希腊服装的释迦牟尼像，像的周围有希腊字母拼写“佛陀”字样。

佛教传入中国内地是在中亚出现佛像之后，因此在佛教初传时期中国就有了对佛的偶像崇拜，目前在新疆、河西、四川及长江中下游地区皆发现了大量汉末至魏晋南北朝时期的佛像，或以金铜佛的形式存在，或以器物附件的方式出现。

一、金铜佛像

金铜佛像一般用青铜铸造，表面鎏金，题材包括佛、菩萨、弟子、天王、力士、诸天等。大型铸像需要大量铜、金，一般由官方出资、僧人主导铸造，主要供奉在寺庙或宫殿中；小型单体金铜佛像一般在40厘米以下，上面一般刻有发愿文，可能是佛教信众个人礼拜之用。

文献记载的早期佛像多是金身，可能就是金铜佛，不过佛教初传时期的金铜佛存留至今的很少，实物比文献所记要晚得多。

最早关于金铜佛的传说是汉明帝时期从大月氏获金人优填王像，不过似不足信。《历代三宝纪》卷四记载了最早的佛像，“至（孝明帝）永平七年（64年），夜梦金人，身长丈六。项佩日轮飞空而至，光明赫奕照于殿庭”，随之明帝西行求法，获四十二章经，建白马寺，“自尔释教相继云兴，沙门信士接踵传译。孝桓帝世又以金银作佛形像”。

正史所载的最早金铜佛是汉末笮融所造。笮融是东汉末年下邳（今徐州）相，于献帝初平四年（193年）于下邳“大起浮图祠，以铜为人，黄金涂身，衣以锦采，垂铜盘九重，下为重楼阁道，可容三千余人”[1]，此处对佛像和佛塔的描述与中国早期实物非常吻合，可信度较高[2]。

前述天竺僧人康僧会在孙吴初期自交趾到建邺传播佛法，“营立茅茨设像行道”，对当时的吴人来说尚属新奇，时人对康僧会的所作所为也多有顾忌，所设佛像可能并非金铜佛像。经过康僧会的努力（《高僧传》记录了孙权、孙皓朝的种种佛法圣迹），佛法大兴于江左。

三国以后的佛像见诸文献记载者逐渐增多，很多都与佛像显现圣迹的神异传说有关。当时的佛像有些是由域外传入的，有些是由僧人主导制作的，一些宫廷画家也开始参与到佛像的制作中。

《梁书·诸夷传》记载了由狮子国（斯里兰卡）传入的玉佛：“晋义熙初，始遣献玉像，经十载乃至。像高四尺二寸，玉色洁润，形制殊特，殆非人工。此像历晋宋世在瓦官寺，寺先有征士戴安道手制佛像五躯，及顾长康维摩画图，世人谓为三绝。”[3]

建康的瓦官寺建于晋兴宁年间，建成后顾恺之为之作壁画，绘维摩诘像[4]，后又诏戴逵作五躯铜佛像，与狮子国玉佛一道供奉。恭帝“幼时性颇忍急……其后复深信浮屠道，铸货千万，造丈六金像。亲于瓦官寺迎之，步从十许里”[5]。刘宋时又有“宋世子铸丈六铜像于瓦官寺”[6]。瓦官寺在萧梁时期规模又有所扩大，成为建

---

1 《三国志》卷四九《吴书·刘繇传》，北京：中华书局，1959年，第1185页。

2 张总：《中国早期佛教造像》，《美术研究》1988年第4期，第80页。

3 《梁书》卷五四《诸夷传·师子国》，北京：中华书局，1973年，第800页。

4 ［唐］张彦远著，俞剑华注释《历代名画记》卷五《顾恺之传》载：“《京师寺记》云：兴宁中，瓦棺寺初置，僧众设会，请朝贤名刹注疏，其时士大夫莫有过十万者。既至长康，直打刹注百万。长康素贫，众以为大言，后寺众请勾疏，长康曰：‘宜备一壁。’遂闭户绝往来一月余日，所画维摩诘一躯。……俄而得百万钱。”上海人民美术出版社，1964年。

5 《晋书》卷一〇《恭帝纪》，北京：中华书局，1974年，第270页。

6 《宋书》卷九三《戴颙传》载：“自汉世始有佛像，形制未工，逵特善其事，颙亦参焉。宋世子铸丈六铜像于瓦官寺，既成，面恨瘦，工人不能治，乃迎颙看之。颙曰：‘非面瘦，乃臂胛肥耳。’既错减臂胛，瘦患即除，

康名刹之一。不过寺内“三绝”在南朝时期即相继被毁，其中玉佛被南齐东昏侯截取为宠妾潘贵妃做钗钏，维摩诘和戴逵佛像也先后毁于战火。

戴逵与西晋卫协、梁朝张僧繇、北齐曹仲达都是著名的宫廷画家，都在佛教艺术上极有创造。据《历代名画记》，卫协善画佛道人物，曾做《七佛图》。戴逵“善图圣贤，百工所范”，曾造无量寿木像，“后晋明帝、卫协皆善画像，未尽其妙。洎戴氏父子，皆善丹青，又崇释氏，范金赋采，动有楷模。……其后北齐曹仲达、梁朝张僧繇、唐朝吴道玄、周昉，各有损益。圣贤盼响，有足动人。璎珞天衣，创意各异。至今刻画之家，列其模范，曰曹、曰张、曰吴、曰周，斯万古不易矣”[1]。

这些宫廷画家的佛像风格各异，但都促进了佛教艺术的中国化，尤其戴逵达到了佛像制作前所未有的高度。唐代高僧道宣对戴逵有很高的评价，“西方像制流式中夏，虽依经镕铸各务仿佛，名士奇匠竞心展力，而精分密数未有殊绝。晋世有谯国戴逵字安道者。……且机思通赡巧拟造化，思所以影响法相，咫尺应身乃作无量寿挟侍菩萨，研思致妙精锐定制，潜于帷中密听众论，所闻褒贬辄加详改。核准度于毫芒，审光色于浓淡，其和墨点彩刻形镂法，虽周人尽策之微，宋客象楮之妙，不能踰也”[2]。

宫廷画家的参与反映了南北朝上层社会对佛教的重视，在佛教中心建康，常由僧人主导，以巨量青铜铸造高大的金铜佛。

由于铸像成风，甚至引起了铜料的短缺。据《高僧传》记载，僧亮欲造丈六金像，但铜料不足，于是远赴湘州铜溪，将伍子胥庙内铜容器熔化才得以铸成大像，所铸金像于刘宋时先后被安置在彭城寺、湘宫寺，梁朝时尚存于世[3]。僧人法悦于梁天监年间营铸金像，需铜四万斤，经官民多方筹措，铜料仍然不足，后因圣迹显现才得以铸成，成为当时建康冠绝一时的铜佛像，陈设于梁武帝的旧宅——光宅寺，“自葱河以左，金像之最唯此一耳”[4]。

北朝统治者也热衷于铸造金铜佛像，往往耗铜巨大，如北魏文成帝时道人统师贤除了仿皇帝造石像外，又于五级大寺内为太祖以下五帝铸释迦立像，各长一丈六尺，用赤金二万五千斤；献文帝又于天宫寺赐造高四十三尺的释迦立像，用赤金十万斤，黄金六百斤[5]。

铸像造成的奢靡之风也引起了统治者的警惕，在刘宋和南齐时曾先后颁布禁立铜像的法令，刘宋元嘉十二年（435年）丹阳尹萧摩之上奏，建议为铸造铜像和立

无不叹服焉。”北京：中华书局，1974年，第2277—2278页。

1 ［唐］张彦远著，俞剑华注释：《历代名画记》卷五《戴逵传》，上海人民美术出版社，1964年。

2 ［唐］释道世著，周叔迦、苏晋仁校注：《法苑珠林》卷一六《感应缘》“晋谯国戴逵”条，北京：中华书局，2003年。

3 ［南朝梁］释慧皎撰，汤用彤校注：《高僧传》卷一三《释僧亮传》，北京：中华书局，1992年。

4 ［南朝梁］释慧皎撰，汤用彤校注：《高僧传》卷一三《释法悦传》，北京：中华书局，1992年。

5 《魏书》卷一一四《释老志》，北京：中华书局，1974年，第3036—3037页。

寺设限：

> 佛化被于中国，已历四代，形像塔寺，所在千数，进可以系心，退足以招劝。而自顷以来，情敬浮末，不以精诚为至，更以奢竞为重。……请自今以后，有欲铸铜像者，悉诣台自闻；兴造塔寺精舍，皆先诣在所二千石通辞，郡依事列言本州；须许报，然后就功。其有辄造寺舍者，皆依不承用诏书律，铜宅林苑，悉没入官。[1]

南齐萧道成于升明二年（478年）颁布了十七条节俭令，其中包括"不得辄铸金铜为像"[2]。

上述由官府主导、耗费巨大的大型金铜佛像一般供奉在寺庙或宫殿里，极易在战乱中随着建筑一起被毁，实物早已无存于世。

今天所见更多的是小型金铜佛像，一般尺寸在40厘米以下，一般在基座上刻有供养人姓名、制作日期和发愿文，应该是信众为了祈福或还愿而定制，并供奉在寺庙里的。《法苑珠林·感应缘》记载了刘宋时期的沈僧覆因盗窃山阳诸寺的小型铜像私自铸钱而遭报应的故事，表明当时寺庙里都陈列着此类小型金铜佛像[3]。

这类小型金铜佛的数量应是相当巨大的，从文献记载来看，南朝各代均有铸造金铜佛的传统，仅陈宣帝太建二年（570年）为昭烈王孝太妃"造金铜像等二万躯，修理故像一百三十万躯"[4]。因数量较多，又便于携带和收藏，当寺庙被毁而大型佛像不保时，这些小佛像易于幸免于难。在日本东京艺术大学藏有一件"太建元年"的铜观音立像，高22.4厘米[5]。

虽然文献记载南方地区铸造了大量金铜佛，但今天发现的实物却多属北方各朝，在传世和考古发现的纪年金铜佛像中，北方占了绝大多数，其中又以北魏居多[6]，发现的地点主要是河北、山东，其次是山西和陕西等地，南方极为少见。对这种现象的一个可能解释是，由于铜料短缺，很多金铜佛可能被回炉后用作他途。

今天所见金铜佛像除传世品外，多出自居址、寺庙遗址或窖藏。在战争或灭佛运动中，当寺庙被毁时，庙里金铜佛可能被成批仓促掩埋于窖藏中，在山西武乡县的一件陶罐中曾发现7件金铜佛，发愿文的纪年范围从大统十年（544年）至天统三年（567年）之间，可能是灭佛时埋入的[7]；山东博兴和山西寿阳的窖藏铜佛被认

1 《宋书》卷九七《夷蛮传》，北京：中华书局，1974年，第2386页。

2 《南齐书》卷一《高帝纪》，北京：中华书局，1972年，第14页。

3 ［唐］释道世著，周叔迦、苏晋仁校注：《法苑珠林》卷七九《感应缘》"宋吴兴沈僧覆"条："（刘宋孝武帝）大明末本土饥荒，逐食至山阳，昼入村野乞食，夜还寄寓寺舍左右。时山阳诸寺小形铜像甚众，僧覆与其乡里数人积渐窃取，遂囊箧数四悉满焉，因将还家共铸为钱。事既发觉，执送出都，入船便云，见人以火烧之，昼夜嗷呼，自称楚毒不可堪忍，未及刑坐而死，举体皆炘裂，状如火烧。"北京：中华书局，2003年。

4 ［唐］释法琳撰：《辩正论》卷三。

5 金申：《中国历代纪年佛像图典》图版216，北京：文物出版社，1994年。

6 此处对纪年金铜佛的讨论多来自金申《中国历代纪年佛像图典》，北京：文物出版社，1994年。

7 李勇、刘军：《山西省武乡县党城村出土七件北朝铜造像》，《文物》1984年第5期，第57—59页。

为是隋末动乱的结果，其中寿阳佛像中最晚的纪年是大业三年（607年）[1]。另一处博兴窖藏中出土了近百件佛像，其中44件有铭文，39件有纪年[2]。

现存最早的金铜佛实物是后赵建武四年（338年）坐佛，现藏旧金山亚洲艺术博物馆，高39.7厘米，束发形肉髻、禅定印，下有方形基座，平板重叠式的衣褶可在犍陀罗同期造像上找到，但此像面容为蒙古人特征，这尊佛像被认为是含有犍陀罗佛像风格的中国北方佛像（图8-2-1）[3]。类似的十六国时期金铜佛在河北也有发现，如保定征集的一件高13.4厘米的金铜佛，可能是四世纪的产品，结跏趺坐于狮座上，大肉髻、圆肩、禅定印，方形基座，后有低矮的圆形背光，背光上有化佛、飞天和莲花装饰[4]。

现藏日本大阪市立美术馆的大夏胜光二年（429年）金铜佛坐像，高19厘米，方座上刻发愿文："胜光二年己巳春正月朔日，中书舍人施文为合家平安造像一区。"座旁卧二狮，此像与建武四年像风格多有类似，也具犍陀罗风格（图8-2-2）[5]。

图8-2-1　旧金山亚洲艺术博物馆藏建武四年铜坐佛

图8-2-2　大阪市立美术馆藏大夏胜光二年铜坐佛

1 山东省博兴县文物管理所：《山东省博兴龙华寺遗址调查简报》，《考古》1986年第9期，第813—821页；晋华、吴建国：《山西寿阳出土一批东魏至唐代铜造像》，《文物》1991年第2期，第1—3页。
2 李少南：《山东博兴出土百余件北魏到隋代铜造像》，《文物》1984年第5期，第21—31页；丁明夷：《谈山东博兴出土的铜佛造像》，《文物》1984年第5期，第32—43页。
3 金申：《中国历代纪年佛像图典》图版1，北京：文物出版社，1994年。
4 裴淑兰、冀艳坤：《河北省征集的部分十六国北朝佛教铜造像》，《文物》1998年第7期，第67页。
5 金申：《中国历代纪年佛像图典》图版4，北京：文物出版社，1994年。

北魏拓跋氏开凿了宏伟的云冈石窟、龙门石窟、巩县石窟等，同样铸造了大量的金、石造像，造像风格从早到晚呈现出明显的中国化趋势。

较早的太平真君（443年）菀甲造金铜佛立像，像身高大，体魄健硕，发髻呈波浪式，通肩袈裟紧贴躯干，带有典型的印度笈多王朝秣荼罗造像风格；同时衣褶又带有立体感很强的写实风格，又具有犍陀罗的风格，这种风格来源混杂的现象反映了北魏早期佛教经典与仪轨的混杂[1]。

图8-2-3　内蒙古出土太和八年坐佛

文成帝时期，继道人统师贤为太祖以下五帝铸金铜佛像后，和平初年（460—465年），来自凉州的僧人昙曜也为太祖以下五帝开凿了云冈石窟，即昙曜五窟（K16—K20），佛像深目高鼻，体魄健硕高大，佛装厚重，衣褶立体感强，造像风格仍保持了浓厚的早期造像风格。此期间的纪年金铜佛像如和平五年（464年）“□姜造”铜坐佛，高8.6厘米，方座上刻发愿文：“和平五年岁在甲辰，清信女□姜为父母、兄弟、姊姐造无量寿佛。愿舍身受身，常与诸佛共会。”[2]

太和年间（477—499年）的造像逐渐摆脱了早期的中亚风格，中国本土风格开始形成。目前散见于海内外博物馆的纪年金铜佛像以太和年间最多，制作最为精美，如太和元年“阳氏造”金铜佛坐像，高40厘米，日本私人收藏品，曾收录于大村西崖《支那美术史雕塑篇》，是阳氏为亡父母所造释迦像，此为典型太和初期造像[3]；1956年内蒙古乌兰察布盟托县古城出土的太和八年（484年）比丘僧安造释迦坐像，高28.5厘米，隆起的衣纹上刻阴线，发髻略卷，内着僧祇支的衣纹平行而绵密，佛座及舟形背光宽大，造像精致，是典型的太和样式（图8-2-3）[4]。

北魏迁洛以后，金铜佛造像似有衰落迹象，中小型石像增多，造像风格进一步中国化，如面相大多清瘦，身材修长，有“秀骨清像”之状，佛装也摆脱了外来的

1 金申：《中国历代纪年佛像图典》图版10，北京：文物出版社，1994年。
2 金申：《中国历代纪年佛像图典》图版15，北京：文物出版社，1994年。
3 金申：《中国历代纪年佛像图典》图版29，北京：文物出版社，1994年。
4 金申：《中国历代纪年佛像图典》图版40，北京：文物出版社，1994年。

厚重风格，变为中国传统的褒衣博带。佛像组合上开始出现二佛并坐造像，也像当时石窟一样出现了一铺多尊组合，主尊旁塑造菩萨、弟子、天王、力士、狮子等，背光上也多饰飞天。如法国吉美博物馆收藏的一件熙平三年（518年）二佛并坐金铜佛，高26厘米，佛像面容及佛装风格已是典型的中国传统风格。此像的供养人为蒲吾县某寺比丘昙任。另一件由昙任供养的金铜佛观音立像流失在日本，高27.1厘米，为同年同地所作[1]。蒲吾县在今河北正定一带，是北朝的一个重要造像中心，金铜佛和石像工艺皆堪称精美，今天仍是石雕工艺的中心。

北魏晚期至东西魏、北齐北周时期，金铜佛制作进一步衰落，金铜佛数量大幅减少，而且多体小量轻，石像明显增多；铜佛像的工艺水平上，东魏北齐也较西魏北周要高，这种西不如东的现象同样存在于当时的陶俑、绘画等方面，当与北朝东、西部的经济条件、文化传统和人口成份密切相关。

陕西宝鸡发现的一件北周宣政元年（578年）金铜佛可作为北周的代表，是一尊带有胁侍菩萨的立像，高19.5厘米，背后有矮粗的舟形项光，立像后面顶部刻有一座带菩提树的佛塔，塔侧各有两男两女像，中间刻有一座寺院，最下栏刻有一座小型楼阁，楼阁内有一坐佛，众弟子站立于阁外。佛像发愿文为“宣政元年口月九日，大司马弟子杨坚及大小属眷等，为皇祚隆胜、愿民居善地、永就脱离苦渊、口口生佛国，敬造佛法像一堪，永供记”[2]。

现存的南方金铜佛像很少，一件刘宋时期的造像可作其代表，元嘉十四年（437年）韩谦造坐佛像，见录于大村西崖《支那美术史雕塑篇》。高29.2厘米，通肩衣，禅定印，舟形背光等，佛装风格可看到外来的犍陀罗因素影响，与前述十六国时期的两件较为接近，但面容似更为幽雅恬静，下有须弥座，显示出自身的特征。另一件藏于日本东京艺术大学的“太建元年（569年）”铜观音立像，高22.4厘米，可代表南朝晚期的南方造像，与同时期的北方造像相比，身材似乎更轻盈一些，对衣纹的刻画似乎更精细一些，其他与北方无明显差别[3]。

从十六国至南北朝末期，由于信仰转变、佛像本土化等原因，金铜佛造型呈现出明显的阶段性变化：

十六国至北魏前期以坐佛为主，包括释迦、观音等。造型风格上带有浓厚的中亚犍陀罗和秣荼罗风格，身体健壮，衣纹贴体。释迦像一般有较小的球形肉髻，穿通肩袈裟，衣褶闭合；观音像头戴三山冠，上身袒露，身戴瓔珞和披肩，手持长枝莲花蕾，衣褶呈扇形外撇。

北魏后期至东西魏时期（六世纪前半期）立像明显增多，开始出现一铺多尊组

---

1 金申：《中国历代纪年佛像图典》图版101、102，北京：文物出版社，1994年。

2 高次若：《北周大司马杨坚造铜佛像》，《考古与文物》1983年第6期，第102—103页。

3 金申：《中国历代纪年佛像图典》图版216，北京：文物出版社，1994年。

合。造型风格上逐渐摆脱早期犍陀罗风格的影响，面容多秀骨清像，佛装皆褒衣博带，反映了造型艺术的中国化。佛像的肉髻肥大，袈裟外张，下缘成对称的波浪形；观音面相变得瘦削，袈裟在身侧两边上卷，穿着宽边锯齿形的长裙。

北齐、周时期（六世纪后半期）常见单体立佛，也有一佛二菩萨的组合，菩萨的数量也明显增加。肉髻和白毫非常肥大，常着通肩袈裟，袈裟下缘收缩，衣褶减少直至消失。

五世纪早期，北魏拓拔氏通过一系列的战争统一了北方，将各地包括百工伎巧在内的大量人口迁至平城，造成了平城实力的集聚[1]，尤其是平定凉州后，大量僧侣及擅长佛像制作的工匠为北魏的佛教造像提供了工艺和人才基础。当时在北方地区形成了三个主要的佛教中心：河北—山西，关中的长安，河西的凉州—敦煌[2]。目前所见金铜佛及石雕造像大部分出自这几个地区，足见当时佛教之盛与造像规模之大。

二、石造像

石造像是一类十分常见的佛教遗物，与金铜佛一样也有大型和小型两种类型，一般大型雕像都有着大型背光，上有浮雕的群像，如佛传内容，可能源自于造像碑的传统；而小型石雕像大小与金铜佛差不多，但雕凿不如金铜佛和大型石雕精细。小型石雕像与金铜佛的功能可能相仿，都是由个人捐资供奉在寺庙里的。今天所见石像数量多于金铜佛，并非表明它的使用比金铜佛广泛，很可能只是由于石雕无法像金铜佛一样回收再利用而已。

传世和考古所见的大型和小型石雕像数量都很多，在魏晋南北朝时期造型和风格的转变也反映了佛教信仰的转变和佛教艺术中国化的过程。

大型石雕像中最常见的是造像碑，一般是高1至3米的长方形石碑，每面皆刻有小龛，龛楣上常有复杂的装饰，龛内则浮雕单体佛像或佛像组合，龛外一般还有浮雕的佛教故事内容，当然也有供养人姓名及发愿文。这类造像碑可能是北方村社的宗教团体（邑社）捐资修造的，在献祭或巡行等宗教仪式中展示，用作无力建造寺庙的乡村佛教徒的宗教中心[3]。王静芬认为将佛教造像与中国传统的石碑形式结合，代表了佛教与中国传统文化的融合，东汉时期的石碑一般是代表正统儒家传统的纪念碑，用于纪念一些重要敕令、事件或用作丧葬碑刻，一般没有图像。精英

1 宿白：《平城实力的集聚和"云冈模式"的形成与发展》，《中国石窟•云冈石窟（一）》，北京：文物出版社，1991年。

2 王静芬：《中国石碑——一种象征形式在佛教传入之前与之后的运用》第三章，北京：商务印书馆，2011年，第85—93页。

3 关于造像碑意义的讨论，参［美］丁爱博(Ablert E.Dien)著，李梅田译《六朝文明》第十三章，北京：社科文献出版社，2013年，第465—468页。

阶层对佛教的接受是石碑得以在佛教里流行的关键因素，表明佛教在中国获得了认同，直到七世纪的唐代，石碑才恢复到它的最初用途，只有刻铭而无图像[1]。

目前所见的造像碑大部分出自前述三个北方佛教中心，其中山西造像碑兴起较早，最早的一通造像碑是现藏山西省博物馆的王黄罗千佛碑，出土于长治盆地[2]。高1.82米，仅正面刻像，正面下部凿一主龛，半圆形龛楣上雕成双龙形，上有飞天及植物形柱头，龛内刻一坐佛，双手作禅定印，主尊两侧各有一协侍菩萨，皆手持杖；正面上部还有一小龛，龛内凿一坐佛，碑面其他部位刻出千佛——27排小型龛，各有一尊禅定坐佛。发愿文表明此碑是由王黄罗等一百余人出资建造的，这些供养人可能属于以地域为基础的宗教团体[3]。

现藏美国华盛顿赛克勒美术馆的翟干姜等造千佛碑也出自山西，以山西典型的砂岩雕凿，高1.96米。碑的正反两面题材和构图类似，即主龛内为释迦摩尼，上部小龛内为弥勒菩萨，其余部分为密布的千佛龛。主龛佛两侧有协侍菩萨及一对皈依佛教的外道，龛下还有一个矮人。此碑纪年铭文不清，推测造像时间为正光二年（521年）[4]。

陕西的造像碑大部分出自长安周围地区，最大的一批藏品自二十世纪二十年代开始被陆续收藏于耀县博物馆（或称药王山博物馆、耀县碑林）[5]。这批造像碑可能大部分出自长安以北的耀县及邻近地区，一般有纪年，大部分属六世纪，包括北魏、西魏、北周和隋。造像碑高约1—1.5米，在风格和内容上相对简单和保守，图案以线刻为主，碑面顶部开浅龛，下面是铭文和供养人像，在雕刻技术和艺术性方面不能与大城市造像及大型石窟相比，反映了乡村地区的特征。这批造像碑中有相当一部分是道教碑或佛、道混合碑，佛道碑在构图和人物造型方面非常相似，反映了佛道的融合以及佛教信仰的民间化。

除了山西、陕西、河南等平原地区盛产石质造像碑外，偏在西北一隅的河西也是造像碑制作的一个中心。河西最大的一批造像碑来自麦积山石窟，共18通，现存于麦积山最大的洞窟——133窟内。石碑一般高1—2米，靠墙而立，因此大多只有一面刻像，皆没有铭文，根据造像风格被断为北魏后期[6]。

1 王静芬：《中国石碑——一种象征形式在佛教传入之前与之后的运用》第三章，北京：商务印书馆，2011年，第78—104页。

2 山西省博物馆：《山西石雕艺术》图8，北京：朝花美术出版社，1962年。

3 王静芬：《中国石碑——一种象征形式在佛教传入之前与之后的运用》第五章，北京：商务印书馆，2011年，第125页。

4 王静芬：《中国石碑——一种象征形式在佛教传入之前与之后的运用》第五章，北京：商务印书馆，2011年，第127—128页。

5 耀生：《耀县石刻文字略志》，《考古》1965年第3期，第134—151页；韩伟、阴志毅：《耀县药王山佛教造像碑》，《考古与文物》1996年第2期，第13—21页。

6 《中国石窟·麦积山石窟》，北京：文物出版社、日本东京：平凡社，1987年。关于麦积山造像碑的讨论参王静芬《中国石碑——一种象征形式在佛教传入之前与之后的运用》第八章，北京：商务印书馆，2011年，除了上述造像碑外，北方地区还流行一种介于造像碑与单体石雕像之间的过渡类型，即有着大型背光的高浮雕石像，一般在背后线刻佛传故事或千佛内容，这种造像最早出现在五世纪初期北凉统治下的河西地区，后经北魏传播至整个北方地区[1]。日本京都藤井有邻馆藏有一件此类石造菩萨三尊像，有北齐河清三年（564年）纪年，高2.27米，石灰岩加彩，主尊菩萨为立姿，天冠由三片半圆形叶饰组成。大型背光的背面和侧面满布千佛龛，造像呈典型的北齐风格[2]。

现存更多的石像是小型石佛，一般是与金铜佛一样被供奉在寺庙的，由于便于收藏，所以留传至今的实物较多，常见于考古发掘的北方居址或窖藏中。中古时期的几次著名灭佛运动（北魏太武帝、北周武帝、唐会昌年间）以及更多的朝代更替动乱都可能导致小型佛像（包括金铜佛和石佛）被仓促埋藏，因此，考古学家获得的窖藏佛像不但能提供关于佛像本身的信息，而且还有助于探讨相关的寺院兴废的历史。

1954年在河北曲阳发掘古修德寺遗址时，发现了2200多件石佛像，其中247件有明确纪年，纪年范围在北魏正光元年（520年）至唐天宝九年（750年）之间。皆为小型佛像，高20—30厘米，制作不如大型石像，也不如金铜佛像精致，但造像风格与其他类别的造像保持一致，从北魏到唐代有一个明显的演变趋势：北魏时期的主尊主要是释迦和弥勒，后来逐渐被阿弥陀佛取代，菩萨的数量也逐渐增多，如北魏时期的菩萨占35%，东魏时期占75%，北齐时期占82%，到隋代则占了93%；造像风格从修长向矮胖发展，袈裟由厚重至贴体薄衣发展，衣褶逐渐简化，面相由悲悯庄严向亲切慈祥发展等。曲阳向为华北石雕艺术的中心，此遗址还伴出有很多佛像的半成品和石料，可能正是一个石佛像的制作地点。这些佛像制作精细程度不够，菩萨像较多，可能表明它的信众群体主要是平民。此外，阿弥陀佛的增多，表明当时净土信仰的逐渐流行[3]。

1996年发现的山东青州龙兴寺窖藏可能是北宋灭佛的结果[4]，此窖藏是一个长8.7米、宽6.8米、深3.45米的深坑，位于寺庙中轴线主殿之后，出土北魏至宋代的佛像和石碑400余件，遗物排放有序，大致按上、中、下三层排列摆放。由于是不同时期陆续制作的，佛像材质也不尽相同，绝大部分是由石灰岩制作的，也有少量大理石、花岗岩、陶、木、铁质造像，有些造像上还有彩绘，原来可能是贴金敷彩的。如一件北齐造像上以红、蓝、绿、赭、黄、黑等色绘画，画面中出现了中亚胡人的形象。北齐造像是这批青州石像里最具特色的，突出表现是薄衣贴体、衣纹简洁，制

第193—211页。

1 宿白：《青州龙兴寺窖藏所出佛像的几个问题》，《文物》1999年第10期，第44页。

2 金申：《中国历代纪年佛像图典》，图版208—209，北京：文物出版社，1994年。

3 杨伯达：《曲阳修德寺出土纪年造像的艺术风格与特征》，《故宫博物馆院刊》1960年第2期，第43—52页。

4 山东省青州市博物馆：《青州龙兴寺佛教造像窖藏清理简报》，《文物》1998年第2期，第4—15页。

图8-2-4　青州龙兴寺窖藏佛像

作精细，佛装均着U形领袈裟，菩萨则有布满周身的网状璎珞，这些特征与北魏时期的中原佛像差别较大，其中原因可能与南朝梁武帝（502—549年在位）奉请天竺佛像、高齐的反汉化政策等都有一定关系（图8-2-4）[1]。

山东地区是此类小型石造像发现最集中的地区之一，无棣窖藏出土的北齐造像共7件，大理石制作，排列整齐，显然是有意埋藏的，可能是北齐被北周攻克之时埋入的[2]。除了窖藏外，更多的是一些零星发现，如山东诸城发现过近200件造像[3]、临沂发现过太和元年的石像[4]、济南发现过一尊四面造像，每面皆有一龛，龛内一坐佛[5]，前述博兴龙华寺造像中除金铜佛外，也有小型石像[6]。

山东以外的其他北方佛教中心也制作过大量小型石佛像，造像风格基本与本地的金铜佛、造像碑或石窟造像保持一致。

1　宿白主编：《山东青州龙兴寺出土佛教石刻造像精品》，北京：中国历史博物馆，1999年，第114—115页。

2 惠民地区文物管理组：《山东无棣出土北齐造像》，《文物》1983年第7期，第45—47页。

3 诸城市博物馆：《山东诸城发现北朝造像》，《考古》1990年第8期，第717—726页。

4 冯沂：《山东临沂发现北魏太和元年石造像》，《文物》1986年第10期，第96页。

5 房道国：《济南市出土北朝石造像》，《考古》1994年第6期，第90、93、103页。

6　山东省博兴县文物管理所：《山东省博兴龙华寺遗址调查简报》，《考古》1986年第9期，第813—821页。

三、其他材质造像

除了金铜佛、石像外，魏晋南北朝也有漆、木、织物造像。

前述东晋著名佛教艺术家戴逵不但精于金铜佛的制作，而且创作了漆、木佛像。“逵既巧思，又善铸佛像及雕刻，曾造无量寿木像，高丈六，并菩萨。……积思三年，刻像乃成。迎至山阴灵宝寺。”[1]戴逵还将漆器工艺应用于佛像创造，首创了脱胎夹纻漆像，即先以木或模为胎，再粘贴麻布、漆绘，最后撤掉内模，形成外实内空的漆雕像，这种佛像取材便利，体量轻巧，便于运输，被称作“行像”，对后世的佛像制作影响深远。

北周制作了很多织物佛像，“孝明皇帝（武成）二年（560年）奉为先皇敬造卢舍那织成像一躯，并二菩萨，高二丈六尺，等身檀像一十二躯，各二菩萨及金刚狮子等”；武帝宇文邕于同年“为文皇帝（宇文泰）造锦释迦像，高一丈六尺，并菩萨圣僧”。[2]

漆、木和织物造像不易保存，一般也不埋入墓葬中，所以只能存在于历史文献的记录中。

四、北凉石塔

在印度佛教外传过程中，也将佛塔传入了中国。佛塔即梵文stupa，是用于珍藏佛舍利，供奉佛像、佛经之用的，汉文文献中被音译为“塔婆”、“佛图”、“浮图”、“浮屠”等。据《后汉书》，汉末丹阳人笮融“大起浮屠寺。上累金盘，下为重楼，又堂阁周回，可容三千许人，作黄金涂像，衣以锦彩”[3]，因此，佛塔差不多与佛像同时传入了中国。

在考古发现的佛教遗存中，也有很多佛塔实物，或以单体形式存在，或以图像方式附属于器物，但河西发现的一批小型石塔十分特殊，流行于酒泉、敦煌、吐鲁番一带的北凉时期（397—439年），被称作北凉石塔，它们是寺院供养之物，其功能应与前述内地金铜佛、小型石佛一样，是个体信众祈福、获取功德的方式。

目前已知的石塔共14座，均发现于北凉统治下的河西走廊及吐鲁番地区（图8-2-5）[4]：

吐鲁番2塔：宋庆塔（残高66厘米）、吐鲁番小塔（残高27.7厘米），二十世纪初期由德国格伦威德尔和勒柯克发现于高昌故城遗址，属北凉都高昌时期（442—

---

1 ［唐］张彦远著，俞剑华注释：《历代名画记》卷五《戴逵传》，上海人民美术出版社，1964年。

2 ［唐］释法琳撰：《辩正论》卷三。

3 《后汉书》卷七三《陶谦传》，北京：中华书局，1965年，第2368页。

4 殷光明：《北凉石塔分期试论》，《敦煌研究》1997年第3期，第88—96页；张宝玺：《北凉石塔艺术》，上海辞书出版社，2006年。

图8-2-5 北凉石塔

460年)，现藏柏林的印度艺术博物馆。

敦煌5塔：王□坚塔(高36厘米)、岷州庙塔(残高96厘米)、沙山塔(高60厘米)、□基德塔(残高36厘米，纪年“丙寅”，426年)、索阿俊塔(残高16.9厘米，纪年为“凉皇大沮渠缘禾四年”，435年)，陆续发现于二十世纪三十至八十年代，前四塔藏于敦煌市博物馆和敦煌研究院，索阿俊塔藏于美国克利夫兰艺术博物馆。

酒泉6塔：田弘塔(残高41厘米，纪年“承玄二年”，429年)、马德惠塔(残高34厘米，纪年“承阳二年”，426年)、白双且塔(残高46厘米，纪年“凉故大沮渠缘禾三年”，434年)、残塔顶部(残高14厘米，仅存宝顶和部分覆钵)、高善穆塔(高44.6厘米，纪年“承玄元年”，428年)、程段儿塔(残高42.8厘米，纪年“凉大缘二年”，436年)，均发现于酒泉城内西南部的北凉佛寺遗址里。除程段儿塔于1969年发现外，其余五塔均是清光绪年间的发现，现分藏于国家博物馆、甘肃省博物馆和酒泉市博物馆。

武威1塔：出土地点和时间不详，现藏武威市博物馆。残高77厘米，分三层造像，每层8龛，上层造8坐佛，中层7坐佛和1尊交脚弥勒菩萨，下层为7坐佛和一尊舒相菩萨。

这批石塔高度在30—45厘米左右，形制大体相似，一般由宝盖、相轮、覆钵丘、圆柱形塔身、八角形基座组成，具有印度佛塔的基本形态。覆钵丘上一般刻有8龛，供奉七坐佛及交脚弥勒菩萨；塔身上则刻佛经；塔基刻供养人、神王(即护持佛法的天龙八部)等，有的还附有中国传统文化中的八卦图案。

5座纪年石塔中年代最早的是酒泉高善穆石塔（承玄元年，428年），最晚的是酒泉程段儿石塔（太缘二年，436年），宿白先生判定均属北凉时期[1]。

这批石塔是寺庙中的供养塔，与犍陀罗供养塔属同一类型，后者曾广泛流行于二、三世纪的中亚、西域地区，东晋法显西行取经路过于阗时，有如下记录："彼国人民星居，家家门前皆起小塔，最小者可高二丈许。"[2]以前曾在焉耆、若羌、楼兰等地发现小型木塔。不过北凉石塔与犍陀罗供养塔相比也有自身的特征，如塔基上的神王及八卦符号、圆形塔身上的经文、覆钵上的七佛等[3]，这表明此批石塔是北凉佛教信仰体系下的产物，它融合了西域和本土的佛教文化因素。

十六国时期的河西地处西域与中原间的交通要道，佛教十分兴盛，《魏书·释老志》："凉州自张轨后，世信佛教。敦煌地接西域，道俗交得其旧式，村坞相属，多有塔寺。"[4]北凉全盛时期的统治者沮渠蒙逊及其子牧犍都对佛教极为推崇，蒙逊"素奉大法，志在弘道"[5]。蒙逊父子统治的北凉境内聚集了大量高僧，译经活动十分发达，组织了一支数百人的译经队伍，译出佛经300多卷，迁都高昌后继续提倡佛教政策，佛事活动兴旺。因此，这批石塔在河西和吐鲁番的发现不是偶然的，它与沮渠蒙逊父子对佛教的推动密不可分。

北凉石塔作为十六国时期凉州佛教的典型遗存，其佛教文化是本土凉州文化与西域于阗、龟兹佛教文化融合的产物，它所代表的信仰模式和造像风格又对敦煌、云冈、麦积山、炳灵寺等早期石窟遗迹产生了重大影响，故被称作"凉州模式"[6]。

五、南方早期佛像

如前所述，佛教的传入路线可能还存在川滇缅道、交广道等所谓"佛教南传之路"[7]，天竺僧人康僧会就是自交趾到孙吴都城建邺"设像行道"的。当康僧会来到建邺设像时（赤乌十年，247年），吴人对佛像还十分陌生，"时吴国以初见沙门，睹形未及其道，疑为矫异"，吴主孙权"召会诘问有何灵验。会曰：如来迁迹，忽逾千载，遗骨舍利，神曜无方，昔阿育王造塔乃八万四千。夫塔寺之兴，以表遗化也。权以为怪诞，乃谓会曰：若能得舍利，当为造塔"[8]。康僧会果得舍利，于是孙权为

---

1 宿白：《凉州石窟遗迹和"凉州模式"》，《考古学报》1986年第4期，第435—446页。

2 ［东晋］法显撰，章巽校注：《法显传校注》，上海古籍出版社，1985年，第13—14页。

3 张宝玺对七佛、发愿文及刻经、神王等北凉石塔的主要内容作了详细考证，参张宝玺《北凉石塔艺术》，上海辞书出版社，2006年，第39—48页。

4 《魏书》卷一一四《释老志》，北京：中华书局，1974年，第3032页。

5 ［南朝梁］释慧皎撰，汤用彤校注：《高僧传》卷二《昙无护传》，北京：中华书局，1992年。

6 宿白：《凉州石窟遗迹和"凉州模式"》，《考古学报》1986年第4期，第435—446页。

7 关于佛教南传之路，参阮荣春《佛教南传之路》，长沙：湖南美术出版社，2000年。

8 ［南朝梁］释慧皎撰，汤用彤校注：《高僧传》卷一《译经上·康僧会》，北京：中华书局，1992年。

之立寺造塔，出现了南方第一寺——建初寺，于是佛法大兴于江左。可能受其影响，当时的宫廷画家曹不兴率先摹写佛像，弟子卫协继之，曾作《七佛图》，此后东晋顾恺之画维摩诘，戴逵更擅佛像制作，南方佛像经精英阶层的推广，渐行于社会各阶层。

曹、卫、顾、戴的佛像作品面貌今已无从得知，但其时的佛像实物已广泛发现于长江下游的建康、中游的武昌及上游的四川等地，分属三国吴、蜀之地。这时的佛像作品虽大多以饰物的形式附属于其他器物，但已具备了明确的佛像特征，是佛教初传南方时期的最早遗存，从年代上要早于北方。吴、蜀二地的早期佛像也存在着明显的时代和地域差异，总体来说，蜀地佛像多见于摇钱树，佛像多施无畏印，吴地佛像多见于陶瓷魂瓶、铜镜等器物，多禅定印，多与莲花纹结合，二地佛像的差异可能与佛教的源头和输入途径有关，蜀地或与川滇缅印道关系密切，吴地或与交广道关系密切[1]。

吴地发现了很多有明确纪年的佛像，主要附属于陶瓷器皿、铜镜上，也有的附属于带钩等器具上，略举数例[2]：

最早发现的纪年佛像是武昌莲溪寺东吴墓出土鎏金铜菩萨像饰片，可能属于铜带饰，同出永安五年（262年）铅买地券（“永安五年，丹阳石城校尉彭庐，年五十九居沙羡县界”），墓主是东吴校尉彭庐。饰片如杏叶，高5厘米。透雕线刻菩萨像，有天冠、项光、璎珞、飘带等装饰，立于莲座上；该墓还出土了青釉陶俑4件，两眉之间都有凸状痣一颗，疑为“白毫”相（图8-2-6）[3]。宿白先生认为，这几件陶俑作服役姿态，肯定不是佛像，而带饰上的线刻像具备了佛像的

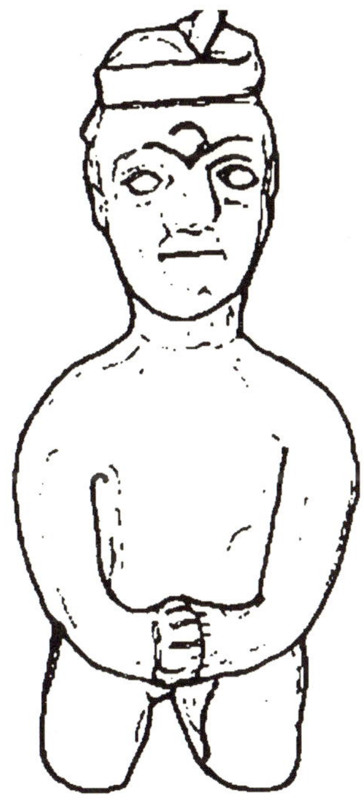

图8-2-6　武昌莲溪寺东吴墓出土白毫相陶俑（引自湖北省文物管理委员会《武昌莲溪寺东吴墓清理简报》，1959年）

1　张同标：《论武昌莲溪寺东吴永安五年佛像的莲花座渊源》，《华东师范大学学报（哲社科版）》2012年第1期，第135—143页。

2　关于南方早期佛像的讨论，参张总《中国早期佛教造像》，《美术研究》1988年第4期，第80—87页；阮荣春《早期佛教造像的南传系统》，《东南文化》1990年第1期，第33—45页，1990年第3期，第163—177页；杨秋莎《汉魏时期蜀汉、孙吴墓葬中的佛教遗物——兼谈长江流域的佛教传播》，《四川文物》2003年第5期，第44—49页；张同标《论武昌莲溪寺东吴永安五年佛像的莲花座渊源》，《华东师范大学学报（哲社科版）》2012年第1期，第135—143页；谢明良《三国两晋时期越窑青瓷所见的佛像装饰》，《故宫学术季刊》第三卷第一期，1985年，第35—55页。

3　湖北省文物管理委员会：《武昌莲溪寺东吴墓清理简报》，《考古》1959年第4期，第189—190、223—225页。

基本特征，肯定是佛像，但腰部微左曲，立式不端正。这样的佛像与当时中原地区出现的形态、衣饰以及端正的坐式很不相同，却与印度支那南端金瓯角一至二世纪的奥高遗址所出的小铜佛有相似处。因此，"我们估计它可能是从南海方面传来的形制，这种形制的佛像，目前只此一例"[1]。此墓仅比康僧会初到建邺"设像行道"略晚十余年，带饰制作年代当更早，或与康僧会造像同时代，这说明康僧会从南海带来的佛像样式已经出现于长江流域。

此后考古工作者陆续在长江下游发现了更多附属于陶器器皿上的佛像，如魂瓶（或谷仓罐）、香熏、酒樽、盘口壶等，魂瓶最多，达80余件，其中纪年明确的有[2]：

孙吴时期的浙江嵊县浦口镇太平二年（257年）魂瓶、南京光华门外赵士岗凤皇二年墓（273年）魂瓶及佛像贴饰、江苏江宁县上坊公社天册元年墓（275年）魂瓶、江苏金坛县白塔公社天玺元年墓（276年）魂瓶、浙江上虞县江山乡天纪元年（277年）魂瓶等；

西晋时期的江苏江宁索墅太康元年（280年）魂瓶、浙江慈溪杜湖水库太康元年（280年）魂瓶、金华古方太康二年（281年）魂瓶、绍兴太康三年（282年）魂瓶、吴县狮子山太康五年（284年）魂瓶、嵊县太康九年（288年）魂瓶、诸暨元康元年（291年）魂瓶、江苏吴县何家山元康二年（292年）魂瓶、吴县狮子山元康五年（295年）魂瓶、江宁张家山元康七年（297年）魂瓶等。

魂瓶或谷仓罐是流行于三国至西晋时期的长江中下游吴地的随葬器物，罐上常贴塑模印的人物、动物、佛像、建筑物装饰，模印的佛像一般粘贴于器物肩、腹部，少者一尊，多者十多尊，有的周围伴有跪拜的僧人、供养人，有的置于亭台楼阁内。佛像造型较为一致，一般为圆脸大眼，有圆形项光，肉髻，通肩袈裟有下弧纹的阴刻线，施禅定印，趺坐，两袖相接而不露手，下有覆莲座。

魂瓶常有亭台楼阁等建筑物形象，若与佛像、人物场景联系在一起，它可能不是一般意义上的建筑，据学者考察，江浙皖等地西晋前的佛寺达68处之多，虽主要依据的是晚期的地方志资料，但这些佛寺恰好与这一时期的佛教文物发现地点大部分重合，因此，魂瓶上的楼阁或许表现的是佛寺。而魂瓶上的佛像、楼阁旁常塑造有众多人物俑，包括跪拜、奏乐和杂技等形象，它们可能表现的是佛寺里超度法会的场景[3]。

1 宿白：《中国佛教石窟寺遗迹——3至8世纪中国佛教考古学》（宿白未刊讲稿系列），北京：文物出版社，2010年，第20页。

2 张总：《中国早期佛教造像》，《美术研究》1988年第4期，第80—87页；阮荣春：《佛教南传之路》，"西晋前南方佛像造像遗物一览表"，长沙：湖南美术出版社，2000年，第18—21页；宿白：《四川钱树和长江中下游部分器物上的佛像——中国南方发现的早期佛像札记》，《文物》2004年第10期，第61—71页。

3 阮荣春：《佛教南传之路》，长沙：湖南美术出版社，2000年，第31页。

在佛教初传时期的南方民间，佛、道、巫往往结合在一起，常在丧葬仪式中有所体现。魂瓶或许就是寄托了这种民间信仰的物品，埋入墓葬可以助灵魂升仙，为生者祈福，正如吴县狮子山魂瓶龟背铭文所记："用此灵，宜子孙，作吏高，其乐无极"。

佛像铜镜是吴地流行的另一类早期佛教遗物，始于三国前期，盛于三国后期至西晋，东晋时衰落。包括佛像夔凤镜与佛兽镜两类[1]。

夔凤镜以湖北发现最多，其次是湖南、江西、江苏、浙江，在日本等国博物馆均有收藏。一般以四瓣柿蒂纹将镜背分为四区，每区两只相对凤鸟，四叶瓣中均有佛像，后有背光，间有飞天。

佛兽镜包括画纹带和三角缘两种类型，除湖北、浙江等地外，日本有大量发现，尤其三角缘佛兽镜均出自日本。画纹带佛兽镜的主纹是佛像和神兽，如湖北鄂城出土的一件画纹带镜镜心是一立一坐两尊佛像，坐像趺坐于仰莲上，立像手持莲枝。日本所藏的佛兽镜组合似更为复杂，由二或三尊像构成一组，或立或坐，立像持莲枝，坐像趺坐于莲座上。佛兽镜的图案较为丰富，有的佛像与东王公、西王母同被供奉，有的佛像着神仙冠式或士大夫服饰。此类铜镜的年代大致在三世纪中至四世纪初。日本现存佛像镜出土于京都、奈良、名古屋、千叶、东京、冈山、野马、长野等地，佛的形象较吴地出土魂瓶上的佛像要丰富复杂得多，王仲殊认为这些佛像镜可能是吴地工匠东渡日本所造。

上述长江中下游发现的饰有佛像的各类器物大致处于同一时代，最早可早到三世纪晚期，最晚可晚到六世纪初期，最盛行的年代是三国后期至西晋。虽然这个地区的佛像存在着地域差异（中游以青铜佛像为主、下游以陶瓷佛像为主），但佛像造型特征基本一致，总体上接近于中原系统，除武昌莲溪寺带饰佛像外，所受南海系统的影响不大[2]。此时还没有出现独立的佛像，而是附属于日用器具或丧葬用品上，且带有显著的与传统信仰融合的特征，正反映了佛教初传时期人们对佛像的看法，即把佛像视作辟除不祥或祈福的工具，与传统的黄老神仙思想一样，这一点也与初传时期的北方佛教信仰相似。

文献对东晋以前的蜀地佛教没有记载，直到东晋时期，才出现了僧人入蜀的记载，永嘉之乱后"中国纷乱，道安乃率门徒，南游新野。欲令玄宗在所流布，分遣弟子，各趣诸方。法汏诣扬州，法和入蜀，道安与慧远之襄阳"[3]。但在长江上游的考

1 关于佛像镜的讨论，除阮荣春论述外，参王仲殊《关于日本三角缘神兽镜的问题》，《考古》1981年第4期，第60—72、109—110页；《关于日本的三角缘佛兽镜——答西田守夫先生》，《考古》1982年第6期，第72—81、125—126页；《论吴晋时期的佛像夔凤镜——为纪念夏鼐先生考古五十年而作》，《考古》1985年第7期，第62—69、102—105页。

2 宿白：《中国佛教石窟寺遗迹——3至8世纪中国佛教考古学》（宿白未刊讲稿系列），北京：文物出版社，2010年，第20页。

3 《魏书》卷一一四《释老志》，北京：中华书局，1974年，第3029页。

古工作中陆续发现了大量东晋以前的佛像，年代主要集中于汉末至蜀汉之间，这些珍贵的遗物对探讨蜀地佛教传播具有很重要的意义。

与吴地不同的是，蜀地佛像主要附属于本地流行的一类特殊器物——摇钱树，也发现了画像中的佛像，与吴地一样，佛像皆发现于墓葬中，或为随葬器物，或为墓室内的画像石图像。

最早发现的蜀地佛像是1940年在彭山县的汉代崖墓（M166）内，在出土的灰陶摇钱树座上塑造了一尊高21.3厘米，有肉髻，施无畏印，着通肩袈裟，有圆形项光的趺坐佛像，旁立二侍者。此墓年代可早到三世纪前期（图8-2-7）[1]。

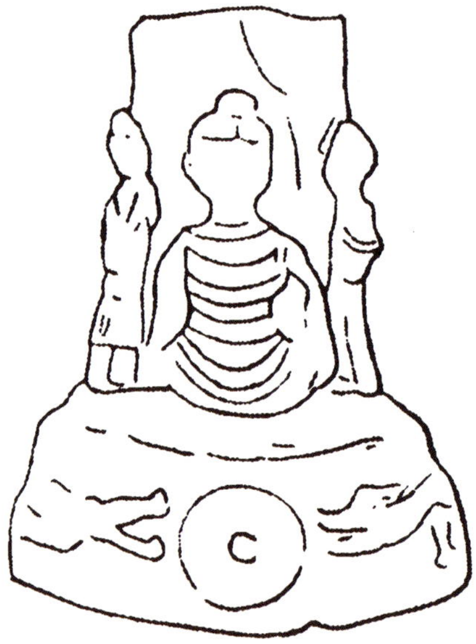

图8-2-7　彭山崖墓出土摇钱树座佛像（引自南京博物院《四川彭山汉代崖墓》，1991年）

除了摇钱树座外，在一些钱树的树干上也铸有佛像，如绵阳何家山1号崖墓的一件钱树上铸有5尊相同佛像，各高6.5厘米，头后有椭圆形项光，顶有肉髻，通肩袈裟，衣脚下垂作U形，趺坐，施无畏印（图8-2-8）[2]。

图8-2-8　绵阳何家山崖墓摇钱树树干佛像（引自何志国《四川绵阳何家山1号东汉崖墓清理简报》，1991年）

重庆忠县蜀汉崖墓M5中出土了白毫相陶俑及铜摇钱树，摇钱树的每节树干各铸有一尊高肉髻、趺坐的佛像（图8-2-9）[3]；M14出土钱树2株，每节树干上各铸有一尊佛像，佛像造型与M5类似，也是高肉髻、通肩袈裟，右手施无畏印，左

1 南京博物院：《四川彭山汉代崖墓》，北京：文物出版社，1991年。

2 何志国：《四川绵阳何家山1号东汉崖墓清理简报》，《文物》1991年第3期，第1—8页。

3 四川省文物管理委员会：《四川忠县涂井蜀汉崖墓》，《文物》1985年第7期，第49—95页，第99—106页；赵殿增、袁曙光：《四川忠县三国铜佛像及研究》，《东南文化》1991年第5期，第55—61页。

手握衣角，结跏趺坐[1]。

乐山麻浩1号崖墓享堂门楣上刻有一座高浮雕坐佛，高37厘米，佛像表现手法与彭山佛像一致，也有高肉髻、圆形项光，披通肩袈裟，结跏趺坐，施无畏印，发掘者认为该墓的年代可能为蜀汉时期[2]；乐山柿子湾1号崖墓门楣上也发现了类似石刻佛像[3]。

图8-2-9　忠县蜀汉崖墓摇钱树干佛像（引自四川省文物管理委员会《四川忠县涂井蜀汉崖墓》，1985年）

在陕西、贵州等地也发现了类似的摇钱树佛像，如陕西城固、贵州清镇、平坝汉墓[4]，基本都在汉末至蜀汉的年代范围之内。

摇钱树是蜀地特有的遗物，除佛像外，还有铜钱、西王母、仙人、瑞兽等形象。摇钱树座或树干上佛像的意义可能与吴地的铜镜、魂瓶佛像一样，主要是民间神仙思想的反映，并不具备严格的佛教涵义。

以上汉末至蜀汉时期的蜀地佛像之造型风格与吴地有所不同，带有浓重的外来文化因素。从风格上大致可以分为两类，一类是典型的秣菟罗风格，如彭山汉墓佛像的高耸螺状肉髻、脸型、通肩袈裟的下弧形阴刻衣纹等特征几乎与秣菟罗造像没有什么区别；另一类兼具犍陀罗和秣菟罗风格的特征，如绵阳何家山和忠县佛像左手高举衣裾、右手上举贴于胸前的特点与秣菟罗相似，而束发式肉髻可能与犍陀罗有关[5]。

第三节　佛寺与佛塔

印度的佛教建筑包括塔、寺院和石窟等类型，塔是佛教建筑的核心，往往与寺院和石窟结合在一起，塔的周围有供礼拜活动的绕道，这种以塔为核心的佛教建筑随着佛教的东传而传入中国，逐渐与中国传统建筑样式结合在一起。由于佛教信仰的时代和地域差异，中国的佛寺在平面布局和配置方面发生了较大的

1 吴焯：《四川早期佛教遗物及其年代与传播途径的考察》，《文物》1992年第11期，第40—50页。
2 乐山市文化局：《四川乐山麻浩一号崖墓》，《考古》1990年第2期，第111—115页。
3 唐长寿：《乐山麻浩、柿子湾崖墓佛像年代新探》，《东南文化》1989年第2期，第69—74页。
4 罗二虎：《略论贵州清镇汉墓出土的早期佛像》，《四川文物》2001年第2期，第49—52页；罗二虎：《陕西城固出土的钱树佛像及其与四川地区的关系》，《文物》1998年第12期，第63—70页。
5 阮荣春：《佛教南传之路》，长沙：湖南美术出版社，2000年，第25页。

变化。

一、佛寺

汉文文献中记载的中国最早寺院出现于东汉。《后汉书》载楚王刘英“诵黄老之微言，尚浮屠之仁祠”[1]，汉桓帝“饰芳林而考濯龙之宫，设华盖以祠浮图、老子”[2]。虽然东汉时期对佛的礼拜总是与黄老神仙联系在一起，但显然已经出现了以塔为核心的礼佛建筑。《魏书·释老志》详细记载了佛教传入、白马寺及塔寺配置情况：

> 及开西域，遣张骞使大夏还，……始闻有浮屠之教。哀帝元寿元年，博士弟子秦景宪受大月氏王使伊存口授浮屠经。……后孝明帝夜梦金人，项有日光，飞行殿庭，乃访群臣，傅毅始以佛对。帝遣郎中蔡愔、博士弟子秦景等使于天竺，写浮屠遗范。……中国有沙门及跪拜之法，自此始也。……愔之还也，以白马负经而至，汉因立白马寺于洛城雍门西。……佛既谢世，香木焚尸。灵骨分碎，大小如粒，击之不坏，焚亦不焦，或有光明神验，胡言谓之舍利。弟子收奉，置之宝瓶，竭香花，致敬慕，建宫宇，谓为塔。塔亦胡言，犹宗庙也，故世称塔庙。……自洛中构白马寺，盛饰佛图，画迹甚妙，为四方式。凡宫塔制度，犹依天竺旧状而重构之，从一级至三、五、七、九。世人相承，谓之浮图，或云佛图。晋世，洛中佛图有四十二所矣。[3]

东汉末年下邳（今江苏徐州）相笮融于献帝初平四年（193年）“大起浮图祠，以铜为人，黄金涂身，衣以锦采，垂铜盘九重，下为重楼阁道，可容三千余人”[4]。

康僧会于赤乌十年（247年）来到建邺设像时，被吴人“疑为矫异”，并遭吴主孙权诘问，“会曰：如来迁迹，忽逾千载，遗骨舍利，神曜无方，昔阿育王造塔乃八万四千。夫塔寺之兴，以表遗化也。权以为怪诞，乃谓会曰：若能得舍利，当为造塔。”[5]康僧会果得舍利，于是孙权为之立寺造塔，出现了南方第一寺——建初寺。

综合上述白马寺、笮融造寺和建初寺的记载，可知东汉至三国时期佛寺特点是：以供奉舍利的塔（浮屠）为建筑核心，也是礼拜中心，塔内可能置鎏金铜佛像；塔为重楼结构，上有多重相轮，下有绕塔礼拜的步道（阁道）；寺为方形平面，以壁画作精心装饰。

最早的浮屠采取重楼形制，可能与两汉以来上层统治者多于宅第主院之侧兴建多层楼观有关，此类楼观实物屡见于汉代墓葬陶模型和墓室图像中，最壮观者

1 《后汉书》卷四二《楚王英传》，北京：中华书局，1965年，第1428页。

2 《后汉书》卷七《孝桓帝纪》，北京：中华书局，1965年，第320页。

3 《魏书》卷一一四《释老志》，北京：中华书局，1974年，第3025—3029页。

4 《三国志》卷四九《吴书·刘繇传》，北京：中华书局，1959年，第1185页。

5 ［南朝梁］释慧皎撰，汤用彤校注：《高僧传》卷一《译经上·康僧会》，北京：中华书局，1992年。

如武威雷台汉墓所出陶楼院。东汉魏晋时期，人们视西方之佛同于汉地敬祀之神仙，神仙好楼居，因此，奉佛像于仙人居处之重楼，自是最为适宜[1]。西晋洛阳已有佛寺42所，其形制可能大抵都是以重楼式的塔为核心的一组方形庭院。

东晋南北朝佛教发展迅速，以塔为唯一核心的寺院布局发生了由简单到复杂的变化：较早阶段，塔仍是寺的主体建筑，寺的主要功能是礼佛；较晚阶段，塔仍保持其核心地位，但增设了佛殿、僧房、讲堂等建筑，寺具备了礼佛、讲经、僧人起居的多功能。

北方地区的佛寺在孝文帝迁洛（494年）之前还是以佛塔为主要建置，建寺即立塔，此在北魏皇室所造寺院和石窟的配置上有较清晰的反映：

北魏高宗即位后，为复法而下令在诸州郡县“各听建佛图一区……高祖诞载。于时起永宁寺，构七级佛图，高三百余尺，基架博敞，为天下第一”[2]。此处所言建寺即造塔，塔仍是寺院的唯一核心建筑。

太和年间，冯太后在平城方山陵园兴建思远佛寺，又称思远灵图。经过1976年的考古调查，可知思远佛寺的平面是一座东西50米、南北85.5米的院子，院内绝大部分为一座东西30米、南北40米的塔基占据，塔基南部正中有台阶，塔基中部有约10米见方的中心塔柱，四周残存方形柱础石，附近还发现影塑佛像和菩萨像。若对思远佛寺进行平面复原，可以看出寺内除了塔外，没有太多空间可建其他建筑。这种以塔为核心的寺庙布局在当时的石窟寺中也有体现，如云冈石窟第1、2窟，6窟，11窟都是孝文帝迁洛前的塔庙窟。这种以塔为核心的佛寺是汉代以来的传统，佛寺主要就是礼佛之所。

东晋南北朝时期还出现了一种新式的佛寺布局，除塔外，另建大批房舍、佛殿、讲堂、禅林等建筑，寺院规模大大地扩大了。如释道安于兴宁三年（365年）至襄阳立寺，即包括5层塔、“起房四百”及陈列佛像的堂殿[3]。其弟子惠永、惠远赴庐所建的佛寺也包括精舍、堂殿、禅林等建筑。荆州河东寺、建康长干寺、湘宫寺等寺内建筑配置也日趋复杂。这类佛寺一般由三类建筑物配置而成：供奉佛像的佛殿、禅颂讲经的讲堂、僧人安禅之所“禅林”。

北方地区此类布局的佛寺或石窟大致也出现于同一时期，如“天兴元年（398年）其敕有司，于京城建饰容范，修整宫舍，令信向之徒，有所居止。是岁，始作五级佛图、耆阇崛山及须弥山殿，加以缋饰。别构讲堂、禅堂及沙门座，莫不严具焉”[4]。开凿于文成帝和平初年（460年）的云冈石窟昙曜五窟（K16—K20）是目前

---

1 宿白：《东汉魏晋南北朝佛寺布局初探》，载《庆祝邓广铭教授九十华诞论文集》，石家庄：河北教育出版社，1997年，第31—49页。此处关于佛寺平面布局的讨论多据此文。

2 《魏书》卷一一四《释老志》，北京：中华书局，1974年，第3036—3037页。

3 ［南朝梁］释慧皎撰，汤用彤校注：《高僧传》卷五《道安传》，北京：中华书局，1992年。

4 《魏书》卷一一四《释老志》，北京：中华书局，1974年，第3030页。

所知最早的佛殿窟，在马蹄形的石窟内，绝大部分空间被大佛占据。

北魏太和年间，冯太后在平城方山兴建思远佛寺之后，又在故国龙城（今辽宁朝阳）兴建了“思燕浮图”。1986年在辽宁朝阳北塔的维修工程中，确认了“思燕浮图”遗址，也是一座以土木结构楼阁式塔为核心的寺院，塔基长宽各90米。塔基周围发现了环绕的方形殿堂遗迹，宽48.6米，四周还发现了围墙、佛殿遗迹，推测是一处以塔为中心，前塔后殿式的寺院建筑[1]。

在这种新式佛寺里，佛殿的地位显然大大提高了，这可能与日益频繁的造像活动有关。在东晋南北朝的后期，即南朝梁武帝时期和北朝迁洛后的宣武帝、孝明帝时期，佛教迅猛发展，尤其是皇室寺院的造像活动十分频繁，寺院的建置也更加复杂，南北都出现了大量的宏伟巨构，如梁武帝时期的大爱敬寺、大智度寺、阿育王寺、同泰寺等，莫不奢靡壮观。

《建康实录》引顾野王《舆地志》对同泰寺有详细描述：

（同泰寺）在北掖门外路西，寺南与台隔，抵广莫门内路西。梁武普通中起，是吴之后苑、晋廷尉之地，迁于六门外，以其地为寺。兼开左右，营置四周池堑、浮图九层、大殿六所、小殿及堂十余所。宫各像日月之行，禅窟禅房山林之内，东西般若台各三层，筑山构陇，亘在西北，柏殿在其中。东南有璇玑殿，殿外积石种树为山，有盖天仪，激水随滴而转。起寺十余年，一旦震火焚寺，唯余瑞仪柏殿，其余略尽。[2]

北魏虽都洛仅四十年，却在洛阳有佛寺一千余所，其中最宏伟的佛寺是永宁寺，它是一处前塔后殿、功能完备的新式寺院。《洛阳伽蓝记》详述了永宁寺的盛况：

永宁寺，熙平元年，灵太后胡氏所立也。……中有九层浮图一所，架木为之，举高九十丈。上有金刹，复高十丈，合去地一千尺。……刹上有金宝瓶，容二十五石。宝瓶下有承露金盘三十重，周匝皆垂金铎，复有铁锁四道，引刹向浮图。四角锁上亦有金铎，铎大小如一石瓮子。浮图有九级，角角皆悬金铎，合上下有一百二十铎。浮图有四面，面有三户六窗，户皆朱漆。扉上有五行金铃，合有五千四百枚。复有金环铺首，殚土木之功，穷造形之巧，佛事精妙，不可思议。绣柱金铺，骇人心目。至于高风永夜，宝铎和鸣，铿锵之声，闻及十余里。浮图北有佛殿一所，形如太极殿。中有丈八金像一躯、中长金像十躯，绣珠像三躯，金织成像五躯，玉像二躯，作工奇巧，冠于当世。僧房楼观，一千余间，雕梁粉壁，青缫绮疏，难得而言。[3]

1 辽宁省文物考古研究所：《朝阳北塔——考古发掘与维修工程报告》，北京：文物出版社，2007年。

2 ［唐］许嵩撰，孟昭庚等点校：《建康实录》卷一七《高祖武皇帝》，南京大学古典文献研究所专刊，上海古籍出版社，1987年。

3 ［北魏］杨衒之撰，范祥雍校注：《洛阳伽蓝记》卷一《城内·永宁寺》，上海古籍出版社，1958年，第1—3页。

图8-3-1 永宁寺塔基遗址

永宁寺遗址经过考古发掘，可知其为平面长方形，南北约305米，东西约215米，四面有墙垣，各开一门；寺院中心为方形塔基，塔后为佛殿，与南门共处同一中轴线；塔内中心设有塔柱及绕塔的礼拜道。四周环绕的城墙，疑为回廊遗迹，不过《洛阳伽蓝记》所记一千余僧房楼观位置不详（图8-3-1）[1]。

图8-3-2 永宁寺塔复原想象图（引自钟晓青《北魏洛阳永宁寺塔复原探讨》，1998年）

永宁寺遗址的考古发掘结果与《洛阳伽蓝记》的描述基本相符，是一种山门—塔—佛殿的布局方式。方形楼阁式木塔依然是全寺的中心，但出现了另一个建筑中心——佛殿，位于塔的后面（北面），完全采取了中国传统式的建筑样式（图8-3-2）。

随着北魏的灭亡，洛阳包括永宁寺在内的宏伟佛寺渐被荒废，“暨永熙

1 中国社会科学院考古研究所：《北魏洛阳永宁寺：1979—1994年考古发掘报告》，北京：中国大百科全书出版社，1996年。中国社会科学院考古研究所洛阳工作队：《北魏永宁寺塔基发掘简报》，《考古》1981年第3期，第223—224页；张驭寰：《中国古代建筑技术史》，北京：科学出版社，1985年；钟晓青：《北魏洛阳永宁寺塔复原探讨》，《文物》1998年第5期，第51—64页。

多难，皇舆迁邺，诸寺僧尼，亦与时徙”[1]，邺城取代洛阳成为北方新的佛教中心，“属高齐之盛，佛教中兴。都下大寺略计四千，见住僧尼仅将八万，讲席相距二百有余，在众常听出过一万，故宇内英杰咸归厥邦”[2]。中国社科院邺城考古队曾在东魏北齐的邺南城范围内发现大型寺院遗址，没有发现佛殿遗迹，但发现了东南、西南两处对称的院落，推测是一座以方形木构佛塔为中心，建筑格局成中轴对称分布，具有多院落结构特征的皇家寺院[3]。

佛殿的出现可能反映了安放巨大佛像的需求。当时南、北统治者都热衷于建造巨像，动辄“丈八金像”、“丈六金像”，梁武帝同泰寺更有超过二丈的檀像，如此巨大的佛像恐非佛塔所能容纳。此外，造像活动频繁，不但皇室贵族造了大量巨像，普通供养人也会捐造小型金铜佛或石雕像，供奉这些日益增加的佛像也促使了佛殿的出现。

综之，魏晋南北朝后期由于造像活动的盛行，佛寺改变了以往以塔为唯一核心的布局，增设和逐渐提高了佛殿的地位，佛塔与佛殿往往前后配置，成为寺庙的两大核心。这种布局发展到唐代，确立了以山门、金堂和法堂为主体建筑的寺庙配置，塔的重要性进一步降低，配置上开始将塔列入别院[4]。

二、佛塔与塔基

汉文中的塔来自梵文“Stupa”，是指瘗埋佛陀遗骸的高耸建筑物，在印度的最初样式包括砖砌的覆钵、方形的围栏和塔刹等几部分，塔刹上有伞盖等标志，以象征其尊显涵义。如前所述，佛教传入中国后，佛塔迅速与中国传统的多层楼阁建筑结合在一起，或许是受传统神仙思想的影响，佛塔成为安放佛像的主要场所。从文献记载的最早寺院白马寺、笮融造像等内容来看，早期佛塔应是楼阁式高耸建筑，类似于汉代画像石、陶模型中的多重楼阁，不过佛塔上有多重相轮，下有绕塔礼拜的步道（阁道），塔内安放佛像，如笮融建造的佛塔“以铜为人，黄金涂身，衣以锦采，垂铜盘九重，下为重楼阁道，可容三千余人”[5]。

从佛教初传的汉代至魏晋南北朝时期，塔一直处于佛教寺院的核心部位，在

1 ［北魏］杨衒之撰，范祥雍校注：《洛阳伽蓝记·序》，上海古籍出版社，1958年，第1页。

2 ［唐］释道宣：《续高僧传》卷一〇。

3 中国社会科学院考古研究所、河北省文物研究所：《河北临漳县邺城遗址东魏北齐佛寺塔基的发现与发掘》，《考古》2003年第10期，第867—870页；《河北临漳县邺城遗址赵彭城北朝佛寺遗址勘探与发掘》，《考古》2010年第7期，第31—42页；何利群：《北朝至隋唐时期佛教寺院的考古学研究——以塔、殿、院关系的演变为中心》，载龙门石窟研究院编《石窟寺研究》第一辑，北京：文物出版社，2010年，第180—196页。

4 王维仁、徐翥：《中国早期寺院配置的形态演变初探：塔·金堂·法堂·阁的建筑形制》，《南方建筑》2011年第4期，第38—49页。

5 《三国志》卷四九《吴书·刘繇传》，北京：中华书局，1959年，第1185页。

造像、立寺盛行的魏晋南北朝时期，佛塔建筑遍及南北各地，有些皇室寺院的佛塔极其宏伟，是城市的标志性建筑物。遗憾的是，遗留至今的佛塔实物非常稀少，不过考古工作者发现的塔基及图像中的佛塔，仍能为我们提供丰富的佛塔信息。

考古工作揭示的塔主要是塔基和地宫，大致包括舍利塔和僧人墓塔两种类型，前者除了在地宫埋藏舍利外，往往还舍入法器、经卷和财宝等为供养，有的在塔身和塔刹部分也有舍入造像、经卷和供养物品以作功德[1]。

经过考古发掘的魏晋南北朝舍利塔中有纪年的主要是河北定县北魏塔基（太和五年，481年）和河南洛阳的永宁寺塔（熙平元年，516年）。

定县塔基是孝文帝发愿所造，夯土作成，石函直接掩埋于夯土中，石函高58.5厘米，长65厘米，宽57.5厘米，盖上刻有十二行铭文，详述了造塔的缘起。石函内发现玻璃钵、铜钵、葫芦形玻璃瓶等舍利容器，还有奉请舍利的工具铜匙、镊，以及“七宝”如串饰（由玻璃、玛瑙、水晶、珍珠、珊瑚、红宝石组成）、铜钱、波斯银币，还有金银首饰等供养物品。石函内还发现了造塔官员的印章（“军司马印”、“魏昌令印”），以及铜盖弓帽、铜镞、铜镜等物，这表明当时的地宫瘗埋制度与传统丧葬方式的结合，将佛教法器、供养具与墓葬随葬品一同埋葬[2]。

考古工作者也发掘了冯太后在方山陵园修建的“思远浮图”和在龙城修建的“思燕浮图”，也是土木结构的楼阁式塔，位于佛寺的中心部位。“思远浮图”塔基分层夯筑，方形，残长12米，塔心四周有殿堂式回廊，边长18.2米，根据柱础推测为面阔5间，进深3间，内无隔断，可绕塔礼拜。“思燕浮图”的方形塔基也有殿堂围绕，平面方形，每面面阔11间，进深2间。这种有殿堂围绕的塔基带有早期佛塔建筑的特点。此二处塔基内均未发现瘗埋舍利的石函等遗物。

北魏洛阳城的永宁寺塔可以说是南北朝时期最为壮观的一座佛塔，《洛阳伽蓝记》对其有详细的描述。它是灵太后于熙平元年（516年）发起建造的，位于洛阳最主要南北大街的西侧，位于永宁寺的中心部位，是一座九层高的木构建筑，“举高九十丈。上有金刹，复高十丈，合去地一千尺”，塔刹部分有金宝瓶、承露盘，塔尖至塔顶四角拉着四条铁链，上面挂满了金铎。

考古发掘证实永宁寺塔位于南北中轴线上的中心部位，塔基底层为四面形，分为内外两重柱廊，内外柱之间是环绕的回廊。在塔基上发现了124个方形柱础，分做五圈排列，第四圈木柱以内筑有一座土坯垒砌的方形实心体。塔基中出土了大量的与佛教艺术有关系的泥塑、石雕及瓦、瓦当等建筑材料，以及珍珠、玛瑙、水晶、象牙及铜钱等遗物。在塔基中央部位发现一个1.7米见方的竖穴，四壁夯土

1 徐苹芳：《中国舍利塔基考述》，载《中国历史考古学论丛》，台北：台湾允晨文化实业股份有限公司，1995年，第417—438页。

2 河北省文化局文物工作队：《河北定县出土北魏石函》，《考古》1966年第5期，第268—275页。

整齐，显然是瘗埋石函的，不过由于早期被盗，已空无一物。

永宁寺塔具有早期佛塔与中国传统建筑相融合的特征，回廊的存在表明当时的佛事活动主要围绕着佛塔进行，与晚期寺庙以佛殿为中心进行佛事活动不同。

图8-3-3 登封嵩岳寺塔

登封嵩山嵩岳寺塔是与永宁寺塔同时的一座砖塔，建于正光四年（523年），“十五层塔者，后魏之所立也”，是一座十二边形的砖塔，高39.5米，塔基宽10.6米。每层塔皆有塔门、佛塔、佛龛等设置，最上面是带有承露盘的塔刹。此塔的形制被认为有向印度佛塔原型回归的特征，与笈多式（Guptan style）印度佛塔相似（8-3-3）[1]。

东魏北齐邺南城的皇家寺院遗址里也发现了方形木塔，塔基基槽为方形，边长约45米，深约6米，夯土坚实均匀，底部以黄土和卵石的混合夯层和夯土层交替构筑，塔基刹柱础石正下方发现了瘗埋舍利圣物的砖函，用细腻的黑灰色砖砌筑，近正方体，长宽高均约75厘米。塔基地面以上台基和塔心部分残高5米左右，宽30米左右，以刹柱为中心构成至少面阔5间、进深5间的柱网结构，塔基南侧正中有斜坡踏道，两侧为碎砖铺砌的散水[2]。

魏晋南北朝时期佛寺布局的变化主要表现在塔、殿等的配置关系上。早期寺院里塔保持着唯一核心的地位，表现在石窟里就是以“塔庙窟”为主要形制；后期

1 杨焕成：《河南古建筑概述》，《中原文物》1989年第3期，第61页；孙机：《关于中国早期高层佛塔造型的渊源问题》，《中国历史博物馆馆刊》1984年第6期，第41—47页。

2 中国社会科学院考古研究所、河北省文物研究所：《河北临漳县邺城遗址东魏北齐佛寺塔基的发现与发掘》，《考古》2003年第10期，第31—42页；《河北临漳县邺城遗址赵彭城北朝佛寺遗址勘探与发掘》，《考古》2010年第7期，第31—42页；何利群：《北朝至隋唐时期佛教寺院的考古学研究——以塔、殿、院关系的演变为中心》，载龙门石窟研究院编《石窟寺研究》第一辑，北京：文物出版社，2010年，第180—196页。

寺院则出现了塔、殿并重的配置，一般是中轴线上的前塔后殿结构，再在左右配以其他殿堂、禅房等建筑；到唐代，塔的地位开始降低，寺庙布局演变为以佛殿、讲堂等为核心的配置，塔不再位于中轴线上，而是被移入别院。与塔在寺院配置上的地位逐渐降低相反的趋势是，瘗埋舍利的塔基地宫却愈趋受到重视，从最初的直接在夯土里瘗埋石函，到唐代逐渐发展为有专门的地宫和金棺银椁，舍利瘗埋制度逐渐与中国传统的丧葬形式趋同。

佛寺配置上的空间变化反映了寺院建筑群功能的变化，与佛教思想的演变及信仰的地域差异关系密切。总体来说，南方佛教依附玄学而重义理，北方重禅修，故南方多宏伟巨构的寺院而北方多大规模石窟，绕塔礼拜与入塔观像是北方禅修的重要内容，因此佛塔在北方更受重视；但到北朝后期，北方佛教义学逐渐发展起来，逐渐出现了各种佛教流派，佛教思想开始多元化，礼拜对象也开始多样化，供奉多样化礼拜对象的佛殿变得更加重要起来，而佛塔地位相对降低[1]。

第四节　石窟寺

石窟寺也是一种佛教寺院，是僧侣礼佛、修行的地方。一般开凿于远离城市的人迹罕至之地，目的是为了禅定，便于集中注意力专注修习。魏晋南北朝时期，南北方佛教修习方式有所差异，南方佛教重义理，重谈论，故多在寺院致礼、讲论；而北方重实行，多习禅，故多凿石窟寺。宋以前的石窟寺绝大多数位于北方，南方只有少数几处，而且开龛造像的规模远不能和北方皇室开凿的大型石窟寺相比。

石窟寺也与寺院一样，受佛教发展的影响，也经历了形制、结构和造像风格等方面的变化。从形制和结构上来看，魏晋南北朝的石窟寺大致包括如下几种类型：

塔庙窟是窟内立有中心塔柱的石窟，一般柱的正面或每面设龛造像，“入塔观像”、绕塔而行是佛教徒的重要礼拜方式。这是较早的一种石窟形制，也影响到了中国早期寺院的形制，如前所述的魏晋南北朝较早阶段佛寺里，最重要的建筑就是佛塔，塔的四周还设有绕塔观像的步道或回廊。

佛殿窟也叫尊像窟，窟内的主要设置是尊像，没有中心塔柱，如云冈石窟最早的昙曜五窟里，一尊巨像占据了窟室三分之二以上的空间，石窟主要是安放佛像之所。佛殿窟比塔庙窟的出现时间稍晚。

除了塔庙窟、佛殿窟两种主要类型外，还有专为习禅的禅窟（一般规模很小，

1　何利群：《北朝至隋唐时期佛教寺院的考古学研究——以塔、殿、院关系的演变为中心》，载龙门石窟研究院编《石窟寺研究》第一辑，第180—196页。

仅能容人，一般不作装饰）、僧人起居生活的僧房窟、讲经说法的讲堂窟（有时与佛殿窟结合在一起）。

魏晋南北朝时期的石窟寺与寺院的发展演变趋势相同，也由简单的塔庙窟逐渐发展为佛殿窟，最后出现了由各种不同功能的石窟组成的石窟群，规模较大的石窟寺往往和寺院一样功能齐全。

由于石窟寺都远离城市，易于保存，因此石窟寺是保持最完整、最成体系的古代佛教遗存。根据历史地理环境及文化属性的差异，可将魏晋南北朝时期的石窟寺分为新疆地区、北方地区和南方地区[1]。

一、新疆石窟

新疆地区是佛教在中国境内最早流行的地区，也是佛教东传的必经之地。佛教在新疆的传播最早是在天山以南的塔里木盆地边沿。这个地区在十世纪以前的居民分别属于两个系统：盆地南沿的印欧语系印伊语族居民，盆地北沿的印欧语系西方语族吐火罗语居民。

目前所知的石窟寺大多集中在塔里木盆地北缘地区，沿丝绸之路北道沿线分布在三个重要的政治中心城市附近，即古龟兹、古焉耆、古高昌，又以龟兹境内之石窟遗存最为集中，年代最早。

图8-4-1　鸠摩罗什雕像

如前所述，龟兹最晚在汉武帝时已信奉佛教，三四世纪时佛教已然十分兴盛，西晋时已与中原王朝发生联系。龟兹的很多高僧都为龟兹佛教的东传做出了贡献，其中最著名的僧人当属鸠摩罗什（图8-4-1）。

龟兹石窟分布在今库车、拜城一带，自西向东由四大石窟群构成：克孜尔石窟、克孜尔尕哈石窟、库木吐喇石窟、森木塞姆石窟，其中克孜尔石窟规模最大，年代最早，大约开凿于三世纪，四至五世纪是其盛期，最晚的洞窟大约属于八世纪。

焉耆石窟主要分布今焉耆回族自治县七格星一带，开凿时间约在五世纪以后。

高昌石窟分布在今吐鲁番附近，主要石窟有吐峪沟石窟和柏孜克里克石窟。吐峪沟早期石窟约开凿于五世纪，柏孜克里克主要石窟是九世纪以后回鹘高昌时

1　此处对石窟寺的分区，据宿白《中国佛教石窟寺遗迹——3至8世纪中国佛教考古学》（宿白未刊讲稿系列），北京：文物出版社，2010年，第7—25页。

期的遗迹，最晚的洞窟有可能迟到十三世纪。

龟兹石窟开凿年代最早，内容最丰富，又地处与印度、中亚交通的要道，因此是新疆石窟中最有代表性的石窟，而克孜尔石窟又是龟兹石窟的代表。

克孜尔石窟位于拜城县境内，开凿在木札提河北岸与台地之间的崖壁上，洞窟总数接近300个，现已编号236个。对克孜尔石窟的发现和研究最早的是西方学者勒柯克、格伦威德尔等，1979至1981年，北京大学宿白教授带领的课题组对克孜尔进行了全面的考古调查，并对洞窟首次进行了考古学的分类与分期，对该石窟的文化内涵进行了系统的研究[1]。

克孜尔石窟从建筑形制来看包括中心柱窟（即塔庙窟）、大像窟、僧房窟和方形窟等。以中心柱窟为主，一般由主室、后室和中心柱组成，中心柱位于后室前部居中，个别还有前室，但多已坍塌。

大像窟也是一种特殊的中心柱窟，结构相似，但在正壁上塑造一尊大立像，大像窟可能是以阿富汗的巴米羊石窟（东晋法显和唐玄奘都曾记录过巴米羊大佛，分别高53米和35米）为蓝本开凿的，不过由于大像窟的开凿成本太高，克孜尔的大像窟数量并不多，只有K47、K48、K60、K136等几窟，其中K47最大，在前室正壁部位留有石台、大孔及朽木痕迹，推测原塑有一尊16米以上的大佛。

此外也有僧房窟和讲经窟，僧房窟一般较小，没有塑像和壁画；讲经窟类似于佛寺中的法堂，是高僧众僧讲经论法之处，不过在克孜尔石窟中并不多见，K119是克孜尔少有的讲经窟之一，平面约长方形，开有二门、明窗、壁炉，但室内四面没有台阶，表明当时僧人都是席地而坐。

克孜尔石窟的内容以壁画为主，塑像为辅。由于塑像多以含沙量较高的泥土塑造，极易风化，故不易保存（图8-4-2）。以克孜尔新1窟为例，在后室塑有一尊已残的涅盘像，全长5.65米，高约80厘米，屈膝累足，右胁而卧，佛

图8-4-2　泥塑菩萨胸像，克孜尔石窟第77窟

1　宿白：《克孜尔部分洞窟阶段划分与年代等问题的初步探索》，载北京大学考古学系、克孜尔千佛洞文物保管所《新疆克孜尔石窟考古报告》第一卷，北京：文物出版社，1997年，第151—166页。另参朱英荣、韩翔《龟兹石窟》，龟兹石窟研究所、新疆大学中亚文化研究所编《龟兹文化研究》丛书之一，乌鲁木齐：新疆大学出版社，1990年。

装紧贴身体，衣纹稀疏，显得极为单薄，塑像原有彩绘，是一尊艺术水平很高的塑像。

克孜尔石窟的壁画内容十分丰富，保存下来的面积达1万余平方米，是现存少有的主要表现小乘佛教内容的石窟之一，壁画题材早期主要见于汉译《贤愚经》，中期内容见于汉文《说一切有部经》，晚期才大量出现代表大乘的千佛题材。《说一切有部经》曾在克什米尔、犍陀罗等地盛行，而此地区正是龟兹佛教的主要来源，因此，以它的内容绘制的壁画成为克孜尔最显著的特征之一。壁画题材中，本生、佛传和因缘故事最为突出，仅本生故事就有70余种，如鹿王本生、尸毗王本生、月光王本生、大光明王本生（图8-4-3）、猕猴王本生（图8-4-4）、萨埵那太子本生等。

壁画的技法和风格在早晚时期有所差异，早期一般以较粗的线条勾勒轮廓，

图8-4-3　大光明王始发道心，克孜尔石窟第14窟

图8-4-4　猕猴王本生，克孜尔石窟17窟

再以平涂手法表现人、物的细部特征，画法较为幼稚和粗糙；中后期绘画技法得到显著提高，如人物的轮廓线变得细腻，再以深浅不同的颜色进行晕染，使得人物肌体呈现出明显的立体感，对树木山川的表现也更加细腻。在用色方面，特别喜用大红、大绿，此与莫高窟中晚期壁画风格有些类似。

克孜尔石窟位于佛教东渐的关键地点，现存石窟数量远超葱岭以西的巴米羊石窟（位于阿富汗境内，已毁于战火），始凿年代比新疆以东的内地石窟要早约100年，因此，克孜尔石窟在中亚和东方佛教石窟中的意义是不言而喻的。

二、北方石窟

在新疆以东的河西、关中、中原和华北地区，石窟数量多，类型复杂，有的还是由皇室主持开凿的大型石窟，因此是中国石窟遗迹的主体。这些石窟因地域不同而存在年代、内容和风格上的差异，又可分为三个小区[1]。

1. 河西地区

西晋时期的河西佛教即已初具规模，大月氏高僧竺法护（即昙摩罗刹）世居敦煌，曾赴西域取经，而在长安译经，经手译出的经论达百余部，是鸠摩罗什之前最伟大的译经僧人，而法护的弟子法乘可能是河西佛教的直接推动者，他随法护长期往返于长安与敦煌间，“（法）乘后西到敦煌，立寺延学，忘身为道，诲而不倦。使夫豺狼革心，戎狄知礼，大化西行，乘之力也”[2]。

永嘉之乱后，西晋王朝灭亡，当中原地区陷入五胡十六国的混乱时，凉州大姓张轨开始割据河西，以姑臧（今武威）为中心，世守凉州，继之者又分别建立后凉、南凉、西凉和北凉政权。在此“五凉”统治时期，河西社会相对安定，经济持续发展，文化昌盛，尤其佛教十分发达，大量西域僧人皆于此逗留译经、传佛。“先是，沮渠蒙逊在凉州，亦好佛法。有罽宾沙门昙摩谶，习诸经论。于姑臧，与沙门智嵩等，译《涅盘》诸经十余部。……凉州自张轨后，世信佛教。敦煌地接西域，道俗交得其旧式，村坞相属，多有塔寺。太延中，凉州平，徙其国人于京邑，沙门佛事皆俱东，象教弥增矣”[3]。

河西石窟主要分布于甘肃黄河以西各县沿南山的地段，以敦煌莫高窟延续时间最长、洞窟数量最多。始凿于五世纪，陆续兴建到十四世纪；另有酒泉文殊山石窟、肃南金塔寺石窟和武威天梯山石窟等都保存了一部分魏晋南北朝时期的遗迹。

莫高窟洞窟开凿于鸣沙山东麓断崖，已编号492个（北朝石窟36个），与克孜尔石窟一样，洞窟内容以泥塑和壁画为主，这是与当地岩质疏松有关，不能像华北中原一样开凿大型石质高浮雕。莫高窟现存壁画约4.5万平方米，彩塑2300多身，由于气候干燥，彩塑壁画保存相对良好。

莫高窟约始凿于四世纪中叶以后，根据唐武周年间所立李君莫高窟佛龛碑[4]，可知莫高窟最早于前秦建元二年（366年）由僧人乐僔始凿，此后的北魏时期进入了莫高窟的开凿盛期。李君碑载：“乐僔、法良开其宗，建平、东阳弘其迹。”北魏时期的东阳王元荣和建平公于义是修建莫高窟的两位著名人物，他们皆曾任瓜州刺史，对北朝敦煌的佛教活动推动较大[5]。现存莫高窟洞窟以北朝隋唐最多，并延

---

1 此处关于石窟的讨论，多引自马世长、丁明夷《中国佛教石窟考古概要》，北京：文物出版社，2009年。

2 ［南朝梁］释慧皎撰，汤用彤校注：《高僧传》卷四《晋敦煌竺法乘传》，北京：中华书局，1992年。

3 《魏书》卷一一四《释老志》，北京：中华书局，1974年，第3032页。

4 此碑为清代徐松于1820年发现并录文，宿白先生据北京大学图书馆藏刘燕庭拓本校读，参宿白《〈武周历圣李君莫高窟佛龛碑〉合校》，载宿白《中国石窟寺研究》，北京：文物出版社，1996年，第262—269页。

5 据宿白先生考证，元荣为北魏明元帝第三子乐安王范的曾孙，其家族自北魏至西魏历任西部显宦，于义为代北旧族，太和间迁洛，其父时随魏西迁，此后几代俱贵盛于周隋之间。参宿白《东阳王与建平公》（二

图8-4-5　莫高窟

续至五代、宋、西夏、元代，历时之久远当居国内外佛教石窟之最（图8-4-5）。

莫高窟最著名的洞窟是藏经洞，它是二十世纪最重大考古发现之一，也是莫高窟被重新发现和认识的开始。它是位于莫高窟南区的一个小窟，编号K17，长宽高不超过3米，洞中有一通唐代大中五年（851年）的石碑，并立有晚唐河西佛教领袖洪辩的彩塑像，像后壁上有一幅树下侍女、比丘图（图8-4-6），故此窟为洪辩的一座影堂窟。根据洞窟内遗物判断，可能于十一世纪初或中期已被封闭。藏经洞内藏有十分丰富的古代文物，包括汉文、藏文或其他语言的写本、经卷及绘画、刺绣、小型造像等，仅汉文写本就有3万卷，藏文写经有1万多件。藏经洞于1900年被道士王圆禄无意发现后，一些西方探险家如斯坦因、伯希和、奥登堡、桔瑞超等闻讯而来，先后劫掠了大批文物，包括各类文书、经卷、绘画、壁画等，现藏西方各大博物馆。

酒泉文殊山石窟、肃南金塔寺石窟、武威天梯山石窟等魏晋南北朝遗迹，以及前述北凉石塔，可能与历史上著名的凉州石窟遗迹关系密切[1]。

凉州造像的历史见于唐道宣《集神州三宝感通录》，“凉州石崖瑞像者，昔沮渠蒙逊以晋安帝隆安元年（397年）据有凉土二十余载，陇西五凉，斯最久盛，专崇福业。以国城寺塔终非久固，古来帝宫终逢煨烬，若依立之，效尤斯及。又用金

稿）、《建平公于义续考》，载宿白《中国石窟寺研究》，第244—261页。

1　史岩：《凉州天梯山石窟的现存情况和保存问题》，《文物参考资料》1955年第2期；《酒泉文殊山的石窟与寺院遗迹》，《文物参考资料》1956年第7期，第53—59页；甘肃省文物工作队：《马蹄寺、文殊山、昌马诸石窟调查简报》，《文物》1965年第3期，第13—30页；宿白：《凉州石窟遗迹和“凉州模式”》，《考古学报》1986年第4期，第435—446页。

a

b

图8-4-6　a 树下侍女比丘图，敦煌莫高窟第17窟（藏经洞）北壁西侧壁画（局部）；b 线描图（引自马世长《关于藏经洞的几个问题》，1978年）

宝，终被毁盗。乃顾眄山宇可以终天。于州南百里，连崖绵亘，东西不测，就而斲窟，安设尊仪，或石或塑，千变万化。有礼敬者，惊眩心目……北凉河西王蒙逊，为母造丈六石像在于山寺……今沙州东南三十里三危山崖高二里。佛像二百八十”[1]。

文殊山、天梯山、金塔寺等石窟中的早期洞窟遗迹皆为塔庙窟，包括文殊山2个、天梯山2个、金塔寺2个。其中天梯山K1是一座平面方形的窟，中央立有一座边长2.27米的方形塔柱，塔分三层，每层各开一龛，龛内凿坐佛；文殊山千佛洞是一个类似的塔庙窟，塑有一坐佛二胁侍菩萨像，窟内壁画较丰富，上下分层表现飞天伎乐、千佛、立佛、供养人等，文殊山的窟龛形制和壁画技法、风格有明显来自龟兹影响的特征；金塔寺的塔庙窟为双窟成组形式，塑像除影塑外，还有苦修像、交脚像、思惟菩萨像、弟子像、武士像等。

2. 甘宁黄河以东地区

甘宁黄河以东地区的主要北朝石窟有永靖炳灵寺石窟、天水麦积山石窟、固原须弥山石窟等。

甘肃永靖县地处河西走廊与关中平原间的交通要道，是十六国时期的乞伏氏西秦政权（385—431年）所在地。乞伏国仁统治时期大力推崇佛法，很多往来丝绸之路的西域和中原僧人皆驻足于此，从事译经、传法活动，其中最著名者是昙无毗，《高僧传》载：“高乃杖策西秦，隐居麦积山。山学百余人，崇其义训，禀其禅道。时有长安沙门释昙弘，秦地高僧，隐在此山，与高相会，以同业友善。时乞伏炽盘，割据此方，西接凉土。有外国禅师昙无毗，来入其国，领徒立众，训以禅道……高率众从毗受法。”[2]

今在县西北约40公里的黄河北岸小积石山断崖边发现100多个窟龛，已编号40窟、144龛，其中在K169窟发现了西秦建弘元年（420年）题记，可证西秦佛教盛况[3]。

K169是利用天然溶洞修整而成的不规则形洞窟，面宽26.75米，进深8.56米，高约15米。窟内第6龛内塑一佛二菩萨，龛外上方榜题“无量寿佛”、“得大势志菩萨”、“□观世音菩萨”，并有“建弘元年”题记；题记之下绘有供养人三列，题名有“□国大禅师昙摩毗之像”及“比丘道融之像”，此“昙摩毗”即前引《高僧传》中的“外国禅师昙无毗”；龛壁上有十方诸佛壁画，各有题名（图8-4-7）。

其他龛内塑像和壁画也很丰富，塑造组合有西方三圣、一佛二菩萨等；壁画多表现大乘佛教经典的内容，以无量寿佛最多，其次是释迦佛、药王佛等；绘画技法包括西域式的晕染及中原式的不晕染两种（图8-4-8）。

麦积山石窟位于天水市东南的麦积山断崖上，现存洞窟194个，上下重叠十余层，互相一栈

---

1 ［唐］释道世著，周叔迦、苏晋仁校注：《法苑珠林》卷一三《感应缘》，北京：中华书局，2003年。

2 ［南朝梁］释慧皎撰，汤用彤校注：《高僧传》卷一一《释玄高传》，北京：中华书局，1992年。

3 冯国瑞：《炳灵寺石窟的历史渊源与地理环境》，《文物参考资料》1953年第1期，第29页；甘肃省文物工作队：《调查炳灵寺石窟的新收获》，《文物》1963年第10期，第1—4页，第61—66页；董玉祥：《炳灵寺石窟的分期》，《中国考古学会第一次年会论文集（1979）》，北京：文物出版社，1980年；《中国石窟·炳灵寺石窟》，北京：文物出版社、日本东京：平凡社，1986年。

图8-4-7　无量寿佛，炳灵寺石窟第169窟北壁后部壁画

图8-4-8　炳灵寺第169窟北壁壁画

道相通，造像共计7200躯，大部分是泥塑像，壁画面积不足1000平米。前引《高僧传·玄高传》即有玄高、昙弘等秦地高僧在麦积山从事佛教活动的记载，但具体开窟的年代史无明载，但部分洞窟（如K74、K78）可能开凿于北魏前期，窟内塑有三身坐佛，分别作说法印和禅定印。

K115是明确纪年于北魏景明三年（502年）的石窟，塑一佛二菩萨；西魏时还

图8-4-9　麦积山石窟

在窟前营建寺院，塑像有三壁三佛、维摩文殊对坐及童男童女世俗人形象，人物面相出现由秀骨清像向丰满圆润过渡的特征；北周是麦积山遗迹较丰富的时期，出现了一大批规模宏伟的崖阁式大窟，如俗称“散花楼”的K4，是北周大都督李允信开凿的七佛阁，有复杂的仿木构结构，题材以七佛为主，也有三佛和千佛组合，壁画有涅盘变相、释迦多宝对坐等[1]（图8-4-9）。

须弥山石窟位于今宁夏固原西北55公里处。固原为北魏高平郡、北周原州的治所，是北朝隋唐时期的一个重要政治中心，也位于丝绸之路的交通要道上。须弥山石窟始凿于北魏，历经北周、隋唐各代，续有开凿。须弥山石窟现有编号132个。其中北魏多中心柱窟，一般由前后室组成，有的窟前曾有木构寺院痕迹，主身四壁开龛。造像题材主要有释迦坐佛、释迦多宝对坐、交脚弥勒、思惟菩萨等，一般是一佛二菩萨组合，有的柱身刻有佛传内容。

北周是须弥山石窟的开凿盛期，洞窟仍为中心柱窟，窟三壁各开三龛，有复杂的仿木构结构，柱身每壁一龛，造像题材以三佛为主，造像组合为一佛二菩萨。洞窟形制和造像风格受到麦积山北周石窟的影响，同时也受到东方北齐洞窟（如南北响堂山石窟）的影响，是东西文化交流的产物[2]。

1　马世长、丁明夷：《中国佛教石窟考古概要》，北京：文物出版社，2009年，第156—166页；《中国石窟·麦积山石窟》，北京：文物出版社、日本东京：平凡社，1987年；傅熹年：《麦积山石窟中所反映的北朝建筑》，《文物资料丛刊》（4），北京：文物出版社，1981年，第156—183页；张学荣：《麦积山石窟的创建年代》，《文物》1983年第6期，第14—17页；董玉祥：《麦积山石窟的分期》，《文物》1983年第6期，第18—30页；阎文儒：《麦积山石窟》，兰州：甘肃人民出版社，1983年。

2　马世长、丁明夷：《中国佛教石窟考古概要》，北京：文物出版社，2009年，第167—173页；宁夏回族自治区文物管理委员会、中央美术学院美术史系：《须弥山石窟》，北京：文物出版社，1988年；陈悦新：《须弥山石窟早期洞窟的分期研究》，《华夏考古》1994年第4期，第78—94页。

3. 中原华北地区

大型石窟主要分布于北朝各政治中心（平城、洛阳、邺城、晋阳）附近，由皇室主持开凿，包括大同的北魏云冈石窟、洛阳北魏龙门石窟、巩县石窟、邯郸的北齐响堂山石窟、太原的北齐天龙山石窟。此外，辽宁义县的万佛堂也属于这个石窟系统。这些石窟规模大，内容丰富，造像精致，反映佛教石窟中国化的脉络清晰，是南北朝最重要的一批佛教遗存。

云冈石窟位于北魏前期都城平城（今山西大同）附近的武周（州）山上，现存洞窟正式编号45个，以大窟为主，另有一些附属的小窟龛。共计窟龛1100多个，造像51000多尊[1]。

自398年北魏拓跋氏定都平城，平城成为中国北方的一个重要政治和文化中心，尤其当太武帝拓跋焘于太延年间统一北方后，平城成为各地财富和人才最集中的地区。被迁徙至平城的人才中包括大量来自河西的高僧和造像工匠，他们为平城佛教的繁荣和石窟的开凿打下了坚实的基础，即《魏书·释老志》所言“太延中，凉州平，徙其国人于京邑，沙门佛事皆俱东，象教弥增矣”[2]。

云冈石窟始凿于北魏文成帝和平初年（460年），兴盛于孝文帝以平城作首都的太和年间，太和十八年（494年）迁都洛阳后，云冈石窟仍继续开凿，一直到北魏孝明帝以后才出现衰落迹象。

文成帝和平元年（460年），沙门统昙曜为太祖以下五帝（太武帝、明元帝、道武帝、文成帝、景穆帝）各造大像一躯，即为云冈开窟之始，此五窟被称作“昙曜五窟”，今编号K16—K20。《魏书·释老志》记载了昙曜开窟的情形：

> 和平初，师贤卒。昙曜代之，更名沙门统。初昙曜以复佛法之明年，自中山被命赴京，值帝出，见于路，御马前衔曜衣，时以为马识善人。帝后奉以师礼。昙曜白帝，于京城西武州塞，凿山石壁，开窟五所，镌建佛像各一。高者七十尺，次六十尺，雕饰奇伟，冠于一世。[3]

昙曜五窟是云冈最具特征的造像，从北魏佛教源流来说，凉州是其主要来源，但又吸取了中亚、新疆等地的多种文化因素，如平面呈马蹄形，有模仿印度草庐的特征；窟室内大部分被高大的主佛占据，大像背后有通道，可绕行礼拜，此受到了龟兹石窟的影响；佛装厚重，衣纹立体感强，衣褶上有阴刻线条；佛像身躯魁伟，有键陀罗造像特征，也有的佛像衣纹轻薄贴体，又有秣荼罗造像的风格。昙曜五窟

1 《中国石窟·云冈石窟》，北京：文物出版社、日本东京：平凡社，1991年；宿白：《云冈石窟分期试论》，《考古学报》1978年第1期，第25—38页；宿白：《大金西京武州山重修大石窟寺碑校注——新发现的大同云冈石窟寺历史材料的初步整理》，《北京大学学报（人文科学版）》1956年第1期，第76—89页，第146—150页；宿白：《大金西京武州山重修大石窟寺碑的发现与研究——与日本长广敏雄教授讨论有关云冈石窟的某些问题》，《北京大学学报（哲社版）》1982年第2期，第30—50页。

2 《魏书》卷一一四《释老志》，北京：中华书局，1974年，第3032页。

3 《魏书》卷一一四《释老志》，北京：中华书局，1974年，第3037页。

图8-4-10 坐佛，云冈石窟第20窟

是在融汇中亚、新疆、河西等多种文化因素的基础上，创造出的一种全新佛教艺术（图8-4-10）。

文成帝以后至孝文帝迁洛之前（465—494年）是云冈石窟开凿的第二阶段，造像风格发生了较大的变化：流行组合式石窟，如7、8窟一组，9、10窟一组，5、6窟一组，11、12、13窟一组，1、2、3窟一组；窟龛形制上摆脱了印度草庐风格，开始出现仿木构的屋形龛，并十分注重装饰；人物形象变得较为清秀、雍容华贵；孝文帝太和十年开始的服饰改革体现在造像上，佛装开始出现南朝士大夫的褒衣博带服装。这些特征表明云冈石窟已逐渐摆脱早期的外来影响，而开始受到中原、北燕、南方的影响，反映了佛教艺术的中国化，可把这个时期的云冈石窟风格称作“太和样式”（图8-4-11）。

北魏迁都洛阳以后，云冈石窟开窟规模减小，不再开凿大窟，但继续开凿了大量中小型窟龛，这与迁洛以后皇室南迁、平城地位下降有关，当时开龛的主要是未随皇室南迁的鲜卑贵族或普通官吏、信徒。这个时期的石窟大多以单窟形式出现，有很多中心柱窟，窟四壁满雕千佛，大量流行四壁三龛式或重龛式石窟；佛像更趋消瘦，开始有中原和南朝人物形象的“秀骨清像”特征，佛龛装饰更加复杂繁缛，造型风格上与迁洛之处的龙门石窟风格较为接近。

云冈石窟是北魏汉化进程中逐渐中国化的佛教艺术的代表，从昙曜五窟典型的中亚风格，到孝文帝时期的中原化，再到迁洛后与龙门石窟风格的接近，代表了佛教中国化的过程。

龙门石窟位于洛阳市南的伊河两岸山崖间，南北长达1000米。这里古称“伊阙”。石窟开创于北魏迁都洛阳之后，历经东魏、北齐、隋、唐，北宋续有雕凿。其

图8-4-11　交脚菩萨，云冈石窟第7窟

图8-4-12　龙门石窟

中北朝主要洞窟23座，均属殿堂类型的石窟，最有代表性的洞窟有古阳洞、宾阳洞和莲花洞等[1]（图8-4-12）。

1　宿白：《洛阳地区北朝石窟的初步考察》，温玉成：《龙门北朝纪年小龛的类型、分期与洞窟编年》，均载《中国石窟·龙门石窟（一）》，北京：文物出版社，1991年；宫大中：《龙门石窟艺术》，上海人民出版社，1981年。

自孝文帝太和十八年（494年）迁洛至北魏分裂（534年）的四十年间，洛阳寺院达一千余所，《洛阳伽蓝记·序》记载了洛阳寺院的盛况：

至晋永嘉唯有寺四十二所。逮皇魏受图，光宅嵩洛，笃信弥繁，法教逾盛。王侯贵臣，弃象马如脱屣，庶士豪家，舍资财若遗迹。于是昭提栉比，宝塔骈罗，争写天上之姿，竞摹山中之影。金刹与灵台比高，广殿共阿房等壮。岂直木衣绨绣，土被朱紫而已哉！暨永熙多难，皇舆迁邺，诸寺僧尼，亦与时徙。……京城表里凡有一千馀寺，今日寮廓，钟声罕闻。

洛阳虽是佛教最早传入之地，但开凿石窟始于北魏迁都洛阳前后。在北魏迁洛之初可能已开始凿窟，古阳洞就是龙门石窟最早的石窟，位于龙门西山南部，是在一个天然溶洞基础上开凿的一处大型洞窟。据窟内铭刻，古阳洞原名石窟寺，约在明、清之际，始得“古阳”之名。正壁是为孝文帝所造的三尊像（一坐佛二胁侍菩萨），主尊释迦牟尼坐佛通高7.82米，面相长圆、清秀，着褒衣博带式袈裟，双手作禅定印，头光分内外三圈，刻有莲瓣、化佛、飞天，其间以联珠纹相隔；古阳洞窟顶及四壁上满布小龛，达一千龛，是北魏迁洛后历代皇室贵族发愿造像之处，其中纪年明确的以太和十九年（495年）长乐王丘穆亮夫人尉迟造弥勒像为最早。

除古阳洞外，龙门石窟也有似云冈一样为皇帝所凿之窟，《魏书·释老志》记载了景明初、永平中凿窟的情况：

景明初，世宗诏大长秋卿白整准代京灵岩寺石窟，于洛南伊阙山，为高祖、文昭皇太后营石窟二所。……永平中，中尹刘腾奏为世宗复造石窟一，凡为三所。

宣武帝景明初年仿代京灵岩寺（云冈石窟）为父孝文帝和母文昭皇太后（高氏）营建石窟各一所，宣武帝死后，永平中又为宣武帝造石窟一所，此即龙门石窟的宾阳三洞，不过宾阳三洞在北魏时期仅有中洞完工，南北二洞直到唐初才毕工。

宾阳中洞的形制似椭圆形，这是模仿了云冈昙曜五窟，但造像采取了典型的北魏后期组合方式，正壁是一铺五尊组合（一佛二菩萨二弟子），左右壁又有一佛二菩萨的尊像组合，前壁凿有皇室供养人行列——帝后礼佛图，窟门外刻有力士、伎乐（图8-4-13）。

从石窟风格来看，龙门北魏石窟表现出更加明显的中国化和世俗化趋势，如在窟龛形制上更加注重装饰，造像多为面容削瘦的秀骨清像，佛装多为褒衣博带，出现了大型世俗供养人行列，艺术风格也从云冈的浑厚粗犷向幽雅端庄转变。

巩县石窟位于今河南省巩县县城西北2.5公里的洛河北岸邙山崖面上，现存大窟5个，摩崖造像龛238个，造像7700余身，皆为北魏迁洛后的代表性造像[1]。

巩县石窟多为平面方形、平顶的中心柱窟，只有K5不设中心柱，是小型佛殿

1 《中国石窟·巩县石窟寺》，北京：文物出版社，1989年。

图8-4-13　帝后礼佛图，龙门石窟宾阳中洞前壁

窟，沿续了云冈四壁三龛式造像配置方式。流行在窟门开凿大型世俗供养人行列，如K1窟门外两侧保存下来的大型帝后礼佛行列，采高浮雕方式，十分壮观和精致（图8-4-14）。

巩县石窟的造像风格似有南北融合的特征，既有类似云冈、龙门晚期的秀骨清像，又有面相方圆、体态宽厚的新风格，后者可能受到南朝张僧繇“张得其肉”画风的影响，代表着一种新造像风格的诞生。

响堂山石窟地处东魏北齐的都城邺城附近，在今河北邯郸市鼓山上，包括北响堂、南响堂和小响堂。现存石窟包括南、北响堂各7窟，小响堂2窟，共16窟，其中北响堂是北朝晚期东部地区规模最大的石窟寺，为北齐高氏皇室开凿，是北朝晚期石窟艺术的精粹所在[1]。

响堂山石窟的主体工程在北齐完成，不过早在北齐代魏之前就已开凿，《资治通鉴》载东魏武定五年（547年），曾在“鼓山石窟寺”旁为高欢开凿墓穴：“（东魏

1　［日］水野清一、长广敏雄：《响堂山石窟》，京都东方文化学院京都研究所，1937年；邯郸市峰峰矿区文管所、北京大学考古实习队：《南响堂石窟新发现窟檐遗迹及龛像》，《文物》1992年第5期，第1—15页；邯郸市文物保管所：《邯郸鼓山水浴寺石窟调查报告》，《文物》1987年第4期，第1—23页；刘东光：《响堂山石窟的凿建年代及分期》，《华夏考古》1994年第2期，第97—108页。

武定五年甲申）虚葬齐献武王（高欢）于漳水之西，潜凿成安鼓山石窟佛寺之旁为穴。”[1]从高洋统治时期开始，北响堂石窟进行了大规模造像，《续高僧传·释明芬传》：“仁寿下敕，令置塔于慈州之石窟寺，寺即齐文宣之所立也，大窟像背文宣陵藏中，诸雕刻骇动人鬼。”[2]南响堂开凿时间可能略晚，始于北齐末年，但在北周武帝灭佛时遭到部分破坏，隋代予以修复。

图8-4-14 坐佛，巩县石窟第1窟中心柱西龛

响堂山石窟继承龙门石窟、巩县石窟而来，但又出现了很多新的创造，形成了独具特色的北齐样式。具体而言，响堂山石窟的形制为方形平面、平顶，流行塔庙窟和三壁三龛式的佛殿窟两大类型，此与巩县石窟有明显的一脉相承关系，不过与巩县石窟在中心柱四面设龛不同，响堂山中心柱的背面一般没有龛像；人物形象上不再是龙门和巩县石窟流行的秀骨清像，而出现了一种健硕、壮美的人物造型，面型浑圆，身躯粗壮，似更接近于北方民族的体型特征；服饰方面似出现了明显的反汉化迹象，与北魏后期流行的褒衣博带装束不同，流行佛装为敷搭双肩式袈裟，供养人则大量穿着胡服（图8-4-15）。

天龙山石窟位于山西省太原市西南的天龙山崖间，时代从东魏至唐。现存25座洞窟（其中2个为摩崖龛像），自东向西排列，年代自东魏末年，历经北齐和隋唐陆续有开凿。天龙山石窟曾在二十世纪初期遭到严重破坏，很多精美的造像都被盗割运往国外[3]。

1 《资治通鉴》卷一六〇《梁纪》“太清元年”条，北京：中华书局，1956年，第4957页。

2 ［唐］释道宣：《续高僧传》卷二六《感通·释明芬传》。

3 李裕群：《天龙山石窟调查报告》，《文物》1991年第1期，第32—55页；李裕群：《天龙山石窟分期研究》，《考古学报》1992年第1期，第35—62页。

图8-4-15　火神王，响堂石窟第9窟中心方柱正面基坛

天龙山石窟不见于史籍记载，但根据洞窟形式、造型内容和特点，推测始凿于北魏末期至东魏时期，历经北齐、隋唐诸朝。天龙山石窟在窟龛形制和造像风格上与响堂山比较接近，同属北齐风格。大多为佛殿窟，窟内多以三壁三龛式配置佛像。

天龙山造像题材较为单纯，除早期出现了维摩文殊对坐像外，其他时期皆以三佛题材为主。东魏的造像具有典型的秀骨清像风格，北齐造像则注重身体结构，立体感强，面相丰圆，这些特点或与南朝梁时画家张僧繇画风“张得其肉”有关（图8-4-16）。

图8-4-16　坐佛，天龙山石窟第21窟北壁

上述北方石窟寺分布范围遍及西北、华北和中原各地，延续时间达200余年，是中国石窟开凿的最盛时期，造像组合及风格的转变反映了佛教艺术逐渐中国化的过程。

三、南方龛像

魏晋南北朝时期，南北佛教在义理及修习方式方面皆产生了一定的差异，南方佛教与北方重禅修不同，较注重义理，并且多与魏晋玄学结合在一起，以清谈、讲经为时尚，故而南方少有石窟，而多宏伟巨构的寺院，寺院多为木构，极少留下遗迹，因此南方佛教遗存远不如北方之多。

今所发现的南方石窟寺遗迹以摩崖造像为主，一般是寺院的组成部分，如南京栖霞山石刻、新昌剡溪大佛皆属南朝的大型造像，像前原有木构殿阁，不过皆已不存；川北广元一带发现了不少六世纪的石窟，以佛殿窟为主，也有少量塔庙窟。南方造像除释迦外，多无量寿佛和阿弥陀佛，也有少量释迦多宝对坐形象。

1. 长江下游龛像

长江下游的南朝龛像遗迹主要是栖霞山千佛岩龛像和浙江新昌宝相寺龛像[1]。

栖霞山石窟又叫摄山千佛岩，位于南京城东北约22公里，是六朝建康名寺栖霞寺的一部分，石窟地处舍利塔的东部，其中南朝开凿的主要有两个大龛。

据碑文史料可知，宋泰始中（465—472年）居士僧绍曾经结构茅茨，隐居于摄山。后来僧绍与法师僧辩在摄山创建栖霞寺。僧绍又主持开龛造无量寿佛像，此举得到皇室的支持，因此栖霞山石窟也具有皇室性质（图8-4-17）。

图8-4-17　坐佛，江苏南京市栖霞山千佛崖石窟无量寿佛石像（引自宿白《南朝龛像遗迹初探》，1989年）

栖霞山左侧大龛平面略作横椭圆形，敞口，前面原有木构建筑。龛内造像为“西方三圣”，在后壁石坛上凿无量寿佛，佛像高约6米，身着

1　宿白：《南朝龛像遗迹初探》，《考古学报》1989年第4期，第389—413页；林蔚：《栖霞山千佛崖第13窟的新发现》，《文物》1996年第4期，第32—36页。

双领下垂袈裟，裙摆下垂坛前，施禅定印，结跏趺坐式。坛前方两侧龛壁各雕一胁侍菩萨（观世音、大势至），立于重瓣莲台上。佛像风格与龙门石窟宾阳洞石刻形象相似。无量寿佛的开凿与当时江南崇拜无量寿有关。南朝无量寿信仰在宋、齐以后十分流行。

图8-4-18　弥勒佛，浙江新昌县大佛寺（引自宿白《南朝龛像遗迹初探》，1989年）

栖霞山右侧大龛的形制与左侧类似，只是主尊为释迦、多宝并坐像，两侧各立一菩萨。释迦、多宝皆着通肩袈裟，施禅定印，结跏趺坐于坛上。释迦、多宝是北朝石窟中习见的题材，造像风格也与北朝龙门石窟宾阳洞、巩县石窟相似。

新昌剡溪龛像又名石城山宝相寺龛像，位于新昌县南明山。宝相寺依山而建，内有五层木构高阁，连接山崖龛像，属典型的南方龛像与木构结合的建筑。

此龛像为南朝齐、梁间由僧护、僧佑所凿，齐永明四年（486年）僧护"造弥勒，敬拟千尺，故坐形十丈"，梁天监七年（508年）僧佑继之，"佑为性巧思，能自准心计，及匠人依标，尺寸无爽。故光宅、摄山大像、剡县石佛等，并请佑经始，准画仪则"[1]。

剡溪大龛形制与栖霞山无量寿佛大龛类似，平面略作横椭圆形，露顶，前壁敞开。龛内正面凿大型佛像一躯，现存佛像长颜广颐，短颈宽肩，身着双领下垂式袈裟，施禅定印，结跏趺坐式，坐像高达13.23米。龛内大像可能原为倚坐弥勒，南朝的弥勒信仰在上层社会十分兴盛，此像反映了当时南朝佛教信仰的特征（图8-4-18）。

2. 长江上游龛像

自汉末、蜀汉时期出现大量附属于器物的佛像以后，南北朝时期的蜀地也出现了佛教摩崖造像，益州（今四川成都）逐渐发展成为南朝长江上游的佛教中心。

1　［南朝梁］释慧皎撰，汤用彤校注：《高僧传》卷一一《僧佑传》，北京：中华书局，1992年。

图8-4-19 五尊像，四川广元市皇泽寺石窟第28号大佛窟

南北朝时期的蜀地石窟数量不多，仅在川北广元一带发现了一些石窟造像，主要是广元千佛崖和皇泽寺，属于北魏后期至北周时期。千佛崖石窟位于广元城北，现存洞窟54个，造像7000余躯；皇泽寺位于广元西，现存窟龛50个，造像1203躯[1]（图8-4-19）。

广元石窟窟龛和造像风格与中原北魏晚期洞窟接近，这表明当时中原石窟造像风格已影响到川北，此二处石窟寺以佛殿窟为主，主要造像有释迦、无量寿和弥勒。其中千佛崖石窟在广元石窟中年代最早，洞窟为马蹄形，窟内凿一佛二菩萨；皇泽寺年代略晚，包括中心柱窟和三壁三龛式佛殿窟两种。

除川北石窟寺外，成都万佛寺造像也是南北朝蜀地佛教文物的重要代表，从清光绪年间开始，陆续出土了200多尊佛像，是南朝佛教造像的代表。从造像风格来看，这批佛像显示出浓厚的南朝风格，庄重而端雅，其中一尊像是梁武帝的孙子——益州刺史萧庖在大通元年（529年）所造释迦立像（图8-4-20），可作南朝后期造像的典型代表。万佛寺造像的内容以无量寿和弥勒佛为主，反映净土思想是当时南朝佛教的主导信仰[2]。

1 广元市文物管理所、中国社会科学院宗教研究所：《广元千佛崖石窟调查记》、《广元皇泽寺石窟调查记》，《文物》1990年第6期，第1—23、24—29页；广元皇泽寺博物馆、成都市文物考古研究所：《广元石窟》，成都：巴蜀书社，2002年。

2 刘志远等：《成都万佛寺石刻艺术》，北京：中国古典艺术出版社，1958年；冯汉骥：《成都万佛寺石刻造像——全国基建出土文物展览会西南区展览品之一》，《文物参考资料》1954年第9期，第110—120页；成都市文物考古工作队：《成都市西安路南朝石造像清理简报》，《文物》1998年第11期，第4—20页。

图8-4-20　石雕释迦佛立像，四川成都市万佛寺遗址出土

魏晋南北朝时期的蜀地石窟造像与长江下游一样不如北方发达，但入唐以后，摩崖石刻逐渐增多，尤其到晚唐五代，成为了中国晚期石窟造像的中心，出现了如乐山大佛、安岳石窟、大足石刻等规模巨大的晚期造像精品。

第五节　道教文化与遗存

汉末黄巾起义失败后，北方的太平道衰落，而张鲁领导的天师道（俗称五斗米道）据巴蜀、汉中一隅，得到了极大的发展。当魏晋时期中原丧乱，太平道和天师道随流民传入江南，势力渐强。尤其是天师道，到东晋时期已不再限于民间传播，很多高门望族（如琅邪王氏、高平郗氏）都开始信奉天师道。此后天师道分裂为多个派别，但都注重养生之术，信奉神仙思想，经东晋葛洪、南朝陶弘景等的理论总结和发挥，道教的神仙体系和养生修炼理论逐渐完善。北方的十六国北朝时期，道教与佛教的矛盾一直存在，北魏太武帝时寇谦之为了迎合统治者的需要，以封建理法制度为准则对天师道进行了改革，一度成为北魏的官方宗教。但由于北朝历代统治者对佛教的大力推崇，北方道教并未得到持久的兴盛，北魏灭亡后，天师道在北方也衰落了。

随着考古材料的增多和对道教理解的深入，越来越多的与早期道教有关的遗存得到甄别和确认，大致包括镇墓文、石刻文字、造像、道教法器等几类[1]。

与道教有关的镇墓文主要流行于东汉中晚期至南北朝时期，如东汉中原地区和魏晋河西地区的镇墓瓶，或南朝墓葬中的青石上常见的解注类文字；石刻文字主要是墓碑、墓志、摩崖、造像记、题铭等含有道教内容的文字资料；道教造像主要是题记中被称作“皇老君”、“天尊”、“老君”的老子形象，这类形象往往在佛教造像较为发达的地区和时代较多见，表明道教造像的出现与佛教关系密切；道教法器主要是法印、符箓、镜、剑、尺等道教仪式中的用具。

镇墓文是一类较为多见的与早期道教有关的考古材料，因曾出土了自名“解注瓶”的遗物，故镇墓文也称“解注文”，即禳除注病之意。汉代人认为注病是一种在生者与死者之间传播的疫病，“注病，一人死，一人复得，气相灌注也”（《释名·释疫病》），出于对疫病的恐惧，人死之后，需进行“解注”以阻断疫病的传播。由于当时医学对疫病的认识有限，故“解注”应主要以巫、医、道相结合的方式进行。

在早期道教文献中常有关于解注方式的记载，如以假人进行的解注，“用银薄人随家口多少，一人一形，无银用锡，钱九十九文，奏章投水中。纸一百张，笔一管，墨一丸，书刀一口，米五斗，香二两，镇缯十二尺”[2]。考古发现中常见的铅（锡）人、笔墨纸张等或许与这种解注仪式有关。在汉晋墓葬中常发现云母片、铅人等物，云母与铅是道家炼丹药的常用之物，山东东阿的曹魏陈思王曹植墓木棺部位发现了大量剪成星星形状的云母片，前述六朝买地券大多以铅板做成，河西魏晋墓葬中的解注瓶内常发现剪成人形的铅片，解注文里也常有铅人的内容，如“斗瓶五谷铅人”、“以自代铅人”、“谨以铅人、金玉为死人解适、为生人除罪过”。

考古发现的镇墓文内容一般包括：“一是纪年月日。二是天帝使者告死者之家或丘丞墓伯，为死者解适，为生人除殃。三是说死生异路，死人魂归泰山，接受冥间官吏的管束。四是说利生人或后世子孙之类的吉利话。”[3]镇墓文中常见的“天

1 刘昭瑞：《考古发现与早期道教研究》，北京：文物出版社，2007年，第2—8页。以下关于道教的讨论多据此著。

2 《道藏》第六册，转引自刘昭瑞：《考古发现与早期道教研究》，北京：文物出版社，2007年，第34页。

3 吴荣曾：《镇墓文中所见到的东汉道巫关系》，《文物》1981年第3期，第56—63页。

帝使者”、“天帝神师”等与道教关系密切，可能指天帝派往人间的修道之人，也是解注仪式的主持者。早期各派道教的创始人都源于这些“神师”或“使者”，如《后汉书·皇甫嵩传》云：“初，巨鹿人张角自称大贤良师，奉事黄老道。”《三国志·张鲁传》注引《典略》云：“太平道者，师持九节杖，为符注，教病人叩头思过，百姓信向之。”

道教法器中最重要的遗物是印章，大部分属东汉至魏晋时期，包括天神印、道士自用印、道士作法印等。天神印的印文一般是“黄神之印”、“天帝之印”、“高皇上帝之印”、“黄神越章”等；道士自用印主要是“天帝神师”、“天帝使者”、“黄神使者印章”等，此类称呼也常见于镇墓文；道士作法印主要有“天帝杀鬼之印”等。印本是现实社会中权力、身份的标志，用于巫道仪式也许是为了强化其权威性和有效性。

有关道教的造像不如佛教那么丰富，主要原因在于道教向来主张“道无形象”，强调老子之“道”大化无形，“道至尊，微而隐，无状貌形象也”[1]，因此早期道教并没有如佛教那样完备的造像体系和传统，公认的道教尊像（如老子、原始天尊）是南北朝时期在佛教造像的刺激下出现；其次是道教往往与民间信仰和神话传说结合在一起，在不同时代有不同的涵义和表现，很难有一个自成体系的造像传统。

巫鸿先生试图从地域考古的角度重构汉末五斗米道的美术传统，对发现于四川和陕南地区的画像崖墓、画像石棺、摇钱树、铜镜等考古材料上的道教图像进行了甄别，认为崖墓和石棺上的正面端坐神像可能代表了五斗米道的神祇，而一些特殊图案（如墓门上的“胜”和龙虎形象）和特殊器物（如铜印、题记、神仙镜等）可能标志着死者为五斗米道信徒，“三段神仙镜”上的华盖图像表现早期道教对老子的非偶像崇拜，而“建木”形象反映了五斗米道对传统神话的改造等[2]。

较为明确的道教造像出现于南北朝初期，或许与当时一些道教徒对天师道的改革及对统治者的逢迎有关。

《隋书·经籍志》详述了南朝陶弘景、北魏寇谦之迎合上意，弘扬道法的故事及道教的变迁情况，各代都城皆有大规模的道教坛宇及造像。

> 故言陶弘景者，隐于句容，好阴阳五行，风角星算，修辟谷导引之法，受道经符箓，武帝素与之游。及禅代之际，弘景取图谶之文，合成‘景梁’字以献之，由是恩遇甚厚。又撰《登真隐诀》，以证古有神仙之事；又言神丹可成，服之则能长生，与天地永毕。帝令弘景试合神丹，竟不能就，乃言中原隔绝，药物不精故也。帝以为然，敬之尤甚。然武帝弱年好事，先受道法，及即位，犹自上章，朝士受道

1 转引自饶宗颐《老子想尔注校正》，参刘昭瑞《考古发现与早期道教文物》，北京：文物出版社，2007年，第184页。

2 巫鸿：《地域考古与对“五斗米道”美术传统的重构》，载郑岩、王睿编《礼仪中的美术——巫鸿中国古代美术史文编》，北京：三联书店，2005年，第485—508页。

者众。三吴及边海之际，信之逾甚。陈武世居吴兴，故亦奉焉。后魏之世，嵩山道士寇谦之，自云尝遇真人成公兴，后遇太上老君，授谦之为天师，而又赐之《云中音诵科诫》二十卷。又使玉女授其服气导引之法，遂得辟谷，气盛体轻，颜色鲜丽。弟子十余人，皆得其术。其后又遇神人李谱，云是老君玄孙，授其图箓真经，劾召百神，六十余卷，及销炼金丹云英八石玉浆之法。太武始光之初，奉其书而献之。帝使谒者，奉玉帛牲牢，祀嵩岳，迎致其余弟子，于代都东南起坛宇，给道士百二十余人，显扬其法，宣布天下。太武亲备法驾，而受符箓焉。自是道业大行，每帝即位，必受符箓，以为故事，刻天尊及诸仙之象而供养焉。迁洛已后，置道场于南郊之傍，方二百步。正月、十月之十五日，并有道士哥人百六人，拜而祠焉。后齐神武帝迁邺，遂罢之。文襄之世，更置馆宇，选其精至者使居焉。后周承魏，崇奉道法，每帝受箓，如魏之旧，寻与佛法俱灭，开皇初又兴，高祖雅信佛法，于道士蔑如也。大业中，道士以术进者甚众。[1]

寇谦之于始光元年（424年）入平城献道书于太武帝，随后“道业大行”于平城，出现了天尊等道教造像。稍晚在南方地区也出现了道教造像，南方道教的盛行与道士陆修静的推动关系密切。陆修静于刘宋明帝泰始三年（467年）自庐山赴建康，“大敞法门，深弘典奥，朝野注意，道俗归心。道教之兴，于斯为盛也”[2]。明帝时在建康设立了专门的道堂——崇虚馆，“泰始七年（471年）四月戊申夜，京邑崇虚馆堂前有黄气，状如宝盖，高十许丈，渐有五色，道士陆修静以闻”[3]。

建康崇虚馆里可能已供奉着道教造像，《广弘明集》叙述了陆修静等道士仿佛教制立道像的情况，“考梁陈齐魏之前，唯以瓠庐盛经，本无天尊形像。……《陶隐居内传》云，在茅山中立佛道二堂，隔日朝礼。佛堂有像，道堂无像。王淳《三教论》云，近世道士，取活无方，欲人归信，乃学佛家制立形像。假号天尊及左右二真人，置之道堂，以凭衣食。宋陆修静亦为此形”[4]。

考古发现的道教造像实物确实始于南北朝早期，而且带有明显的仿佛像迹象。南方地区发现的道像以成都西安路窖藏最早，共发现9尊石造像，其一是道像，另外8尊为佛像。道教造像为红砂岩圆雕，高60厘米，主像坐于长方形台座上，头戴莲花冠，后有背光，身着褒衣博带式袍服，前有兽足凭几，手持麈尾，台座前有博山炉，左右立有侍者和供养人。此像除背光外，其他特征皆与同出的佛像不同，应是一尊南朝的道教造像[5]。

1 《隋书》卷三五《经籍志》，北京：中华书局，1973年，第1093—1094页。
2 《道藏》卷二五《三洞珠囊·敕追召道士品》，北京：文物出版社，1987年。
3 《宋书》卷二九《符瑞志》，北京：中华书局，1974年，第836页。
4 ［唐］释道宣：《广弘明集》卷一三。
5 成都市文物考古队、成都市文物考古所：《成都市西安路南朝石刻造像清理简报》，《文物》1998年第11期，第4—20页。

北朝范围内的纪年道教造像较多，其中藏于陕西耀县药王山博物馆的一批造像碑十分引人注目，年代上起北魏，下迄隋代[1]。最早的是太和二十年（496年）姚伯多造像碑，其次是景明元年（500年）杨向绍造像碑、景明元年杨楞黑造像碑、延昌三年（514年）张乱国造像碑、神龟三年（520年）锜石珍造像碑、正光二年（521年）锜麻仁造像碑等，另有一些纪年缺失的造像碑。这批造像碑的主龛基本以一天尊、二胁侍为造像组合。

姚伯多碑高138厘米、宽72厘米、厚31厘米，两面凿龛造像，正中龛像为主尊“皇老君文”，头戴道冠，结跏趺坐，左右各一胁侍；碑阴上下二龛各凿一像，类似主尊，左右两侧凿供养人像，为姚氏兄弟妻辈像。碑的四面满布发愿文，共1000余字，详叙了北地郡姚氏家族与道教的深厚渊源及道教在当地的发展现状。

在耀县博物馆收藏的另一通佛道混合碑——魏文朗碑——年代比姚伯多碑更早，纪年于始光元年（424年），高124厘米，正反两面刻大型龛像，两侧为小型龛像，四面下方为发愿文和供养人像。碑阳龛中所凿两尊主像，尺寸、手印和姿势相同，仅衣装不同，右侧身着僧祇支和袈裟，有肉髻者当为释迦像，左侧着褒衣博带式服装，有胡须，手持麈尾类物，可能是老君像。碑阴发愿文表明魏文朗家族既有佛教徒，也有道教徒，反映了当时佛道融合的社会背景。

除耀县博物馆的这批道教造像碑外，收藏于国内外其他博物馆的北朝纪年造像碑大约还有50余通，无纪年的更多。自二十世纪初期以来陆续见于大村西崖等诸多学者的著录，而张勋燎、白冰所作介绍最为全面[2]。

北朝道教造像碑基本上涵盖了北魏、西魏、北周、北齐各代，最早的纪年材料是北魏太和年间，最晚的是北周天和、北齐武平年间；从发现的地域来看，关中地区是一个明显的道教造像中心，另一个中心是成都平原，这与南北朝时期道教的主要活动范围基本重合。

1 韩伟、阴志毅：《耀县药王山的道教造像碑》，《考古与文物》1987年第3期，第25页。

2 张勋燎、白冰：《中国道教考古》第二卷“北朝纪年道教造像著录表”，北京：线装书局，2006年，第609—660页。

第九章 中外文化交流

“华夷糅杂”可谓魏晋南北朝文化最显著的特征，各种外来文化以前所未有的广度和深度进入中国，以“五胡”为代表的北方游牧文化与中原农耕文化进行了碰撞与交融，来自中亚、西亚、南亚，甚至欧洲的域外文化也为这一时期文化艺术的发展注入了新的活力。

自西汉汉武帝时张骞凿空之后，中国与西方的人员交流日益频繁，这些交流主要是通过陆路和海路上的宗教传播和商业贸易实现的。

魏晋南北朝时期中外文化交流的陆上通道主要是汉代形成的丝绸之路，起自中原腹地的汉朝首都（长安或洛阳），经由河西走廊，至吐鲁番一带分为南北两支，再通往中亚、南亚、西亚、欧洲等地。这条道路虽然随着政治、地理环境的变化而时有变迁，但在整个汉唐时期都是中国与境外交流的主要通道，沿途大多发现了中原人的活动踪迹，所经各地的商人和僧侣也为中原地区带来了浓郁的异域风情。

通过丝绸之路的文化交流内容是十分广泛、逐渐深入的，东汉时期已有大量中亚商人到达敦煌地区的河西走廊，“商胡贩客，时见于塞下”[1]，塞下即敦煌玉门关、阳关。中亚胡商带来的异域文化首先成为汉末社会上层人士追慕的对象，东汉末年灵帝“好胡服、胡帐、胡床、胡坐、胡饭、胡空侯、胡笛、胡舞，京都贵戚皆竞为之”[2]。西晋灭亡后的中原地区天下大乱，大量世家大族和士人迁往河西走廊避难，这些寓居河西的中原大族在很大程度上奠定了魏晋南北朝河西文化繁荣的基础。五凉政权下的河西地区不但是中原传统文化的保持和发展之地，也成为中西文化交流的桥梁。

经由河西走廊的丝绸之路上最活跃的胡商群体当属中亚粟特人，他们是中国史籍中被称作“昭武九姓”的胡人，居住于中亚阿姆河和锡尔河之间的粟特地区，以撒马尔干（在今乌兹别克斯坦）为中心。来到中国的粟特人大多以经商为业，其中许多人逐渐在经商之地留居下来，丝绸之路沿线的于阗、楼兰、龟兹（库车）、高昌（吐鲁番）、敦煌、酒泉、张掖、武威和长安、

1 《后汉书》卷八八《西域传》，北京：中华书局，1965年，第2931页。

2 《后汉书》志第十三《五行志一》，北京：中华书局，1965年，第3272页。

洛阳等地都曾留下粟特人的足迹，他们的物质文化遗存已越来越多地见于考古发现。

1907年斯坦因（A.Stein）在敦煌汉代烽火台遗址曾发现8封粟特文信札，书写在淡黄色的麻纸上，是一位居住于敦煌的粟特妇女写给故乡康国（撒马尔干）的一封报平安的家书，信中写到长安和洛阳一带的大量粟特人、印度人在战争中的悲惨遭遇，但居住于敦煌的一百名粟特人还算平安。这批信札的年代可能是四世纪初[1]，正当西晋末年匈奴人肆虐中原之时，可见当时居住于中原地区，尤其是河西走廊的粟特人是很多的。前述华北各地发现的西晋至北朝玻璃器、金银器等大量外来物品很可能就是由粟特商人传入的，作为珍稀物品得到了中原上层社会的青睐，常出现在这一时期的高等级墓葬里。

近年在西安等粟特人聚居地发现的一批身份明确的粟特人墓葬，更是中亚文化与中国文化交融的明确实证。

2000年发现于西安北郊大明宫乡的安伽墓是一座由长斜坡墓道和五个天井构成的大型单室砖墓，形制、结构与当时西安地区高等级墓葬无异。墓葬未被盗，但出土遗物并不像其他同时期高等级墓葬那么丰富，不见陶俑、明器、玉器、铜器等物，不过墓内发现了浮雕精致的石门和石棺床，其中石棺床呈一座带有七条腿和三面围屏的石榻结构，榻面可能曾铺陈毯子，榻的边缘和侧面浮雕贴金装饰着精美的图案，围屏上也浮雕出屏风式构图的画面，表现西域胡人的生活场景，包括出行、狩猎、歌舞、宴饮、家居、商旅、庖厨等，共计一百多个胡人形象。墓内出土一件青石墓志，可知墓主为葬于周静帝大象元年（579年）的“大周同州萨宝”安伽，是出生于姑藏（甘肃武威）的中亚安国人后裔，其父曾在河西任职，其母可能是汉人，而安伽所任“萨宝”是北朝至隋唐时期管理波斯商人和主持袄教事务的职位[2]，此墓的发现充分表明了当时胡人在中国内地的活动及民族文化融合情况，也为我们探讨粟特宗教与文化艺术提供了重要实物资料。

2003年又在离安伽墓不远处发现了“凉州萨宝”史君夫妇合葬墓，在墓内石椁横枋上发现粟特文和汉文题记，可知墓主史君是中亚史国人，卒于大象元年（579年），他来到中国内地的年代要比安伽晚，是由西域迁居长安的，其妻康氏可能是中亚康国人。仿木构的石椁上同样浮雕着精美的粟特人丧葬、祭祀场面，画面内容与在中亚粟特遗址——片治肯特（Panjikent）发现的壁画相似，反映了粟特人特有的丧葬和宗教文化[3]。2004年在同地发现的中亚康国人后裔——卒于北周天和六年（571年）的康业的墓，也是一座采用中国式墓葬形制，兼具粟特文化图像

1 关于信札年代的讨论，参荣新江《西域粟特移民考》，《西域考察与研究》，乌鲁木齐：新疆人民出版社，1994年，第161页；宿白《考古发现与中西文化交流》，北京：文物出版社，2012年，第56—57页。

2 陕西省考古研究所：《西安北郊北周安伽墓发掘简报》，《考古与文物》2000年第6期，第28—35页。

3 西安市文物保护考古所：《西安市北周史君石椁墓》，《考古》2004年第7期，第38—49页。

的墓葬[1]。西安以外地区也发现了一些粟特人的遗迹，如1999年在太原市晋源区发现的隋开皇十二年（592年）虞弘墓，墓主为西域鱼国人，曾任职于北周专掌外国人事务的"萨宝府"，墓内石椁图像上也有舞蹈、狩猎、祆教祭祀等内容，人物均为深目高鼻、须髯浓密的胡人形象[2]。

除了上述身份和时代明确的粟特人墓葬外，还有一批重要的粟特画像被确认或重新认识，如甘肃天水石马坪发现的石棺床[3]、山东青州傅家线刻画[4]等。

这些粟特人墓中的石质葬具与墓葬形制一样，是中原地区常见的做法，但上面的石刻图像都是描绘的胡人生活场景，构图形式也比较接近，可能遵循着一些共同的母题，从图像内容和艺术风格看，虞弘墓图像更侧重波斯风，而安伽墓、史君墓图像的粟特风格更为明显。这些粟特聚落首领的墓葬展现的是一种多元文化特征，既保留了浓厚的祆教信仰和粟特生活气息，也受到所在地区的中国传统文化的强烈影响，如安伽墓图像从狩猎主题到突厥形象都深深打上了北方游牧民族的烙印，文化多元化展现的正是是粟特人"四海为家"的商业民族特征[5]。

粟特人将极富异域风情的音乐、舞蹈、饮食、服饰、宗教等带到了中国，对北朝隋唐的政治与社会也造成了一定的影响，在北齐宫廷里就有很多来自中亚地区的胡商或伶人因得皇宠而得势，北齐统治者十分爱好西域乐舞，"杂乐有西凉鼓舞、清乐、龟兹等。然吹笛、弹琵琶、五弦及歌舞之伎，自文襄以来，皆所爱好。至河清以后，传习尤甚。后主唯赏胡戎乐，耽爱无已。于是繁手淫声，争新哀怨。故曹妙达、安未弱、安马驹之徒，至有封王开府者，遂服簪缨而为伶人之事。"[6]"诸宫奴婢、阉人、商人、胡户、杂户、歌舞人、见鬼人滥得富贵者将万数。"[7]在胡风盛行的北齐社会，一些中原士大夫也不可避免地受到胡风的影响，"齐朝有一士大夫，尝谓吾曰：'我有一儿，年已十七，颇晓书疏，教其鲜卑语及琵琶，稍欲通解，以此伏事公卿，无不宠爱，亦要事也。'"[8]

胡旋舞或胡腾舞是极富中亚特色的舞蹈，在北朝隋唐社会里曾十分盛行[9]，在

1 西安市文物保护考古所：《西安市北周康业墓发掘简报》，《文物》2006年第6期，第14—35页。

2 山西省考古所等：《太原隋代虞弘墓清理简报》，《文物》2001年第1期，第27—52页。

3 天水市博物馆：《天水市发现隋唐屏风石棺床墓》，《考古》1992年第1期。

4 夏名采：《益都北齐石室墓线刻画像》，《文物》1985年第10期；夏名采：《青州傅家北齐画像石补遗》，《文物》2001年第4期；郑岩：《青州傅家北齐画像石与入华祆教美术》，载《魏晋南北朝壁画墓研究》，北京：文物出版社，2002年。

5 荣新江：《四海为家——粟特首领墓葬所见粟特人的多元文化》，《上海文博》2004年第4期，第85—91页。

6 《隋书》卷一四《音乐志》，北京：中华书局，1973年，第331页。

7 《北齐书》卷八《幼主纪》，北京：中华书局，1972年，第112页。

8 ［北齐］颜之推撰，王利器集解：《颜氏家训集解·教子第二》，中华书局，1993年。

9 关于胡腾舞的讨论，参向达《唐代长安与西域文明》，石家庄：河北教育出版社，2001年，第66—67页；张庆捷：《北朝唐代粟特的"胡腾舞"》，载《民族汇聚与文明互动——北朝社会的考古学考察》，北京：商务印书馆，2010年，第369—414页。

安阳发现的北齐武平六年（575年）凉州刺史范粹墓里出土了一件黄釉扁壶，扁壶的造型带有游牧或胡商人群的风格，壶身上饰以五人一组的乐舞场面，一位男性舞者在中央翩翩起舞，周围四位伴奏者手持琵琶、钹铙、笛子，皆头戴胡帽，身穿翻领窄袖长衫，脚穿半筒靴，表现的可能就是胡旋舞或胡腾舞场景[1]。前述安伽墓石榻上刻有三幅类似的乐舞场景，皆由男性舞者和乐队组成；虞弘墓石椁图像中描绘了墓主夫妇宴饮场面，也有一名舞者和六位乐师。

以琵琶、箜篌等为代表的外来乐器大量出现在北朝隋唐图像中，表明西域、中亚一带的音乐文化已经渗透到了这一时期的社会生活里，隋初炀帝制九部乐，"至大业中，炀帝乃定《清乐》、《西凉》、《龟兹》、《天竺》、《康国》、《疏勒》、《安国》、《高丽》、《礼毕》，以为《九部》"[2]，除清乐、礼毕为中原传统音乐外，绝大部分居然都是来自西域、中亚、南亚一带，由此可见北朝以来胡人乐舞之盛。

在唐代的一些大都市里都留下了胡风盛行的印记，如岑参诗"琵琶长笛齐相和，羌儿胡雏齐唱歌。浑炙犁牛烹野驼，交河美酒金叵罗"[3] 为我们展示了一场胡风胡韵极浓的宴会，不但有极富西域风格的乐器、歌舞，也有来自西域的美食、美酒与金银器皿。李白诗"胡姬貌如花，当垆笑春风"[4]描绘的则是京城长安酒肆里风情万种的胡人女子。白居易诗"天宝季年时欲变，臣妾人人学环转；中有太真外禄山，二人最道能胡旋"[5]描述的是盛唐宫廷里胡旋舞的盛行，安禄山即粟特安国人后裔，他与杨贵妃一样是胡旋舞的高手。

胡风在北朝隋唐的盛行，表明胡人已成为中原社会一个影响巨大的群体，他们不但促进了中西商业贸易的繁荣，也加强了中外文化交流与融合。

在南北朝对峙时期，南方六朝与外界同样存在着活跃的文化交流，只不过交流的途径与内容与北朝有所差异，南方主要通过海路与域外进行文化交流，前述佛经的南传之路即为六朝对外文化交流之重要内容，在武昌、南京一带高等级墓葬里发现的珍稀玻璃制品可能就是经由海路传入的，其传播路线是由波斯经由东南亚诸国，到达交州、广州等港口，然后经长江等内河传入南京、武昌等地[6]。

虽然南方胡人的活动不如北方活跃，也未发现如安伽墓、史君墓、虞弘墓、康业墓等直接的胡人遗存，但带有浓郁胡风的玻璃器、金银器等珍稀舶来品仍为我们展现出生动的海上文化交流图景。

1 河南省博物馆：《河南安阳北齐范粹墓发掘简报》，《文物》1972年第1期，第47—57页；韩顺发：《北齐黄釉瓷扁壶乐舞图像的初步分析》，《文物》1980年第7期，第39—41页。

2 《隋书》卷一五《音乐志》，北京：中华书局，1973年，第377页。

3 《岑参集校注》卷二《酒泉太守席上醉后作》。

4 李白：《前有樽酒行》，《全唐诗》卷一六二。

5 白居易：《胡旋女》，《全唐诗》卷四二六。

6 王仲殊：《试论鄂城五里墩西晋墓出土的波斯萨珊朝玻璃碗为吴时由海路传入》，《考古》1995年第1期，第81—87页。

参考文献

一、历史文献

[汉]班固撰，[唐]颜师古注：《汉书》，北京：中华书局，1962年。

[南朝宋]范晔撰，[唐]李贤等注：《后汉书》，北京：中华书局，1965年。

[晋]陈寿撰，陈乃乾校点：《三国志》，北京：中华书局，1959年。

[唐]房玄龄等撰：《晋书》，北京：中华书局，1974年。

[北齐]魏收撰：《魏书》，北京：中华书局，1974年。

[唐]李百药撰：《北齐书》，北京：中华书局，1972年。

[唐]令狐德芬等撰：《周书》，北京：中华书局，1971年。

[唐]李延寿撰：《北史》，北京：中华书局，1974年。

[唐]李延寿撰：《南史》，北京：中华书局，1975年。

[南朝梁]沈约撰：《宋书》，北京：中华书局，1974年。

[南朝梁]萧子显撰：《南齐书》，北京：中华书局，1972年。

[唐]姚思廉撰：《梁书》，北京：中华书局，1973年。

[唐]姚思廉撰：《陈书》，北京：中华书局，1972年。

[唐]魏徵、令狐德芬等撰：《隋书》，北京：中华书局，1973年。

[宋]司马光编著，[元]胡三省音注：《资治通鉴》，北京：中华书局，1956年。

[清]郭庆藩撰，王孝鱼点校：《庄子集释》，《新编诸子集成丛书》，北京：中华书局，2006年。

[南朝梁]萧统编，[唐]李善等注：《六臣注文选》，《四部丛刊》影印本，北京：中华书局，2012年。

陈直校证：《三辅黄图校证》，西安：陕西人民出版社，1981年。

[晋]陆翙撰：《邺中记》，《丛书集成初编》，上海：商务印书馆，1937年。

[三国]曹操撰：《曹操集》，北京：中华书局，1974年。

[唐]许嵩撰，孟昭庚等点校：《建康实录》，南京大学古典文献研究所专刊，上海：上海古籍出版社，1987年。

[南朝宋]刘义庆撰，[梁]刘孝标注，杨勇校笺：《世说新语校笺》，北京：中华书局，2006年。

[北魏]杨衒之撰，范祥雍校注：《洛阳伽蓝记》，上海：上海古籍出版社，1958年。

[北齐]颜之推撰，王利器集解：《颜氏家训集解》，北京：中华书局，1993年。

[唐]张彦远著，俞剑华注释：《历代名画记》，上海：上海人民美术出版社，1964年。

[唐]义净著，王邦维注：《大唐西域求法高僧传校注》，北京：中华书局，1988年。

[清]顾祖禹撰，贺次君、施和金点校：《读史方舆纪要》，北京：中华书局，2005年。

[东晋]法显撰，章巽校注：《法显传校注》，上海：上海古籍出版社，1985年。

[唐]释道世著，周叔迦、苏晋仁校注：《法苑珠林》，北京：中华书局，2003年。

[南朝梁]释慧皎撰，汤用彤校注：《高僧传》，北京：中华书局，1992年。

二、考古简报与报告（按作者项首字音序排列）

310国道孟津考古队：《洛阳孟津邙山西晋北魏墓发掘报告》，《华夏考古》1993年第1期。

安徽省亳县博物馆：《亳县曹操宗族墓葬》，《文物》1978年第8期；《安徽亳州市发现一座曹操宗族墓》，《考古》1988年第1期。

安徽省文物工作队：《安徽南陵县麻桥东吴墓》，《考古》1984年第11期。

安徽省文物考古研究所、马鞍山市文化局：《安徽马鞍山东吴朱然墓发掘简报》，《文物》1986年第3期。

安乡县文物管理所：《湖南安乡西晋刘弘墓》，《文物》1993年第11期。

安阳县文教局：《河南安阳县清理一座北齐墓》，《考古》1973年第2期。

北京市文物工作队：《北京西郊西晋王浚妻华芳墓清理简报》，《文物》1965年第12期。

陈大为：《辽宁北票房身村晋墓发掘简报》，《考古》1960年1期。

陈大章：《河南邓县发现北朝七色彩绘画像砖墓》，《文物参考资料》1958年第6期。

陈永志、李强、刘刚：《和林格尔县土城子古城考古发掘主要收获》，《内蒙古文物考古》2006年第1期。

成都市文物考古队、成都市文物考古所：《成都市西安路南朝石刻造像清理简报》，《文物》1998年第11期。

成建正编：《西安碑林博物馆》，西安：陕西人民出版社，2000年。

磁县文化馆：《河北磁县东陈村北齐姚峻墓》，《文物》1984年第4期。

磁县文化馆：《河北磁县东魏茹茹公主墓发掘简报》，《文物》1984年第4期。

磁县文化局：《河北磁县北齐高润墓》，《考古》1979年第3期。

大同市博物馆、山西省文物工作委员会：《大同方山北魏永固陵》，《文物》1978年第7期。

大同市博物馆:《大同市东郊北魏元淑墓》,《文物》1989年第8期。

大同市博物馆:《山西大同南郊出土北魏鎏金铜器》,《考古》1983年第11期。

大同市博物馆等:《大同方山北魏永固陵》,《文物》1978年第7期。

董亚巍:《鄂州铜镜》,北京:中国文学出版社,2002年。

段鹏琦、杜玉生、肖淮雁等:《汉魏洛阳城北魏建春门遗址的发掘》,《考古》1988年第9期。

段鹏琦:《汉魏洛阳故城太学遗址新出土的汉石经残石》,《考古》1982年第4期。

敦煌文物研究所考古组:《敦煌晋墓》,《考古》1974年3期。

鄂城县博物馆:《鄂城东吴孙将军墓》,《考古》1978年第3期。

鄂城县博物馆:《湖北鄂城发现古井》,《考古》1978年第5期。

鄂城县博物馆:《湖北鄂城四座吴墓发掘报告》,《考古》1982年第3期。

鄂州博物馆等:《湖北鄂州鄂钢饮料厂一号墓发掘报告》,《考古学报》1998年第1期。

鄂州市博物馆、湖北省文物考古研究所:《六朝武昌城考古调查综述》,《江汉考古》1993年第2期。

房道国:《济南市出土北朝石造像》,《考古》1994年第6期。

冯汉骥:《成都万佛寺石刻造像——全国基建出土文物展览会西南区展览品之一》,《文物参考资料》1954年第9期。

冯沂:《山东临沂发现北魏太和元年石造像》,《文物》1986年第10期。

甘肃省博物馆:《酒泉、嘉峪关晋墓的发掘》,《文物》1979年6期。

甘肃省博物馆:《武威雷台汉墓》,《考古学报》1974年第2期。

甘肃省文物队等:《嘉峪关壁画墓发掘报告》,北京:文物出版社,1985年。

甘肃省文物工作队:《调查炳灵寺石窟的新收获》,《文物》1963年第10期。

甘肃省文物考古研究所:《敦煌祁家湾:西晋十六国墓葬发掘报告》,北京:文物出版社,1994年。

甘肃省文物考古研究所:《酒泉十六国墓壁画》,北京:文物出版社,1989年。

赣州市博物馆:《江西赣县南齐墓》,《考古》1984年第4期。

高次若:《北周大司马杨坚造铜佛像》,《考古与文物》1983年第6期。

固原博物馆编著:《原州古墓集成》,文物出版社,1999年。

固原县文物工作站:《宁夏固原北魏墓清理简报》,《文物》1984年第6期。

广东省博物馆等:《广东揭阳东晋南朝唐墓发掘简报》,《考古》1984年第10期。

广东省文物考古研究所等:《广东肇庆市坪石岗东晋墓》,载广东省文物局编《广东文物考古三十年》,广州:暨南大学出版社,2009年。

广元皇泽寺博物馆、成都市文物考古研究所:《广元石窟》,巴蜀书社,2002年。

广元市文物管理所、中国社会科学院宗教研究所:《广元千佛崖石窟调查记》、《广元皇泽寺石窟调查记》,《文物》1990年第6期。

广州市文物管理委员会:《广州市下塘狮带岗晋墓发掘简报》,《考古》1996年第1期。

贵州省博物馆:《贵州清镇平坝汉墓发掘报告》,《考古学报》1959年第1期。

贵州省博物馆考古组:《贵州平坝马场东晋南朝墓发掘简报》,《考古》1973年第6期。

郭宝钧等:《一九五四年春洛阳西郊发掘报告》,《考古学报》1956年第2期。

郭建邦:《北魏宁懋石室和墓志》,《河南文博通讯》1980年第2期。

国家文物局古文献研究室等编:《吐鲁番出土文书》10册,北京:文物出版社,1981—1991年。

邯郸市峰峰矿区文管所、北京大学考古实习队:《南响堂石窟新发现窟檐遗迹及龛像》,《文物》1992年第5期。

邯郸市文物保管所:《邯郸鼓山水浴寺石窟调查报告》,《文物》1987年第4期。

韩伟、阴志毅:《耀县药王山佛教造像碑》,《考古与文物》1996年第2期。

何志国:《四川绵阳何家山1号东汉崖墓清理简报》,《文物》1991年第3期。

河北省博物馆等:《河北平山北齐崔昂墓调查报告》,《文物》1973年第11期。

河北省文化局文物工作队:《河北定县出土北魏石函》,《考古》1966年第5期。

河北省文物管理处:《河北景县北魏高氏墓发掘简报》,《文物》1979年第3期。

河北省文物管理委员会:《河北磁县讲武城古墓清理简报》,《考古》1959年第1期。

河北省文物研究所:《安平东汉壁画墓》,北京:文物出版社,1990年。

河南省博物馆:《河南安阳北齐范粹墓发掘简报》,《文物》1972年第1期。

河南省文化局文物工作队:《邓县彩色画像砖墓》,北京:文物出版社,1958年。

河南省文化局文物工作队:《洛阳北魏长陵遗址调查》,《考古》1966年第3期。

河南省文化局文物工作队第二队:《洛阳晋墓的发掘》,《考古学报》1957年1期。

河南省文物考古研究所、安阳县文化局《河南安阳市西高穴曹操高陵》,《考古》2010年第8期。

河南省文物考古研究所编:《曹操高陵考古发现与研究》,北京:文物出版社,2010年。

河南省文物研究所:《中国石窟·巩县石窟寺》,北京:文物出版社,1989年。

侯仁之:《从红柳河上的古城废墟看毛乌素沙漠的变迁》,《文物》1973年第1期。

湖北省博物馆:《武汉地区四座南朝纪年墓》,《考古》1965年第4期。

湖北省文物管理委员会:《武昌莲溪寺东吴墓清理简报》,《考古》1959年第4期。

华东文物工作队清理小组:《江苏宜兴周墓墩古墓清理简报》,《文物参考资料》1953年第8期。

怀仁县文物管理所:《山西怀仁北魏丹扬王墓及花纹砖》,《文物》2010年第5期。

黄明兰:《洛阳北魏世俗石刻线刻画》,北京:人民美术出版社,1987年。

黄明兰:《西晋裴祇和北魏元暐两墓拾零》,《文物》1982年第1期。

黄明兰:《西晋散骑常侍韩寿墓墓表跋》,《文物》1982年第1期。

惠民地区文物管理组:《山东无棣出土北齐造像》,《文物》1983年第7期。

济南市博物馆:《济南市东郊发现东魏墓》,《文物》1966年第4期。

嘉峪关市文物管理所:《嘉峪关新城十二、十三号画像砖墓发掘简报》,《文物》1982年第8期。

嘉峪关市文物清理小组:《嘉峪关汉画像砖墓》,《文物》1972年12期。

江西省博物馆:《江西南昌晋墓》,《考古》1974年第6期。

江西省历史博物馆:《江西南昌市东吴高荣墓的发掘》,《考古》1980年第3期。

江西省文物考古研究所、南昌市博物馆:《南昌火车站东晋墓葬群发掘简报》,《文物》2001年第2期。

金申:《中国历代纪年佛像图典》,北京:文物出版社,1994年。

晋华、吴建国:《山西寿阳出土一批东魏至唐代铜造像》,《文物》1991年第2期。

乐山市文化局:《四川乐山麻浩一号崖墓》,《考古》1990年第2期。

黎瑶渤:《辽宁北票县西官营子北燕冯素弗墓》,《文物》1973年第3期。

李庆发:《辽阳上王家村晋代壁画墓清理简报》,《文物》1959年第7期。

李少南:《山东博兴出土百余件北魏到隋代铜造像》,《文物》1984年第5期。

李蔚然:《南京富贵山发现晋恭帝玄宫石碣》,《考古》1961年第5期。

李文信:《辽阳发现的三座壁画古墓》,《文物参考资料》1955年5期。

李勇、刘军:《山西省武乡县党城村出土七件北朝铜造像》,《文物》1984年第5期。

李裕群:《天龙山石窟调查报告》,《文物》1991年第1期。

辽宁省博物馆:《辽宁本溪晋墓》,《考古》1984年8期。

辽宁省博物馆文物队、朝阳地区博物馆文物队、朝阳县文物馆:《朝阳袁台子东晋壁画墓》,《文物》1984年第6期。

辽宁省文物考古研究所:《朝阳北塔——考古发掘与维修工程报告》,北京:文物出版社,2007年。

辽宁省文物考古研究所:《三燕文物精粹》,沈阳:辽宁人民出版社,2002年。

辽宁省文物考古研究所等:《辽宁朝阳田草沟晋墓》,《文物》1997年11期。

刘庆柱:《陕西长武县出土太和元年地券》,《文物》1983年第8期。

刘庆柱:《西汉诸陵调查与研究》,《古代都城与帝陵考古学研究》,北京:科学出版社,2000年。

刘玉新:《山东省东阿县曹植墓的发掘》,《华夏考古》1999年第1期。

刘振东:《西安市十六国至北朝时期长安城宫城遗址的钻探与试掘》,《考古》2008年第9期。

刘志远:《成都天回山崖墓清理记》,《考古学报》1958年第1期。

刘志远等:《成都万佛寺石刻艺术》,北京:中国古典艺术出版社,1958年。

罗宗真:《江苏宜兴晋墓发掘报告——兼论出土的青瓷器》,《考古学报》,1957年第4期。

罗宗真:《南京西善桥油坊村南朝大墓的发掘》,《考古》1963年第6期。

洛阳博物馆:《河南洛阳北魏元乂墓调查》,《文物》1974年第12期。

洛阳博物馆:《洛阳北魏画像石棺》,《考古》1980年第3期。

洛阳博物馆:《洛阳北魏元邵墓》,《考古》1973年第4期。

洛阳市文物工作队:《洛阳曹魏正始八年墓发掘报告》,《考古》1989年第4期。

洛阳市文物工作队:《洛阳孟津北陈村北魏壁画墓》,《文物》1995年第8期。

洛阳市文物工作队:《洛阳孟津晋墓、北魏墓发掘简报》,《文物》1991年第8期。

马玉基:《大同市小站村花圪塔台北魏墓清理简报》,《文物》1983年第8期。

麦英豪、黎金:《广州西郊晋墓清理报导》,《文物》1955年第3期。

茂陵文物保管所:《茂陵和霍去病墓》,《文物》1976年第7期。

孟县人民文化馆:《孟县出土北魏司马悦墓志》,《文物》1981年第12期。

孟昭林:《记后魏邢伟墓出土物及邢蛮墓的发现》,《考古》1959年第4期。

孟昭林:《无极甄氏诸墓的发现及其相关问题》,《文物》1959年第1期。

渑池县文化馆、河南省博物馆:《渑池县发现的古代窖藏铁器》,《文物》1976年第8期。

南京博物院:《江苏丹阳县胡桥建山两座南朝墓葬》,《文物》1980年第2期。

南京博物院:《江苏六朝青瓷》,北京:文物出版社,1980年。

南京博物院:《江苏宜兴晋墓的第二次发掘》,《考古》1977年第2期。

南京博物院:《梁朝桂阳王萧象墓》,《文物》1990年第8期。

南京博物院:《南京富贵山东晋墓发掘报告》,《考古》1966年第4期。

南京博物馆:《南京童家山南朝墓》,《考古》1985年第1期。

南京博物院:《南京尧化门南朝梁墓发掘简报》,《文物》1981年第12期。

南京博物院:《四川彭山汉代崖墓》,北京:文物出版社,1991年。

南京博物院:《扬州古城1978年调查发掘简报》,《文物》1979年第9期。

南京博物院等:《南京西善桥南朝墓及其砖刻壁画》,《文物》1960年第8、9期合刊。

南京博物院和南京市文物保管委员会:《南京栖霞山甘家巷六朝墓群》,《考古》1976年第5期。

南京大学历史系考古专业、湖北省文物考古研究所、鄂州市博物馆:《鄂城六朝墓》,北京:科学出版社,2007年。

南京大学历史系考古组:《南京大学北园东晋墓》,《文物》1973年第4期。

南京市博物馆、江宁县文管会:《江苏江宁县下坊村东晋墓清理》,《考古》1998年第8期

南京市博物馆:《江苏南京仙鹤观东晋墓》,《文物》2001年第3期。

南京市博物馆:《南京北郊东晋墓发掘简报》,《考古》1983年第4期。

南京市博物馆:《南京北郊东晋温峤墓》,《文物》2002年第7期。

南京市博物馆:《南京北郊郭家山东晋墓葬发掘简报》,《文物》1981年第12期。

南京市博物馆:《南京吕家山东晋李氏家族墓》,《文物》2000年第7期。

南京市博物馆:《南京幕府山东晋墓》,《文物》1990年第8期。

南京市博物馆:《南京市郭家山东晋温氏家族墓》,《考古》2008年第6期。

南京市博物馆:《南京象山11号墓清理简报》,《文物》2002年第7期。

南京市博物馆:《南京象山5号、6号、7号墓清理简报》,《文物》1972年第11期。

南京市博物馆:《南京象山8号、9号、10号墓发掘简报》,《文物》2000年第7期。

南京市博物馆等:《江苏南京白龙山南朝墓》,《考古》1998年第12期。

南京市博物馆等:《江苏南京市富贵山六朝墓地发掘简报》,《考古》1998年第8期。

南京市博物馆等:《南京南郊六朝谢珫墓》,《文物》1988年第5期。

南京市博物馆等:《南京司家山东晋、南朝谢氏家族墓》,《文物》2000年第7期。

南京市博物馆等:《南京隐龙山南朝墓》,《文物》2002年第7期。

南京市文物保管委员会:《南京老虎山晋墓》,《考古通讯》1957年第6期。

南京市文物保管委员会:《南京戚家山东晋谢鲲墓发掘简报》,《文物》1965年第6期。

南京市文物保管委员会:《南京人台山东晋兴之夫妇墓发掘报告》,《文物》1965年第6期。

南京市文物保管委员会:《南京象山东晋王丹虎墓和二、四号墓发掘简报》,《文物》1965年第10期。

内蒙古文物工作队、包头市文物管理所:《内蒙古白灵淖城圐圙北魏古城遗址调查与试掘》,《考古》1984年第2期。

内蒙古文物工作队:《内蒙古呼和浩特美岱村北魏墓》,《考古》1962年第2期。

内蒙古文物工作队:《内蒙古文物资料选辑》,呼和浩特:内蒙古人民出版社,1969年。

内蒙古自治区文物工作队:《和林格尔县土城子试掘记要》,《文物》1961年第9期。

宁夏固原博物馆:《固原北魏墓漆棺画》,银川:宁夏人民出版社,1988年。

宁夏固原博物馆:《彭阳新集北魏墓》,《文物》1988年第9期。

宁夏回族自治区博物馆、宁夏固原博物馆:《宁夏固原北周李贤夫妇墓发掘简报》,《文物》1985年第11期。

宁夏回族自治区文物管理委员会、中央美术学院美术史系:《须弥山石窟》,北京:文物出版社,1988年。

宁夏文物考古所固原工作站:《固原北周宇文猛墓发掘简报》,载《宁夏考古文集》,银川:宁夏人民出版社,1996年。

裴淑兰、冀艳坤:《河北省征集的部分十六国北朝佛教铜造像》,《文物》1998年第7期。

青海省文物考古研究所:《上孙家寨汉晋墓》,北京:文物出版社,1993年。

衢州市文物管理委员会:《浙江衢州市发现原始青瓷》,《考古》,1984年第2期。

山东省博物馆等:《山东苍山元嘉元年画像石墓》,《考古》1975年2期。

山东省博兴县文物管理所:《山东省博兴龙华寺遗址调查简报》,《考古》1986年第9期。

山东省青州市博物馆:《青州龙兴寺佛教造像窖藏清理简报》,《文物》1998年第2期。

山东省文物考古研究所、临沂市文化局:《山东临沂洗砚池晋墓》,《文物》2005年第7期。

山东省文物考古研究所：《临淄北朝崔氏墓地》，《考古学报》1984年第2期。

山东省文物考古研究所：《山东临朐北齐崔芬壁画墓》，《文物》2002年第4期。

山东淄博陶瓷史编写组等：《山东淄博寨里北朝青瓷窑址调查纪要》，《中国古代窑址调查发掘报告集》，北京：文物出版社，1984年。

山西大学历史文化学院等编著：《大同南郊北魏墓群》，北京：科学出版社，2005年。

山西省博物馆：《山西石雕艺术》，北京：朝花美术出版社，1962年。

山西省大同市博物馆、山西省文物工作委员会：《山西大同石家寨北魏司马金龙墓》，《文物》1972年第3期。

山西省考古所等：《太原隋代虞弘墓清理简报》，《文物》2001年第1期。

山西省考古研究所、大同市博物馆：《大同南郊北魏墓群发掘简报》，《文物》1992年第8期。

山西省考古研究所、大同市考古研究所：《大同市北魏宋绍祖墓发掘简报》，《文物》2001年7期

山西省考古研究所、太原市文物管理委员会：《太原市北齐娄叡墓发掘简报》，《文物》1983年第10期。

山西省考古研究所等：《大同南郊北魏墓群发掘简报》，《文物》1992年第8期。

山西省考古研究所等：《太原北齐徐显秀墓发掘简报》，《文物》2003年第10期。

山西省考古研究所等：《太原隋代虞弘墓清理简报》，《文物》2001年第1期。

陕西省博物馆等：《唐李寿墓发掘简报》，《文物》1974年第9期。

陕西省考古研究所、咸阳市考古研究所：《北周武帝孝陵发掘简报》，《考古与文物》1997年第2期。

陕西省考古研究所：《北周宇文俭墓清理发掘简报》，《考古与文物》2001年第3期。

陕西省考古研究所：《唐李宪墓发掘报告》，北京：科学出版社，2005年。

陕西省考古研究所：《西安北郊北周安伽墓发掘简报》，《考古与文物》2000年第6期。

陕西省考古研究所：《西安发现的北周安伽墓》，《文物》2001年第1期。

陕西省考古研究所等：《北周武帝孝陵发掘简报》，《考古与文物》1997年第2期。

陕西省考古研究院、榆林市文物保护研究所等：《统万城遗址近几年考古工作收获》，《考古与文物》2011年第5期。

陕西省文管会：《统万城址勘测记》，《考古》1981年第3期。

陕西省文物管理委员会：《长安县三里村东汉墓葬发掘简报》,《文物参考资料》1958年第7期。

陕西省文物管理委员会：《西安南郊草厂坡村北朝墓的发掘》，《考古》1959年6期。

申献友：《青釉仰覆莲花尊》，《文物春秋》2000年第6期。

沈仲常：《四川昭化宝轮镇南北朝时期的崖墓》，《考古学报》1959年第2期。

石家庄地区革委会文化局发掘组：《河北赞皇东魏李希宗墓》，《考古》1977年第6期。

石景山区文物管理所：《北京市石景山区八角村魏晋墓》，《文物》2001年4期。

［日］水野清一、长广敏雄：《响堂山石窟》，京都东方文化学院京都研究所，1937年。

四川省文物管理委员会：《四川忠县涂井蜀汉崖墓》，《文物》1985年第7期。

遂溪县博物馆：《广东遂溪县发现南朝窖藏金银器》，《考古》1986年第3期。

孙秉根：《安阳孝民屯晋墓发掘报告》，《考古》，1983年第6期。

太原市文物考古研究所：《北齐徐显秀墓》，北京：文物出版社，2005年。

天水市博物馆：《天水市发现隋唐屏风石棺床墓》，《考古》1992年第1期。

田立坤：《朝阳前燕奉车都尉墓》，《文物》1994年11期。

铜绿山考古发掘队：《湖北铜绿山春秋战国古矿井遗址发掘简报》，《文物》1975 年第2期。

王克林：《北齐库狄迴洛墓》，《考古学报》1979年第3期。

王银田、刘俊喜：《大同智家堡北魏墓石椁壁画》，《文物》2001年第7期。

王子云：《西汉霍去病墓石刻》，《文物参考资料》1955年第11期。

吴县文管会：《江苏吴县狮子山四号西晋墓》，《考古》1983年第8期。

吴县文管会：《江苏吴县狮子山西晋墓清理简报》，《文物资料丛刊》第3辑，北京：文物出版社，1980年。

武威地区博物馆：《甘肃武威南滩魏晋墓》，《文物》1987年9期。

西安市文物保护考古所：《西安市北周康业墓发掘简报》，《文物》2006年第6期。

西安市文物保护考古所：《西安市北周史君石椁墓》，《考古》2004年第7期。

西安市文物保护所：《西安北周康业墓发掘简报》，《文物》2008年第6期。

西安市文物保护所：《西安北周凉州萨保史君墓发掘简报》，《文物》2005年第3期。

咸阳市渭城区文管会：《咸阳市渭城区北周拓跋虎夫妇墓清理记》，《文物》1993年第11期。

咸阳市文物考古研究所：《咸阳平陵十六国墓清理简报》，《文物》2004年第8期。

咸阳市文物考古研究所：《咸阳十六国墓》，北京：文物出版社，2006年。

襄樊市文物管理处：《襄阳贾家冲画像砖墓》，《江汉考古》1986年第1期。

辛发等：《锦州前燕李廆墓清理简报》，《文物》1995年6期。

新疆维吾尔自治区：《新疆吐鲁番阿斯塔那北区墓葬发掘简报》，《文物》1960年第6期。

新疆维吾尔自治区博物馆：《吐鲁番县阿斯塔那——哈拉和卓古墓群清理简报》，《文物》1972年第1期。

徐婵菲：《洛阳北魏元怿墓壁画》，《文物》2002年第2期。

偃师商城博物馆：《河南偃师两座北魏墓发掘简报》，《考古》1993年第5期。

杨文和等：《青瓷莲花尊》，《文物》1983年第11期。

宜昌地区博物馆、宜都县文化馆：《湖北宜都发掘三座汉晋墓》，《考古》1988年第8期。

负安志编著：《北周珍贵文物——北周、初唐、盛唐、中晚唐考古发掘报告系列之一》，西安：陕西人民美术出版社，1992年。

［日］原田淑人、田澤金吾：《樂浪》，東京帝國大學文學部，1930年。

［日］原田淑人等：《樂浪五官掾王旴の墳墓》，東京帝國大學文學部，刀江書院，1931年。

原州联合考古队：《北周田弘墓——原州联合考古队发掘调查报告》，日本东京：勉诚出版社，2000年。

阮国林：《南京梁桂阳王萧融夫妇合葬墓》，《文物》1981年第12期。

云冈石窟文物保管所：《中国石窟·云冈石窟》，北京：文物出版社，日本东京：平凡社，1991年。

云南省文物工作队：《云南省昭通后海子东晋壁画墓清理简报》，《文物》1963年第12期。

张安治等编：《中国美术全集》，北京：人民美术出版社，1989 年。

张柏忠：《内蒙古科左中旗六家子鲜卑墓群》，《考古》1989年5期。

张焯：《北魏金陵考索》，《大同高等专科学校（社科版）》1994年第2期。

张季：《河北景县封氏墓群调查记》，《考古通迅》1957年第3期。

张克举等：《辽宁北票喇嘛洞鲜卑贵族墓地》，《中国文物报》1996年12月22日。

张郁：《内蒙古大青山后东汉北魏古城遗址调查记》，《考古通讯》1958年第3期。

镇江博物馆：《镇江市东晋晋陵罗城的调查和试掘》，《考古》1986年第5期。

中国社会科学院考古研究所、河北省文物研究所：《河北临漳县邺城遗址东魏北齐佛寺塔基的发现与发掘》，《考古》2003年第10期。

中国社会科学院考古研究所、河北省文物研究所编著：《磁县湾漳北朝壁画墓》，北京：科学出版社，2003年。

中国社会科学院考古研究所、河北省文物研究所邺城考古工作队：《河北临漳县邺南城朱明门遗址的发掘》，《考古》1996年第1期。

中国社会科学院考古研究所、河北省文物研究所邺城考古工作队：《河北临漳邺北城遗址勘探发掘简报》，《考古》1990年第7期。

中国社会科学院考古研究所：《北魏洛阳永宁寺：1979—1994 年考古发掘报告》，北京：中国大百科全书出版社，1996年。

中国社会科学院考古研究所：《河南偃师县杏园村的四座北魏墓》，《考古》1991年第9期。

中国社会科学院考古研究所河南第二工作队：《河南偃师杏园村的两座魏晋墓》，《考古》1985年第8期。

中国社会科学院考古研究所洛阳工作队：《北魏永宁寺塔基发掘简报》，《考古》1981年第3期。

中国社会科学院考古研究所洛阳工作队：《汉魏洛阳城初步勘查》，《考古》1973年第4期。

中国社会科学院考古研究所洛阳工作队：《汉魏洛阳城南郊的灵台遗址》，《考古》1978年第1期。

中国社会科学院考古研究所洛阳汉魏古城工作队：《汉魏洛阳北魏建春门遗址的发掘》，《考古》1988年第9期。

中国社会科学院考古研究所洛阳汉魏故城队、洛阳古墓博物馆：《北魏宣武帝景陵发掘报告》，《考古》1994年第9期。

中国社会科学院考古研究所洛阳汉魏故城工作队：《西晋帝陵勘察记》，《考古》1984年第12期。

中国社会科学院考古研究所、河北省文物研究所邺城考古队：《河北磁县湾漳北朝墓》，《考古》1990年第7期。

诸城市博物馆：《山东诸城发现北朝造像》，《考古》1990年第8期。

淄博市博物馆：《淄博和庄北朝墓出土青釉莲花尊》，《文物》1984年第12期。

淄博市博物馆等：《临淄北朝崔氏墓地第二次清理简报》，《考古》1985年第3期。

三、考古论著与论文（按姓氏音序排列）

安家瑶：《北周李贤墓出土的玻璃碗——萨珊玻璃器的发现与研究》，《考古》1986年第2期。

安家瑶：《中国的早期玻璃器皿》，《考古学报》1984年第4期。

白云翔：《先秦两汉铁器的考古学研究》，北京：科学出版社，2005年。

蔡运章：《东汉帝陵封土考辨》，《中国文物报》2007年10月19日。

曾凡：《关于福建六朝墓的一些问题》，《考古》1994年第5期。

陈桥驿：《〈水经注〉记载的工业》，载《水经注研究》，天津：天津古籍出版社，1985年。

陈世良：《关于佛教初传龟兹》，《西域研究》1991年第4期。

陈寅恪：《隋唐制度渊源略论稿》，上海：上海古籍出版社，1982年。

陈悦新：《须弥山石早期洞窟的分期研究》，《华夏考古》1994年第4期。

陈长安：《简述帝王陵墓的殉葬、俑坑与石刻》，《中原文物》1985年第4期。

陈直：《晋徐美人墓石考释》，《河南文博通讯》1980年第1期。

程朱海：《试探我国古代玻璃的发展》，《硅酸盐学报》1981年第1期。

崔璇：《石子湾北魏古城的方位、文化遗存及其它》，《文物》1980年第8期。

［美］丁爱博（Ablert E. Dien）著，李梅田译：《六朝文明》，北京：社会科学文献出版社，2013年。

丁明夷：《鸠摩罗什与龟兹佛教艺术》，《世界宗教研究》1994年第2期。

丁明夷：《谈山东博兴出土的铜佛造像》，《文物》1984年第5期。

町田章著，劳继译：《南齐帝陵考》，《东南文化》1986年第2期。

董玉祥：《炳灵寺石窟的分期》，《中国考古学会第一次年会论文集》，北京：文物出版社，

1979年。

董玉祥：《麦积山石窟的分期》，《文物》1983年第6期。

杜迺松：《三国两晋南北朝至隋唐时期旳青铜器综论》，《故宫博物院院刊》1988年第4期。

段鹏琦：《汉魏洛阳城的几个问题》，载《中国考古学研究——夏鼐先生考古五十年纪念论文集》，北京：文物出版社，1986年。

范佳楠：《魏晋南北朝铜容器研究》，北京大学硕士生毕业论文（指导教师齐东方教授），2013年5月。

方鹏生、张勋燎：《山东苍山元嘉元年画像石题记的时代和有关问题的讨论》，《考古》1980年3期。

冯国瑞：《炳灵寺石窟的历史渊源与地理环境》，《文物参考资料》1953年第1期。

冯务建：《六朝武昌城试掘简报》，《江汉考古》2003年第4期。

冯先铭主编：《中国陶瓷》，上海：上海古籍出版社，2001年。

冯沂：《临沂洗砚池晋墓出土漆器考议》，《华夏考古》2011年第2期。

傅熹年：《麦积山石窟中所反映的北朝建筑》，《文物资料丛刊》（4），北京：文物出版社，1981年。

干福熹：《中国古代玻璃的起源和发展》，《自然杂志》2006年28卷第4期。

宫大中：《邙洛北魏孝子画像石棺考释》，《中原文物》1984年第2期。

古鸿飞：《北魏金陵初探》，《山西大同大学学报（社科版）》2008年第10期。

郭建邦：《北魏宁懋石室线刻画》，北京：人民美术出版社，1987年。

郭义孚：《邺南城朱明门复原研究》，《考古》1996年第1期。

韩国河：《东汉帝陵变制原因探析》，载洛阳市第二文物工作队编《洛阳汉魏陵墓研究论文集》，北京：文物出版社，2009年。

韩国河：《东汉帝陵有关问题的探讨》，《考古与文物》2007年第5期。

韩顺发：《北齐黄釉瓷扁壶乐舞图像的初步分析》，《文物》1980年第7期。

何利群：《北朝至隋唐时期佛教寺院的考古学研究——以塔、殿、院关系的演变为中心》，载龙门石窟研究院编：《石窟寺研究》第一辑，北京：文物出版社，2010年。

黄明兰：《洛阳北魏景陵位置的确定和静陵位置的推测》，《文物》1978年第7期。

黄晓芬：《汉墓的考古学研究》，长沙：岳麓书社，2003年。

江达煌：《邺城六代建都述略——附论曹操都邺原因》，《文物春秋》1992年增刊。

江楠：《金步摇饰品的发现与研究》，《草原文物》2012年第2期。

蒋若是：《从"荀岳""左棻"两墓志中得到的晋陵线索和其他》，《文物》1961年第10期。

蒋赞初、李晓晖、贺中香：《六朝武昌城初探》，《中国考古学会第五次年会论文集（1985）》，北京：文物出版社，1988年。

蒋赞初、熊海棠、贺中香：《湖北鄂城六朝考古的主要收获》，《中国考古学会第四次年会论文集（1983）》，北京：文物出版社，1985年。

蒋赞初：《鄂城六朝考古散记》，《江汉考古》1983年第1期。

蒋赞初：《南京东晋帝陵考》，《东南文化》1992年第3—4期。

黎忠义：《汉唐镶嵌金细工工艺探析》，《东南文化》1985年第1期。

李俊清：《北魏金陵地理位置的初步考察》，《文物集刊》1990年第1期。

李梅田：《从洛阳到邺城——北朝墓室画像及象征意义的转变》，《考古与文物》2006年第2期。

李梅田：《丹扬王墓考辨》，《文物》2011年第12期。

李梅田：《乐浪王氏墓志及考古遗存述略》，《庆祝宿白先生九十华诞文集》，北京：科学出版社，2012年。

李梅田：《魏晋南北朝墓葬中的弧壁砖室现象》，《国家博物馆馆刊》2012年第7期。

李涛等：《司马金龙墓出土木板漆画屏风残片的初步分析》，《文物保护与考古科学》，第21卷第3期。

李蔚然：《东晋帝陵有无石刻考》，《东南文化》1987年第3期。

李逸友：《中国北方长城考述》，《内蒙古文物考古》2001年底1期。

李宇峰：《辽宁朝阳发现十六国时期后燕崔遹墓碑》，《文物》1982年第3期。

李裕群：《天龙山石窟分期研究》，《考古学报》1992年第1期。

林留根：《试论中国墓葬封土之源流》，《铁道师院学报（社科版）》1993年第3期。

林中干等：《福建六朝隋唐墓葬的分期问题》，《考古》1990年第2期。

刘东光：《响堂山石窟的凿建年代及分期》，《华夏考古》1994年第2期。

刘凤君：《南北朝石刻墓志形制探源》，《中原文物》1988年第2期。

刘建国：《晋陵罗城初探》，《考古》1986年第5期。

刘淑芬：《六朝的城市与社会》，台北：台湾学生书局，1992年。

刘炜：《三国时期陵寝制度的衰落及其根源》，《四川文物》1986年第1期。

刘溢海：《北魏金陵探究》，《北朝研究》第六辑，北京：科学出版社，2008年。

刘昭瑞：《考古发现与早期道教研究》，北京：文物出版社，2007年。

柳涵：《邓县画像砖墓的时代和研究》，《考古》1959年第4期。

龙振山：《鲁潜墓志及其相关问题》，《华夏考古》2003年第2期。

卢海鸣：《六朝建康里坊制度辨析》，《南京社会科学》1994年第6期。

鲁西奇：《北魏买地券三种考释》，《魏晋南北朝隋唐史资料》第26辑，2010年。

罗二虎：《略论贵州清镇汉墓出土的早期佛像》，《四川文物》2001年第2期。

罗二虎：《陕西城固出土的钱树佛像及其与四川地区的关系》，《文物》1998年第12期。

罗二虎：《四川崖墓的初步研究》，《考古学报》1988年第2期。

罗丰：《北周李贤墓出土的中亚风格鎏金银瓶——以巴克特里亚金属制品为中心》，《考古学报》2000年第3期。

罗世平：《汉地早期佛像与胡人流寓地》，《艺术史研究》1999年第1期。

罗世平：《太原北齐徐显秀墓壁画中的胡化因素——北齐绘画研究札记（一）》，《艺术史研究》2003年第5辑。

罗宗真、王志高：《六朝文物》，南京：南京出版社，2004年。

罗宗真：《六朝陵墓及其石刻》，《南京博物院集刊》1979年。

罗宗真：《六朝陵墓埋葬制度综述》，《中国考古学会第一次年会论文集（1979）》，北京：文物出版社，1980年。

骆子昕：《汉魏洛阳城址考辨》，《中原文物》1988年第2期。

马世长、丁明夷：《中国佛教石窟考古概要》，北京：文物出版社，2009年。

马雍：《北魏封和突墓及其出土的波斯银盘》，《文物》1983年第8期。

马长寿：《碑铭所见前秦至隋初关中部族》，北京：中华书局，1985年。

马长寿：《乌桓与鲜卑》，上海人民出版社，1962年。

马忠理：《磁县北朝墓群——东魏北齐陵墓兆域考》，《文物》1994年第11期。

孟凡人：《北魏洛阳外郭城形制初探》，《中国历史博物馆馆刊》1982年第4期。

钮仲勋：《魏晋南北朝矿业的分布与发展》，《历史地理》1982年第2期。

蒲慕州：《墓葬与生死——中国古代宗教之省思》，台北：台湾联经出版事业公司，1993年。

齐东方：《三国两晋南北朝时期的金银器》，《北方文物》2000年第1期。

前田正名著，李凭等译《平城历史地理学研究》，北京：书目文献出版社，1994年。

钱国祥：《汉魏洛阳故城沿革与形制演变初探》，《21世纪中国考古学与世界考古学论文集》，北京：中国社会科学出版社，2002年。

全洪：《试论东汉魏晋南北朝时期的铁镜》，《考古》1994年第12期。

荣新江：《四海为家—粟特首领墓葬所见粟特人的多元文化》，《上海文博》2004年第4期。

荣新江：《西域粟特移民考》，《西域考察与研究》，乌鲁木齐：新疆人民出版社，1994年。

阮国林：《谈南京六朝墓葬中的帷帐座》，《文物》1991年第2期。

阮荣春：《佛教南传之路》，长沙：湖南美术出版社，2000年。

阮荣春：《早期佛教造像的南传系统》，《东南文化》1990年第1期、1990年第3期。

史念海、史先智：《论十六国和南北朝时期长安城中的小城、子城和皇城》，《中国历史地理论丛》1997年第1期。

史树青：《晋周芳命妻潘氏衣物券考释》，《考古》1956年第2期。

史岩：《凉州天梯山石窟的现存情况和保存问题》，《文物参考资料》1955年第2期。

宋百川、刘凤君：《山东地区北朝晚期和隋唐时期瓷窑遗址的分布与分期》，《考古》1986年第12期。

宋馨：《北魏司马金龙墓葬重新评估》，《中国文化研究所学报》2002年第11期。

苏哲《西安草场坡1号墓的结构、仪卫俑组合及年代》，载《宿白先生八秩华诞纪念文集》，北京：文物出版社，2002年。

宿白：《〈武周历圣李君莫高窟佛龛碑〉合校》，载宿白《中国石窟寺研究》，北京：文物出版社，1996年。

宿白：《北魏洛阳城和北邙陵墓——鲜卑遗迹辑录之三》，《文物》1978年第7期。

宿白：《大金西京武州山重修大石窟寺碑校注——新发现的大同云冈石窟寺历史材料的初步整理》，《北京大学学报（人文科学版）》1956年第1期。

宿白：《东汉魏晋南北朝佛寺布局初探》，载《庆祝邓广铭教授九十华诞论文集》，河北教育出版社，1997年。

宿白：《东阳王与建平公》（二稿）、《建平公于义续考》，载宿白《中国石窟寺研究》，北京：文物出版社，1996年。

宿白：《考古发现与中西文化交流》，北京：文物出版社，2012年。

宿白：《克孜尔部分洞窟阶段划分与年代等问题的初步探索》，载北京大学考古学系、克孜尔千佛洞文物保管所《新疆克孜尔石窟考古报告》第一卷，北京：文物出版社，1997年。

宿白：《凉州石窟遗迹和“凉州模式”》，《考古学报》1986年第4期。

宿白：《洛阳地区北朝石窟的初步考察》，载《中国石窟·龙门石窟（一）》，北京：文物出版社，1991年。

宿白：《南朝龛像遗迹初探》，《考古学报》1989年第4期。

宿白：《平城实力的集聚和“云冈模式”的形成与发展》，《中国石窟·云冈石窟·一》，北京：文物出版社，1991年。

宿白：《青州龙兴寺窖藏所出佛像的几个问题》，《文物》1999年第10期。

宿白：《盛乐、平城一带的拓跋鲜卑——北魏遗迹辑录之二》，《文物》1977年第11期。

宿白：《四川钱树和长江中下游部分器物上的佛像——中国南方发现的早期佛像札记》，《文物》2004年第10期。

宿白：《云冈石窟分期试论》，《考古学报》1978年第1期。

宿白：《中国佛教石窟寺遗迹——3至8世纪中国佛教考古学》（宿白未刊讲稿系列）北京：文物出版社，2010年。

宿白主编：《山东青州龙兴寺出土佛教石刻造像精品》，中国历史博物馆，1999年。

孙国平：《试论鲜卑族的步摇冠饰》，《辽宁省考古、博物馆学会成立大会会刊》，1981年。

孙机：《步摇、步摇冠与摇叶饰片》，《文物》1991年第11期。

孙机：《关于汉代漆器的几个问题》，《文物》2004年第12期。

孙机：《关于中国早期高层佛塔造型的渊源问题》，《中国历史博物馆馆刊》1984年第6期。

孙机：《中国圣火：中国古文物与东西文化交流中的若干问题》，沈阳：辽宁教育出版社，

1996年。

孙彦：《河西魏晋十六国壁画墓研究》，北京：文物出版社，2011年。

谭其骧：《永嘉乱后之民族迁徙》，《燕京学报》1934年第15期。

唐长寿：《乐山麻浩、柿子湾崖墓佛像年代新探》，《东南文化》1989年第2期。

田立坤：《三燕文化遗存的初步研究》，《辽海文物学刊》1991年第1期。

田立坤《三燕文化的类型与分期》，《汉唐之间文化互动与交融国际学术讨论会论文集》，北京大学考古系，2000年。

童恩正《试谈古代四川与东南亚文明的关系》，《文物》1983年第9期。

王静芬：《中国石碑——一种象征形式在佛教传入之前与之后的运用》，北京：商务印书馆，2011年。

王然、丁兰：《吴王城新考》，《江汉考古》2000年第1期。

王太明：《山西榆社县发现北魏画像石棺》，《考古》1993年第8期。

王巍：《中国古代铁器及冶铁技术对朝鲜半岛的传播》，《考古学报》1997年第3期。

王维仁、徐翥：《中国早期寺院配置的形态演变初探：塔·金堂·法堂·阁的建筑形制》，《南方建筑》2011年第4期。

王雁卿、高峰：《北魏平城瓦当考略》，《文物世界》2003年第6期。

王雁卿：《北魏永固陵陵寝制度的几点认识》，《山西大同大学学报（社科版）》2008年第4期。

王银田：《北魏平城明堂遗址研究》，《中国史研究》2000年第1期。

王志高、周裕兴、华国荣：《南京仙鹤观东晋墓出土文物的初步认识》，《文物》2001年第3期。

王志高：《六朝建康城遗址考古发掘的回顾与展望》，《南京晓庄学院学报》2008年第1期。

王志高：《六朝墓葬出土玻璃容器漫谈——兼论朝鲜半岛三国时代玻璃容器的来源》，载《“六朝历史文化与镇江地域发展学术研讨会”论文汇编》，2010年。

王志高：《试论温峤》，《东南文化》2002年第9期。

王仲殊：《关于日本的三角缘佛兽镜——答西田守夫先生》，《考古》1982年第6期。

王仲殊：《关于日本三角缘神兽镜的问题》，《考古》1981年第4期。

王仲殊：《论日本出土的吴镜》，《考古》1989年第2期。

王仲殊：《论吴晋时期的佛像夔凤镜——为纪念夏鼐先生考古五十年而作》，《考古》1985年第7期。

王仲殊：《试论鄂城五里墩西晋墓出土的波斯萨珊朝玻璃碗为吴时由海路传入》，《考古》1995年第1期。

王仲殊：《吴镜师陈世所作神兽镜论考》，《考古》1986年第11期。

王竹林、赵振华：《东汉南北兆域皇陵初步研究》，《河洛春秋》2005年第1期。

韦伯著，林荣远译：《经济与社会》，北京：商务印书馆，1997年。

韦正：《金珰与步摇——汉晋命妇冠饰试探》，《文物》2013年第5期。

卫忠：《北周墓葬形制》，载固原博物馆、中日原州联合考古队编《原州古墓集成》，北京：文物出版社，1999年。

魏鸣：《魏晋薄葬考论》，《南京大学学报（哲社科版）》1986年第4期。

巫鸿：《地域考古与对“五斗米道”美术传统的重构》，载郑岩、王睿编：《礼仪中的美术——巫鸿中国古代美术史文编》，北京：三联书店，2005年。

巫鸿著，郑岩译：《“华化”与“复古”——房形椁的启示》，载《礼仪中的美术——巫鸿中国古代美术史文编》，北京：三联书店，2005年。

巫鸿著，孙庆伟译：《九鼎传说与中国古代的“纪念碑性”》，《美术史研究》2002年第1期。

吴焯：《北周李贤墓出土鎏金银壶考》，《文物》1987年第5期。

吴焯：《四川早期佛教遗物及其年代与传播途径的考察》，《文物》1992年第11期。

吴焯：《西南丝绸之路研究的认识误区》，《历史研究》1999年第1期。

吴荣曾：《镇墓文中所见到的东汉道巫关系》，《文物》1981年第3期。

吴天颖：《汉代买地券考》，《考古学报》1982年第1期。

吴小平：《六朝青铜容器的考古学研究》，《考古学报》2009年第2期。

武伯伦：《西安碑林述略——为碑林拓片在日本展出而作》，《文物》1965年第9期。

武家璧：《曹操墓出土“常所用”兵器考》，《中原文物》2010年第4期。

夏名采：《青州傅家北齐画像石补遗》，《文物》2001年第4期。

夏名采：《益都北齐石室墓线刻画像》，《文物》1985年第10期。

夏鼐：《北魏封和突墓出土萨珊银盘考》，《文物》1983年第8期。

向达：《唐代长安与西域文明》，石家庄：河北教育出版社，2001年。

谢宝富：《北魏金陵、桑干、北邙、干脯山西葬区研究——兼以此求教于宿白先生》，《北京航空航天大学学报（社科版）》1998年第2期。

谢明良：《三国两晋时期越窑青瓷所见的佛像装饰》，《故宫学术季刊》第三卷第一期，1985年秋季号。

熊存瑞：《隋李静训墓出土金项链金手镯的产地问题》，《文物》1987年第10期。

熊海堂：《试论六朝武昌城的兴衰》，《东南文化》1986年第 2期。

熊寿昌：《论鄂城东吴孙将军墓与鄂钢饮料厂一号墓之墓主人身份及其相互关系》，《东南文化》2000年第9期。

徐光冀：《东魏北齐邺南城平面布局的复原研究》，载《宿白先生八秩华诞纪念文集》，北京：文物出版社，2002年。

徐光冀：《河北磁县湾漳北朝大型壁画墓的发掘与研究》，《文物》1996年第9期。

徐光冀：《邺城考古的新收获》，《文物春秋》，1995年第3期。

徐苹芳：《三国两晋南北朝的铜镜》，《考古》1984年第6期。

徐苹芳：《中国秦汉魏晋南北朝时代的陵园和茔域》，《考古》1981年第6期。

徐苹芳：《中国舍利塔基考述》，载《中国历史考古学论丛》，台北：台湾允晨文化实业股份有限公司，1995年。

严辉：《"陂池"—东汉帝陵封土的新形制》，《中国文物报》2006年10月20日。

杨伯达：《曲阳修德寺出土纪年造像的艺术风格与特征》，《故宫博物馆院刊》1960年第2期。

杨泓：《北朝陶俑的源流、演变及其影响》，载杨泓：《汉唐美术考古与佛教艺术》，北京：科学出版社，2000年。

杨泓：《北朝文化源流探讨之一——司马金龙墓出土遗物的再研究》，《北朝研究》1989年第1期。

杨泓：《三国考古的新发现》，《文物》1986年第3期。

杨泓：《谈中国汉唐之间葬俗的演变》，《文物》1999年第10期。

杨焕成：《河南古建筑概述》，《中原文物》1989年第3期。

杨宽：《中国古代冶铁技术发展史》，上海：上海人民出版社，2004年。

杨秋莎：《汉魏时期蜀汉、孙吴墓葬中的佛教遗物——兼谈长江流域的佛教传播》，《四川文物》2003年第5期。

耀生：《耀县石刻文字略志》，《考古》1965年第3期。

殷光明：《北凉石塔分期试论》，《敦煌研究》1997年第3期。

俞少逸：《统万城遗址调查》，《文物参考资料》1957年第10期。

俞伟超：《邺城调查记》，《考古》1963年第1期。

俞伟超：《中国古代都城规划的发展阶段性——为中国考古学会第五次年会而作》，参《先秦两汉考古学论集》，北京：文物出版社，1985年。

张柏忠：《哲里木盟发现的鲜卑遗存》，《文物》1981年2期。

张宝玺：《北凉石塔艺术》，上海：上海辞书出版社，2006年。

张朋川：《酒泉丁家闸古墓壁画艺术》，《文物》1979年第6期。

张庆捷：《〈虞弘墓志〉中的几个问题》，《文物》2001年第1期。

张庆捷：《北朝唐代粟特的"胡腾舞"》，载《民族汇聚与文明互动——北朝社会的考古学考察》，北京：商务印书馆，2010年。

张庆捷：《北魏永固陵的调查与探讨》，载洛阳市第二文物工作队编《洛阳汉魏陵墓研究论文集》，北京：文物出版社，2009年。

张同标：《论武昌莲溪寺东吴永安五年佛像的莲花座渊源》，《华东师范大学学报（哲社科版）》2012年第1期。

张学荣：《麦积山石窟的创建年代》，《文物》1983年第6期。

张勋燎、白冰：《中国道教考古》，北京：线装书局，2006年。

张玉安:《汉魏南北朝“步摇”研究》,《艺术探索》2012年第2期。

张驭寰:《中国古代建筑技术史》,北京:科学出版社,1985年。

张总:《中国早期佛教造像》,《美术研究》1988年第4期。

赵超:《墓志溯源》,《文史》1983年第21辑。

赵超:《式、穹隆顶墓室与覆斗形墓志——兼谈古代墓葬中“象天地”的思想》,《文物》1999年第5期。

赵德林、李国利:《南昌火车站东晋墓葬群发掘简报》,《文物》,2001年第2期。

赵殿增、袁曙光:《四川忠县三国铜佛像及研究》,《东南文化》1991年第5期。

赵万里:《汉魏南北朝墓志集释》,北京:科学出版社,1953年。

赵文斌:《深圳青瓷博物馆》,《文物世界》2000年第4期。

赵振华:《洛阳东汉北兆域帝陵的初步研究》,《河洛春秋》2006年第1期。

郑岩:《南昌东晋漆盘的启示——论南北朝墓葬艺术中高士图像的含义》,《考古》2002年第2期。

郑岩:《青州傅家北齐画像石与入华祆教美术》,载《魏晋南北朝壁画墓研究》,北京:文物出版社,2002年。

郑岩:《魏晋南北朝壁画墓研究》,北京:文物出版社,2002年。

志工:《略谈北魏的屏风漆画》,《文物》1972年第8期。

钟晓青:《北魏洛阳永宁寺塔复原探讨》,《文物》1998年第5期。

周萼生:《南京老虎山晋墓的地理佐证》,《考古》1960年第7期。

朱大渭等《魏晋南北朝社会生活史》,北京:中国社会科学出版社,1998年。

邹清泉:《北魏孝子画像研究》,北京:文化艺术出版社,2007年。

后记

本书是应开明出版社焦向英总编辑、北京大学孙华教授之约而作，本意是希望通过考古材料来复原魏晋南北朝时期的物质文化发展史，这无疑是一项非常艰难的任务。既然是“物质文化史”，首先要对这个时期的历史与社会有着宏观的把握，同时还要对巨量、庞杂的考古材料有着深刻的理解，当然也需要更系统的写作体例和更生动的叙述方式。而要做到这些，非我能力所及，现在呈献出来的这部稿子，最多算是对魏晋南北朝物质文化发展的简单勾勒。

近十年是中国考古学蓬勃发展的时期，也是历史时期考古学研究重心转移的时期。我在十多年前师从宿白、徐苹芳先生撰写北朝墓葬方向的博士论文时，还主要是做分区分期的基础研究，意在建立文化发展的时空框架，那也是当时学位论文的普遍做法；而现在的考古材料已经积累得相当丰富，一些核心地区的文化发展序列已经基本建立，对考古材料的多角度、多层次阐释也使得文化发展的脉络越来越清晰，我们已有可能、也有必要在文化史的重构方面有所作为，本书正是这样的一次并不成功的尝试。

本书的写作基础，一是十多年来我在汉唐考古教学与研究方面的积累，二是翻译丁爱博（Albert E. Dien）《六朝文明》时所受的启发，丁爱博对南北朝文化的宏观观察和生动的叙述方式使我受益匪浅。当然，书后参考文献所列其他学者的成果也是本书得以成形的基本条件。至于书中的诸多错讹、偏颇之处，全因本人学力不及所致，还望各位同道方家不吝赐教。

本书的顺利成稿和出版，还要特别感谢开明出版社的编辑柴星女士、程锦女士等，他们容忍了我一再拖延的写作进度，还为本应由作者承担的配图等任务付出了大量的心力，他们的工作态度和专业精神让我十分钦佩。

李梅田

2014年3月10日于北京京师园寓所

图书在版编目（CIP）数据

中国古代物质文化史．魏晋南北朝 / 李梅田著．—
北京：开明出版社，2014.3（2024.1 重印）
ISBN 978-7-5131-1754-8
Ⅰ．①中… Ⅱ．①李… Ⅲ．①物质文化－文化史－中国－古代
②魏晋南北朝 Ⅳ．① K220.3

中国版本图书馆 CIP 数据核字 (2014) 第 190527 号

出 版 人：陈滨滨

责任编辑：温尔虹　程　锦
美术编辑：周怡君
装帧设计：羽人·高伟

出　版：开明出版社（北京市海淀区西三环北路 25 号青政大厦 6 层）
印　制：保定市中画美凯印刷有限公司
开　本：889×1194　1/16
印　张：20.5
字　数：232 千
版　次：2014 年 3 月 第 1 版
印　次：2024 年 1 月 第 2 次印刷
定　价：410.00 元

ISBN 978-7-5131-1754-8